2024年度受験対策用

合格のための　総仕上げに！

過去問題集

日商簿記 1 級

過去 10 回分の試験問題を収録
〈第152回▶第165回〉

区分改訂等完全対応！

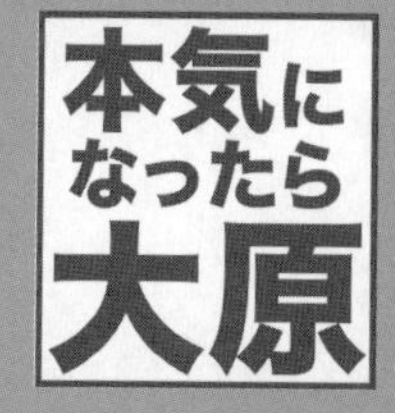

大原出版

検定試験施行予定日

第167回簿記検定試験　　2024年 6 月 9 日＜1級～3級＞
第168回簿記検定試験　　2024年11月17日＜1級～3級＞

※「日商簿記初級」「日商原価計算初級」他 ネット試験に関する試験情報については、商工会議所のHPよりご確認ください。

【検定試験ホームページアドレス　https://www.kentei.ne.jp】

【検定情報ダイヤル（ハローダイヤル）
050-5541-8600（年中無休　9：00～20：00)】

※試験概要、試験日程などでご不明なことがありましたら、お問い合わせください。

日本商工会議所掲載許可済―禁無断転載

(注)本問題集における解答例は、当社編集部で作成したものです。

まえがき

日商簿記検定とは、日本商工会議所が主催する簿記検定の略称です。その中で１級は、簿記検定の最高峰です。

日商簿記１級の合格者には税理士の受験資格が付与されます。従って、大学生の方が入学後、早い時期から税理士や会計士などの国家試験の勉強を開始する際に、是非、チャレンジしていただきたい試験の１つです。

日商簿記１級は試験科目が４科目あり、不得意な科目があると基準点に達しても合格出来ない場合もあります。また、合格率も例年10%前後となります。従って、過去試験問題を単に解答するだけではなく、内容や解答方法をしっかり理解し、苦手な科目を作らないようにしていくことが合格するための必須条件です。

本書は以上のような意図のもとに作成しております。

本書をフルに活用し、日商簿記１級に合格されることをスタッフ一同、心よりお祈り申し上げます。

資格の大原 簿記講座

Contents 目次

（注）第154回、第155回、第160回及び第163回につきましては、1級試験は実施されておりません。

法改正等に関する変更箇所の最新情報は、資格の大原ホームページの「書籍サイト」お知らせをご覧ください。
https://www.o-harabook.jp/

本書の特長

『解説が充実してるのはいいけど、どこを見ればいいのか迷ったりすることがありませんか？』
そんな方のために解答の横に「☆」を付け、解説での確認場所を分かりやすくしています。

第152回 解答・解説

商業簿記

問1

損益計算書

売上高
　商品売上高　（❶　700,000）☆1
　役務収益　（❷　72,000）☆2

損益計算書		(単位：千円)
35,800 ☆3	商品売上高	780,000 − 80,000 ＝ **700,000** ☆1（前記2）
28,400 ☆4	役務収益	70,000 ＋ 2,000 ＝ **72,000** ☆2（前記2）

また、解説の中でも『この仕訳の金額はどうやって導く？』という解説の中の疑問にも答えるため、ちょっとした計算が必要な部分にも金額の横に「＊」を付け、解答を導きやすくしています。

(1) 受注損失引当金の計上
(受注損失引当金繰入額)　1,400*3　(受注損失引当金)　1,400
＊3　① 受注損失の見積額　(21,200千円（買付価額）＋1,000千円（当社負担運賃）)－20,000千円（前受金）＝2,200千円
② 繰入額　2,200千円－800千円（前T/B受注損失引当金）＝1,400千円

しかも、予想配点も付けているので解答後の習熟度も把握できます。

①	②	③	④
❶ 17,000 ☆18	❷ 378,600 ☆19	❶ 3,000 ☆20	❶ 74,842 ☆21

予想採点基準　❶点×19箇所＝19点
❷点×3箇所＝6点
合計25点

最後にチェックシートを使って復習すべき問題を効率的に確認！

第152回

	日付	商業簿記	会計学 第1問	会計学 第2問	会計学 第3問	工業簿記 第1問	工業簿記 第2問	原価計算 問1	原価計算 問2	原価計算 問3	原価計算 問4	原価計算 問5	合計
1	／	／25	／5	／10	／10	／19	／6	／4	／2	／2	／2	／15	／100
2	／	／25	／5	／10	／10	／19	／6	／4	／2	／2	／2	／15	／100

解答用紙が抜き取り方式になっており学習の際に便利です！
解き直しには大原ブックストア内の「解答用紙DLサービス」をご利用ください！

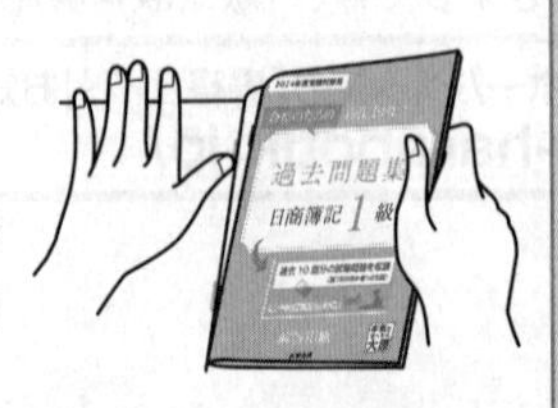

★関連法規改正にいち早く対応
関連法規改正にいち早く対応しています。近年の日本の会計は、頻繁に改正が行われています。それに伴い、現在の会計に沿う内容に修正しておりますので、現行法令等に沿った内容で解答することができます。

本書の利用方法

1 試験情報、出題傾向、今後の対策をチェック

①日商簿記1級の本試験情報をチェック

日商簿記1級の試験概要、合格率などを記載しています。問題を解く前に一度ご確認下さい。

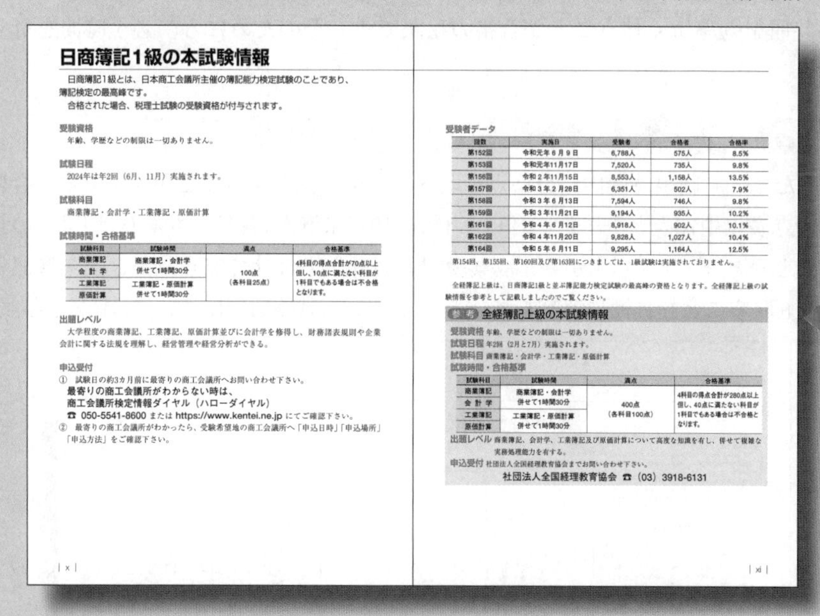

日商簿記1級の本試験情報

日商簿記1級とは、日本商工会議所主催の簿記能力検定試験のことであり、簿記検定の最高峰です。
合格された場合、税理士試験の受験資格が付与されます。

受験資格
年齢、学歴などの制限は一切ありません。

試験日程
2024年は年2回（6月、11月）実施されます。

試験科目
商業簿記・会計学・工業簿記・原価計算

試験時間・合格基準

試験科目	試験時間	満点	合格基準
商業簿記	商業簿記・会計学 併せて1時間30分	100点 （各科目25点）	4科目の得点合計が70点以上 但し、10点に満たない科目が1科目でもある場合は不合格となります。
会計学			
工業簿記	工業簿記・原価計算 併せて1時間30分		
原価計算			

出題レベル
大学程度の商業簿記、工業簿記、原価計算並びに会計学を修得し、財務諸表規則や企業会計に関する法規を理解し、経営管理や経営分析ができる。

申込受付
① 試験日の約3カ月前に最寄りの商工会議所へお問い合わせ下さい。
最寄りの商工会議所がわからない時は、
商工会議所検定情報ダイヤル（ハローダイヤル）
☎ 050-5541-8600 または https://www.kentei.ne.jp にてご確認下さい。
② 最寄りの商工会議所がわかったら、受験希望地の商工会議所へ「申込日時」「申込場所」「申込方法」をご確認下さい。

| x |

受験者データ

回数	実施日	受験者	合格者	合格率
第152回	令和元年６月９日	6,788人	575人	8.5%
第153回	令和元年11月17日	7,520人	735人	9.8%
第156回	令和２年11月15日	8,553人	1,158人	13.5%
第157回	令和３年２月28日	6,351人	502人	7.9%
第158回	令和３年６月13日	7,594人	746人	9.8%
第159回	令和３年11月21日	9,194人	935人	10.2%
第161回	令和４年６月12日	8,918人	902人	10.1%
第162回	令和４年11月20日	9,828人	1,027人	10.4%
第164回	令和５年６月11日	9,295人	1,164人	12.5%

第154回、第155回、第160回及び第163回につきましては、1級試験は実施されておりません。

全経簿記上級は、日商簿記1級と並ぶ簿記能力検定試験の最高峰の資格となります。全経簿記上級の試験情報を参考として記載しましたのでご覧ください。

参考 全経簿記上級の本試験情報

受験資格 年齢、学歴などの制限は一切ありません。
試験日程 年2回（2月と7月）実施されます。
試験科目 商業簿記・会計学・工業簿記・原価計算
試験時間・合格基準

試験科目	試験時間	満点	合格基準
商業簿記	商業簿記・会計学 併せて1時間30分	400点 （各科目100点）	4科目の得点合計が280点以上 但し、40点に満たない科目が1科目でもある場合は不合格となります。
会計学			
工業簿記	工業簿記・原価計算 併せて1時間30分		
原価計算			

出題レベル 商業簿記、会計学、工業簿記及び原価計算について高度な知識を有し、併せて複雑な実務処理能力を有する。
申込受付 社団法人全国経理教育協会までお問い合わせ下さい。
社団法人全国経理教育協会 ☎（03）3918-6131

| xi |

日商1級は、税理士、公認会計士などの国家試験の登竜門として、大学程度の商業簿記、工業簿記、原価計算並びに会計学が出題される難易度の高い試験になります。
また、日商簿記1級と試験範囲、合格率、受験難易度など同等の全経簿記上級の試験概要も記載しています。日商1級検定後、1ヵ月から3ヵ月後（2月と7月）に実施されますので、日商検定とあわせての受験をご検討下さい。

②日商簿記1級の出題傾向をチェック

日商簿記1級の出題傾向を記載しています。問題を解く前に一度ご確認下さい。

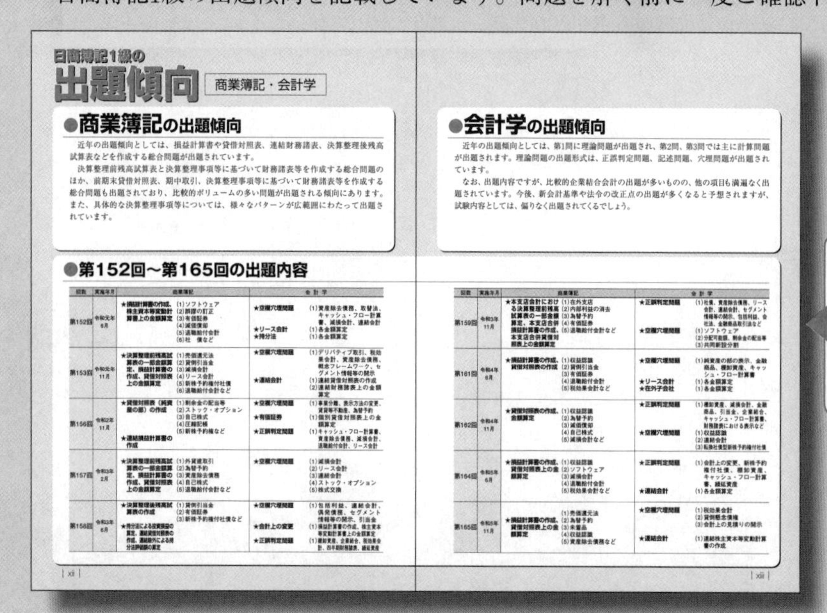

日商簿記1級の出題傾向 商業簿記・会計学

●商業簿記の出題傾向

近年の出題傾向としては、損益計算書や貸借対照表、連結財務諸表、決算整理後残高試算表などを作成する総合問題が出題されています。
決算整理前残高試算表と決算整理事項等に基づいて財務諸表等を作成する総合問題のほか、前期末貸借対照表、期中取引、決算整理事項等に基づいて財務諸表等を作成する総合問題も出題されており、比較的ボリュームの多い問題が出題される傾向にあります。また、具体的な決算整理事項等については、様々なパターンが広範囲にわたって出題されています。

●会計学の出題傾向

近年の出題傾向としては、第1問に理論問題が出題され、第2問、第3問では主に計算問題が出題されます。理論問題の出題形式は、正誤判定問題、記述問題、穴埋問題が出題されています。
なお、出題内容ですが、比較的企業結合会計の出題が多いものの、他の項目も満遍なく出題されています。今後、新会計基準や法令の改正点の出題が多くなると予想されますが、試験内容としては、偏りなく出題されてくるでしょう。

●第152回～第165回の出題内容

回数	実施年月	商業簿記	会計学
第152回	令和元年6月	★損益計算書の作成、株主資本等変動計算書上の金額算定 (1)ソフトウェア (2)誤謬の訂正 (3)有価証券 (4)減価償却 (5)退職給付会計 (6)社　債など	★空欄穴埋問題 (1)資産除去債務、取替法、キャッシュ・フロー計算書、減損会計、連結会計 ★リース会計 (1)各金額算定 ★持分法 (1)各金額算定
第153回	令和元年11月	★決算整理前残高試算表の一部金額算定、損益計算書の作成、貸借対照表上の金額算定 (1)売価還元法 (2)貸倒引当金 (3)減損会計 (4)リース会計 (5)新株予約権付社債 (6)退職給付会計など	★空欄穴埋問題 (1)デリバティブ取引、税効果会計、資産除去債務、概念フレームワーク、セグメント情報等の開示 ★連結会計 (1)連結貸借対照表の作成 (2)連結財務諸表上の金額算定
第156回	令和2年11月	★貸借対照表（純資産の部）の作成 (1)剰余金の配当等 (2)ストック・オプション (3)自己株式 (4)圧縮記帳 (5)新株予約権など ★連結損益計算書の作成	★空欄穴埋問題 (1)事業分離、表示方法の変更、賃貸等不動産、為替予約 ★有価証券 (1)個別貸借対照表上の金額算定 ★正誤判定問題 (1)キャッシュ・フロー計算書、資産除去債務、減損会計、退職給付会計、リース会計
第157回	令和3年2月	★決算整理前残高試算表の一部金額算定、損益計算書の作成、貸借対照表上の金額算定 (1)外貨建取引 (2)為替予約 (3)資産除去債務 (4)自己株式 (5)退職給付会計など	★空欄穴埋問題 (1)減損会計 (2)リース会計 (3)連結会計 (4)ストック・オプション (5)株式交換
第158回	令和3年6月	★決算整理後残高試算表の作成 (1)貸倒引当金 (2)有価証券 (3)新株予約権付社債など ★持分法による投資損益の算定、連結貸借対照表の作成、連結除外による持分法評価額の算定	★空欄穴埋問題 (1)包括利益、連結会計、偶発債務、セグメント情報等の開示、引当金 ★会計上の変更 (1)損益計算書の作成、株主資本等変動計算書上の金額算定 ★正誤判定問題 (1)棚卸資産、企業結合、税効果会計、四半期財務諸表、繰延資産
第159回	令和3年11月	★本支店会計における決算整理前残高試算表の一部金額算定、本支店合併損益計算書の作成、本支店合併貸借対照表上の金額算定 (1)在外支店 (2)内部利益の消去 (3)為替予約 (4)有価証券 (5)退職給付会計など	★正誤判定問題 (1)社債、資産除去債務、リース会計、連結会計、セグメント情報等の開示、包括利益、会社法、金融商品取引法など ★空欄穴埋問題 (1)ソフトウェア (2)分配可能額、剰余金の配当等 (3)共同新設分割
第161回	令和4年6月	★損益計算書の作成、貸借対照表の作成 (1)収益認識 (2)貸倒引当金 (3)有価証券 (4)退職給付会計 (5)税効果会計など	★空欄穴埋問題 (1)純資産の部の表示、金融商品、棚卸資産、キャッシュ・フロー計算書 ★リース会計 (1)各金額算定 ★在外子会社 (1)各金額算定
第162回	令和4年11月	★貸借対照表の作成、金額算定 (1)収益認識 (2)為替予約 (3)減価償却 (4)自己株式 (5)減損会計など	★正誤判定問題 (1)棚卸資産、減損会計、金融商品、引当金、企業結合、キャッシュ・フロー計算書、財務諸表における表示など ★空欄穴埋問題 (1)収益認識 (2)連結会計 (3)転換社債型新株予約権付社債
第164回	令和5年6月	★損益計算書の作成、貸借対照表上の金額算定 (1)収益認識 (2)ソフトウェア (3)減損会計 (4)退職給付会計 (5)税効果会計など	★正誤判定問題 (1)会計上の変更、新株予約権付社債、棚卸資産、キャッシュ・フロー計算書、繰延資産 ★連結会計 (1)各金額算定
第165回	令和5年11月	★損益計算書の作成、貸借対照表上の金額算定 (1)売価還元法 (2)為替予約 (3)未着品 (4)収益認識 (5)資産除去債務など	★空欄穴埋問題 (1)税効果会計 (2)貸倒懸念債権 (3)会計上の見積りの開示 ★連結会計 (1)連結株主資本等変動計算書の作成

| xii |　| xiii |

日商簿記1級に合格するためには、出題内容を把握し、傾向を掴むことは大切なことであり、必須条件です。

2 問題を解く

①時間を計って解きましょう。

本試験問題の制限時間は、商業簿記と会計学を併せて1時間30分、工業簿記と原価計算を併せて1時間30分となります。時間を効率よく使うことが合格の秘訣です。そのためにも、必ず時間を計りましょう。

②問題文を読み、解答しやすい問題から解きましょう。

本試験問題を解くにあたって、制限時間内に合格点を取ることを目標とすることが大切です。合格点は、4科目の合計が100点満点中70点となります（但し、1級は10点未満が1科目でもあれば4科目の合計が70点以上でも不合格となります）。ですから、商業簿記と会計学を併せて35点以上、工業簿記と原価計算も併せて35点以上取ることを目標に解答していきましょう。（試験制度についてはP.Xを参照）

令和元年6月9日施行
第152回 商業簿記・会計学 制限時間 1時間30分

商業簿記

問題

次の資料にもとづいて、商品の販売および仲介を業とする日商商事株式会社の20X5年度（20X5年4月1日～20X6年3月31日）に関する下記の問に答えなさい。なお、計算の過程で生じた千円未満の端数は四捨五入し、解答はすべて千円単位で答えなさい。

［資料1］20X6年3月31日現在の決算整理前残高試算表

決算整理前残高試算表 （単位：千円）

現金預金	314,100	買掛金	35,000
売掛金	300,000	前受金	50,000
仮払金	200,000	貸倒引当金	2,000
自己株式	40,000	社債	790,386
商品	50,000	受注損失引当金	800
建物	600,000	退職給付引当金	84,000
備品	250,000	建物減価償却累計額	90,000
土地	1,128,886	備品減価償却累計額	100,000
ソフトウェア	90,000	資本金	1,200,000
繰延税金資産	34,200	資本準備金	50,000
投資有価証券	30,000	その他資本剰余金	16,000
仮払法人税等	20,000	利益準備金	20,000
商品売上原価	460,000	繰越利益剰余金	330,000
役務原価	12,000	商品売上高	780,000
販売費	20,000	役務収益	70,000
給料手当	47,000	受取配当金	2,000
一般管理費	20,000	投資有価証券売却益	8,000
社債利息	12,000		
	3,628,186		3,628,186

［資料2］決算整理事項その他財務諸表の作成にあたって必要な事項

1. 商品のうち帳簿価額32,000千円分について、売価が30,000千円、販売に要する費用が1,800千円と見積もられた。商品評価損は、商品売上原価に振り替える。

※2. 商品の販売仲介を行った際、顧客からの受取代金80,000千円を商品売上高に、委託者への支払額78,000千円を商品売上原価にそれぞれ計上していたが、両者の差額が役務収益となるように修正する。

※3. 前受金のうち20,000千円分は、商品の買付のために顧客から受け入れたものであったが、決算日現在において買付価額が21,200千円、当社負担の運賃が1,000千円となる見通しとなり、予想される損失を受注損失引当金として計上する（差額補充法）。決算整理前残高試算表における受注損失引当金に係る取引は、すでに完了している。受注損失引当金繰入額は、役務原価に振り替える。

※ 2022年度に施行する試験から、会計処理が異なる可能性があります。

2

第152回 商 会 工 原

4. 自社利用目的のソフトウェアは、ソフトウェア勘定に計上し、5年間にわたり、残存価額をゼロとする定額法によって償却を行っている。決算整理前残高試算表におけるソフトウェアは、20X3年4月1日に計上されたものであり、20X4年度までの償却［illegible］る。なお、20X5年度の決算において、20X4年4月1日に支出したソフ［illegible］千円が、本来無形固定資産として計上すべきであったにもかかわらず、［illegible］ことが判明した。当該ソフトウェアについては誤謬の訂正として処理［illegible］って生じる法人税等の追加分（修正申告により追加的に支払うべき税［illegible］未払法人税等に計上する。

5. 売掛金の当期末残高の1％を貸倒引当金として計上する（差額補充法［illegible］

6. 販売費のうち15,000千円は、役務収益の獲得のために直接要した原［illegible］振り替える。

7. 投資有価証券は、その他有価証券に分類されるものであり、その内［illegible］ある。時価が著しく下落した銘柄を除き、全部純資産直入法を適用す［illegible］に際しては、各年度を通じて法定実効税率を35％とし、時価が著しく［illegible］時差異は生じないものとする。なお、決算整理前残高試算表における［illegible］定には、自己株式の売却益3,000千円（簿価10,000千円）が含まれている［illegible］

銘柄	取得原価	前期末時価	当期末時価
A社株式	12,000千円	15,000千円	13,500千円
B社株式	8,000千円	9,000千円	7,600千円
C社株式	10,000千円	8,500千円	4,000千円

8. 建物について減価償却費を計上する。当該建物は、20X2年4月1日に［illegible］残存価額はゼロ、耐用年数は20年として減価償却を行ってきたが、当［illegible］の見積りの修正を行い、残存耐用年数を12年とすることとした。

9. 備品について減価償却費を計上する。当該備品は、20X4年4月1日に［illegible］耐用年数を5年として税法上の定率法（200％定率法）を適用する。

10. 当社は、確定給付年金制度を採用している。数理計算上の差異は、［illegible］10年間で定額法により費用処理する。当期首現在の退職給付債務は4［illegible］は280,000千円、未認識数理計算上の差異は36,000千円（20X3年度末［illegible］下げによる）であった。当期の損益計算書に計上すべき勤務費用は15,［illegible］3％、期待運用収益率を年3.5％とする。当期末に支払った掛金10,000［illegible］高試算表における給料手当勘定に計上されている。

11. 社債は、20X3年4月1日に総額1,000,000千円、払込価額981,052千円［illegible］日年1回3月31日の条件で発行したものであり、20X5年3月31日から［illegible］5分の1ずつを分割償還する。当期に支払った利息は社債利息勘定に［illegible］額は仮払金としているのみである。社債は、償却原価法（利息法）に［illegible］子率は年2.0％であった。

令和元年6月9日施行
第152回 商業簿記・会計学 制限時間 1時間30分

商業簿記

解答用紙

問1

損益計算書 （単位：千円）

売上高
商品売上高 （ ）
役務収益 （ ） （ ）
売上原価
商品売上原価 （ ）
役務原価 （ ） （ ）
売上総利益 （ ）
販売費及び一般管理費
販売費 （ ）
給料手当 （ ）
退職給付費用 （ ）
貸倒引当金繰入額 （ ）
一般管理費 （ ）
減価償却費 （ ）
ソフトウェア償却額 （ ） （ ）
営業利益 （ ）
営業外収益
受取配当金 （ ）
営業外費用
社債利息 （ ）
経常利益 （ ）
特別利益
投資有価証券売却益 （ ）
特別損失
投資有価証券評価損 （ ）
税引前当期純利益 （ ）
法人税、住民税及び事業税 （ ）
法人税等調整額 （ ） （ ）
当期純利益 （ ）

問2 （単位：千円）

①	②	③	④

2

第152回 商 会 工 原

会計学

第1問

イ		ロ	
ハ		ニ	
ホ			

第2問

問 備品A～Dについて、次の①～⑤の各項目の金額を求めなさい。なお、該当する金額がない場合、またはゼロの場合は、解答欄に「－」を記入すること。

① 日本商工株式会社の損益計算書において20X8年度に計上される支払リース料
② 日本商工株式会社の20X8年度における減価償却費
③ 日本商工株式会社の20X8年度における支払利息
④ 日本商工株式会社の20X8年度末のリース資産の帳簿価額
⑤ 日本商工株式会社の20X8年度末のリース債務（未払利息を除く）の残高

備品	①	②	③	④	⑤
A	千円	千円	千円	千円	千円
B	千円	千円	千円	千円	千円
C	千円	千円	千円	千円	千円
D	千円	千円	千円	千円	千円

第3問

問 次の各項目の金額を求めなさい。

① A社株式取得時におけるA社株式取得額に含まれるのれんの金額
② 20X8年3月末の連結貸借対照表に計上されるA社株式の金額
③ 20X7年度の連結損益計算書に計上される持分法による投資損益の金額（解答欄の借または貸のいずれかに○を付すこと）
④ 20X9年3月末の連結貸借対照表に計上されるB社株式の金額
⑤ 20X8年度において、【資料Ⅱ】の3．に関連してP社とA社との取引により売上高に加減する金額（解答欄の借または貸のいずれかに○を付すこと）

①	千円	②	千円
③	借・貸 千円	④	千円
⑤	借・貸 千円		

3

3 解答の確認

解答後は、必ず、本書に明記されている予想配点に基づき、自己採点を行い、採点結果をチェックシートに記入して下さい。

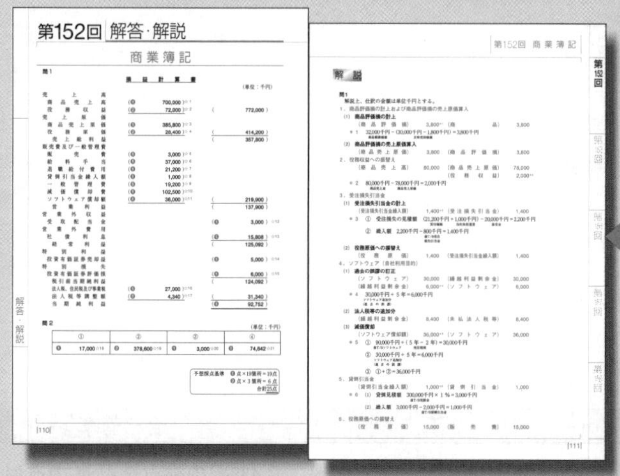

第152回 解答・解説

商業簿記

模範解答には、予想配点を記載しています。なお、解説につきましては、図解を掲載し、また解答をより導きやすくするため、補足する文章も掲載しています。

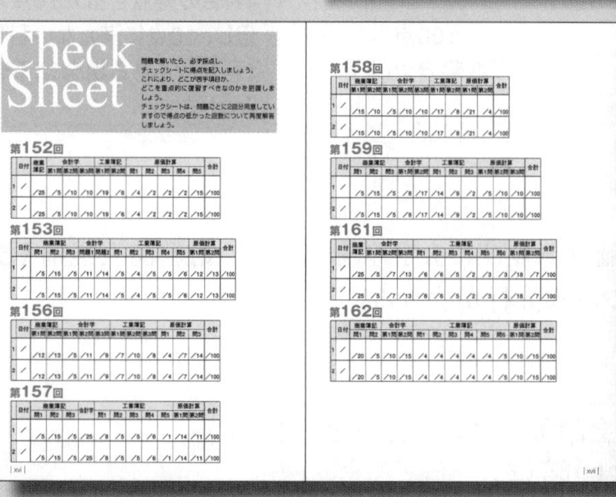

Check Sheet

小問ごとに点数記入欄を設けていますので、より細かく習熟度を把握することができます。また、チェックシートは、問題ごとに2回分用意しています。

参考 習熟度の目安（各科目）

20点以上

合格ラインに達しています。

まずは、間違い箇所のチェックを中心に行い、その後は、苦手項目及び未解答の本試験問題を解答し、仕上げましょう。

19点～10点

あと、もう少しです。

まずは、間違い箇所のチェックを行うと共に、解説は必ず一通り目を通し、理解を深めて下さい。その後は、その問題の解き直し、さらに類似問題があれば必ず解答しましょう。

10点未満

この場合2つの原因が考えられます。

●問われていることが分からない場合

出題内容の理解不足が考えられます。テキスト（日商簿記1級や全経簿記上級の基本書など）や解説を再確認し理解を深めてから再度解答しましょう。

●どこから手をつけていいか分からない場合

総合問題のトレーニング不足が考えられます。この場合は、通常とは逆に解説で解答方法の流れを確認しながら、再度解答するようにしましょう。

どちらの場合でも、解答する際に時間を計る必要はありません。それよりも理解を深めることや解答方法をマスターすることが重要です。それができたら時間を計って解答して下さい。

（注）予想配点を明記するとどうしても、模範解答の配点部分だけに目がいってしまいますが、配点がない箇所も必ず合っているか確認しましょう。

日商簿記1級の本試験情報

日商簿記1級とは、日本商工会議所主催の簿記能力検定試験のことであり、簿記検定の最高峰です。

合格された場合、税理士試験の受験資格が付与されます。

受験資格

年齢、学歴などの制限は一切ありません。

試験日程

2024年は年2回（6月、11月）実施されます。

試験科目

商業簿記・会計学・工業簿記・原価計算

試験時間・合格基準

試験科目	試験時間	満点	合格基準
商業簿記	商業簿記・会計学 併せて1時間30分	100点 （各科目25点）	4科目の得点合計が70点以上 但し、10点に満たない科目が 1科目でもある場合は不合格 となります。
会　計　学			
工業簿記	工業簿記・原価計算 併せて1時間30分		
原価計算			

出題レベル

大学程度の商業簿記、工業簿記、原価計算並びに会計学を修得し、財務諸表規則や企業会計に関する法規を理解し、経営管理や経営分析ができる。

申込受付

① 試験日の約3カ月前に最寄りの商工会議所へお問い合わせ下さい。
最寄りの商工会議所がわからない時は、
商工会議所検定情報ダイヤル（ハローダイヤル）
☎ 050-5541-8600 または **https://www.kentei.ne.jp** にてご確認下さい。

② 最寄りの商工会議所がわかったら、受験希望地の商工会議所へ「申込日時」「申込場所」「申込方法」をご確認下さい。

受験者データ

回数	実施日	受験者	合格者	合格率
第152回	令和元年6月9日	6,788人	575人	8.5%
第153回	令和元年11月17日	7,520人	735人	9.8%
第156回	令和2年11月15日	8,553人	1,158人	13.5%
第157回	令和3年2月28日	6,351人	502人	7.9%
第158回	令和3年6月13日	7,594人	746人	9.8%
第159回	令和3年11月21日	9,194人	935人	10.2%
第161回	令和4年6月12日	8,918人	902人	10.1%
第162回	令和4年11月20日	9,828人	1,027人	10.4%
第164回	令和5年6月11日	9,295人	1,164人	12.5%

第154回、第155回、第160回及び第163回につきましては、1級試験は実施されておりません。

全経簿記上級は、日商簿記1級と並ぶ簿記能力検定試験の最高峰の資格となります。全経簿記上級の試験情報を参考として記載しましたのでご覧ください。

参考 全経簿記上級の本試験情報

受験資格 年齢、学歴などの制限は一切ありません。

試験日程 年2回（2月と7月）実施されます。

試験科目 商業簿記・会計学・工業簿記・原価計算

試験時間・合格基準

<table>
<tr><th>試験科目</th><th>試験時間</th><th>満点</th><th>合格基準</th></tr>
<tr><td>商業簿記</td><td rowspan="2">商業簿記・会計学
併せて1時間30分</td><td rowspan="4">400点
（各科目100点）</td><td rowspan="4">4科目の得点合計が280点以上
但し、40点に満たない科目が
1科目でもある場合は不合格と
なります。</td></tr>
<tr><td>会計学</td></tr>
<tr><td>工業簿記</td><td rowspan="2">工業簿記・原価計算
併せて1時間30分</td></tr>
<tr><td>原価計算</td></tr>
</table>

出題レベル 商業簿記、会計学、工業簿記及び原価計算について高度な知識を有し、併せて複雑な実務処理能力を有する。

申込受付 社団法人全国経理教育協会までお問い合わせ下さい。

社団法人全国経理教育協会 ☎（03）3918-6131

日商簿記1級の

出題傾向

商業簿記・会計学

●商業簿記の出題傾向

近年の出題傾向としては、損益計算書や貸借対照表、連結財務諸表、決算整理後残高試算表などを作成する総合問題が出題されています。

決算整理前残高試算表と決算整理事項等に基づいて財務諸表等を作成する総合問題のほか、前期末貸借対照表、期中取引、決算整理事項等に基づいて財務諸表等を作成する総合問題も出題されており、比較的ボリュームの多い問題が出題される傾向にあります。また、具体的な決算整理事項等については、様々なパターンが広範囲にわたって出題されています。

●第152回～第165回の出題内容

回数	実施年月	商業簿記		会 計 学	
第152回	令和元年 6月	★損益計算書の作成、株主資本等変動計算書上の金額算定	(1)ソフトウェア (2)誤謬の訂正 (3)有価証券 (4)減価償却 (5)退職給付会計 (6)社　債など	★空欄穴埋問題 ★リース会計 ★持分法	(1)資産除去債務、取替法、キャッシュ・フロー計算書、減損会計、連結会計 (1)各金額算定 (1)各金額算定
第153回	令和元年 11月	★決算整理前残高試算表の一部金額算定、損益計算書の作成、貸借対照表上の金額算定	(1)売価還元法 (2)貸倒引当金 (3)減損会計 (4)リース会計 (5)新株予約権付社債 (6)退職給付会計など	★空欄穴埋問題 ★連結会計	(1)デリバティブ取引、税効果会計、資産除去債務、概念フレームワーク、セグメント情報等の開示 (1)連結貸借対照表の作成 (2)連結財務諸表上の金額算定
第156回	令和2年 11月	★貸借対照表（純資産の部）の作成 ★連結損益計算書の作成	(1)剰余金の配当等 (2)ストック・オプション (3)自己株式 (4)圧縮記帳 (5)新株予約権など	★空欄穴埋問題 ★有価証券 ★正誤判定問題	(1)事業分離、表示方法の変更、賃貸等不動産、為替予約 (1)個別貸借対照表上の金額算定 (1)キャッシュ・フロー計算書、資産除去債務、減損会計、退職給付会計、リース会計
第157回	令和3年 2月	★決算整理前残高試算表の一部金額算定、損益計算書の作成、貸借対照表上の金額算定	(1)外貨建取引 (2)為替予約 (3)資産除去債務 (4)自己株式 (5)退職給付会計など	★空欄穴埋問題	(1)減損会計 (2)リース会計 (3)連結会計 (4)ストック・オプション (5)株式交換
第158回	令和3年 6月	★決算整理後残高試算表の作成 ★持分法による投資損益の算定、連結貸借対照表の作成、連結除外による持分法評価額の算定	(1)貸倒引当金 (2)有価証券 (3)新株予約権付社債など	★空欄穴埋問題 ★会計上の変更 ★正誤判定問題	(1)包括利益、連結会計、偶発債務、セグメント情報等の開示、引当金 (1)損益計算書の作成、株主資本等変動計算書上の金額算定 (1)棚卸資産、企業結合、税効果会計、四半期財務諸表、繰延資産

●会計学の出題傾向

近年の出題傾向としては、第1問に理論問題が出題され、第2問、第3問では主に計算問題が出題されます。理論問題の出題形式は、正誤判定問題、記述問題、穴埋問題が出題されています。

なお、出題内容ですが、比較的企業結合会計の出題が多いものの、他の項目も満遍なく出題されています。今後、新会計基準や法令の改正点の出題が多くなると予想されますが、試験内容としては、偏りなく出題されてくるでしょう。

回数	実施年月	商業簿記	会計学
第159回	令和3年 11月	**★本支店会計における決算整理前残高試算表の一部金額算定、本支店合併損益計算書の作成、本支店合併貸借対照表上の金額算定** (1)在外支店 (2)内部利益の消去 (3)為替予約 (4)有価証券 (5)退職給付会計など	**★正誤判定問題** (1)社債、資産除去債務、リース会計、連結会計、セグメント情報等の開示、包括利益、会社法、金融商品取引法など **★空欄穴埋問題** (1)ソフトウェア (2)分配可能額、剰余金の配当等 (3)共同新設分割
第161回	令和4年 6月	**★損益計算書の作成、貸借対照表の作成** (1)収益認識 (2)貸倒引当金 (3)有価証券 (4)退職給付会計 (5)税効果会計など	**★空欄穴埋問題** (1)純資産の部の表示、金融商品、棚卸資産、キャッシュ・フロー計算書 **★リース会計** (1)各金額算定 **★在外子会社** (1)各金額算定
第162回	令和4年 11月	**★貸借対照表の作成、金額算定** (1)収益認識 (2)為替予約 (3)減価償却 (4)自己株式 (5)減損会計など	**★正誤判定問題** (1)棚卸資産、減損会計、金融商品、引当金、企業結合、キャッシュ・フロー計算書、財務諸表における表示など **★空欄穴埋問題** (1)収益認識 (2)連結会計 (3)転換社債型新株予約権付社債
第164回	令和5年 6月	**★損益計算書の作成、貸借対照表上の金額算定** (1)収益認識 (2)ソフトウェア (3)減損会計 (4)退職給付会計 (5)税効果会計など	**★正誤判定問題** (1)会計上の変更、新株予約権付社債、棚卸資産、キャッシュ・フロー計算書、繰延資産 **★連結会計** (1)各金額算定
第165回	令和5年 11月	**★損益計算書の作成、貸借対照表上の金額算定** (1)売価還元法 (2)為替予約 (3)未着品 (4)収益認識 (5)資産除去債務など	**★空欄穴埋問題** (1)税効果会計 (2)貸倒懸念債権 (3)会計上の見積りの開示 **★連結会計** (1)連結株主資本等変動計算書の作成

日商簿記1級の
出題傾向　工業簿記・原価計算

●工業簿記の出題傾向

各項目の論点理解を前提とした出題であり、同時に計算力と処理能力を問う問題が出題されています。幅広い分野から出題されていますので、網羅性を重視し計算の根拠となっている理論を理解した上で、計算力と処理能力を向上させる必要があります。

合格答案を作成するためには、反復練習による計算処理能力の向上はもちろんのこと、理論的な理解も求められますので、問題演習とあわせて、ご使用になっている工業簿記・原価計算テキストを熟読し、計算論点の理論的な内容の確認をすることが大切です。

出題形式としては、計算結果のみを記入する形式が多く出題されていますが、仕訳と勘定記入を確実に理解しておきましょう。

●第152回～第165回の出題内容

回数	実施年月	工業簿記		原価計算	
第152回	令和元年6月	★工程別総合原価計算 ★経費会計	(1)加工費差異の分析 (2)完成品総合原価 (3)完成品単位原価 (4)正誤判定理論 (5)非累加法による工程別計算 (1)無償支給による外注加工 (2)有償支給による外注加工	★予算編成 CVP分析	(1)予算貢献利益と予算営業利益 (2)予算現金残高 (3)予想現金収支に伴う借入予測 (4)予算経常利益 (5)空欄穴埋め（理論・計算）
第153回	令和元年11月	★工業簿記一巡	(1)費目別計算 (2)ABCによる間接費の配賦 (3)売上総利益と営業利益の計算	★予算統制 ★設備投資の意思決定	(1)標準製造原価の計算 (2)実際販売量に見合う予算営業利益 (3)利益差異分析表 (1)新規投資 (2)正味現在価値 (3)内部利益率
第156回	令和2年11月	★原価計算基準 ★材料費会計 ★労務費会計	(1)材料費会計 (1)材料副費の取り扱い (2)材料消費額の計算 (3)材料消費価格差異 (1)就業時間の計算 (2)直接工の労務費 (3)定時間外作業割増賃金	★原価企画 活動基準原価計算	(1)売上高営業利益率の計算 (2)販売価格の設定方式 (3)1台あたり原価の計算
第157回	令和3年2月	★直接標準原価計算	(1)予算貢献利益と予算営業利益の計算 (2)直接労務費差異の分析 (3)販売活動差異の分析 (4)実際営業利益の計算	★設備投資の意思決定 ★業務的意思決定	(1)単純回収期間 (2)累積的回収期間 (3)正味現在価値 (4)単純投下資本利益率 (5)内部利益率 (1)販売量割合を一定とした場合 (2)最適セールス・ミックス
第158回	令和3年6月	★部門別計算 ★材料費会計	(1)正常配賦額の計算 (2)実際発生額の計算 (3)部門別の差異分析 (4)正誤判定理論 (1)材料勘定の作成 (2)材料受入価格差異の処理	★CVP分析 ★正誤判定問題	(1)損益分岐分析 (2)安全率と損益分岐点比率 (3)四半期予測 (4)当初予算と修正予算の比較 (1)異常仕損と異常仕損費 (2)原価標準の設定

●原価計算の出題傾向

原価計算において求められる処理能力は高くありませんが、問題文章が読み取れない結果、解答できない問題が多く出題されています。また、問題資料や提示される条件が過去問題とは異なるケースも多いため、いわゆるパターン学習が通用しない出題傾向となっています。

問題文章を正しく読み取るためには、多くの経験を積むことが大切です。近年の過去問題をしっかりじっくり確認し、対策を行ってください。そこで、過去問題集の演習にあたり、今までに解答した問題と何がどのように違うのかを感じ取ってください。与えられている一つ一つの条件と、その条件にしたがって行われる解答手続きをしっかりと確認することが大切です。

回数	実施年月	工業簿記		原価計算	
第159回	令和3年11月	★工程別標準原価計算	(1)作業区分ごとの原価集計 (2)修正パーシャル・プラン (3)勘定の一部金額算定 (4)各種差異分析 (5)仕損の処理	★語群選択問題 ★標準原価計算 ★事業部制	(1)原価計算基準 (1)原価標準の計算 (2)歩留差異・配合差異 (1)内部振替価格の決定
第161回	令和4年6月	★工程別標準原価計算	(1)原価標準の計算 (2)部品必要量の計算 (3)必要直接作業時間の計算 (4)各種差異分析	★予算編成 ★正誤判定問題	(1)売上原価予算の計算 (2)税引後営業利益 (3)予算現金有高 (4)予算運転資本 (5)ROICの計算 (1)製造間接費の配賦 (2)ライフサイクル・コスト
第162回	令和4年11月	★部門別計算 活動基準原価計算	(1)補助部門費の配賦 (2)製品への製造間接費配賦額 (3)製造直接費の計算 (4)活動を基準とした配賦計算	★空欄穴埋問題 ★業務的意思決定	(1)完成品換算量、製造間接費の配賦基準、原価企画、独立投資案と従属投資案、安全余裕率 (1)製品生産可能量の計算 (2)使用材料の意思決定 (3)機会原価の計算 (4)材料在庫がある場合の計算
第164回	令和5年6月	★語群選択問題 ★全部・直接原価計算	(1)費目別計算など (1)営業利益の計算 (2)営業利益増減額とその理由	★正誤判定問題 ★単純総合原価計算	(1)品質原価計算 (2)ライフサイクル・コスティング (1)仕損費の計算 (2)異常仕損費の処理 (3)完成品原価の計算 (4)月末仕掛品原価の計算 (5)売上総利益の計算
第165回	令和5年11月	★標準個別原価計算	(1)仕掛品原価の集計 (2)仕掛品勘定の作成 (3)原価差異の分析 (4)月次損益計算書の作成 (5)原価差異の期末処理	★設備投資の意思決定	(1)意思決定の種類 (2)差額CFの集計 (3)各種評価方法とその特徴 (4)再投資の仮定

Check Sheet

問題を解いたら、必ず採点し、
チェックシートに得点を記入しましょう。
これにより、どこが苦手項目か、
どこを重点的に復習すべきなのかを把握しましょう。
チェックシートは、問題ごとに2回分用意していますので得点の低かった回数について再度解答しましょう。

第152回

	日付	商業簿記	会計学			工業簿記		原価計算					合計
			第1問	第2問	第3問	第1問	第2問	問1	問2	問3	問4	問5	
1	／	／25	／5	／10	／10	／19	／6	／4	／2	／2	／2	／15	／100
2	／	／25	／5	／10	／10	／19	／6	／4	／2	／2	／2	／15	／100

第153回

	日付	商業簿記			会計学		工業簿記					原価計算		合計
		問1	問2	問3	問題1	問題2	問1	問2	問3	問4	問5	第1問	第2問	
1	／	／5	／15	／5	／11	／14	／5	／4	／5	／5	／6	／12	／13	／100
2	／	／5	／15	／5	／11	／14	／5	／4	／5	／5	／6	／12	／13	／100

第156回

	日付	商業簿記		会計学			工業簿記			原価計算			合計
		第1問	第2問	第1問	第2問	第3問	第1問	第2問	第3問	問1	問2	問3	
1	／	／12	／13	／5	／11	／9	／7	／10	／8	／4	／7	／14	／100
2	／	／12	／13	／5	／11	／9	／7	／10	／8	／4	／7	／14	／100

第157回

	日付	商業簿記			会計学	工業簿記					原価計算		合計
		問1	問2	問3		問1	問2	問3	問4	問5	第1問	第2問	
1	／	／5	／15	／5	／25	／8	／5	／5	／6	／1	／14	／11	／100
2	／	／5	／15	／5	／25	／8	／5	／5	／6	／1	／14	／11	／100

第158回

	日付	商業簿記		会計学			工業簿記		原価計算		合計
		第1問	第2問	第1問	第2問	第3問	第1問	第2問	第1問	第2問	
1	／	／15	／10	／5	／10	／10	／17	／8	／21	／4	／100
2	／	／15	／10	／5	／10	／10	／17	／8	／21	／4	／100

第159回

	日付	商業簿記			会計学		工業簿記			原価計算			合計
		問1	問2	問3	第1問	第2問	問1	問2	問3	第1問	第2問	第3問	
1	／	／5	／15	／5	／8	／17	／14	／9	／2	／5	／10	／10	／100
2	／	／5	／15	／5	／8	／17	／14	／9	／2	／5	／10	／10	／100

第161回

	日付	商業簿記	会計学			工業簿記						原価計算		合計
			第1問	第2問	第3問	問1	問2	問3	問4	問5	問6	第1問	第2問	
1	／	／25	／5	／7	／13	／6	／6	／5	／2	／3	／3	／18	／7	／100
2	／	／25	／5	／7	／13	／6	／6	／5	／2	／3	／3	／18	／7	／100

第162回

	日付	商業簿記		会計学		工業簿記						原価計算		合計
		問1	問2	第1問	第2問	問1	問2	問3	問4	問5	問6	第1問	第2問	
1	／	／20	／5	／10	／15	／4	／4	／4	／4	／4	／5	／10	／15	／100
2	／	／20	／5	／10	／15	／4	／4	／4	／4	／4	／5	／10	／15	／100

Check Sheet

第164回

	日付	商業簿記		会計学		工業簿記		原価計算		合計
		問1	問2	第1問	第2問	第1問	第2問	第1問	第2問	
1	／	／16	／9	／10	／15	／6	／19	／4	／21	／100
2	／	／16	／9	／10	／15	／6	／19	／4	／21	／100

第165回

	日付	商業簿記		会計学		工業簿記					原価計算	合計
		問1	問2	問題1	問題2	問1	問2	問3	問4	問5		
1	／	／16	／9	／10	／15	／5	／5	／6	／5	／4	／25	／100
2	／	／16	／9	／10	／15	／5	／5	／6	／5	／4	／25	／100

日商簿記１級
問題編

第152回 商業簿記・会計学

制限時間
1時間30分

商業簿記

解答用紙 ☞別冊P2　解答・解説 ☞P110

問　題

次の資料にもとづいて、商品の販売および仲介を業とする日商商事株式会社の20X5年度（20X5年４月１日～20X6年３月31日）に関する下記の問に答えなさい。なお、計算の過程で生じた千円未満の端数は四捨五入し、解答はすべて千円単位で答えなさい。

[資料１] 20X6年３月31日現在の決算整理前残高試算表

決算整理前残高試算表　　(単位：千円)

借方科目	金額	貸方科目	金額
現金預金	314,100	買掛金	35,000
売掛金	300,000	前受金	50,000
仮払金	200,000	貸倒引当金	2,000
自己株式	40,000	社債	790,386
商品	50,000	受注損失引当金	800
建物	600,000	退職給付引当金	84,000
備品	250,000	建物減価償却累計額	90,000
土地	1,128,886	備品減価償却累計額	100,000
ソフトウェア	90,000	資本金	1,200,000
繰延税金資産	34,200	資本準備金	50,000
投資有価証券	30,000	その他資本剰余金	16,000
仮払法人税等	20,000	利益準備金	20,000
商品売上原価	460,000	繰越利益剰余金	330,000
役務原価	12,000	商品売上高	780,000
販売費	20,000	役務収益	70,000
給料手当	47,000	受取配当金	2,000
一般管理費	20,000	投資有価証券売却益	8,000
社債利息	12,000		
	3,628,186		3,628,186

[資料２] 決算整理事項その他財務諸表の作成にあたって必要な事項

1．商品のうち帳簿価額32,000千円分について、売価が30,000千円、販売に要する費用が1,800千円と見積もられた。商品評価損は、商品売上原価に振り替える。

※2．商品の販売仲介を行った際、顧客からの受取代金80,000千円を商品売上高に、委託者への支払額78,000千円を商品売上原価にそれぞれ計上していたが、両者の差額が役務収益となるように修正する。

※3．前受金のうち20,000千円分は、商品の買付のために顧客から受け入れたものであったが、決算日現在において買付価額が21,200千円、当社負担の運賃が1,000千円となる見通しとなり、予想される損失を受注損失引当金として計上する（差額補充法）。決算整理前残高試算表における受注損失引当金に係る取引は、すでに完了している。受注損失引当金繰入額は、役務原価に振り替える。

※　2022年度に施行する試験から、会計処理が異なる可能性があります。

4．自社利用目的のソフトウェアは、ソフトウェア勘定に計上し、５年間にわたり、残存価額をゼロとする定額法によって償却を行っている。決算整理前残高試算表におけるソフトウェアは、20X3年４月１日に計上されたものであり、20X4年度までの償却は適正に行われている。なお、20X5年度の決算において、20X4年４月１日に支出したソフトウェアの原価30,000千円が、本来無形固定資産として計上すべきであったにもかかわらず、費用処理されていたことが判明した。当該ソフトウェアについては誤謬の訂正として処理する。誤謬の訂正によって生じる法人税等の追加分（修正申告により追加的に支払うべき税金の額）8,400千円は、未払法人税等に計上する。

5．売掛金の当期末残高の１％を貸倒引当金として計上する（差額補充法）。

6．販売費のうち15,000千円は、役務収益の獲得のために直接要した原価であり、役務原価に振り替える。

7．投資有価証券は、その他有価証券に分類されるものであり、その内訳は、以下のとおりである。時価が著しく下落した銘柄を除き、全部純資産直入法を適用する。税効果会計の適用に際しては、各年度を通じて法定実効税率を35%とし、時価が著しく下落した銘柄からは一時差異は生じないものとする。なお、決算整理前残高試算表における投資有価証券売却益勘定には、自己株式の売却益3,000千円（原価10,000千円）が含まれている。

銘　　柄	取得原価	前期末時価	当期末時価
A社株式	12,000千円	15,000千円	13,500千円
B社株式	8,000千円	9,000千円	7,600千円
C社株式	10,000千円	8,500千円	4,000千円

8．建物について減価償却費を計上する。当該建物は、20X2年４月１日に取得したものであり、残存価額はゼロ、耐用年数は20年として減価償却を行ってきたが、当期首において耐用年数の見積りの修正を行い、残存耐用年数を12年とすることとした。

9．備品について減価償却費を計上する。当該備品は、20X4年４月１日に取得したものであり、耐用年数を５年として税法上の定率法（200%定率法）を適用する。

10．当社は、確定給付年金制度を採用している。数理計算上の差異は、発生年度の翌年度から10年間で定額法により費用処理する。当期首現在の退職給付債務は400,000千円、年金資産は280,000千円、未認識数理計算上の差異は36,000千円（20X3年度末における割引率の引き下げによる）であった。当期の損益計算書に計上すべき勤務費用は15,000千円、割引率を年３%、期待運用収益率を年3.5%とする。当期末に支払った掛金10,000千円は、決算整理前残高試算表における給料手当勘定に計上されている。

11．社債は、20X3年４月１日に総額1,000,000千円、払込価額981,052千円、利率年1.5%、利払日年１回３月31日の条件で発行したものであり、20X5年３月31日から毎年３月31日に額面の５分の１ずつを分割償還する。当期に支払った利息は社債利息勘定に計上しているが、償還額は仮払金としているのみである。社債は、償却原価法（利息法）によって処理し、実効利子率は年2.0%であった。

12. 販売費2,000千円を繰り延べる。金庫に入っていた配当金領収証1,000千円が未処理であった。また、収入印紙800千円（一般管理費で処理されている）を貯蔵品に振り替える。

13. 当期の法人税、住民税及び事業税27,000千円を計上する（4．によって計上したものを除く)。仮払法人税等は、前年度の申告額にもとづいて支払った中間納付額である。また、税効果会計を適用する。当期末において、繰延税金資産の回収可能性を評価した結果、貸借対照表に計上すべき繰延税金資産（7．で計上した繰延税金負債の控除前）は30,000千円と判断された。

14. 当期中に支払われた配当金は30,000千円であり、配当にともなって積み立てた利益準備金は3,000千円であった（処理済)。

問1　20X5年度における損益計算書を作成しなさい。

問2　20X5年度における株主資本等変動計算書に含まれる次の金額を答えなさい。

①　利益準備金の当期首残高

②　繰越利益剰余金の当期首残高

③　その他資本剰余金の自己株式の処分による当期変動額

④　純資産合計の当期変動額

会　計　学

解答用紙 ☞別冊P3　解答・解説 ☞P115

問　題

第1問

次の文章の空欄に適切な語句を記入しなさい。

(1) 資産計上された資産除去債務に対応する除去費用に係る費用配分額は、損益計算書上、当該資産除去債務に関連する有形固定資産の（　イ　）と同じ区分に含めて計上する。

(2) 同種の物品が多数集まって一つの全体を構成し、老朽品の部分的取替を繰り返すことにより全体が維持されるような資産については、減価償却の代用的方法として、部分的取替に要する費用を収益的支出として処理する（　ロ　）を採用することができる。

(3) キャッシュ・フロー計算書において、固定資産の取得および売却、投資有価証券の取得および売却等によるキャッシュ・フローについては（　ハ　）によるキャッシュ・フローの区分に記載する。

(4) 減損の兆候がある資産または資産グループについての減損損失を認識するかどうかの判定は、資産または資産グループから得られる（　ニ　）の総額と帳簿価額を比較することによって行い、資産または資産グループから得られる（　ニ　）の総額が帳簿価額を下回る場合には、減損損失を認識する。

(5) 連結財務諸表の作成にあたって、連結財務諸表を親会社の財務諸表の延長線上に位置づけて、資本に関して親会社の株主の持分のみを反映させる考え方を親会社説という。これに対して、連結財務諸表を親会社とは区別される企業集団全体の財務諸表と位置づけて、企業集団を構成するすべての連結会社の株主の持分を反映させる考え方を（　ホ　）説という。

第2問

日本商工株式会社（決算は年１回の３月末日）は東商リース株式会社と４種類の備品（いずれも割安購入選択権は付されていないが、備品Dは特別仕様であり、使用期間を通じて借手によってのみ使用されることが明確である）のリース契約を結んでいる。次のリース取引についての［資料Ⅰ］と［資料Ⅱ］にもとづいて、答案用紙の20X8年度（20X8年４月１日～20X9年３月31日）に関する問に答えなさい。なお、計算の過程で端数が出る場合は、その都度千円未満を四捨五入すること。

［資料Ⅰ］ リース契約の内容

備品	取得日 (取引開始日)	リース料(年額) (1年ごと後払い)	見積現金 購入価額	解約不能リース期間 (契約期間)	経済的 耐用年数	所有権 移転条項
A	20X8年４月１日	15,000千円	78,632千円	６年	８年	あり※
B	20X8年12月１日	12,000千円	53,422千円	５年	６年	なし
C	20X8年１月１日	5,000千円	18,000千円	３年	５年	なし
D	20X6年10月１日	14,000千円	73,390千円	６年	７年	なし

※リース期間終了後にリース物件の所有権が借手に移転する契約となっている。

[資料Ⅱ] 会計処理における留意事項

1．日本商工株式会社は東商リース株式会社のリース資産の取得価額を承知していない。

2．リース取引がファイナンス・リースに該当する場合の判定については、現在価値基準（解約不能のリース期間中のリース料総額の現在価値が見積現金購入価額の90%以上である場合にファイナンス・リース取引と判定する）または経済的耐用年数基準（解約不能のリース期間が経済的耐用年数の75%以上である場合にファイナンス・リース取引と判定する）にもとづいて行う。

3．リース資産の減価償却は定額法（残存価額ゼロ、間接法による記帳、期中取得の場合は月割計算による）で行う。リース料の直近支払時から期末までの期間にかかる利息については月割計算による。

4．借手の追加借入利子率は３%であるが、ファイナンス・リース取引についてはリース料総額の現在割引価値を見積現金購入価額と等しくする割引率は４%である。なお、年利率３%と４%の年金現価係数は、次のとおりである。現価の算定にあたっては、この現価係数を用いること。

	1年	2年	3年	4年	5年	6年	7年	8年
年利率３%	0.97087	1.91347	2.82861	3.71710	4.57971	5.41719	6.23028	7.01969
年利率４%	0.96154	1.88609	2.77509	3.62990	4.45182	5.24212	6.00205	6.73274

第3問

P社は20X7年４月１日にA社の発行済株式（議決権あり）の40%にあたる株式を155,000千円で、またB社の発行済株式（議決権あり）の20%にあたる株式を27,780千円でそれぞれ取得して両社を持分法適用会社とした。P社、A社およびB社の会計期間はいずれも１年で、決算日は３月末日である。P社には他に子会社があるが、持分法適用会社はA社とB社のみである。次の［資料Ⅰ］と［資料Ⅱ］にもとづいて、答案用紙の問に答えなさい。なお、法定実効税率を30%として税効果会計を適用する。また、計算の過程で端数が出る場合は、その都度千円未満を四捨五入すること。

[資料Ⅰ] 20X7年３月31日におけるA社およびB社の貸借対照表

貸借対照表

A社　20X7年３月31日　（単位：千円）

諸資産	500,000	諸負債	130,000
		資本金	350,000
		利益準備金	5,000
		繰越利益剰余金	15,000
	500,000		500,000

貸借対照表

B社　20X7年３月31日　（単位：千円）

諸資産	200,000	諸負債	60,000
		資本金	120,000
		利益準備金	3,000
		繰越利益剰余金	17,000
	200,000		200,000

20X7年３月31日におけるA社とB社の資産・負債の貸借対照表価額は、土地を除いて時価と同額であった。A社の土地は取得時より10,000千円、B社の土地は取得時より2,000千円それぞれ値上がりしており、その後20X9年３月末に至るまで両社の土地の時価に変化はない。なお、のれんが生じる場合には発生年度から10年間にわたって毎期均等額を償却し、負ののれんが発生する場合には発生年度の利益として処理する。

[資料Ⅱ] 20X7年度（20X7年４月１日～20X8年３月31日）および20X8年度（20X8年４月１日～20X9年３月31日）に関する事項

1．20X7年度と20X8年度のA社の当期純利益はそれぞれ1,200千円と1,800千円で、20X7年度のB社の当期純利益は1,800千円であったが、20X8年度は当期純損失が200千円であった。
2．A社が株主に支払った配当金の金額は、20X7年度中に900千円、20X8年度中に1,000千円で、B社が株主に支払った配当金の金額は20X7年度中に400千円であったが、20X8年度は無配である。なお、配当に関する税効果は考慮外とする。
3．20X7年度からP社はA社に対して甲商品を販売し（利益率は30%）、B社はP社に対し乙商品を販売している（利益率は40%）。A社の期末商品棚卸高のうちP社からの仕入分は、20X7年度は700千円、20X8年度は600千円で、P社の期末商品棚卸高のうちB社からの仕入分は、20X7年度は1,000千円、20X8年度は1,500千円である。なお、未実現利益の消去については投資会社持分相当額を消去することとし、原則法にもとづいて行う。

第152回 工業簿記・原価計算

制限時間 1時間30分

工業簿記

解答用紙 ☞別冊P4　解答・解説 ☞P122

問　題

第1問

ＨＩＴ製作所は、第１工程始点ですべての原料を投入し加工作業を行い、第２工程では、第１工程完成品をすべて受け入れさらに加工することにより単一製品Ｐを連続生産している。原価計算の方法としては現在、累加法による全原価要素工程別実際総合原価計算を採用しているが、原料費に関しては予定消費価格を用いて消費額を計算し、加工費に関しては作業時間を配賦基準とする部門別予定配賦率でもって製品に正常配賦し、公式法変動予算を用いて差異分析している。完成品と月末仕掛品への原価配分には非度外視法による修正先入先出法を用いている。［資料］にもとづいて、下記の問に答えなさい。計算過程で端数が生じる場合は、円未満を四捨五入すること。

[資料]

1．当月原料に関するデータ

月　初　有　高：　300,000円
当 月 仕 入 高：4,515,000円
月末帳簿棚卸高：　250,000円
棚 卸 減 耗 費：　 21,000円
消 費 価 格 差 異：　 55,000円（貸方差異）
（注）月末原料に評価損益は発生していない。

2．加工費に関するデータ

	第１工程	第２工程
年間変動費予算	30,600,000円	47,520,000円
年間固定費予算	122,400,000円	71,280,000円
年間予定作業時間	61,200時間	39,600時間
当月実際発生額	12,800,000円	9,895,000円
当月実際作業時間	5,160時間	3,293時間

3．当月生産に関するデータ

	第1工程		第2工程	
月初仕掛品	100kg	(0.5)	0kg	
当月投入	1,050		1,000	
合　計	1,150kg		1,000kg	
正常仕損品	100		-	
正常減損	-		70	
月末仕掛品	50	(0.5)	80	(0.5)
完成品	1,000kg		850kg	

（注）1．（　）内は仕掛品の加工進捗度を示す。

2．仕損は当月作業分から生じ、第1工程終点の検査で認識する。仕損品に処分価額はない。

3．減損は第2工程において当月作業分から平均的に発生する。

4．月初仕掛品原価は800,000円である（うち、原料費分317,000円）。

問1　当月における加工費の予算差異と操業度差異を計算しなさい。

問2　当月における第1工程完成品総合原価を計算しなさい。

問3　当月における完成品単位原価を計算しなさい。

問4　ＨＩＴ製作所に関する次の文章の中で、正しいと思われる番号をすべて選びなさい。

①　第1工程完成品単位原価は、正常仕損費をすべて完成品のみが負担するので、先月作業分完成品換算総量当たりの単価が低いことを考慮しても、当月作業分完成品換算総量当たりの単価よりも高い。

②　第2工程加工費の予算差異は不利な差異であるが、固定予算を採用していた場合には、有利な差異が発生することになる。

③　仕損が第1工程終点で発生するので、第1工程の月末仕掛品原価の金額は、正常減損費を分離計算するか否かにかかわらず同じである。

④　正常減損費は加工進捗度に応じて完成品と月末仕掛品の両者負担となるので、完成品総合原価の金額は、度外視法を用いて計算しても非度外視法と同じになる。

問5　非累加法を用いて勘定記入した場合を仮定して、答案用紙に示されている各勘定の（　）内に適切な金額を記入しなさい。ただし、各工程費を原価要素別に工程別計算することで最終完成品の負担する原価を求める方法によるものとする（完成品総合原価の数値は累加法と同じになる）。

第2問

当製造所は、実際単純個別原価計算を採用している。材料の外注加工に関する５月の一連の取引にもとづいて、下記の問に答えなさい。

5月８日　X材料1,000個（購入原価1,000円／個）の塗装加工を子会社のA社に委託した。この際、X材料を無償で支給し、通常の出庫票を発行した。加工後の納品検査ののち、合格品に対して加工賃を200円／個で支払う約束をしているが、不合格品が発生した場合には、１％未満発生の場合は偶発的な正常範囲内とみなし、支給材料分を当製造所で負担し、加工賃分はA社が負担する契約を結んだ。

5月13日　Y材料400個（購入原価10,000円／個）の特殊メッキ加工を当月から新たに協力業者となったB社に委託した。この際、Y材料を12,000円／個の有償で支給したが、通常の売上とせず、外注出庫票を用いて会計処理した。合格品に対しては15,000円／個の受入価格で当月末に支払う約束であり、不合格品が発生した場合の契約内容はA社と同じである。

5月18日　８日にA社に委託した塗装加工がすべて完了し、納入された加工品を検査した。合格品となった998個については、外注加工品受入検査報告書を発行するとともに、直ちに製造現場へ引き渡した。不合格品２個を当製造所で廃棄処分した。不合格品に処分価値はなかった。

5月27日　13日にB社に委託した特殊メッキ加工がすべて完了し、納入された加工品を検査した。合格となった397個を部品として倉庫に納品した。不合格品３個を当製造所で廃棄処分した。不合格品に処分価値はなかった。

問１　答案用紙に示されている各勘定の（　　）内に、適切な金額を記入しなさい。

問２　5月末にB社に支払うべき特殊メッキ加工賃（債権債務の差額）はいくらか。

※　材料の有償支給については、日本商工会議所より2022年度以降当面の間、出題を見送ることが公表されております。(2022年１月現在)

原価計算

解答用紙 ☞別冊P5　解答・解説 ☞P129

問　題

製品Xを製造・販売する当社はジャストインタイム生産方式を採用しており、期首期末にいかなる在庫も持たないようにしている。原価計算方法としては直接標準原価計算を採用している。20X9年９月の予算編成に関する［資料］にもとづいて、下記の問に答えなさい。

［資料］

1．製品原価標準

原料費	5円／g	×100g／個	500円／個
変動加工費	2,000円／時間	×0.2時間／個	400円／個
変動製造原価合計			900円／個

2．20X9年８月31日の（実績見込）貸借対照表（単位：円）

流動資産		流動負債	
現金	10,000,000	買掛金	3,500,000
売掛金	28,000,000	借入金	0
製品	0	固定負債	
原料	0	社債	0
仕掛品	0	純資産	
固定資産		資本金	110,000,000
土地	56,000,000	資本剰余金	6,500,000
建物・設備	61,000,000	利益剰余金	35,000,000
資産合計	155,000,000	負債・純資産合計	155,000,000

（注）建物・設備は減価償却累計額控除後の数値である。

3．20X9年９月の予算データ

(1)　製品Xの予算販売単価は1,500円である。

(2)　売上高予算
　@1,500円×25,000個　　37,500,000円

(3)　売上高の現金売と掛売の割合
　月間売上高の20%は現金売りであり、残り80%は掛売りで、翌月末に現金で回収する。

(4)　月間原料購入額の50%は購入月末に現金で支払い、残り50%は買掛金とし翌月末に現金で支払う。

(5)　固定加工費の月次予算は2,000,000円で、そのうち850,000円は減価償却費であり、残りは現金支出費用である。変動販売費は１個当たり90円であって、固定販売費及び一般管理費の月次予算は固定販売費が2,500,000円、固定一般管理費が3,750,000円、合計6,250,000円であるが、そのうち400,000円が減価償却費で、残りは現金支出費用である。

(6)　予想現金支出

原料購入代金の支払いおよび資金借入れによる利子支払いを除き、予想される現金支出額（月末払い）は次のとおりである。

原料以外の材料費	7,650,000円
労　　務　　費	8,800,000円
経　　　　　費	2,800,000円
機　械　購　入	7,000,000円

（注）機械は9月1日に購入し、その代金は9月末に支払う予定である。この機械の1か月分の減価償却費は上記(5)の減価償却費の中に含まれている。

(7)　各月末に保有すべき最低の現金残高は10,000,000円である。銀行からの借入れは月初、元本の返済は年末にまとめて行う。

(8)　資金調達と返済

月末の現金残高が最低必要現金残高を下回ると予想される月においては、あらかじめ500,000円の倍数で月初に月利0.2%でその不足額を借り入れておく。その利息は月末に支払う。

問1　9月の予算貢献利益と予算営業利益を計算しなさい。

問2　**[資料]** (6)までの条件にもとづいて、9月の予算現金残高を計算しなさい。

問3　**[資料]** (7)と(8)を踏まえ、9月の月初にいくら借入れをすべきか計算しなさい。

問4　9月の予算経常利益を計算しなさい。

問5　次の文章の（　　）内に適切な数値あるいは用語を記入しなさい。

9月の貢献利益率は（　①　）%であり、売上高営業利益率は（　②　）%と予想される。当社では、月間売上高営業利益率目標を（　③　）%と設定しているため、予算編成段階での営業利益未達額は750,000円となる。（　④　）は約2.83であり、売上高が5.9%増加すると営業利益は16.697%増加し、その増加額は（　⑤　）円となり、目標売上高営業利益率を達成できる。

しかし、市場の競争が激しく、売上高の増加は見込めない。そのため、製品Xの設計変更による原料消費量の削減と作業改善による加工時間の短縮を検討したところ、9月からこれらのコスト削減が実現可能であり、これにより売上高営業利益率がちょうど（　③　）%となることがわかった。そこで製品原価標準について、原料費も変動加工費も価格標準は変わらないが、原料費の物量標準を1個当たり（　⑥　）g、変動加工費の物量標準を1個作るのに0.19時間に改訂することにした。この結果、変動売上原価は標準改訂前の（　⑦　）円から（　⑧　）円となる。

第153回 商業簿記・会計学

制限時間
1時間30分

商業簿記

解答用紙 ☞別冊P6　解答・解説 ☞P132

問　題

日商株式会社の2X19年３月期（自2X18年４月１日　至2X19年３月31日）における［Ｉ］決算整理前残高試算表および［Ⅱ］期末整理事項等にもとづいて、次の問に答えなさい。

［解答上の注意事項］

1．計算の過程で端数が出る場合は、その都度千円未満を四捨五入すること。なお、原価率については、小数点以下第３位を四捨五入すること。

2．税効果会計は考慮外とする。

3．？については各自推定すること。

［Ｉ］ 決算整理前残高試算表

決算整理前残高試算表

2X19年３月31日　（単位：千円）

借方科目	金額	貸方科目	金額
現金預金	15,616	支払手形	24,130
受取手形	26,800	買掛金	42,150
売掛金	48,800	仮受金	80,000
繰越商品	87,450	貸倒引当金	1,505
仮払金	11,000	社債	?
仮払法人税等	17,000	リース債務	?
建物	①	退職給付引当金	③
車両	12,000	建物減価償却累計額	67,500
備品	②	車両減価償却累計額	④
土地	514,000	備品減価償却累計額	54,171
子会社株式	245,000	資本金	546,000
長期貸付金	25,000	資本準備金	18,500
仕入	?	利益準備金	27,560
販売費	109,622	任意積立金	52,000
一般管理費	5,426	繰越利益剰余金	9,174
支払利息	1,697	新株予約権	⑤
社債利息	500	一般売上	581,125
		小売売上	412,000
		受取配当金	3,424
		受取利息	750
		固定資産売却益	1,300
	?		?

［Ⅱ］ 期末整理事項等

1．当社は甲商品と乙商品を販売している。甲商品は国内の他社に販売する商品で、残高試算表上では一般売上で処理している。乙商品は店舗で現金販売している商品で、残高試算表上では小売売上で処理している。棚卸資産の評価方法は、甲商品が年間の総平均法で、乙商品が売価還元法である。甲商品および乙商品の売上原価は、ともに仕入勘定で処理する。

(1)　甲商品に関する事項（甲商品には減耗損や評価損は生じていない）

期首商品棚卸高：42,450千円　当期仕入高：371,870千円　期末商品棚卸高：43,720千円

(2)　乙商品に関する事項

①　期首商品棚卸高（売価）60,000千円、当期仕入高と期中原始値入額との合計391,250千円（期中の原始値入額は94,250千円）、正味値上額23,750千円、正味値下額25,000千円、期末商品実地棚卸高（売価）34,500千円である。なお、正味値下額は売価合計額に適切に反映されている。期末商品棚卸高は、商品に収益性の低下がみられたため、期末商品実地棚卸高（売価）に売価還元法（正味値下額を除外して原価率を算定する方法）による原価率を乗じて求めるものとし、棚卸減耗損と商品評価損は売上原価に含めることとする。

②　乙商品の取引について調査したところ、決算日の小売売上1,500千円（現金販売）が未記帳となっていたことと、当期に見本品として配布した商品500千円（売価）について未記帳となっていることが判明した。見本品の原価（期末商品の原価の算定と同じ原価率を用いて算定する）については他勘定振替高に計上することとし、見本品については販売費として処理する。

2．貸倒引当金の設定については次のとおりである。

(1)　期末の受取手形および売掛金残高に対して2％の貸倒引当金を差額補充法で設定する。

(2)　長期貸付金は、2X16年4月1日に約定利子率年3％（毎期3月末払い）、期間5年で、満期日一括返済の契約で貸し付けたものである。決算日の本日、借手より条件緩和の申し出があり、次年度以降の利払いを年1％に減額することとし、貸倒懸念債権に区分することとした。これまでは貸倒実績率を2.5％として貸倒引当金を設定していたが、本年度より、来期以降の利息受取額と元本回収額を当初の約定利子率で割り引いた金額にもとづいて貸倒引当金を設定することとし、差額を繰り入れる。

3．固定資産の減価償却については次のとおりである。

(1)　建物は、2X11年7月1日に取得したものである。減価償却については、定額法（耐用年数30年、残存価額ゼロ）によって行うとともに、当該建物に減損の兆候がみられたため、減損損失の判定を行うこととなった。建物の割引前将来キャッシュ・フローは221,000千円、回収可能価額は215,384千円である。

(2)　車両は、2X15年4月1日に取得したものである。減価償却については、200％定率法（耐用年数5年、残存価額ゼロ、保証率0.10800、改定償却率0.500）によって行う。

(3)　備品は、2X15年4月1日からリースにより調達したものである。リース契約では、リース料は年額20,000千円（総額120,000千円、毎年3月31日の後払い）、リース物件の見積現金購入価額は110,000千円、当社の追加借入利子率は年3％、リース物件の経済的耐用年数は7年（減価償却は残存価額をゼロとして、定額法によって行う）、リース契約終了時にリース資産を貸手に返却することとなっている。なお、本年度の減価償却費は未計上であ

るが、リース料の支払いについてはすでに処理済みである。利子率年３％で、６年の年金現価係数は5.4172、７年の年金現価係数は6.2303である。

4．新株予約権付社債（転換社債型には該当しない）は、額面総額100,000千円、年利率0.50%、期間５年、利払日年１回（各年度の３月末日）、新株予約権の付与割合100%の条件で、2X15年４月１日に額面発行したものである。なお、当時当社が同じ条件で普通社債を発行しようとした場合は、発行価額100円につき、92.93円での割引発行となっていた。新株予約権付社債を区分する方法については、算定が容易な社債部分の対価を決定し、これを払込額から差し引いて他方の対価を算定する方法によっている。社債部分については実効利子率を2.00%として償却原価法（利息法）を適用する。

当期中に当該新株予約権付社債の新株予約権の80%が行使され、払込金の80,000千円は仮受金として処理されている。資本金には会社法の定める最低額を計上する。なお、前期以前に当該新株予約権は行使されていない。

5．確定給付型の企業年金制度を採用している。期首退職給付債務は426,000千円、期首年金資産は214,000千円、期首における未認識数理計算上の差異は88,000千円（2X16年３月期発生額が50,000千円で、2X18年３月期発生額が48,000千円である）、当期勤務費用は21,600千円、当期掛金拠出額は11,000千円（仮払金で処理しており、当期の退職金の支払いはない）であった。割引率は年２％、長期期待運用収益率は年３％である。数理計算上の差異は、発生年度の翌年度から10年にわたり定額法で償却を行っている（発生金額は年金資産の運用成績の悪化による退職給付引当金の積み立て不足によるものである）。

6．販売費の前払分が3,365千円、一般管理費の未払分が2,387千円ある。

7．法人税、住民税及び事業税35,170千円を計上する。

問１　［資料Ｉ］決算整理前残高試算表の①～⑤の金額を求めなさい。

問２　2X19年３月期の損益計算書を完成しなさい。

問３　答案用紙の2X19年３月期末貸借対照表における各項目の金額を求めなさい。

会　計　学

解答用紙 ☞別冊P7　解答·解説 ☞P138

問　題

問題 1

次の文章の空欄（ イ ）～（ ル ）に当てはまる適切な語句または数字を答案用紙に記入しなさい。なお、解答に当たって金額単位未満の端数が生じる場合には、四捨五入して答えなさい。

1．（ イ ）取引とは、先物取引、先渡取引、（ ロ ）取引、スワップ取引及びこれらに類似する取引をいう。（ イ ）取引により生じる正味の債権及び債務は、（ ハ ）をもって貸借対照表価額とし、評価差額は原則として当期の損益として処理される。

2．当期首現在において繰延税金資産が3,000百万円、繰延税金負債が450百万円あった。当期末現在において、将来減算一時差異が12,000百万円、将来加算一時差異が2,000百万円である場合、当期の法人税等調整額は、（ ニ ）百万円となる。ただし、将来の法定（ ホ ）税率は30%、当期首および当期末における将来加算一時差異はその他有価証券の評価差額金について生じたものである。

3．当期首における建物の帳簿価額は10,400百万円、当該建物に係る資産除去債務が3,183百万円であった。このとき、当期の減価償却費と利息費用の合計額は、（ へ ）百万円となる。なお、建物の減価償却は、残存耐用年数が８年、残存価額ゼロ、定額法による。資産除去債務の割引率は、年３%とする。

4．「討議資料　財務会計の概念フレームワーク」によると、会計情報の意思決定（ ト ）性を支える特性として、意思決定との関連性と（ チ ）性が挙げられている。

5．企業が開示する報告セグメントの利益に含まれる項目のうち、開示が要求されているものには、外部（ リ ）への売上高、事業セグメント間の内部売上高又は振替高、減価償却費、（ ヌ ）の償却額、受取利息及び支払利息、（ ル ）投資利益（又は損失)、特別利益及び特別損失、税金費用、重要な非資金損益項目がある。

問題２

次の［資料］にもとづいて、下記の各問に答えなさい。なお、税効果会計は適用しない。

［資料］

1．20X1年度末において、P社はS社の発行済株式数の80%を670,000千円（なお、取得関連費用20,000千円を含む）で取得し、同社を子会社とした。また、20X3年度末において、P社はS社の発行済株式数の20%を180,000千円で売却した。

2．20X1年度末におけるS社の純資産は、以下のとおりである。

資　本　金　　400,000千円　　　資本剰余金　　100,000千円
利益剰余金　　220,000千円　　　その他有価証券評価差額金　　10,000千円

20X1年度末において、S社の簿価50,000千円の土地について時価が60,000千円、簿価30,000千円の建物について時価が35,000千円であった。他の資産および負債は、簿価と時価が同じであった。建物の残存耐用年数は５年であり、残存価額をゼロとする定額法によって減価償却する。のれんは、発生年度の翌年度から10年間で定額法により償却する。

3．20X3年度末におけるP社およびS社の個別貸借対照表は、次のとおりであった。なお、P社の売掛金のうちS社に対するものが50,000千円、S社の棚卸資産のうちP社が計上した未実現利益が2,000千円含まれている。

貸　借　対　照　表

20X3年度末現在　　（単位：千円）

資　　産	P　社	S　社	負債・純資産	P　社	S　社
現金預金	277,500	245,000	買掛金	160,000	90,000
売掛金	300,000	310,000	長期借入金	400,000	140,000
棚卸資産	190,000	120,000	資本金	1,000,000	400,000
有形固定資産	700,000	300,000	資本剰余金	200,000	100,000
S社株式	502,500	—	利益剰余金	380,000	300,000
投資有価証券	200,000	70,000	その他有価証券評価差額金	30,000	15,000
	2,170,000	1,045,000		2,170,000	1,045,000

4．20X3年度におけるP社およびS社の当期純利益と配当金は、次のとおりである。

	P　社	S　社
当期純利益	20,000千円	30,000千円
配　当　金	10,000千円	10,000千円

5．20X3年度期首におけるP社およびS社のその他有価証券評価差額金は、それぞれ27,000千円、14,000千円であった。

問１　答案用紙の20X3年度末現在における連結貸借対照表を作成しなさい。

問２　20X3年度における連結財務諸表上の「親会社株主に帰属する当期純利益」と「包括利益」を求めなさい。

第153回 工業簿記・原価計算

制限時間 1時間30分

工業簿記

解答用紙 ☞別冊P8　解答・解説 ☞P143

問　題

当社では部品Aを購入し、それを加工して製品Xを生産・販売している。間接費については、一般管理費を除き、ABC（活動基準原価計算）による予定配賦を行っている。次の［資料］にもとづいて、下記の問に答えなさい。

［資料］ とくに明記されていない場合、以下のデータはすべて11月のものである。

(1) 買入部品Aに関する記録

11月1日	繰　越	1,500個	(3,000,000円)
5日	掛仕入	2,500個	購入代価 @1,800円
6日	出　庫	2,300個	
12日	掛仕入	2,200個	購入代価 @2,000円
13日	出　庫	2,500個	
19日	掛仕入	2,500個	購入代価 @1,800円
20日	出　庫	2,500個	
26日	掛仕入	2,000個	購入代価 @2,200円
27日	出　庫	2,000個	

① 購入原価は、部品購入のつど購入代価に、内部材料副費予定配賦額（購入代価の10%）と引取費用とを加えて計算している。配賦差異はゼロであった。なお、引取費用は2,499個までは22,000円、2,500個以上は50,000円かかり、小切手を振り出して支払った。

② 買入部品Aの消費価格の算定は先入先出法による。

(2) 間接材料に関する記録：

工場消耗品　　掛買高　600,000円　　消費高　700,000円

機械修繕部品　掛買高　300,000円　　消費高　300,000円

(3) 工場給与支給総額　　?円（?は各自計算すること）

給与からの控除額：源泉徴収所得税　3,600,000円

　　　　　　　　　社会保険料　　　600,000円

現金支給額　16,600,000円

賃金には、前月未払額2,800,000円、当月未払額2,000,000円がある。当月就業時間は10,000時間、実働時間は9,500時間、直接作業時間は9,000時間であった。

(4) 間接費に関する記録：

① コスト・プールと予定配賦

コスト・プール	年間予算	年間予定配賦基準総量	実際配賦基準量
生産技術費	18,000,000円	3,600時間	300時間
機械作業費	36,000,000円	9,000時間	750時間
工場事務部費	9,800,000円	4,900時間	392時間
検　査　費	25,152,000円	6,000時間	500時間
出荷物流費	54,000,000円	480回	40回
顧客サポート費	912,000円	240回	20回

② コスト・プールと実際発生額（単位：円）

コスト・プール	実際発生額	備　　考
生産技術費	1,580,000	(2)と(3)から計算される間接材料費と間接労務費は左記のいずれかのコスト・プールに既に含まれている。
機械作業費	3,100,000	
工場事務部費	820,000	
検査費	2,140,000	
出荷物流費	4,500,000	販売費に含める。
顧客サポート費	76,000	
一般管理費	2,920,000	

(5) 完成品製造原価
　直接材料費　20,000,000円
　直接労務費　　？　円
　製造間接費　7,000,000円
　なお、？は各自計算のこと。仕掛直接労務費の残高は10月末と同額であった。

(6) 製品売上高　56,100,000円
　月末製品在庫高　5,200,000円

(7) 前月末の総勘定元帳勘定の残高は次のとおりであった（一部抜粋）。

10月末	（単位：円）
原材料	3,100,000
仕掛直接材料費	4,000,400
仕掛直接労務費	2,500,000
仕掛製造間接費	1,500,000
製品	3,200,000

問1　11月5日の仕入取引の仕訳をしなさい。ただし、勘定科目は次の中からもっとも適当と思われるものを選ぶこと。なお、単位は円で答えること。

　現　　金　　当座預金　　原材料　　買掛金
　内部材料副費　　仕掛直接材料費　　仕掛製造間接費

問2　答案用紙の仕掛直接材料費勘定を完成させなさい。なお、単位は円で答えること。

問3　製造間接費予定配賦額と配賦差異を計算しなさい。

問4　販売費予定配賦額と配賦差異を計算しなさい。

問5　当月の売上総利益と営業利益を計算しなさい。なお、製造間接費の配賦差異は売上原価に賦課すること。

原価計算

解答用紙 ☞別冊P9　解答·解説 ☞P147

問　題

第1問

HIT製作所では、製品XとYを製造・販売しており、直接標準原価計算を用いて予算編成および予算統制をしている。製品Xを生産するためには、工程の始点でA材料を投入し加工している。製品Yを生産するためには、工程の始点でB材料を投入し加工している。次の［資料］にもとづいて、下記の問に答えなさい。

[資料]

1．当月の予算（単位：円）

	製品X	製品Y	合　計
売上高	5,000,000	5,000,000	10,000,000
変動売上原価	2,500,000	2,840,000	5,340,000
変動販売費	500,000	360,000	860,000
標準貢献利益	2,000,000	1,800,000	3,800,000
個別固定費	450,000	700,000	1,150,000
製品貢献利益	1,550,000	1,100,000	2,650,000
共通固定費			1,650,000
営業利益			1,000,000

（注）(1)　製品Xの当月予算販売量は500個、製品Yのそれは400個である。
(2)　個別固定費はすべて加工費である。

2．標準原価に関するデータ

(1)　A材料の標準消費量は2kg／個、B材料のそれは3kg／個である。

(2)　製品Xの変動加工費月間予算は1,500,000円、製品Yのそれは1,980,000円であり、それぞれ直接作業時間を基準に各製品に配賦している（製品Xの月間正常直接作業時間は1,000時間、製品Yのそれは1,800時間である）。

(3)　製品Xの標準直接作業時間は2時間／個、製品Yのそれは4時間／個である。

3．当月の実際生産量・販売量データ（単位：個）

	製品X	製品Y
月初仕掛品	120	100
当月投入	480	440
計	600	540
月末仕掛品	100	120
差引	500	420
月初製品	50	50
計	550	470
月末製品	20	80
販売量	530	390

（注）月初・月末ともにすべての仕掛品の加工進捗度は0.5であった。

4．当月の実績データ（単位：円）

	製品X	製品Y
売上高	5,200,000	4,850,000
直接材料費	990,000	1,200,000
変動加工費	1,456,000	1,900,000
変動販売費	525,000	358,000

（注）個別固定費と共通固定費は予算どおりであった。
製品Xの実際直接作業時間は975時間、製品Yのそれは1,730時間であった。

問1 製品Y1個当たりの標準製造原価を計算しなさい。

問2 当月の実際販売量に見合う予算営業利益を計算しなさい。

問3 答案用紙の利益差異分析表を完成しなさい。

第2問

T自動車工業では、新型車を製造・販売する新規設備投資を企画している。次の［資料］にもとづいて、下記の文章の（　　）内に適切な数字あるいは用語を記入しなさい。ただし、⑥と⑦については、答案用紙の選択肢のいずれかを○で囲みなさい。なお、計算上生じる端数については、計算途中では四捨五入せず、最後の答えの段階で億円未満を四捨五入すること（例：123.4億円→123億円）。

［資料］

1．新規設備投資額は800億円であり、経済的貢献年数5年後の売却価値はゼロと予想される。

2．この投資によって発生する現金の流出入額は次のように見積もられた。現金の流出入は各年度末に生じると仮定されており、n年度末をT_nであらわすことにする（n＝1～5）。

	T_1	T_2	T_3	T_4	T_5
販売価格（万円／台）	250	250	240	225	200
販売量（万台）	4.0	4.2	4.5	4.4	3.6
現金支出費用（億円）	750	770	860	820	610

3．この投資案を採用すれば不要となる旧設備（耐用年数はすでに経過している）は10億円で売却可能である。

4．減価償却方法としては、残存価額をゼロとする定額法を用いる（耐用年数5年）。

5．法人税等の実効税率は30％と仮定し、T自動車工業は現在十分な利益を獲得しており、今後5年間も黒字決算が見込まれる。

6．現価係数表（利率ｒ、年数ｎの１円の現在価値を示す表）については、次の表を利用する。

n ＼ r	3％	4％	5％	6％	7％	8％
1	0.971	0.962	0.952	0.943	0.935	0.926
2	0.943	0.925	0.907	0.890	0.873	0.857
3	0.915	0.889	0.864	0.840	0.816	0.794
4	0.888	0.855	0.823	0.792	0.763	0.735
5	0.863	0.822	0.784	0.747	0.713	0.681

投資時点での現金流出額は、旧設備の売却見積額およびその売却に伴う帳簿上の固定資産売却益によって生じる法人税等の支払いを考慮すれば（ ① ）億円である。第１年度末の税引後純増分現金流入額の計算においては、売上高の（ ② ）億円から現金支出費用750億円と法人税等の支払額（ ③ ）億円を差し引くことになる。第２年度末以降も同様に計算すると、税引後純増分現金流入額の第１年度から第５年度までの単純合計は（ ④ ）億円になる。時間価値を考慮して正味現在価値を計算すれば、資本コスト率４％のとき、（ ⑤ ）億円である。資本コスト率が（ ⑥ ）％のとき、正味現在価値はゼロとなるが、この率は（ ⑦ ）に相当する。

第156回 商業簿記・会計学

制限時間
1時間30分

商業簿記

解答用紙 ☞別冊P10　解答・解説 ☞P152

問　題

第1問

次の［資料］にもとづいて、20X9年度末における貸借対照表（純資産の部のみ）を作成しなさい。

［資料］

1．20X8年度末における純資産の部に含まれる各勘定の残高は、次のとおりである。

資本金	900,000千円	資本準備金	100,000千円
その他資本剰余金	50,000千円	利益準備金	100,000千円
固定資産圧縮積立金	4,200千円	別途積立金	400,000千円
繰越利益剰余金	228,000千円	自己株式（借方）	30,000千円
新株予約権	77,000千円		

2．20X9年度中に行われた配当および中間配当の合計額は、12,000千円であった。これに伴う利益準備金の積立額は、1,200千円であった。また、別途積立金として6,000千円を積み立てた。

3．20X9年度における当期純利益は、30,000千円であった。

4．当社は、20X8年度において従業員に対してストック・オプションを交付しており、20X9年度における株式報酬費用の計上額は1,800千円であった。

5．20X9年度において取得した自己株式の合計は、4,000千円であった。また、取得原価3,000千円の自己株式を3,300千円で売却した。

6．20X8年度期首において、機械装置（取得原価16,000千円、耐用年数８年、残存価額ゼロ、税法上の200％定率法）を取得しており、その際に国庫補助金8,000千円を受け取っていた。当社は、積立金方式により圧縮記帳を行っている。なお、税効果会計を適用し、各年度を通じて法定実効税率を30％とする。

7．20X9年度において新株予約権（帳簿価額）1,000千円の権利行使を受け、株式を交付し、10,000千円の払込みを受けた。なお、交付した株式のうち２分の１は、自己株式（帳簿価額5,800千円）として保有していたものである。また、会社計算規則に従って自己株式処分差損は資本金等増加限度額から控除し、資本金には会社法が定める最低限度額を計上する。

第2問

次の［資料］にもとづいて、20X3年度の連結損益計算書を作成しなさい。なお、有形固定資産および無形固定資産の残存価額はゼロとし、税効果会計は適用しない。

[資料]

1．P社は、20X1年度末にS社の発行済株式総数の80%を取得し、同社に対する支配を獲得した。支配獲得時においてS社の土地に100,000千円、商標権（残存有効期間8年にわたり定額法によって減価償却する）に40,000千円、建物（残存耐用年数10年にわたり定額法によって減価償却する）に50,000千円の時価評価差額（すべて時価が帳簿価額を上回る。全面時価評価法による）があった。また、支配獲得時にのれん（親会社株主に帰属する部分のみ。20年にわたり定額法によって償却する）が160,000千円計上された。

2．20X3年度においてP社およびS社が支払った配当金は、それぞれ70,000千円および50,000千円であった。

3．P社は、20X3年度においてS社に対して350,000千円の商品を売り上げ、このうち30,000千円の商品はS社が広告宣伝用に消費した。なお、20X2年度末および20X3年度末において、S社の商品期末棚卸高のうちP社から仕入れた商品がそれぞれ20,000千円および24,000千円含まれていた。P社の売上高総利益率は、各年度を通じて30%であった。

4．S社が20X3年度において計上した支払手数料のうち7,000千円は、P社に対して支払ったものである。P社は、これを役務収益として計上している。当該役務収益に対応する役務原価5,250千円は、その他の営業費用に振り替える。

5．P社が20X3年度において計上した受取利息のうち9,000千円は、S社に対する貸付金に生じたものである。

6．S社は、20X3年度の期首に車両運搬具（帳簿価額50,000千円）をP社に70,000千円で売却した。当該車両運搬具は、残存耐用年数5年にわたり定額法によって減価償却する。

7．P社は、20X3年度末にT社の発行済株式総数の60%を1,000,000千円で取得し、同社を子会社とした。さらに、当該株式の取得に当たって、P社はコンサルティング会社に支払手数料として60,000千円を支払っており、P社の個別財務諸表においてこれを子会社株式の原価に含めている。T社の識別可能純資産の時価は、2,000,000千円であった。

8．20X3年度におけるP社およびS社の個別損益計算書は、次のとおりであった。

個別損益計算書　　(単位：千円)

費　用	P　社	S　社	収　益	P　社	S　社
売上原価	1,400,000	750,000	売上高	2,000,000	1,000,000
役務原価	300,000		役務収益	400,000	
広告宣伝費	125,000	70,000	受取配当金	60,000	
減価償却費	100,000	40,000	受取利息	20,000	
支払手数料	25,000	20,000	固定資産売却益	50,000	20,000
その他の営業費用	100,000	40,000			
支払利息	80,000	20,000			
当期純利益	400,000	80,000			
	2,530,000	1,020,000		2,530,000	1,020,000

会 計 学

解答用紙 ☞別冊P11 解答・解説 ☞P157

問 題

第1問

次の文章の空欄に適切な語句を記入しなさい。

⑴ 会社の分割にあたって、分離元企業の受け取る対価が分離先企業の株式のみであり、事業分離によって分離先企業が新たに分離元企業の子会社や関連会社となる場合、分離元企業は、個別財務諸表上、分離先企業から受け取った株式の取得原価を移転した事業に係る（　ア　）相当額にもとづいて算定して処理する。

⑵ 財務諸表の科目分類、科目配列および報告様式など、財務諸表の作成にあたって採用した表示の方法を財務諸表の表示方法といい、新たな表示方法を過去の財務諸表に遡って適用したかのように表示を変更することを財務諸表の（　イ　）という。

⑶ 棚卸資産に分類される不動産以外で、賃貸収益またはキャピタル・ゲインの獲得を目的として保有されている不動産（ファイナンス・リース取引の貸手による不動産を除く）を（　ウ　）不動産という。（　ウ　）不動産を保有している場合は、その概要、貸借対照表計上額および期中における主な変動、当期末における（　エ　）およびその算定方法、および（　ウ　）不動産に関係する損益を注記しなければならない。

⑷ 外貨建金銭債権債務等に係る為替予約等の振当処理においては、当該金銭債権債務等の取得時または発生時の為替相場による円換算額と為替予約等による円貨額との差額のうち、予約等の締結時の直物為替相場による円換算額と為替予約（先物為替相場）による円換算額との差額を（　オ　）といい、予約日の属する期から決済日の属する期までの期間にわたって合理的な方法により配分し、各期の損益として処理する。

第2問

以下の［資料］は、日本商工株式会社が当期（20X4年度）に保有する有価証券の明細である。これらの［資料］にもとづいて答案用紙で示された当期末（20X4年12月31日）の個別貸借対照表における（1）～（6）の金額を求めなさい。決算は年１回である。なお、計算の過程で端数が生じる場合は、その都度千円未満を四捨五入すること。また、直物為替相場は、１ドル当たり当期首103円、期中平均105円、当期末108円である。

[資料Ⅰ] 当期末現在の保有有価証券の明細表

銘　柄	分類（保有目的変更後）	取得原価	帳簿価額	時　価
A 社株式	子会社株式	14,000ドル	1,442千円	14,500ドル
B 社株式	その他有価証券	2,477千円	2,660千円	2,885千円
C 社社債	満期保有目的債券	389,107ドル	40,078千円	392,878ドル
D 社株式	その他有価証券	50,000ドル	4,900千円	40,000ドル
E 社株式	関連会社株式	14,000千円	?	18,500千円
F 社株式	関連会社株式	85,000千円	?	−
G 社株式	その他有価証券	210,000千円	?	273,000千円
H 社株式	子会社株式	650,000千円	650,000千円	820,000千円
国　債	その他有価証券	100,000千円	100,000千円	98,000千円

[資料Ⅱ] 期末評価における注意事項

1．その他有価証券の評価差額の処理は全部純資産直入法による。税効果会計を適用し、実効税率は30%とする。

2．B社株式は資金運用方針の変更にともなって9月末日に売買目的有価証券からその他有価証券へと分類を変更したが未処理のままである。9月末日の時価は2,585千円である。10月以降の取引はない。

3．C社社債（額面400,000ドル）は20X2年1月1日に発行されたものを当期首に取得したものである。満期日は20X6年12月31日である。クーポン利子率は年4.0%、利払日は12月の末日である。実効利子率を年5.0%として償却原価法（利息法）を適用する。なお、当期の償却額は期中平均相場により換算する。

4．E社株式は、20X3年7月末日にE社発行済株式の10%をその他有価証券として取得したものである。当期中にE社発行済株式の20%を36,000千円で取得して代金を当座預金から支払い、同社を関連会社としたが、未処理のままである。明細表の時価は、E社発行済株式の10%相当分の時価である。

5．F社株式は、F社発行済の株式の25%を保有しているため、関連会社株式に分類している。F社は当期に入ってから経営危機に陥っており、その純資産の価額は、100,000千円まで下落し、回復の見込みはない。

6．G社株式は、G社発行済株式の30%を保有していたため、関連会社株式に分類していた。当期中に20%に相当する140,000千円を175,000千円で売却し、代金を当座預金で受け取っていたが未処理であった。残りの保有株式はその他有価証券に分類を変更することとする。明細表の時価は、G社発行済株式の30%相当分の時価である。

7．国債は、当期中に額面総額100,000千円を額面で取得したものである。価格の下落が予測されたため、リスクヘッジの目的で国債先物の売契約を結んでいる。当該先物契約の期末時価は総額で2,000千円（借方）である。繰延ヘッジを適用する。

第3問

以下の（1）～（5）の文章のそれぞれについて、現行のわが国の会計基準等にもとづいた場合、下線部のいずれか一つの語句に誤りが存在するものがある。誤っていると思われる場合には、その語句の下線部の記号（ａ）～（ｄ）のいずれかをⅠ欄に記入した上で、それぞれに代わる正しいと思われる適当な語句または文章をⅡ欄に記入しなさい。また、誤りがない場合には、Ⅰ欄に○印を記入しなさい。

⑴　利息および配当金に係るキャッシュ・フローをキャッシュ・フロー計算書に表示する場合、受取利息、受取配当金および支払利息は(a)投資活動によるキャッシュ・フローの区分に記載し、支払配当金は(b)財務活動によるキャッシュ・フローの区分に記載する方法と、受取利息および受取配当金は(c)投資活動によるキャッシュ・フローの区分に記載し、支払利息および支払配当金は(d)財務活動によるキャッシュ・フローの区分に記載する方法の２つがある。

⑵　資産除去債務の算定の基礎となる割引前将来キャッシュ・フローに重要な見積りの変更が生じ、当該キャッシュ・フローが増加する場合、増加した分のキャッシュ・フローに対して、(a)その時点の割引率を適用するが、減少する場合には残りのキャッシュ・フローに対して(b)負債計上時の割引率を適用する。なお、過去に割引前の将来キャッシュ・フローの見積りが増加した場合で、減少部分に適用すべき割引率を特定できないときは、(c)加重平均した割引率を適用する。

⑶　減損損失を認識すべきであると判断された資産または資産グループについては、帳簿価額を回収可能価額まで減額し、その減少額を当期の減損損失として計上する。この減損損失の測定において用いられる回収可能価額とは、(a)正味売却価額と(b)使用価値のいずれか(c)低い方の金額である。

⑷　(a)退職給付債務から(b)年金資産の額を控除した積立状況を示す額を連結貸借対照表に負債として計上する場合、(c)退職給付引当金として(d)固定負債に計上する。

⑸　(a)所有権移転ファイナンス・リース取引において借手がリース物件をリース資産として計上する場合の価額は、貸手の購入価額等が明らかな場合、(b)貸手の購入価額等と(c)リース料総額の割引現在価値とのいずれか(d)低い方の額による。

令和2年11月15日施行

第156回 工業簿記・原価計算

制限時間 1時間30分

工業簿記

解答用紙 ☞別冊P12　解答・解説 ☞P161

問　題

第1問

材料費計算に関する次の文章を読んで、下記の問に答えなさい。

『原価計算基準』によれば、材料費は、原価計算期間における実際の消費量に、その消費価格を乗じて計算するのであるが、消費量は［①］によって、消費価格は購入原価をもって計算するのが原則である。また、材料の購入原価は、原則として［②］の購入原価とし、購入代価に材料副費を加算した金額によって計算することになる。材料副費には、買入手数料、引取運賃、［③］など材料買入に要した引取費用と、購入事務、検収、整理、［④］などに要した費用がある。しかしながら、すべての材料副費を材料の購入代価に加算することが実務的に困難であるという理由から、『原価計算基準』では、いくつかの方法(下線部a)を示している。

引取費用のみを購入代価に加算して購入原価を計算し、その他の材料副費を間接経費として処理する方法が実務的に採用されているといわれていた。現在では、［⑤］原価計算を利用することにより、製品へ直接に配賦することができるようになってきた。

問1　文中の①～⑤に入る適切な語句を答案用紙の語群の中から1つ選択し○で囲みなさい。

問2　下線部 a に関連して、次の①～③のうち『原価計算基準』に照らして妥当と判断される方法をすべて選びなさい。

① すべての材料副費を購入代価に加算せず、購入代価のみで購入原価を計算する。

② 引取費用については予定配賦額によって購入代価に加算するが、検収費、整理費、選別費については、それぞれに適切な予定配賦率によって計算した材料副費として購入代価に加算する。

③ 引取費用は購入代価に加算するが、手入費、保管費は購入原価に算入しないで、材料費に配賦する。

第2問

ＨＩＴ製作所では、Ａ材料とＢ材料を用いて、Ｘ製品とＹ製品を製造販売している。材料の種類ごとに、１原価計算期間における実際消費量に予定消費価格を乗じて材料費を計算している。なお、材料元帳においては、月次総平均法にもとづいて実際消費価格を計算し、外部副費の予定配賦率を用いた材料の実際消費額を計算している。ただし、当製作所では、勘定外で材料別に外部副費のみを購入代価に加えた実際購入原価を計算し、材料副費配賦差異を分析している。内部副費に関しては、その実際発生額を間接経費として処理している。当月における次の［資料］にもとづいて、下記の問に答えなさい。

[資料]

1．予定消費価格

A 材 料　11,200円／個

B 材 料　21,500円／個

2．外部副費の予定配賦率

A 材 料　購入代価の10%

B 材 料　購入代価の８％

3．実際購入代価（括弧内は購入量）

A材料送状価額　8,000,000円（800個）

B材料送状価額　10,000,000円（500個）

4．A材料とB材料に共通して発生した実際材料副費

引取運賃　1,040,000円（購入量の比でそれぞれの材料に按分する）

関　税　270,000円（購入代価の比でそれぞれの材料に按分する）

5．４．以外の材料副費実際発生額

	検収費	保険料	手入費	保管費
A 材 料	42,000円	82,000円	60,000円	140,000円
B 材 料	45,000円	186,000円	60,000円	160,000円

6．製品別材料実際出庫量

	A 材 料	B 材 料
X 製 品	300個	450個
Y 製 品	400個	100個

7．月初材料棚卸高（括弧内は在庫量）

A 材 料　2,156,000円（200個）

B 材 料　2,160,000円（100個）

問１　実際購入原価を材料別に計算しなさい。

問２　A材料の材料副費配賦差異を計算しなさい。

問３　X製品の直接材料費を計算しなさい。

問４　消費価格差異総額（A材料とB材料の差異合計）を計算しなさい。

第３問

実際個別原価計算を採用している当工場における直接工に関する次の［資料］にもとづいて、５月の（1）直接工の就業時間、（2）直接労務費、（3）未払賃金および（4）賃率差異を計算しなさい。

[資料]

1．直接工作業報告書（作業時間票）の総括（５／１～５/31）

加　工　時　間	1,500時間
間接作業時間	400時間
段　取　時　間	200時間

（注）予定消費賃率は１時間当たり1,400円である。

2．給与支給帳の総括

賃金手当総額	2,790,000円
控　　除　　額	
源泉所得税等	256,000円
社会保険料	145,000円
現　金　支　給　額	2,389,000円

（注）給与計算期間は４/21から５/20であり、支給日は５/25である。

3．タイム・レコーダーから要約された出勤票の総括

定時間内作業時間（５／１～５/20）	1,360時間
定時休憩時間（５／１～５/20）	160時間
定時間内作業時間（５/21～５/31）	680時間
定時休憩時間（５/21～５/31）	80時間
定時間外作業時間（５/24および５/31）	60時間

4．平均支払賃率　　１時間当たり1,400円

（注）定時間外作業割増賃金については、原価計算上、平均支払賃率の35%を乗じて計算する。

5．４月の未払賃金　　840,000円

原価計算

解答用紙 ☞別冊P13　解答・解説 ☞P164

問　題

当社は家具の製造・販売を行っている。家具市場は競争が激しく、品質・機能を維持したうえで、顧客にとって求めやすい価格での販売が求められている。当社はデザインと機能性を追求した家具を競争相手よりも低価格で販売することを通じて成長してきたが、当期は主力製品の１つである製品Ｘが目標売上高営業利益率25％を達成できそうもない。そこで次期に向けて製品Ｘの改良モデル（製品ＸⅡ）を開発中である。次の［資料］にもとづき、下記の問に答えなさい。

[資料]

1．製品Ｘ（現行モデル）に関する当期のデータ

⑴　販売単価は競争相手よりも２割安い40,000円であり、生産・販売数量は15,000台（補修の上、定価で販売する台数を含む）である。

⑵　１台当たりの製造直接費：

直接材料費14,000円、直接労務費6,400円（＝@1,600円×４時間）

⑶　製造間接費と販売費及び一般管理費

コスト・プール	コスト・ドライバー	単位当たりコスト	備　　考
発注・受入活動	発注回数	9,000円／回	製品Ｘの部品数は20種類で、種類ごとに250回発注する。
検査活動	検査時間	200円／時	製品Ｘの検査時間は２時間／台であり、全数検査を行う。
補修活動	仕損品数	2,500円／台	製品Ｘの生産量の８％仕損が発生し、補修の上、定価で販売する。
包装・物流活動	出荷回数	75,000円／回	製品Ｘの出荷回数は600回である。
管理活動	直接作業時間	1,000円／時	

2．製品ＸⅡ（改良モデル）に関する次期のデータ

⑴　販売単価は競争相手よりも３割安くする方針である。なお、マーケティング調査結果によれば、競争相手は次期の販売単価を当期と同じ販売単価にすると予想され、当社が競争相手より３割安く販売すれば生産・販売数量は20,000台（補修の上、定価で販売する台数を含む）になる。

⑵　製品ＸⅡの開発会議において議論した結果、次のように計画した。

①　製品ＸⅡの部品数を15種類に減らし、サプライヤーを変えることにより、１台当たりの直接材料費は12,380円、直接労務費は4,800円（＝@1,600円×３時間）となり、製造間接費については発注回数の減少分だけ発注受入費が節約できる。また、仕損品の発生率が４％に下がることにより、補修費が節約できる。

② 製品XⅡを組立式にして平箱包装にすることにより包装物流費の単位当たりコストが@50,000円になる。

(3) 製造間接費と販売費及び一般管理費

コスト・プール	コスト・ドライバー	単位当たりコスト	備　　考
発注・受入活動	発注回数	9,000円／回	製品XⅡの部品数は15種類で、種類ごとに240回発注する。
検査活動	検査時間	200円／時	製品XⅡの検査時間は2時間／台であり、全数検査を行う。
補修活動	仕損品数	2,500円／台	製品XⅡの生産量の4％仕損が発生し、補修の上、定価で販売する。
包装・物流活動	出荷回数	50,000円／回	製品XⅡの出荷回数は600回である。
管理活動	直接作業時間	1,000円／時	

問1　製品X（現行モデル）の売上高営業利益率を計算しなさい。

問2　次の文章の（　　）に当てはまる適切な用語を選択肢群から選んで正確に記入しなさい。

販売価格の設定方式は大きく分けて2つあるが、そのうち当社では（　①　）を採用している。この方式では最初に（　②　）が設定される。次にここから当社の目標売上高営業利益率を達成する所要利益を控除し、（　③　）が設定される。そしてこの（　③　）を達成するための手段として（　④　）などが実施される。（　④　）は（　⑤　）の上流から下流まで全体にわたって行うことが望ましい。実際に当社では製品XⅡの開発段階において下流の包装・物流活動に焦点を当てたことで、目標売上高営業利益率を達成する見込みがたった。

[選択肢群]
ＡＢＣ　ＢＳＣ　ＶＥ　価値連鎖　コスト・ベース・アプローチ　標準原価
付加価値　振替価格　マーケット・ベース・アプローチ　見積原価　目標価格
目標原価　ライフサイクル

問3　次の文章の（　　）に適切な数字を正確に記入しなさい。

製品XⅡの販売単価は（　①　）円、1台当たり原価は製造直接費（　②　）円、発注受入費（　③　）円、検査費400円、補修費（　④　）円、包装物流費（　⑤　）円、管理費は（　⑥　）円である。製品XⅡの売上高営業利益率は、目標売上高営業利益率25%を（　⑦　）%ポイント上回る。

商業簿記

解答用紙 ☞別冊P14 解答・解説 ☞P166

問 題

日商株式会社の20X5年度（20X5年４月１日から20X6年３月31日まで）における［Ｉ］決算整理前残高試算表および［Ⅱ］期末整理事項等にもとづいて、以下の問に答えなさい。

［解答上の注意事項］

1 計算の過程で端数が出る場合は、その都度千円未満を四捨五入すること。

2 税効果会計は考慮外とする。

［Ｉ］ 決算整理前残高試算表

決算整理前残高試算表
20X6年３月31日 （単位：千円）

借方科目	金額	貸方科目	金額
現金預金	8,372	支払手形	?
受取手形	39,000	買掛金	④
売掛金	①	未払金	110
繰越商品	②	仮受金	320,000
仮払金	18,000	短期借入金	2,000
仮払法人税等	4,950	貸倒引当金	960
建物	200,000	資産除去債務	4,877
機械装置	③	退職給付引当金	49,800
備品	8,000	建物減価償却累計額	?
土地	280,000	機械装置減価償却累計額	?
長期貸付金	70,000	備品減価償却累計額	6,272
自己株式	80,000	資本金	314,000
株式交付費	1,800	資本準備金	2,065
仕入	?	その他資本剰余金	1,241
販売費	116,744	利益準備金	2,141
一般管理費	89,600	任意積立金	24,000
支払手数料	1,100	繰越利益剰余金	72,330
支払利息	120	一般売上	?
減損損失	1,890	海外輸出売上	⑤
		受取利息	288
		為替差損益	1,449
		固定資産売却益	3,500
	?		?

［Ⅱ］ 期末整理事項等

1．当社はA商品の仕入・販売を行っているが、当期よりB商品を仕入れ、北米向けに輸出を始めている。A商品とB商品の原価配分の方法はともに先入先出法で、棚卸減耗損と商品評価損は売上原価の内訳科目とする。

⑴ A商品の仕入・販売に関する資料

a 期首商品棚卸高：800個、第1回目の仕入高：6,600個、第2回目の仕入高：8,600個である。第1回目の仕入単価は期首商品と同じで、第2回目の仕入単価は第1回目の仕入単価を2千円下回っている。

b A商品の仕入と販売はすべて掛けと手形で行っている。A商品の期末商品棚卸高は、帳簿棚卸数量：1,800個、実地棚卸数量：1,650個、期末商品の正味売却価額は@39千円である。

c A商品は原価に35%の利益を上乗せして販売している。

⑵ B商品の仕入・輸出に関する資料

a 第1回目の仕入高：3,600個、第2回目の仕入高：3,100個で、第2回目の仕入単価は第1回目の仕入単価を3千円上回っている。

b B商品の仕入と販売はすべて掛けで行っている。当期中、12月に4,110個を総額2,898千ドルで販売し（販売時の為替相場は1ドル当たり102円）、2月に2,000個を総額1,400千ドルで販売している（販売時の為替相場は1ドル当たり108円）。12月に販売した掛代金はすべて回収済みであるが、2月に販売した掛代金の決済は5月末日である。B商品の期末商品棚卸高は、帳簿棚卸数量：590個、実地棚卸数量：590個、期末商品の正味売却価額は@55千円である。

c B商品は原価に円ベースで40%の利益を上乗せして販売している。

2．売上債権については次のとおりである。

⑴ 受取手形：前期繰越高42,000千円、A商品の売上による増加高 各自推定、売掛金の回収による増加高36,000千円、取立による減少高450,480千円

⑵ 売掛金：前期繰越高27,000千円、A商品の売上による増加高 各自推定、B商品の売上による増加高 各自推定、手形による回収高36,000千円、現金預金による回収高590,346千円

3．仕入債務については次のとおりである。

⑴ 支払手形：前期繰越高35,000千円、A商品の仕入による増加高510,000千円、買掛金の支払いによる増加高28,000千円、現金預金による決済高532,000千円

⑵ 買掛金：前期繰越高54,000千円、A商品の仕入による増加高 各自推定、B商品の仕入による増加高 各自推定、手形による支払高28,000千円、現金預金による支払高446,800千円

4．12月に販売したさいの売掛金2,898千ドルについては、為替相場が安定していたため為替予約を行わなかった。しかし、2月に輸出した商品の売掛金1,400千ドルについてはリスクをヘッジする目的で、20X6年3月1日に同年5月末日を決済期日とする為替予約を行ったが、未処理である。なお、為替予約日の1ドル当たりの直物為替相場は106円、先物為替相場は

109円で、決算日の１ドル当たりの直物為替相場は105円である。振当処理によることとし、為替予約差額の処理は月割で行う。

5．貸倒引当金については、売上債権について２％の貸倒実績率にもとづき差額補充法で設定する。

6．固定資産の減価償却については次のとおり行う。

備　　品：20X2年４月１日取得、200％定率法、耐用年数５年、残存価額０、保証率0.10800、改定償却率0.500

建　　物：20X0年４月１日取得、定額法、耐用年数25年、残存価額０

機械装置：20X1年４月１日取得、購入価額60,000千円、減価償却方法：定額法、耐用年数５年、残存価額０
当年度末に当初の予定どおり耐用年数が到来したため、機械装置を除去費用5,150千円で除去し、代金については来月に支払うこととなっていたが、未処理となっている。なお、この機械装置は使用後に除去する法的義務があったため、取得時に除去費用を5,000千円と見積もり、資産除去債務を計上した。資産除去債務の計上にあたって用いた割引率は年2.5％である。

7．自己株式は、当期に50,000株を取得したもので、期末に調査したところ、証券会社への手数料5,000千円が自己株式の取得原価に含められていることが判明した。また、２月１日に200,000株を公募により発行し、160,000株は新株を発行し、40,000株は先に取得した自己株式を処分した。１株当たりの払込金額は1,600円ですでに全額払い込まれているが、払込金は仮受金として処理しただけである。資本金等の増加限度額の２分の１を資本金とする。なお、このさいに支出した株式交付費1,800千円については繰延資産とすることとし、株式交付後３年で定額法により月割償却で処理する。

8．当社は、確定給付型の企業年金制度を採用している。試算表上の退職給付引当金は期首残高のままであり、期首退職給付債務は288,000千円、期首年金資産は240,000千円、数理計算上の差異は、20X3年度発生分が6,000千円（主として年金資産の運用収益額が期待運用収益額を上回ったため発生した）で、20X4年度発生分が？千円である（各自推定）。なお、20X2年度以前に発生した未認識数理計算上の差異は前期末までに償却済である。当期勤務費用は16,800千円、当期掛金拠出額は18,000千円（仮払金で処理）で、当期企業年金からの支給退職金は19,000千円であった。割引率は年２％、長期期待運用収益率は年３％である。数理計算上の差異は、重要と判断し、発生年度の翌年度から10年で償却（費用処理）を行っている。

9．費用の前払分：販売費890千円、費用の未払分：一般管理費320千円、利息の未収分：399千円

10．法人税、住民税及び事業税10,900千円を計上する。

問１　決算整理前残高試算表における①～⑤の金額を求めなさい。

問２　20X5年度の損益計算書を完成しなさい。

問３　答案用紙の20X5年度末の貸借対照表における各項目の金額を求めなさい。

会 計 学

解答用紙 ☞別冊P15　解答·解説 ☞P173

問 題

次の各文章における空欄に当てはまる適当な語句または金額を答えなさい。なお、小数点未満の端数は四捨五入して解答しなさい。

1．当社は、当期（X4年度）末現在、次の固定資産群を保有している。これらの固定資産は、すべてX1年度期首において取得したものであり、土地を除き、残存価額はゼロとする。

	取得原価	耐用年数	償却方法
土　地	200,000千円	—	—
建　物	180,000千円	20年	定額法
機　械	96,000千円	8年	定額法
備　品	14,400千円	9年	定額法

当該固定資産群における（ ア ）な資産は機械と判断された。残り4年における当該固定資産群の使用によるキャッシュ・フローは各年度末において33,000千円発生し、X8年度末における処分によるキャッシュ・フローは、280,000千円と見積もられた。なお、当期末における当該固定資産群の見積売却価額は330,000千円、売却に要する費用は10,000千円であった。使用価値を算定する際の割引率は、年8％とする。年8％の現価係数および年金現価係数は、次のとおりである。

	1年	2年	3年	4年	5年
現価係数	0.925926	0.857339	0.793832	0.735030	0.680583
年金現価係数	0.925926	1.783265	2.577097	3.312127	3.992710

当期末における当該固定資産群の使用価値は（ イ ）千円、回収可能価額は（ ウ ）千円となる。減損処理後の機械の帳簿価額は、（ エ ）千円となる。なお、減損損失は、各構成資産の帳簿価額に基づいて配分する。

2．当社は、X1年度期首において、期間5年、各年度末に100,000円を支払うリース契約を締結し、当期首より供用を開始した。当該リース取引は、ファイナンス・リース取引と判定された。なお、当社の（ オ ）利子率は年3％、見積現金購入価額は442,692円（同金額を現在価値とした場合の割引率は年4.2％）であった。リース資産の減価償却は、耐用年数5年、税法上の200％定率法によって行う。

X1年度における支払利息は（ カ ）円、同年度末におけるリース資産の帳簿価額は（ キ ）円であった。また、X2年度末におけるリース債務の残高は（ ク ）円であった。

3．P社は、かねてよりS社の発行済株式総数の80％を所有し、同社を子会社としている。P社は、材料Xを連結外部から仕入れ、10％の利益を付加してS社に販売している。これを受けて、S社は、材料Xを工程の始点で投入し、加工を施して製品Yを生産し、さらに完成した製品Ｙに対して20％の利益を付加してＰ社に販売している。Ｓ社における完成した製品Ｙの加工費率は70％であった。Ｐ社は、Ｓ社から受け取った製品Ｙを連結外部に販売している。Ｐ社およびＳ社における棚卸資産の残高は、次のとおりである（単位：千円）。

	Ｐ　社	Ｓ　社		
	製　　品	原　材　料	仕　掛　品 （加工進捗度50％）	製　　品
前　期　末	23,760	6,600	0	33,000
当　期　末	29,700	4,400	28,600	27,500

当期末のＰ社が作成する連結貸借対照表における原材料、仕掛品および製品の金額は、それぞれ（　ケ　）千円、（　コ　）千円および（　サ　）千円であった。また、未実現利益の調整による非支配株主に帰属する当期純利益の増加額または減少額は、（　シ　）千円であった。

4．当社は、X1年７月１日に従業員に対するストック・オプション1,000個を付与した。付与日における当該ストック・オプションの公正な評価単価は18千円であり、権利確定日がX4年６月30日、付与割合が100％（ストック・オプション１個に対して１株）、１個当たりの権利行使価格が60千円であった。

X1年度（X1年４月１日～X2年３月31日）中に失効したストック・オプションはなかったが、X1年度末において権利確定日までに見込まれる失効数は200個であった。X1年度に計上すべき株式報酬費用は、（　ス　）千円であった。

さらに、X2年度において、失効したストック・オプションの数は80個であり、X2年度末においてさらに160個の失効を見込んだ。X2年度における株式報酬費用は（　セ　）千円となり、同年度末における貸借対照表には（　ソ　）が（　タ　）千円計上される。

5．X5年10月１日において、Ａ社（発行済株式総数200株）は、Ｂ社を株式交換により完全子会社とした。株式交換直前の両社の貸借対照表は、次のとおりである（単位：千円）。

資　産	Ａ社	Ｂ社	負債・純資産	Ａ社	Ｂ社
諸　資　産	40,000	120,000	諸　負　債	20,000	40,000
			資　本　金	10,000	30,000
			利益剰余金	10,000	50,000
合　　計	40,000	120,000	合　　計	40,000	120,000

同日におけるＡ社およびＢ社の諸資産の時価は、それぞれ42,000千円および125,000千円である。株式交換により、Ａ社は、Ｂ社株主に対してＡ社株式800株（時価96,000千円）を交付した。

この株式交換により、Ａ社の個別貸借対照表において、子会社株式が（　チ　）千円計上される。連結財務諸表上は、取得企業がＢ社であると判断されたことから、この株式交換は（　ツ　）と判定される。その結果、連結貸借対照表上、諸資産は（　テ　）千円、のれんは（　ト　）千円計上される。

第157回　工業簿記・原価計算

制限時間　1時間30分

工業簿記

解答用紙 ☞別冊P16　解答・解説 ☞P177

問　題

当社では製品Xを製造販売し、直接標準原価計算制度を採用している。次の［資料Ⅰ］と［資料Ⅱ］にもとづいて、下記の問に答えなさい。

［資料Ⅰ］

(1)　当月の製品単位当たり予定販売単価と予定販売数量
　　予想販売単価　6,000円　予定販売数量　18,000個

(2)　製品Xの原価標準
　　直接材料費　　　2kg／個×2,000円／kg
　　直接労務費　　　0.2時間／個×　？　円／時間
　　変動製造間接費　0.2時間／個×1,800円／時間
　　変動販売費　　　140円／個
　　　？は(4)の条件に基づいて各自求めること。

(3)　当月の予算操業度は3,800時間である。

(4)　直接工の支払賃金、製造間接費、販売費及び一般管理費の部門別当月予算

（単位：千円）

	製造部門	販売部門	管理部門
直接工の支払賃金＊	6,000	—	—
個別固定費	5,400	1,500	2,000
共通固定費	3,200		

＊直接工は20人、1人当たり支払賃金は月額30万円である。なお業務量が増減しても正常操業圏内では20人の直接工を保有する方針であり、直接工1人1か月間の作業能力は200時間（1日8時間×25日）である。

(5)　当月の月初・月末の仕掛品と製品の在庫はゼロである。

［資料Ⅱ］

当月の実績は次の通りであった。

(1)　実際販売単価　5,800円　実際販売数量　18,400個

(2)　直接材料費　　　74,370千円　37,000kg×2,010円／kg
　　直接労務費　　　　？　千円　3,700時間×　？　円／時間
　　変動製造間接費　6,845千円　3,700時間×1,850円／時間
　　変動販売費　　　2,392千円

(3) 直接工の支払賃金、製造間接費、販売費及び一般管理費の部門別実績

（単位：千円）

	製造部門	販売部門	管理部門
直接工の支払賃金	6,000	—	—
個別固定費	5,200	1,600	2,000
共通固定費	3,200		

(4) 当月の月初・月末の仕掛品と製品の在庫はゼロである。

問1 次の文章の（　　）に当てはまる最も適当と思われる用語を**<語群>**から選びなさい。なお、同じ番号には同じ用語が入る。

直接賃金は月給制で支払われている。したがって（ ① ）からすれば、それは（ ② ）の性格を強くもっている。原価計算の目的が（ ③ ）にあるときには直接賃金（直接労務費）を（ ② ）としなければ（ ④ ）を正しく行うことができない。

直接労務費を（ ② ）として扱うことは、一定の直接工の労働力を、業務量の増減とはかかわりなく保有するという経営管理者の方針を反映している。しかし、（ ⑤ ）からみれば、直接工の労働力は（ ⑥ ）の性格を強く持っている。そこで当社では、（ ③ ）と実際損益計算上は直接労務費を（ ② ）として取り扱い、（ ⑦ ）上は（ ⑥ ）として取り扱って（ ⑧ ）による（ ⑦ ）を行っている。

<語群>

支払形態　消費形態　短期利益計画　中期経営計画　原価管理　品質管理　変動費
固定費　ＣＶＰ分析　差額原価収益分析　実際原価計算　標準原価計算　総合原価計算

問2 問１の方法にもとづいた場合の予算貢献利益、損益分岐点売上高、予算営業利益はそれぞれいくらか。

問3 問１の方法にもとづいた場合の直接労務費差異を作業時間差異、予想遊休能力差異（経営管理者の方針によって生じる差異）、予算操業度差異に分析しなさい。

問4 販売活動差異を販売数量差異、販売価格差異、変動販売費差異、固定販売費差異に分析しなさい。

問5 実際営業利益はいくらか。

原価計算

解答用紙 ☞別冊P17　解答·解説 ☞P180

問　題

第1問

当社では、新規設備投資にあたり、相互排他的な4つの投資案（A、B、C、D）を検討している。[資料] にもとづいて、下記の問に答えなさい。

[資料]

1．資本コスト率は5％である。

2．初期投資額は10,000千円であり、年度初めに現金にて支出する。

3．投資案の貢献年数は5年である。

4．投資案の年々の正味現金流入額は次のように予想された（単位：千円）。これらの金額は各年度末に生ずると仮定されており、n年度末をT_nで表すことにする（n＝1，2，3，4，5）

	T_1	T_2	T_3	T_4	T_5
A	4,010	3,520	2,470	1,510	900
B	1,530	1,980	2,530	3,960	3,340
C	4,500	1,400	700	2,500	900
D	3,700	6,300	950	510	320

5．現価係数（利率r、年数nの1円の現在価値）については、次の表を利用する。

n＼r	1％	2％	3％	4％	5％	6％	7％	8％	9％	10％
1	0.9901	0.9804	0.9709	0.9615	0.9524	0.9434	0.9346	0.9259	0.9174	0.9091
2	0.9803	0.9612	0.9426	0.9246	0.9070	0.8900	0.8734	0.8573	0.8417	0.8264
3	0.9706	0.9423	0.9151	0.8890	0.8638	0.8396	0.8163	0.7938	0.7722	0.7513
4	0.9610	0.9238	0.8885	0.8548	0.8227	0.7921	0.7629	0.7350	0.7084	0.6830
5	0.9515	0.9057	0.8626	0.8219	0.7835	0.7473	0.7130	0.6806	0.6499	0.6209

問1　投資額を年間の平均正味現金流入額で除して計算する回収期間が最も短い投資案はどれか。

問2　年々の累積正味現金流入額にもとづいて計算する回収期間が最も短い投資案はどれか。

問3　Aの正味現在価値を計算しなさい。計算過程で端数が生じる場合は、千円未満を四捨五入すること（例：1,234.567千円→1,235千円）。

問4　正味現在価値が最も大きい投資案はどれか。

問5　単純投下資本利益率が最も高い投資案はどれか。

問6　Cの内部利益率を計算しなさい。計算過程で端数が生じる場合は、小数点第1位を四捨五入すること（例：5.9％→6％）。

問7　内部利益率が最も高い投資案はどれか。

第2問

ＨＩＴ製作所では、Ｘ製品とＹ製品を製造・販売している。Ｘ製品１個当たりの販売価格は1,000円、変動費（製造原価、販売費及び一般管理費中の変動費）は450円である。また、Ｙ製品１個当たりの販売価格は1,500円、変動費（製造原価、販売費及び一般管理費中の変動費）は850円である。固定費（製造原価、販売費及び一般管理費中の固定費）については、個別固定費はなく、月間共通固定費は1,470,000円である。

問１　Ｘ製品とＹ製品を２：１の割合で製造・販売する場合、損益分岐点における月間売上高を製品別に計算しなさい。

問２　Ｘ製品とＹ製品を２：１の割合で製造・販売する場合、10%の売上高営業利益率を確保するための販売量を製品別に計算しなさい。

問３　Ｘ製品とＹ製品はともに、第１製造部門をへて第２製造部門で完成するが、制約条件として、部門別の標準作業時間と月間生産能力ならびに製品別の最大需要量と最低目標販売量が次のとおりであることが判明した。

	第１製造部門	第２製造部門
Ｘ製品１個当たりの標準作業時間	1.6時間	0.8時間
Ｙ製品１個当たりの標準作業時間	2.0時間	0.5時間
月間生産能力	4,656時間	1,764時間

Ｘ製品の最大需要量	2,000個
Ｙ製品の最大需要量	1,600個

Ｘ製品の最低目標販売量	1,000個
Ｙ製品の最低目標販売量	600個

(1)　上記制約条件のもとで最大の営業利益が得られるＨＩＴ製作所全体の売上高を計算しなさい。

(2)　Ｘ製品の販売価格が３%下落した場合、Ｘ製品の販売価格以外の条件に変化がないと仮定して、Ｘ製品とＹ製品の最適な販売量のもとでのＨＩＴ製作所全体の営業利益を計算しなさい。

問4　次の文章の（　　）内に最も適切な用語を答案用紙の語群の中から１つ選択し○で囲みなさい。なお、同じ番号には同じ用語が入る。

最適セールス・ミックスを求めるための方法に（　①　）がある。一次式で示される制約条件のもとで、同じく一次式で示される目的関数を最適にする解を求める方法である。典型的な方法においては、（　②　）を導入して稀少資源の制約をあらわす不等式を等式に変換し、目的関数の貢献利益を最大にする解を調べていくことになる。（　①　）の問題を解くために工夫された（　③　）を用いれば、（　④　）がゼロまたは正数のとき最適解に到達したものと知ることができる。

第158回 商業簿記・会計学

制限時間
1時間30分

商業簿記

解答用紙 ☞別冊P18　解答・解説 ☞P185

問　題

第1問

次の資料にもとづいて、決算整理後残高試算表（一部）を作成しなさい。当社の事業年度は、３月31日に終了する１年である。なお、税効果会計の適用に当たっては、すべての期間にわたって実効税率を30%とする。計算の途中で生じた端数については、千円未満を四捨五入して解答しなさい。

[資料Ⅰ] 決算整理前残高試算表（一部）

決算整理前残高試算表（一部）　（単位：千円）

借方科目	金額	貸方科目	金額
売掛金	30,000	貸倒引当金	200
投資有価証券	80,742	社債	93,746
長期貸付金	40,000	繰延税金負債	300
繰延税金資産	150	その他資本剰余金	2,500
自己株式	22,000	その他有価証券評価差額金	700
		新株予約権	6,254
		有価証券利息	600
		受取配当金	1,100

[資料Ⅱ] 決算整理事項等

1．売掛金および長期貸付金の内訳は、次のとおりである。なお、決算整理前残高試算表上の繰延税金資産は、すべて貸倒引当金に係るものである。

勘　定	分　類	債権金額	貸倒見込額の算定方法
売掛金	一般債権	30,000千円	債権金額に対する貸倒実績率1%による。
長期貸付金	貸倒懸念債権	24,000千円	約定利子率年3%による。決算日から2年後に元本21,218千円の回収が見込まれる。
	破産更生債権等	16,000千円	担保評価額13,000千円による回収のみが見込まれる。なお、貸倒見込額は、債権金額から直接控除する。

2．投資有価証券の内訳は、次のとおりである。なお、決算整理前残高試算表上のその他有価証券評価差額金および繰延税金負債は、前期末のその他有価証券に係るものであり、期首の再振替は行われていない。

銘　柄	分　類	取得原価	前期末時価	当期末時価	備　考
C社株式	その他有価証券	20,000千円	18,000千円	19,000千円	（※1）
D社株式	その他有価証券	30,000千円	28,000千円	14,000千円	（※2）
E社社債	満期保有目的の債券	29,660千円	29,500千円	29,800千円	（※3）

（※1）当期中において5,000千円の追加購入があった。したがって、前期末時価には当該追加購入分は含まれていない。

（※2）当期中において売買はなかった。

（※3）前期首において債券金額30,000千円、満期が当期末より2年後、表面利率年2％（利払日年1回3月末日）のE社社債を購入した。償却原価法（実効利子率年2.3％の利息法）を適用する。

3．社債および新株予約権は、転換社債型新株予約権付社債として、当期首において社債金額100,000千円、期間5年、表面利率ゼロの条件で発行したものである。区分法を適用し、社債部分については償却原価法（実効利子率年1.3％の利息法）を適用する。なお、当期末において新株予約権付社債のうちの5分の1について権利行使（株式転換）され、社債が代用払込みされるとともに、これに対して自己株式1,000株（帳簿価額18,000千円）を交付したが、未処理であった。

4．税効果会計における一時差異は、貸倒見込額の算定（債権金額から控除したものも含む）と有価証券の時価評価・減損処理から生じるものに限られる。なお、繰延税金資産の回収可能性には問題がないものとする。

第2問

下記の資料にもとづいて、次の各問に答えなさい。なお、のれんは発生年度の翌年度から10年間で定額法によって償却する。税効果会計は、適用しない。計算の途中で生じた端数については、百万円未満を四捨五入して解答しなさい。

問1　20X2年度における持分法による投資損益を求めなさい。

問2　20X4年度末における連結貸借対照表を作成しなさい。

問3　20X5年度末におけるB社株式の連結上の貸借対照表価額を求めなさい。

[資料]

1．20X1年度末において、P社は、A社の発行済株式（以下同様）の30％を3,000百万円で取得し、同社を関連会社とした。同年度末におけるA社の資本金は3,000百万円、利益剰余金は5,000百万円であった。また、A社の土地（帳簿価額2,000百万円）の時価は、2,500百万円であった。

2．20X2年度末におけるA社の資本金は3,000百万円、利益剰余金は6,000百万円であった。なお、同年度中に配当は行っていない。

3．20X2年度末において、P社は、B社株式の60％を3,000百万円で取得し、同社を子会社とした。同年度末におけるB社の資本金は2,000百万円、利益剰余金は2,500百万円であった。

4．20X3年度末において、P社は、A社株式の50％を6,000百万円で取得し、同社を子会社とした。当該株式の取得に当たっては、コンサルティング会社に対して300百万円を支払っている。同年度末におけるA社の資本金は3,000百万円、利益剰余金は6,900百万円であった。

また、A社の土地（帳簿価額2,000百万円）の時価は、2,600百万円であった。なお、20X1年度末に取得したA社株式の30％分の時価は、同年度末において3,600百万円であった。

5．20X4年度末におけるP社、A社およびB社の個別貸借対照表は、次のとおりである。

個別貸借対照表　（単位：百万円）

	P 社	A 社	B 社
流動資産	15,700	3,500	1,000
有形固定資産	20,000	10,000	8,000
関係会社株式	12,300		
	48,000	13,500	9,000
流動負債	6,000	1,000	1,000
固定負債	10,000	2,000	3,000
資本金	10,000	3,000	2,000
利益剰余金	22,000	7,500	3,000
	48,000	13,500	9,000

6．20X5年度末において、P社は、B社株式の40％を2,600百万円で売却し、同社を関連会社とした。同年度末におけるB社の資本金は2,000百万円、利益剰余金は3,500百万円であった。

会　計　学

解答用紙 ☞別冊P19　解答·解説 ☞P193

問　題

第1問

次の文章の空欄（ア）～（オ）に適切な語句を記入しなさい。

(1)　企業の特定期間の財務諸表において認識された純資産の変化額のうち、当該企業の純資産に対する持分所有者との直接的取引によらない部分から、当期純利益を差し引いた部分を（　ア　）という。

(2)　連結会社相互間の取引によって取得した棚卸資産、固定資産その他の資産に含まれる未実現損益は、その全額を消去する。ただし、（　イ　）については、売手側の帳簿価額のうち回収不能と認められる部分は消去しない。

(3)　将来一定の条件を満たすような事態が生じた場合に、当該企業の確定債務となるものを（　ウ　）債務という。この債務のうち、引当金の要件を満たすものについては引当金を設定して対応し、それ以外のものについては、重要性の乏しいものを除いて、注記によって対応する。

(4)　セグメント情報の報告セグメントの決定において、経営上の意思決定を行い、業績を評価するために、経営者が企業を事業の構成単位に区分した方法を基礎として報告セグメントを決定する方法を（　エ　）・アプローチといい、企業はこうして決定された各報告セグメントの概要、利益または損失、資産、負債、その他の重要項目の金額とそれらの測定方法などを開示しなければならない。

(5)　企業会計原則の注解18が示す要件を満たす引当金のうち、貸倒引当金のように資産からの控除を意味する評価勘定としての引当金を一般に評価性引当金というのに対して、退職給付引当金や修繕引当金のようなそれ以外の引当金を（　オ　）性引当金という。この引当金は、債務性引当金と非債務性引当金から構成される。

第2問

以下の日本商工株式会社の20X1年度から20X3年度の資料にもとづいて、次の問に答えなさい。計算過程で千円未満に端数が生じる場合には、その都度四捨五入する。ただし、商品単価については、円未満に端数が生じる場合に四捨五入する。なお、税金の計算と税効果会計は考慮外とする。

問1　答案用紙の20X3年度における損益計算書（一部）を完成しなさい。ただし、日本商工株式会社は、前期分とあわせて2期分の財務諸表を作成して開示している。

問2　答案用紙の(1)～(4)で示された日本商工株式会社の20X2年度と20X3年度の株主資本等変動計算書における各金額を求めなさい（マイナスの場合は金額の前に△を付すこと）。なお、遡及処理後の20X3年度の当期純利益は630,000千円で、配当は行っていない。

[資料] 決算整理事項等

1．日本商工株式会社は当期（20X3年度）から棚卸資産評価方法を総平均法（年度ごと）から先入先出法へと変更したが、未処理である。商品の受入れと払出しに関する資料は、次のとおりである。

20X1年度				20X2年度				20X3年度			
取引日	摘要	数量(個)	単価(千円)	取引日	摘要	数量(個)	単価(千円)	取引日	摘要	数量(個)	単価(千円)
5月20日	売上	1,300	1,120	4月27日	仕入	1,400	880	6月4日	仕入	2,000	860
9月18日	仕入	2,250	840	8月31日	売上	1,700	1,220	7月29日	売上	1,900	1,210
11月26日	仕入	2,500	860	12月15日	仕入	1,200	900	1月12日	仕入	1,600	850
1月15日	売上	4,350	1,170	2月8日	売上	1,000	1,240	2月22日	売上	1,400	1,200

※　20X1年度期首における前期繰越数量は1,500個、総平均法を適用していたときの単価は800千円、先入先出法を適用した場合の単価は780千円となる。各年度とも棚卸減耗は生じていない。

2．前期（20X2年度）の遡及適用前の財務諸表（前期分を含む）は、次のとおりである。

損益計算書（一部）（単位：千円）

	20X1年度	20X2年度
売上高	6,545,500	3,314,000
売上原価		
期首商品棚卸高	1,200,000	503,040
当期商品仕入高	4,040,000	2,312,000
合計	5,240,000	2,815,040
期末商品棚卸高	503,040	439,850
差引	4,736,960	2,375,190
売上総利益	1,808,540	938,810
販売費及び一般管理費		
減価償却費	6,750	6,750
営業利益	1,801,790	932,060

貸借対照表（一部）（単位：千円）

	20X1年度		20X2年度	
商品		503,040		439,850
車両運搬具	60,000		60,000	
減価償却累計額	13,500	46,500	20,250	39,750

株主資本等変動計算書（一部）（単位：千円）

繰越利益剰余金	20X1年度	20X2年度
当期首残高	1,450,000	2,170,000
当期純利益	720,000	450,000
当期末残高	2,170,000	2,620,000

3．車両運搬具については、20X0年度期首に60,000千円で取得したものである。耐用年数8年、残存価額ゼロ、定額法で減価償却を行うはずだったが、前期まで残存価額を取得原価の10%として算定した減価償却費を計上してきたことが判明した。この誤謬の訂正が決算時点で行われていない。また、耐用年数が当期を含めて残り4年であることが当期首において新たに判明しており、会計上の見積りの変更として処理する。

第3問

以下の（1）～（5）の文章のそれぞれについて、現行のわが国の会計基準等にもとづいた場合、下線部のいずれか一つの語句に誤りが存在するものがある。誤っていると思われる場合には、その語句の下線部の記号（a）～（d）のいずれかをⅠ欄に記入した上で、それぞれに代わる正しいと思われる適当な語句または文章をⅡ欄に記入しなさい。また、誤りがない場合には、Ⅰ欄に○印を記入しなさい。

(1)　通常の販売目的で保有する棚卸資産について、収益性の低下による簿価切下額は(a) 売上原価とするが、棚卸資産の製造に関連し不可避的に発生すると認められるときには(b) 製造原価として処理する。また、収益性の低下にもとづく簿価切下額が、臨時の事象に起因し、かつ多額であるときには、(c) 営業外費用に計上する。

(2)　企業結合によって取得した被取得企業の取得原価が、受け入れた資産および引き受けた負債に配分された純額を上回る場合には、その超過額はのれんとして(a) 無形固定資産の区分に計上する。そして、20年以内のその効果のおよぶ期間にわたって合理的な方法により規則的に償却し、その償却額は(b) 営業外費用の区分に掲記する。一方、取得原価が配分された純額を下回る場合には、その不足額は(c) 負ののれん発生益として(d) 特別利益の区分に掲記する。

(3)　その他有価証券の時価評価差額のように、(a) 当期純利益の算定に含まれない(b) 期間差異についても税効果会計を適用しなければならない。このような場合、(c) 法人税等調整額勘定を用いて当期に納付すべき法人税等に調整を加えるのではなく、評価差額に係る繰延税金負債または繰延税金資産を当該評価差額から控除して計上する。

(4)　四半期連結財務諸表の作成にあたっては、(a) 実績主義が採用されているため、税金費用の計算についても原則として(b) 年度決算と同様の方法によって計算しなければならない。ただし、財務諸表利用者の判断を誤らせない限り、税引前四半期純利益に(c) 年間見積実効税率を乗じて計算する方法も認められる。

(5)　研究開発費に該当しない(a) 開発費であっても、必ずしも将来の収益獲得または費用の削減に貢献するとは限らないため、原則として支出時に(b) 販売費及び一般管理費または(c) 営業外費用として処理しなければならない。ただし、繰延資産として計上することも認められている。

第158回 工業簿記・原価計算

制限時間 1時間30分

工業簿記

解答用紙 ☞別冊P20　解答・解説 ☞P197

問　題

第１問

ＨＩＴ製作所では、製造部門として第１製造部と第２製造部があり、このほかに工場管理部門としての事務部と補助経営部門としての動力部を認識している。原価計算方法としては、全部原価計算による実際原価計算を採用している。製造間接費については部門別計算をしており、製造部門別の予定配賦率を用いて製品に正常配賦している。なお、補助部門費の配賦においては、固定費と変動費を区別し階梯式配賦法を用い、変動費に関しては原価管理の観点から予定配賦率を用いている。また、事務部費の配賦基準には従業員数を用い、動力部費の配賦基準には動力供給量を用いる。［資料］にもとづいて、問に答えなさい。ただし、計算過程で端数が生じる場合は、円未満を四捨五入し、補助部門費配賦基準のデータは、比率に直さず、分数の形で利用すること。

［資料］

1．製造間接費の年間予算額（単位：円）

第１製造部		第２製造部		事務部	動力部		合計
固定費	変動費	固定費	変動費	固定費	固定費	変動費	
?	?	?	?	176,400	211,680	74,088	13,680,000

2．補助部門の年間用役提供能力

	第１製造部	第２製造部	事務部	動力部
従業員数	110人	90人	2人	10人
動力供給量	3,780kW-h	5,040 kW-h	—	—

（注）従業員数は年間を通して変わらなかった。

3．製造部門の年間実際的生産能力（基準操業度）

第１製造部：12,000直接作業時間

第２製造部：　9,600機械作業時間

4．製造部門の正常（予定）配賦率（単位：円／時間）

	正常配賦率	固定費率	変動費率
第１製造部	700	500	200
第２製造部	550	400	150

5．製造間接費の当月実際発生額（単位：円）

第１製造部		第２製造部		事務部	動力部		合計
固定費	変動費	固定費	変動費	固定費	固定費	変動費	
484,486	197,523	303,000	119,505	14,700	17,640	6,038	1,142,892

6．製造部門の当月実際作業時間
　第１製造部：997直接作業時間
　第２製造部：804機械作業時間
7．動力部の当月実際供給量
　第１製造部門へ：280 kW-h
　第２製造部門へ：420 kW-h

問１　第１製造部の正常配賦額を計算しなさい。
問２　第１製造部の補助部門費配賦後の実際発生額を計算しなさい。
問３　第１製造部の予算差異を計算しなさい。
問４　第１製造部の操業度差異を計算しなさい。
問５　動力部の予算差異を計算しなさい。
問６　答案用紙の製造間接費勘定を完成しなさい。
問７　ＨＩＴ製作所に関する次の文章の中で、正しいと思われる番号をすべて選びなさい。ただし、すべて誤っている場合には、×と記入すること。

①　用役を実際に消費した割合でもって補助部門費をすべて製造部門に配賦しても、製造間接費配賦差額は変わらない。
②　補助部門費の配賦において階梯式配賦法ではなく相互配賦法を用いても、第１製造部と第２製造部おのおのへの当月の配賦額は結果として同じになる。
③　補助部門費の配賦において階梯式配賦法ではなく直接配賦法を用いても、動力部費のうち変動費部分の第１製造部と第２製造部おのおのへの当月の配賦額は同じである。

第２問

当工場では、材料仕入れおよび消費の際に1,000円／kgの予定価格を用いており、材料仕入れの都度材料受入価格差異を把握し、月末には材料の実際消費価格を月次総平均法で計算した上で、消費価格差異も把握している。下記の５月の材料取引にもとづいて、答案用紙の材料勘定を完成しなさい。ただし、仕入額と消費額については、材料仕入帳と出庫材料帳から月末に一括して総勘定元帳に転記している。また、月末において材料評価損はなかった。なお、棚卸減耗費に関しては、年度始めの４月１日に年間発生額30,000円を見積計上し、年度末の３月31日においてその差額を把握している。

1日	当月繰越	200kg	1,000円／kg
6日	掛仕入れ	900kg	1,050円／kg
10日	製造指図書No.1に対する出庫	800kg	
14日	機械修理のための出庫	100kg	
20日	掛仕入れ	700kg	946円／kg
24日	製造指図書No.2に対する出庫	500kg	
28日	機械保全のための出庫	150kg	
31日	実地棚卸高	248kg	

原価計算

解答用紙 ☞別冊P21　解答・解説 ☞P201

問　題

第１問

当社では製品Ａを製造・販売し、直接標準原価計算を採用している。次の［資料］および［追加資料］にもとづいて、下記の問に答えなさい。

［資料］ 202X年度の利益計画データ

販売単価		12,500円
予定生産販売量		年間7,000個
		各四半期1,750個
標準変動費（製品Ａ　１個当たり）		
直接材料費		
原料費	@ 250円／kg×４kg	1,000円
買入部品費	@ 500円／個×５個	2,500円
直接労務費	@1,000円／時間×１時間	1,000円
変動製造間接費	@2,000円／時間×１時間	2,000円
変動販売費	@ 400円／個	400円
固定間接費予算		
製造間接費		4,500,000円
販売費		400,000円
研究開発費		4,750,000円
その他一般管理費		10,342,000円

問１　当社は202X年度の利益計画を策定中である。次の文章の（　　）に適切な用語または数値を入れなさい。

当社の損益分岐点売上高は（　①　）千円である。（　②　）は（　③　）％のため、売上高が（　③　）％減ると損益分岐点売上高に到達し（　④　）はゼロとなる。あるいは（　②　）の代わりに（　⑤　）を使うと、予定売上高の（　⑥　）％の水準が損益分岐点売上高となる。

［追加資料］

第１四半期後半からの景気悪化に伴う販売量の減少により、このままでは202X年度の予算営業利益を達成するのが難しいことがわかった。そこで、第２四半期から販売促進策を実施するとともに、原価低減策等を立案しこれを下半期から実施することになった。また、これらの新たな計画を予算にも反映させることになった（新たな計画を織り込んだ予算を便宜上修正予算と呼ぶ）。

新たな計画と修正予算

1．通信販売を始めるために経験豊富なコンサルティング会社と契約をする。契約額は450千円である。第２四半期以降通信販売も行った結果、年間生産販売量は6,000個を確保できることがわかった。なお、これは第１四半期の生産販売量実績900個を含む数量である。

2．買入部品を自製する。標準変動製造費用のすべての原価要素を含む自製部品費標準は、製品Ａ１個当たり2,200円である。下半期の予算に反映させる。

3．熟練工からの提案を受け工程改善を考えた結果、直接労務費と変動製造間接費の原価標準をそれぞれ5％削減できることがわかった。下半期の予算に反映させる。

4．景気変動の影響を受けづらい新製品・新技術開発を加速させるため研究開発費を当初予算よりも２％増額する。

5．役員賞与を当初予算から30％削減する。なお、役員賞与の当初予算は5,000千円である。

問２　次の文章の（　　）内に適切な金額または語句を記入しなさい。

当初の利益計画では予算営業利益は（　①　）千円であったが、新たな計画を立案して実施することになった結果、修正予算の営業利益は（　②　）千円、当初予算と比べて（　③　）千円の（　④　）利差異となる。

（　③　）千円の内訳は、修正予算の（　⑤　）が当初予算のそれと比べて（　⑥　）千円減少したことと、固定費を（　⑦　）千円低減したことである。

第２問

問１　異常仕損と異常仕損費に関する次の①～④の文章のうち、正しいと思われる番号をすべて選びなさい。

①　仕損が通常の程度をこえて発生することがあるが、その原因には、短期的に経営者にとって管理可能な原因も含まれ、材料の不良や整備不良による機械の故障が挙げられる。

②　異常仕損の原因は、経営者にとって管理不能な地震や台風などの天災に限られる。

③　異常仕損費は、良品の原価に含めてはならず、良品の原価と区別して計算しなければならない。

④　異常仕損費は、その発生原因にかかわらず特別損失の部に計上すべきである。

問２　原価標準の設定に関する次の①～④の文章のうち、正しいと思われる番号をすべて選びなさい。

①　回避し得るムダを完全に示すことで原価責任を明らかにできるため、理想標準原価が現実的標準原価よりも優れているとする考え方は、絶えざる改善を志向する近年の経営管理の傾向と調和する。

②　原価標準は、財貨の消費量を科学的、統計的調査に基づいて能率の尺度となるように予定するものであるから、生産の基本条件が変わっても改訂する必要はない。

③　現場の従業員に与えるモチベーションを考えて、良好な能率のもとにおいて、その達成が期待されうる標準原価を現実的標準原価といい、これには、通常生ずると認められる程度の仕損や遊休時間等の余裕率は含まれない。

④　経営における異常な状態を排除し、経営活動に関する比較的長期にわたる過去の実際数値を統計的に平準化し、これに将来の趨勢を加味した正常能率、正常操業度および正常価格に基づいて決定される標準原価を正常原価という。これは、経済状態の安定している場合、期間損益計算目的にもっとも適しており、また原価管理のための標準として用いられる。

令和3年11月21日施行

第159回 商業簿記・会計学

制限時間 1時間30分

商業簿記

解答用紙 ☞別冊P22　解答・解説 ☞P204

問　題

日商株式会社の20X6年度（20X6年４月１日から20X7年３月31日まで）における下記の資料にもとづいて、以下の各問に答えなさい。

問１　決算整理前残高試算表における①～⑤の金額を求めなさい。

問２　本支店合併損益計算書を作成しなさい。

問３　本支店合併貸借対照表における答案用紙の各金額を求めなさい。

［解答上の注意事項］

1．当社は東京に本店を、米国のシカゴに支店をおいている。

2．シカゴ支店は、本店から送付された商品を現地で販売するとともに、現地でも商品を独自に仕入れて販売している。本店が支店に商品を送付するさいの売上利益率は前期・当期とも円ベースで15%である。

3．計算の過程で端数が出る場合は、その都度千円未満を四捨五入すること。

4．税効果会計は考慮外とする。

5．本支店間の取引は、すべてドル建てで行っている。為替レートは、１ドルあたり、当期首115円、当期末110円、当期中平均114円である。なお、支店の土地の取得日の為替レートは、１ドルあたり125円である。

6．支店の外部からの仕入高、売上高および営業費については、期中平均レートで換算する。

［Ⅰ］ 決算整理前残高試算表

決算整理前残高試算表

20X7年３月31日　　（単位：本店は千円、支店は千ドル）

借　方	本　店	支　店	貸　方	本　店	支　店
現金預金	396,070	1,057	買掛金	697,920	1,430
売掛金	522,600	4,950	貸倒引当金	640	30
繰越商品	266,000	950	前受収益	—	240
仮払金	86,000	—	繰延内部利益	③	—
短期貸付金	56,000	—	退職給付引当金	④	—
建物	2,400,000	?	建物減価償却累計額	720,000	?
備品	800,000	?	備品減価償却累計額	⑤	?
土地	2,000,000	8,000	資本金	5,000,000	—
満期保有目的債券	①	—	利益準備金	650,000	—
その他有価証券	②	—	繰越利益剰余金	372,885	—
支店	2,645,610	—	本店	—	21,095
仕入	7,426,710	34,100	売上	9,283,600	51,250
本店仕入	—	4,260	支店売上	493,340	—
営業費	1,239,150	11,230	有価証券利息	330	—
為替差損益	1,200	—	受取利息	—	12
			固定資産売却益	2,970	—
	?	?		?	?

［Ⅱ］ 本支店間未達事項等

1．期末に本店から発送した商品70千ドル（7,700千円）が支店に未達である。
2．支店が本店に250千ドル（27,500千円）を送金したが、本店では250千円で記帳していた。
3．本店が支店の営業費320千ドル（36,480千円）を立替払いして通知したが、支店では未記帳である。

［Ⅲ］ 期末整理事項等

1．本店および支店における商品棚卸高は次のとおりである。棚卸減耗損と商品評価損は売上原価の内訳科目として処理する。

（本　店）　帳簿棚卸高　数量　80,000個　　取得原価　＠￥3,170
　　　　　　実地棚卸高　数量　79,800個　　正味売却価額　＠￥3,120

（支　店）　期首商品棚卸高：本店仕入分440千ドル（仕入日レート：1＄＝115円）
　　　　　　　　　　　　　　現地仕入分510千ドル（仕入日レート：1＄＝116円）
　　　　　　期末商品棚卸高：本店仕入分340千ドル（仕入日レート：1＄＝110円）※
　　　　　　　　　　　　　　現地仕入分550千ドル（仕入日レート：1＄＝111円）
　　　　　　※未達分は含んでいない。支店には棚卸減耗損と商品評価損は生じていない。

2．本店の売掛金のうち67,200千円については600千ドルの外貨建売掛金である。ただし、このうち400千ドルについては1ドルあたり111円ですでに為替予約してあるが未処理である。振当処理によって処理する。
3．本店の短期貸付金は、3月1日に支店の得意先に500千ドルを1ドルあたり112円で貸し付けたものである。為替リスクをヘッジする目的で、貸付金の元本について20X7年3月5日に同年5月末日を決済期日とする為替予約を行ったが、この処理が未処理である。なお、為替予約日の1ドルあたりの直物為替レートは110円、先物為替レートは113円である。振当処理によることとし、為替予約差額の処理は月割で行う。
4．本店および支店の売掛金に対しては2％、短期貸付金に対しては3％の貸倒れを見積もる。設定については、差額補充法による。なお、決算整理前残高試算表における本店の貸倒引当金残高640千円はすべて売掛金に対するものである。また、支店の貸倒引当金繰入額は当期末の為替レートで換算する。
5．本店の保有する有価証券はすべてドル建てで、その内訳は次のとおりである。その他有価証券評価差額金については全部純資産直入法によって評価する。

（単位：千ドル）

銘　　柄	取得原価	期末時価	保有区分	備　　考
A社株式	230	255	その他有価証券	取得時のレート：1ドル116円
B社社債	475	488	満期保有目的債券	（注1）
C社株式	180	87	その他有価証券	取得時のレート：1ドル111円

（注1）20X4年4月1日に475千ドルで発行された社債を取得したもので、満期日は20X9年3月31日である。券面額（500千ドル）と発行価額との差額は金利の調整分と認められるため、償却原価法（定額法）を適用する。クーポン利子率は年0.6%、利払日は3月の末日で、当期の受取分は計上済である。

6．本店および支店の固定資産の減価償却については次のとおり行う（すべて各期首に取得している)。

	種　類	取得原価	償却方法	残存価額	前期までの償却年数	取得日レート
本店	建　物	2,400,000千円	定額法（耐用年数40年）	ゼロ	12年	―
	備　品	800,000千円	200%定率法（償却率：0.250、改定償却率：0.334、保証率：0.07909）	ゼロ	3年	―
支店	建　物	5,000千ドル	定額法（耐用年数40年）	ゼロ	6年	1ドル120円
		3,000千ドル	定額法（耐用年数40年）	ゼロ	4年	〃 110円
	備　品	4,000千ドル	定率法（償却率20%）	275千ドル	2年	〃 105円

7．本店の従業員向けに確定給付型の企業年金制度を採用している。期首退職給付債務は1,300,000千円、期首年金資産は1,100,000千円、期首における未認識数理計算上の差異は、20X3年度の発生額△200,000千円（主として年金資産の運用収益額が期待運用収益額を上回ったため発生した）と20X5年度の発生額110,000千円（主として割引率の低下による退職給付債務の増加により発生した）の未償却分である。なお、20X2年度以前に発生した未認識数理計算上の差異は前期末までに償却済で、20X4年度には未認識数理計算上の差異は生じていない。当期勤務費用は84,000千円、当期掛金拠出額は86,000千円（仮払金で処理)、当期企業年金からの支給退職金は85,000千円であった。割引率は年2.0%、長期期待運用収益率は年2.5%である。数理計算上の差異は、発生年度の翌年度から10年で定額法により償却を行っている。

8．本店の営業費のうち650千円は前払分である。また、支店の前受収益は、20X7年1月1日に向こう1年分の家賃を受け取ったものである（受取日の為替レートは1ドルあたり112円である)。当期分を月割計算で収益に計上する。支店の受取利息は全額預金に対する利息で、3月31日に受け取ったものである。

9．法人税、住民税及び事業税として274,000千円を計上する。

会　計　学

解答用紙 ☞別冊P23　解答・解説 ☞P212

問　題

第１問

1．次の各文のうち、正しいものとして最も適切なものの記号を１つ選び、答案用紙に記入しなさい。

ア．割引発行した社債を償却原価法（利息法）によって評価する場合、社債利息は、後の期間になるほど小さくなる。

イ．新株予約権付社債について区分法によって会計処理する場合、新株予約権が負債に計上される。

ウ．資産除去債務に係る利息費用は、除去すべき資産に係る減価償却費が販売費及び一般管理費に計上される場合、同様に販売費及び一般管理費に計上される。

エ．ファイナンス・リース取引によって借手が機械を調達した場合、割引率が高くなるほど、各期に配分される減価償却費の合計額は大きくなる。

2．次の各文のうち、正しいものとして最も適切なものの記号を１つ選び、答案用紙に記入しなさい。

ア．子会社を取得した時に発生した取得関連費用は、親会社の個別財務諸表においては子会社株式の帳簿価額に加算されるが、連結財務諸表においては発生した期間の費用として処理される。

イ．子会社株式の一部を売却したものの、子会社に対する支配を喪失していない場合、一部売却に伴う差額（一部売却によって減少する持分と売却によって得た対価との差額）は、売却が行われた期間の損益として処理される。

ウ．セグメント情報を開示すべき報告セグメントの決定に際して、企業の複数の事業セグメントを集約して1つの事業セグメントとすることは認められない。

エ．企業は、各報告セグメントの利益（または損失）並びに資産および負債の額を注記によって開示しなければならない。

3．次の各文のうち、正しいものとして最も適切なものの記号を１つ選び、答案用紙に記入しなさい。ただし、税金の影響は無視すること。

ア．固定資産の減損損失を計上すると、その分だけ当期の営業利益が小さくなる。

イ．負ののれん発生益を計上すると、その分だけ当期の経常利益が大きくなる。

ウ．新株予約権戻入益を計上すると、その分だけ当期末の株主資本が大きくなる。

エ．その他有価証券を売却して売却益を計上すると、その分だけ当期の包括利益が大きくなる。

4．次の各文のうち、正しいものとして最も適切なものの記号を１つ選び、答案用紙に記入しなさい。

ア．会社法上の連結計算書類には、連結キャッシュ・フロー計算書は含まれない。

イ．金融商品取引法上の（個別）財務諸表には、株主資本等変動計算書は含まれない。

ウ．金融商品取引法上の連結財務諸表については、１計算書方式による連結損益及び包括利益計算書の開示が求められ、２計算書方式による連結損益計算書および連結包括利益計算書の開示は認められない。

エ．金融商品取引法上の四半期連結財務諸表については、四半期会計期間が四半期連結損益計算書の開示対象期間とされ、期首からの累計期間に係る四半期連結損益計算書を作成する必要はない。

第２問

次の各文章の空欄に当てはまる適切な語句または金額を求めなさい。なお、小数点未満の端数は、四捨五入して解答しなさい。

１．当社は、X１年度期末までに、市場販売目的のソフトウェアの制作費として60,000千円を仕掛ソフトウェア勘定に計上してきたが、このたび当該ソフトウェアが完成し、X２年度期首から３年間にわたり市場で販売する予定である。当該ソフトウェアの制作費のうち、X１年度に支出した（　ア　）費に該当する12,000千円は、X１年度における費用として処理する。残額の48,000千円は、ソフトウェアとして貸借対照表上の（　イ　）固定資産に計上する。X１年度末における当該ソフトウェアの見込販売期間は３年、見込販売数量は3,200個であった。なお、ソフトウェアは、見込販売数量を基準とする生産高比例法によって償却する(残存価額はゼロとする)。

X２年度において1,500個が実際に販売されたが、X２年度期末時点においてX３年度以降の見込販売数量を1,200個に変更した。X３年度における実際の販売数量は400個であった。このとき、X２年度におけるソフトウェアの償却費は（　ウ　）千円、X３年度末におけるソフトウェアの未償却残高は（　エ　）千円であった。

２．当社のX２年度末における株主資本の各勘定の残高は、次の通りであった。

資本金　200,000千円　資本準備金　30,000千円　その他資本剰余金 30,000千円
利益準備金 15,000千円　繰越利益剰余金 289,000千円

また、X２年度末におけるのれんの残高は、540,000千円であった。

当社は、X２年度の（　オ　）会を開催し、X２年度の計算書類を承認した。この時点における分配可能額は、（　カ　）千円となる。さらに当社は、その他資本剰余金から20,000千円および繰越利益剰余金から60,000千円の配当に関する議決を行った。このとき、（　オ　）会後の資本準備金と繰越利益剰余金の残高は、それぞれ（　キ　）千円および（　ク　）千円となる。

３．P社およびQ社は、それぞれp事業とq事業を会社分割によって分離し、R社を新設した。分離されたp事業とq事業の分割前の帳簿価額、識別可能純資産時価（識別可能資産の時価から識別可能負債の時価を控除した額）および事業の価値は、次の通りであった。

	分割前の帳簿価額	識別可能純資産時価	事業の価値
p　事　業	100,000千円	110,000千円	120,000千円
q　事　業	200,000千円	224,000千円	280,000千円

R社の新設に際して、P社およびQ社にそれぞれR社株式240株および560株が交付された。この結果、取得企業は（　ケ　）社と識別され、P社が個別財務諸表において計上するR社株式は（　コ　）千円となる。また、（　ケ　）社が新設分割後に作成する連結財務諸表において、R社に係るのれんおよび非支配株主持分の額は、それぞれ（　サ　）千円および（　シ　）千円となる。

令和3年11月21日施行

第159回 工業簿記・原価計算

制限時間 1時間30分

工業簿記

解答用紙 ☞別冊P24　解答・解説 ☞P216

問　題

当社は製品Xを量産し、修正パーシャル・プランによる工程別標準総合原価計算（累加法）を行っている。製品Xの製造は２つの製造部門、すなわち第１工程（第１作業と第２作業）と第２工程（第３作業と第４作業）において行われている。直接材料M－１は第１作業の始点で、M－２は第４作業の始点で、それぞれ投入される。仕掛品勘定は工程別に設けている。

なお、通常、第２工程の終点で仕損が発見されるが、正常仕損率は良品の３％である。正常仕損費は、これを正味原価標準に加える方法を採用している。製造間接費の差異分析は変動予算と３分法による。

次の［資料］にもとづいて、下記の問に答えなさい。

［資料］

1．製品Xの原価標準（製品X１個当たり標準原価）など

				第1工程		第2工程		
直接材料費	品目コード	標準消費量	標準単価	第1作業	第2作業	第3作業	第4作業	
	M－1	1kg	2,000円	2,000円				
	M－2	1kg	1,500円				1,500円	
							直接材料費標準	3,500円
直接労務費	作業番号	標準時間	標準賃率	第1作業	第2作業	第3作業	第4作業	
	L－1	0.15時	1,000円／時	150円				
	L－2	0.05時	1,000円／時		50円			
	L－3	0.3時	1,500円／時			450円		
	L－4	0.2時	2,000円／時				400円	
							直接労務費標準	1,050円
製造間接費	配賦基準	標準時間	標準配賦率	第1作業	第2作業	第3作業	第4作業	
	機械時間	0.15時	1,500円／時	225円				
	機械時間	0.05時	1,500円／時		75円			
	直接作業時間	0.3時	2,000円／時			600円		
	直接作業時間	0.2時	2,000円／時				400円	
							製造間接費標準	1,300円
						合計	正味原価標準	5,850円
							正常仕損費を含んだ原価標準	？円

第１工程月間正常機械作業時間15,000時間、変動費率300円／時、固定費率1,200円／時

第２工程月間正常直接作業時間36,000時間、変動費率500円／時、固定費率1,500円／時

2．当月生産データ

	第１工程	第２工程
月初仕掛品量	4,000個＊1	1,000個＊3
当月投入量	70,000	71,000
投入量合計	74,000個	72,000個
完成品量	71,000個	68,000個
月末仕掛品量	3,000＊2	1,000＊4
仕損品量	0	3,000＊5
産出量合計	74,000個	72,000個

＊1　第１作業を完了し、第２作業には着手していない。
＊2　第１作業の途中にあり、加工費進捗度は50%である。
＊3　第３作業の途中にあり、加工費進捗度は50%である。
＊4　第４作業の途中にあり、加工費進捗度は50%である。
＊5　正常仕損品量を超えた仕損品は異常仕損品である。

3．当月直接材料の購入と消費

品目コード	月初有高	当月購入量	当月消費量	月末有高	実際単価
M－1	4,000kg	70,000kg	70,040kg	3,960kg	2,100円
M－2	4,000kg	72,000kg	72,050kg	3,950kg	1,450円

4．当月直接労務費データ

作業番号	実際賃率	実際作業時間・機械時間	実際直接労務費
L－1	1,060円／時	10,280時間	10,896,800円
L－2	1,050円／時	3,560時間	3,738,000円
L－3	1,520円／時	21,460時間	32,619,200円
L－4	2,000円／時	14,295時間	28,590,000円

5．当月実際製造間接費

第１工程　20,802,500円、第２工程　71,908,000円

問１　次の金額を計算しなさい。

仕掛品－第１工程勘定：①（借方）月初有高
②（借方）直接材料費
③（貸方）完成品
仕掛品－第２工程勘定：④（借方）月初有高
⑤（貸方）月末有高
⑥（貸方）異常仕損費
⑦（貸方）標準原価差異

問２　仕掛品－第２工程勘定の標準原価差異を分析しなさい。なお、製造間接費能率差異は標準配賦率を用いて計算すること。

①　第２工程直接材料費数量差異
②　第２工程直接材料費価格差異
③　第２工程直接労務費時間差異

④　第2工程直接労務費賃率差異

⑤　第2工程製造間接費予算差異

⑥　第2工程製造間接費能率差異

⑦　第2工程製造間接費操業度差異

問3　当社が採用する標準原価計算制度に関する次の①～④の文章のうち、正しいと思われる番号をすべて選びなさい。

①　各工程の管理者にとって、材料の価格差異や労働の賃率差異は管理不能であるために、これらを各工程の仕掛品勘定の標準原価差異に含めない修正パーシャル・プランは、シングル・プランよりも優れた方法である。

②　修正パーシャル・プランとは、仕掛品勘定借方の直接材料費と直接労務費について、直接材料と直接労働の実際消費量を実際単価または実際賃率ではなく、標準単価または標準賃率で評価した金額を計上する方法である。

③　正常仕損費を原価標準に含めるべきか否かについて、原価標準の達成可能性に加えて、利益管理と棚卸資産価額の評価のためにも、これを原価標準に含めることが望ましい。

④　正常仕損費を原価標準に含める方法としては、当社が採用する方法に加えて、原価要素別の標準消費量に正常仕損分を含める方法がある。この方法の方が、異常仕損費が標準原価差異に含まれないので、当社が採用する方法よりも望ましい。

原価計算

解答用紙 ☞別冊P25　解答·解説 ☞P220

問　題

第１問

以下の文章は、『原価計算基準』からの抜粋である（一部改変）。これにもとづいて、下記の問に答えなさい。

［　①　］原価計算制度は、製品の［　①　］原価を計算し、これを［　②　］会計の主要帳簿に組み入れ、製品原価の計算と［　②　］会計とが、［　①　］原価をもって有機的に結合する原価計算制度である。原価管理上必要ある場合には、［　①　］原価計算制度においても必要な原価の［　③　］を勘定組織のわく外において設定し、これと［　①　］との差異を分析し、報告することがある。

広い意味での原価の計算には、原価計算制度以外に、経営の基本方針および予算編成における選択的事項の決定④に必要な特殊の原価たとえば差額原価、機会原価、付加原価等を、随時に統計的、技術的に調査測定することも含まれる。

問１　①～③に入る適切な語句を答案用紙の語群の中から１つを選択し○で囲みなさい（同じ番号には同じ語句が入る）。

問２　下線部④の選択的事項の決定の例としてふさわしいものをすべて選び、番号で答えなさい。

1．製品組合せの決定
2．部品を自製するか外注するかの決定
3．注文引受可否の決定
4．設備投資すべきか否かの決定

第２問

M製作所では、S原料３kg とT原料２kg を配合投入して４ kg のK製品を製造している。当製作所では全部標準原価計算を採用しており、原料費の原価差額を原料消費価格差異、原料配合差異および原料歩留差異に分析している。また、加工費の原価差異を予算差異、操業度差異、能率差異および歩留差異に分析しているが、能率差異と歩留差異は標準配賦率を用いて計算している。以下の［資料］にもとづいて、下記の問に答えなさい。

［資料］

1．S原料の標準価格は1,600円／kg、T原料の標準価格は2,200円／kgである。
2．4kgのK製品を製造するための標準作業時間は2時間である。

3．当月の予定作業時間は500時間であり、そのときの加工費予算は1,600,000円（うち、固定費1,050,000円）である。なお、変動予算を実施している。
4．S原料の当月実際消費量は650kg、T原料の当月実際消費量は430kgであった。
5．当月の実際作業時間は445時間であり、そのときの加工費実際発生額は1,555,400円であった。
6．K製品の当月実際生産量は880kgであった。
7．月初と月末の仕掛品はなかった。

問1　K製品の原価標準（1kg 当たりの標準原価）を計算しなさい。
問2　原料配合差異を計算しなさい。
問3　加工費の予算差異を計算しなさい。
問4　加工費の操業度差異を計算しなさい。
問5　加工費の歩留差異を計算しなさい。

第3問

ＨＩＴ社には、製品Ｘを製造・販売しているＳ事業部と製品Ｙを製造・販売しているＤ事業部がある。両製品とも市場は飽和状態であり、これ以上には販売増が望めない。Ｄ事業部では、余剰生産能力を用いて製品ＸをＳ事業部から購入し加工処理することで新たな製品Ｚを11,000円／個の販売価格で100個の製造・販売を検討している。以下の［資料］にもとづいて、下記の問に答えなさい。

[資料]

1．製品Xと製品Yの販売価格と販売数量

	製品X	製品Y
販売価格	6,200円／個	9,000円／個
販売数量	1,000個	300個

2．製品Xと製品Yの原価標準（製品1個当たりの標準原価）

	製品X	製品Y
直接材料費	1,800円／個	2,500円／個
変動加工費	1,200円／個	1,500円／個
固定加工費	2,000円／個	2,200円／個

（注）直接材料費は変動費である。
加工費については生産量にもとづいて製品に配賦している。
製品Xの基準操業度（実際的生産能力）は1,200個、製品Yのそれは500個である。

3．製品Xと製品Yの販売費及び一般管理費

	製品X	製品Y
変動販売費	300円／個	250円／個
固定販売費及び一般管理費	376,000円	109,000円

4．製品Zを製造・販売することによってD事業部で追加的に発生すると考えられる費用

直接材料費（製品X）	？ 円／個
変動加工費	1,420円／個
変動販売費	400円／個

(注)　製品Zを1個生産するためには製品Xが2個必要である。

5．その他

(1)　S事業部が製品XをD事業部に内部販売する際には、S事業部では販売費及び一般管理費は発生しない。

(2)　生産量と販売量は一致しており、月初仕掛品と月末仕掛品はないこととする。

(3)　各事業部の損益計算書は直接原価計算によって作成している。

問1　D事業部の現状における（すなわち製品Yのみを製造・販売している場合の）営業利益を計算しなさい。

問2　次の文章の①～③にあてはまる数値を記入しなさい。

製品Xの全部標準原価に2％をマークアップした[①]円／個の内部振替価格でもって事業部間で内部振替（売買）取引をすると、S事業部の外部販売も含めた営業利益は[②]円になり、D事業部の製品Zの販売も含めた売上高営業利益率は[③]％になる。

問3　製品Xの内部振替により増加する営業利益を事業部間で折半できる内部振替価格を計算しなさい。

第161回 商業簿記・会計学

制限時間
1時間30分

商業簿記

解答用紙 ☞別冊P26　解答・解説 ☞P225

問　題

次の［資料Ⅰ］と［資料Ⅱ］に基づいて、答案用紙における当期（３月決算）の損益計算書および貸借対照表を作成しなさい。なお、消費税は無視する。計算の過程で生じる端数は四捨五入すること。

［資料Ⅰ］ 決算整理前残高試算表

決算整理前残高試算表　　　　(単位：千円)

借方科目	金額	貸方科目	金額
現金預金	569,200	買掛金	585,000
売掛金	760,000	契約負債	25,000
仮払法人税等	14,000	短期借入金	50,000
商品	428,000	貸倒引当金	7,000
建物	1,500,000	商品保証引当金	20,000
土地	1,089,900	建物減価償却累計額	300,000
ソフトウェア	135,000	長期借入金	1,000,000
投資有価証券	120,000	退職給付引当金	26,000
関係会社株式	60,000	資本金	1,000,000
繰延税金資産	11,400	資本準備金	200,000
商品売上原価	3,100,000	利益準備金	46,000
役務原価	62,000	繰越利益剰余金	1,189,000
販売費	450,000	商品売上高	4,540,000
一般管理費	838,000	役務収益	214,000
退職給付費用	9,000	受取利息配当金	8,000
支払リース料	48,500	投資有価証券売却益	10,000
支払利息	25,000		
	9,220,000		9,220,000

［資料Ⅱ］ 決算整理事項等

1．商品売上高の内訳は、Ａ商品に係るもの2,400,000千円、Ｂ商品に係るもの1,850,000千円、Ｃ商品に係るもの290,000千円である。

① Ａ商品に係る売上高は、検収基準によって認識している。決算直前の掛け売上高のうち20,000千円分（商品原価15,000千円）は、顧客において未検収であることが判明したので、商品売上高を取り消すとともに、商品原価を資産に計上する。

② Ｂ商品に係る売上高のうち、２月および３月中に計上したものは、それぞれ100,000千円および90,000千円であった。このうち10％に相当する金額は、カスタマー・ロイヤルティ・プログラム（顧客向け販売促進活動）の一環として新たに付与したポイントに配分すべき額である。２月中に付与したポイントのうち20％、３月中に付与したポイントのうち50％は、決算日現在において未使用であった。ポイントの失効はないものとする。

③　C商品に係る売上高のうち、代理人取引によるものが総額で120,000千円（商品原価96,000千円）含まれていた（すべて決済が完了している）。販売価額と商品原価との差額を役務収益に振り替えるとともに、販売費18,000千円を役務原価に振り替える。

2．A商品に対して、1年間の商品仕様の保証を付している。検収済みの売上高に対して1.5%の商品保証引当金を差額補充法によって設定する。なお、一般管理費のうち11,000千円は、前期に販売したA商品の無償修理費であった。

3．売掛金のうち5,000千円は、得意先甲社に対するもの（前期発生）であり、同社の会社更生法の適用に伴い、担保評価額1,400千円を除く全額を貸倒れ（直接減額）として処理した。残りの売掛金は一般債権であり、その期末残高に対して、貸倒実績率1.2%に基づいて算定された貸倒引当金を差額補充法によって設定する。

4．投資有価証券は、すべてその他有価証券に分類されており、全部純資産直入法を採用している。なお、当期首において再振替仕訳を行っている。税効果会計については、11.を参照のこと。

①　決算日において、金庫に配当金領収証4,000千円が未処理のまま保管されていることが判明した。

②　決算日において、試算表上の投資有価証券のうち35,000千円分を決算日の時価40,000千円で売却し、代金は普通預金としたが未処理であった。なお、当該投資有価証券については、売却先との間で、6か月後に40,500千円で買い戻す合意があるので、上記の売却取引は金融取引として処理する。

③　残りの投資有価証券の決算日における時価は、97,000千円であった。

5．関係会社株式は、子会社S社の株式（当社の持分比率60%）である。決算日においてS社の財政状態が悪化しており、同社の資産総額は300,000千円、負債総額は265,000千円であった。

6．有形固定資産および無形固定資産について、減価償却を次のとおり行う。

①　建物について、耐用年数25年、残存価額ゼロとする定額法による。当期首において、残存耐用年数を15年に変更する。

②　ソフトウェア（自社使用目的）について、耐用年数5年、残存価額ゼロとする定額法による。前期末において、すでに2年が経過している。

7．退職給付費用には、当期中に支払った退職年金の掛金および退職一時金が計上されている。当期首現在、退職給付債務が400,000千円、年金資産が334,000千円、未認識数理計算上の差異（年金資産の運用損に起因するもの）が40,000千円であった。当期の勤務費用は12,000千円であった。割引率と期待運用収益率は、当期首および当期末においていずれも年2%である。未認識数理計算上の差異は、前期末から2年前に発生したものであり、発生年度の翌年度から平均残存勤務期間12年にわたって定額法によって費用処理している。当期中において、退職者に対して年金資産から8,000千円を年金として支払っている。

8．中間配当50,000千円（繰越利益剰余金の処分による）を12月中にすでに支払っているが、利益準備金の積立てが未処理であった。

9．一般管理費の前払額16,500千円、支払リース料の未払額10,000千円を計上する。

10．法人税、住民税及び事業税を30,000千円計上する。試算表上の仮払法人税等は、当期の中間納付額である。

11．税効果会計を適用する。繰延税金資産または繰延税金負債を計上すべき一時差異は、未払事業税、一般債権に係る貸倒引当金、その他有価証券評価差額金、退職給付引当金に生じている。それぞれの税引前の期首残高および期末残高は、次の通りである。当期首および当期末において、将来の予定税率は30％であった。

一時差異の原因	期首残高	期末残高
未払事業税	（減算） 2,000千円	（減算） 2,500千円
貸倒引当金	（減算）10,000千円	（減算）（各自推定）
その他有価証券評価差額金	（減算） 6,000千円	（加算）（各自推定）
退職給付引当金	（減算）26,000千円	（減算）（各自推定）

なお、貸借対照表において、繰延税金資産と繰延税金負債は、相殺して表示する。

会　計　学

解答用紙 ☞別冊P27　解答･解説 ☞P230

問　題

第1問

次の文章の空欄（ア）～（オ）に適切な語句を記入しなさい。

(1) その他有価証券評価差額金、繰延ヘッジ損益などは、連結貸借対照表ではその他の包括利益累計額の区分に掲記されるが、個別貸借対照表においては（　ア　）の区分に掲記される。

(2) 前期に計上した時価による評価損益の戻入れに関しては、当期に戻入れを行う洗替法と、当期に戻入れを行わない（　イ　）法とがある。

(3) 有価証券のような金融商品は、売買契約日に取引を記録するのが原則である。これを約定日基準という。ただし、買手は約定日から受渡日までの時価の変動のみを認識し、また売手は売却損益だけを約定日に認識し、有価証券が移転したときに受渡しを記録する（　ウ　）基準の適用も認められている。

(4) 棚卸資産の貸借対照表価額の算定方法のうち、異なる品目の資産を値入率等の類似性に従って適当なグループにまとめ、1グループに属する期末商品の売価合計に原価率を適用して期末棚卸品の価額を算定する方法を（　エ　）法という。

(5) キャッシュ・フロー計算書における「営業活動によるキャッシュ・フロー」の表示方法のうち、主な取引ごとにキャッシュ・フローを総額表示する方法を（　オ　）法という。

第2問

日本商工リース株式会社は、20X1年4月1日にリース用に備品￥3,989,452を掛けで購入し、以下の契約条件で東商株式会社と5年間のリース契約を締結するとともに、備品を引き渡してリースを開始した。このリース契約は、所有権移転ファイナンス・リース取引に該当する。このリース契約について、貸手としての日本商工リース株式会社の処理に関して以下の問に答えなさい。なお、日本商工リース株式会社の会計期間は1年で、決算日は3月31日である。また、計算の過程で端数が出る場合は、その都度円未満を四捨五入すること。

[リース契約の内容]

1．リース料：年額960,000円、年1回3月31日に後払い（当座預金への振込み）
2．解約不能期間：5年
3．日本商工リース株式会社の計算利子率：6.5%

問1　リース料受領時に売上高と売上原価を計上する方法を適用した場合、初回リース料受領時（20X2年3月31日）に計上する売上原価の金額を求めなさい。

問2 売上高を計上せずに利息相当額を各期へ配分する方法を適用した場合、初回リース料受領時（20X2年３月31日）に計上する受取利息の金額を求めなさい。

問3 リース取引開始時に売上高と売上原価を計上する方法を適用した場合、初回リース料受領時（20X2年３月31日）に貸記するリース債権の金額を求めなさい。

問4 売上高を計上せずに利息相当額を各期へ配分する方法を適用した場合、４回目のリース料受領時（20X5年３月31日）に計上する受取利息の金額を求めなさい。

第３問

P社は20X1年12月31日にS社の発行済議決権株式の60%を140,000ドルで取得して支配を獲得した。20X1年12月31日時点のS社の資本金は200,000ドル、利益剰余金は10,000ドルであった。次の［資料］にもとづいて当期（自20X2年１月１日　至20X2年12月31日）の連結財務諸表の作成に関して、以下の問に答えなさい。なお、P社にはS社以外の子会社はない。

［資料１］ 当期におけるS社のドル建貸借対照表および損益計算書

貸借対照表

S社　20X2年12月31日　（単位：ドル）

諸資産	125,000	諸負債	10,000
備品	80,000	資本金	200,000
減価償却累計額	△ 8,000	利益剰余金	27,000
土地	40,000		
	237,000		237,000

損益計算書

S社　自20X2年１月１日　至20X2年12月31日　（単位：ドル）

売上原価	480,000	諸収益	550,000
減価償却費	8,000	P社向売上	100,000
諸費用	140,000		
当期純利益	22,000		
	650,000		650,000

［資料２］ 換算に関する資料

1．P社とS社との間の取引によるものを除く収益・費用は期中平均相場により換算する。
2．P社向売上についてP社では１ドル111円で換算している。
3．S社は当期に5,000ドルの剰余金の配当を実施している（配当時の為替相場：１ドル112円）。
4．当期中の１ドル当たりの為替相場：
　期首の為替相場110円　　期中平均為替相場114円　　期末の為替相場116円
5．前期末の為替相場は当期首の為替相場と同じ１ドル110円である。

［資料３］ 連結に関する資料

1．支配獲得時におけるS社の保有する土地の時価は50,000ドルで、S社のそれ以外の資産および負債について時価評価による簿価修正額はない。のれんは、支配獲得時の翌年度から10年間にわたり定額法により償却する。
2．支配獲得以前にP社とS社との間に取引はない。当期中にP社とS社との間で行われた取引は、商品売買取引と剰余金の配当のみである。売上債権と仕入債務はすでに全額決済済みである。

3．P社の期末商品のうち10,000ドルはS社から仕入れたものである。S社はP社に販売するさいに原価の25%の利益を付加している。なお、未実現利益の消去は、取引日の相場によることとする。

4．時価評価による簿価修正額と未実現利益については税効果を認識するが、のれん、S社利益剰余金および為替換算調整勘定に係る税効果は認識しない。なお、実効税率は30%とする。

問1　**［資料2］**までの情報にもとづいて連結財務諸表を作成するためにS社の当期の円貨財務諸表（時価評価前）を作成した場合、次の金額を求めなさい。

(1)　当期純利益の金額

(2)　剰余金の配当の金額

(3)　利益剰余金当期末残高

(4)　為替差損益の金額（借方残高となる場合は金額の前に△を付すこと）

(5)　為替換算調整勘定の金額（借方残高となる場合は金額の前に△を付すこと）

問2　以上の**［資料］**にもとづいて連結財務諸表を作成する場合、連結貸借対照表における次の金額を求めなさい。

(1)　のれんの金額

(2)　非支配株主持分の金額

(3)　為替換算調整勘定の金額（借方残高となる場合は金額の前に△を付すこと）

第161回 工業簿記・原価計算

制限時間
1時間30分

工業簿記

解答用紙 ☞別冊P28　解答・解説 ☞P235

問　題

当工場では、製品X、製品Y、製品Zの3種類の製品を製造している。製品X、製品Y、製品Zは、自製部品A、自製部品B、自製部品Cで構成されている。2つの製造部門があり、製品の製造は、製品製造部門で行っており、自製部品の製造は、部品製造部門で行っている。月初・月末に自製部品の在庫は持たないものとする。なお、当工場は全部標準原価計算を採用している。次の［資料］にもとづいて、下記の問に答えなさい。

[資料]

1．製品構成および部品構成

製品構成表

製　品	必要部品	必要量
製品X	自製部品A	1個
	自製部品B	2個
製品Y	自製部品A	1個
	自製部品C	1個
製品Z	自製部品A	1個
	自製部品B	1個
	自製部品C	1個

部品構成表

自製部品	必要部品	必要量
自製部品A	買入部品a	1個
	買入部品b	1個
自製部品B	自製部品C	1個
	買入部品c	1個
自製部品C	買入部品d	2個
	買入部品e	1個

2．各部門の標準消費賃率、変動製造間接費標準配賦率、固定製造間接費予算と正常作業時間

	標準消費賃率	変動製造間接費標準配賦率	固定製造間接費予算	正常作業時間
部品製造部門	2,000円/時	4,000円/時	18,000,000円	6,000時間
製品製造部門	2,100円/時	3,000円/時	5,000,000円	2,000時間

（注）製造間接費配賦基準は、直接作業時間とする

3．各製品、各部品の所要直接作業時間

製品および部品	所要直接作業時間
自製部品A	0.2時間
自製部品B	0.2時間
自製部品C	0.4時間
製品X	0.3時間
製品Y	0.2時間
製品Z	0.4時間

4．買入部品の標準単価

買入部品	標準単価
買入部品a	1,500円
買入部品b	2,000円
買入部品c	1,800円
買入部品d	2,200円
買入部品e	2,500円

5．2022年5月の実際生産量

製　品	実際生産量
製品X	1,480個
製品Y	1,900個
製品Z	1,780個

6．2022年5月の実際消費量

部　　品	実際消費量
自製部品A	5,200個
自製部品B	4,760個
自製部品C（製品製造部門での消費）	3,700個
自製部品C（部品製造部門での消費）	4,770個
買入部品a	5,215個
買入部品b	5,210個
買入部品c	4,765個
買入部品d	16,950個
買入部品e	8,475個

7．2022年5月の各部門の実際作業時間

部品製造部門実際作業時間	5,400時間
製品製造部門実際作業時間	1,540時間

問1　自製部品A、自製部品B、自製部品Cの原価標準を計算しなさい。

問2　製品X、製品Y、製品Zの原価標準を計算しなさい。

問3　2022年5月の計画生産量が、製品X　1,500個、製品Y　2,000個、製品Z　1,800個であったとする。このとき、買入部品aからeまでの、各必要量はどれだけか。

問4　2022年5月の計画生産量が、製品X　1,500個、製品Y　2,000個、製品Z　1,800個であったとする。このとき、部品製造部門および製品製造部門におけるそれぞれの必要直接作業時間はどれだけか。

問5　**［資料］**にあるような生産が行われたとして、2022年5月の部品製造部門における買入部品消費量差異、直接労務費作業時間差異、製造間接費能率差異を計算しなさい。部品製造部門における標準消費量、標準作業時間の計算は、製品製造部門における自製部品の実際消費量を前提として行うことにより、部品製造部門における差異に製品製造部門における能率の良否が混入しないようにすること。なお、部品製造部門における自製部品Cの消費量差異は、自製部品消費量差異として分離せず、買入部品消費量差異、直接労務費作業時間差異、製造間接費能率差異のなかに含めて把握すること。ただし製造間接費能率差異を計算するにあたっては、変動費と固定費とからなるものとする。

問6　製品製造部門における自製部品消費量差異、直接労務費作業時間差異、製造間接費能率差異を計算しなさい。ただし、製造間接費能率差異を計算するにあたっては、変動費と固定費とからなるものとする。

検定試験問題

原価計算

解答用紙 ☞別冊P29　解答・解説 ☞P239

問　題

第１問

当社は、事業部の財務的業績評価指標としてROIC（投下資本税引後営業利益率）を採用し、７％の達成を事業部の財務的目標としている。X事業部では製品Xを量産し、原価計算の方法は全部標準原価計算を採用している。毎年12月に向こう１年間の月次予算を編成している。次の［資料］にもとづいて、下記の問に答えなさい。

[資料]

１．製品Xの原価標準

直接材料費	3,000円／kg×0.5kg／単位		1,500円／単位
直接労務費	2,500円／時×0.1時／単位		250円／単位
製造間接費			
変動費	2,500円／時×0.1時／単位	250円／単位	
固定費	4,000円／時×0.1時／単位	400円／単位	
計		650円／単位	650円／単位
	合計：製品１単位当たりの標準原価		2,400円／単位

（注）　製造間接費固定費配賦率＝月間固定費40,000千円／月間予算操業度１万時間（基準操業度は年間の基準操業度を12で割って求めている。）

２．2月の予算データ

①　計画販売量８万単位、販売単価4,000円、すべて翌月回収の掛売りである。月初製品在庫はなし、月末所要在庫は5,000単位である。製品Xの製造に必要な主材料の月初在庫は55kg、月末所要在庫は50kgであり、材料単価はいずれもkg当たり3,000円である。半額は翌月払いの掛買い、残りは現金で支払う。月初と月末の仕掛品は500単位で加工費進捗度はいずれも50%である。

②　製造間接費予算は公式法変動予算が設定されている。固定費40,000千円のうち減価償却費が1,500千円であり、その他の固定費および変動費はすべて現金支出原価である。なお、予算操業度と計画生産時間との差から生じる予定操業度差異は売上原価に課する。

③　販売費予算は39,960千円、一般管理費予算は30,050千円である。これ以外に、次世代製品の開発のために、研究開発費20,150千円を計上する。なお、販売費・一般管理費・研究開発費の予算の中に59千円の減価償却費（固定費）が含まれ、減価償却費以外はすべて現金支出原価である。

④　1月末の流動資産、固定資産、買掛金の予算有高は次の通りである。

流動資産：	現　金	2,930 千円	売 掛 金	306,800千円	貸倒引当金	1,534千円
	製　品	0 千円	材　料	？ 千円	仕 掛 品	？ 千円
固定資産：	建　物	15,000 千円	機械設備	199,400千円	減価償却累計額	156,000千円
流動負債：	買 掛 金	65,316.3千円				

⑤　直接工の直接作業時間に対する賃金支払額は直接労務費と同額であり、現金で支払う。

3．計算条件

①　貸倒引当金は売掛金の0.5%を差額補充法により設定すること。なお、貸倒引当金繰入額は販売費予算39,960千円には含まれていない。

②　法人税等の税率は30%とする。管理会計上、当月の法人税は当月中に支払うものとする。月末の現金予算有高は当月の法人税支払後の金額である。

③　事業部投下資本は、運転資本に固定資産を加算して計算すること。また、運転資本は流動資産から買掛金を控除して計算すること。

④　比率の計算において割り切れない場合には0.1%未満を四捨五入すること。
（例　計算結果が8.25%の場合は、8.3%　計算結果が8.04%の場合は、8.0%と解答すること。）

問１　答案用紙の2月の売上原価予算について、①～⑤の金額を計算しなさい。

①　直接材料費予算

②　直接労務費予算

③　製造間接費予算配賦額

④　予定操業度差異

⑤　予定操業度差異を課した後の売上原価予算

問２　税引後営業利益を計算しなさい。

問３　2月末の予算現金有高を計算しなさい。

問４　2月末の予算運転資本を計算しなさい。

問５　ROICを計算しなさい。

第2問

次の文章の①～⑦が正しければ○、誤っていれば正しい語句を答案用紙に記入しなさい。

問１　個別原価計算における製造間接費は（①実際配賦率）を用いて特定製造指図書に配賦するのが望ましい。その理由は、（②タイムリーな情報提供を行う）ため、また（③製品原価）の計算に際して、当該指図書に直接関係のない短期的な要因による影響を受けないようにするためである。

問2 製品は企業で開発・生産され、顧客に販売されてからは、顧客がこれを使用し、最終的に廃棄される。こうした製品の生涯のことを（④製品のライフサイクル）といい、この間にかかるコストは（⑤品質コスト）と呼ばれる。（⑤品質コスト）という場合、企業側で発生するコストに限定する考え方と、これに加えて顧客側で発生するコストも含める考え方がある。後者には（⑥使用コスト）と（⑦廃棄コスト）が含まれる。

第162回 商業簿記・会計学

制限時間 1時間30分

商業簿記

解答用紙 ☞別冊P30　解答・解説 ☞P242

問　題

日商株式会社の20X6年３月期（自20X5年４月１日至20X6年３月31日）における［Ⅰ］決算整理前残高試算表および［Ⅱ］期末整理事項等にもとづいて、以下の問に答えなさい。

［解答上の注意事項］

1　計算の過程で端数が出る場合は、その都度千円未満を四捨五入すること。

2　税効果会計は考慮外とする。試算表内の？については各自推定すること。

［Ⅰ］　決算整理前残高試算表

決算整理前残高試算表

20X6年３月31日　　（単位：千円）

借方科目	金額	貸方科目	金額
現金預金	54,620	支払手形	75,500
受取手形	88,000	買掛金	110,000
売掛金	122,000	未払金	1,500
商品	87,779	仮受金	?
返品資産	5,704	返金負債	9,200
仮払法人税等	310,000	貸倒引当金	220
建物	1,500,000	建物減価償却累計額	585,000
備品	600,000	備品減価償却累計額	262,500
車両運搬具	?	車両購入手形	307,995
土地	2,369,000	資本金	2,460,000
長期貸付金	1,000,000	資本準備金	250,000
長期前払費用	8,694	その他資本剰余金	89,000
自己株式	99,680	利益準備金	157,000
売上原価	6,614,680	繰越利益剰余金	667,000
販売費	575,995	売上	?
一般管理費	431,190	受取利息	30,000
減価償却費	60,000	為替差損益	7,583
支払利息	320	固定資産売却益	2,000
	?		?

［Ⅱ］　期末整理事項等

1．期中に受取手形10,200千円を割り引いていたが、この取引については手取金を仮受金で処理しただけで、未処理となっている。手形割引時の保証債務は手形額面の２％で、保証債務の計上にあたっては割引前に設定していた同額の貸倒引当金を取り崩すこととする。割引にあたっては３％の割引率が手形額面に対して適用され、割引時に差し引かれた手取金が当座預金口座に入金されている。金利部分を別処理しない方法で処理し、保証債務費用と貸倒引当金戻入は相殺する。

2．当社はX商品を他社からの注文にもとづいて販売するとともに、Y商品については販売後1か月の間は売価で返品を受け付けるという返品権を付して得意先に販売している。変動対価については販売時に対価を見積って計上している。当社が取り扱う商品はこの2種類のみである。棚卸減耗損と商品評価損については、売上原価の内訳項目として処理する。

(1)　X商品の販売に関する資料

a　X商品の売上は5,553,620千円である。このうち、4,620千円については、翌年度引渡しの契約の締結時に手付金を受領した際に、誤って売上として計上していたことが判明したため、必要な修正を行う。なお、商品の仕入れと引渡しは未だ行われていないため、商品や売上原価の修正の必要はない。

b　X商品の期首商品棚卸高は74,800千円、期末商品棚卸高（原価）は73,200千円、当期に販売したX商品の売上高総利益率は22.5％である。試算表上の金額は実地棚卸を反映していない。実地棚卸高（原価）は72,850千円、実地棚卸高（正味売却価額）は71,970千円である。

(2)　Y商品の販売に関する資料

a　2月末に得意先にY商品125,000千円を返品権を付して現金で販売した。当社が得意先から受け取る対価は変動対価であり、120,000千円は返品されないものと見積もって処理していた。本日、返品期限につき、得意先から売価で4,550千円相当の商品が返品されてきたため、当座預金口座から代金を返済した。この返品分は試算表に反映されていない。なお、3月中に販売し、当期末時点で返品期限の到来していない分は売価で105,000千円で、このうち100,800千円は返品されないものと見積もっている。3月販売分については未だ返品されてきていない。期末に棚卸減耗損と商品評価損は生じていない。

b　前期に販売した商品のうち前期末時点で返品期限の到来していなかったY商品の売価は240,000千円（原価153,600千円）で、このうち228,000千円については返品されないものとして見積もって処理していた。当期に得意先から売価で10,800千円相当の商品が返品されてきたため、当座預金口座から代金を支払うとともに、当期に仕入れた商品とともに同じ利益率で販売している。当期に販売したY商品の売上高総利益率は38％である。Y商品の期首商品棚卸高は42,888千円（前年3月における返品見積分は含んでいない）である。

c　Y商品の販売にあたっては、当期はX商品の販売価額の25％増しで販売している。なお、Y商品の売上高総利益率および見積返品率は同一期間内では一定であるが、毎期異なっている。

3．買掛金のうち23,000千円（200,000ドル）は12月に海外から商品を仕入れた際のものである。当期の2月1日に4月30日を決済期日とする為替予約を行ったが、未処理である。なお、為替予約日の1ドルあたりの直物為替相場は120円、先物の為替相場は135円である。振当処理によることとし、為替予約差額の処理は月割で行う。

4．売掛金と受取手形の期末残高に２％の貸倒引当金を差額補充法により設定する。

5．当期の12月末に20X1年４月１日に取得した車両運搬具400,000千円（定額法、耐用年数５年、残存価額０）を下取りにし、下取価額22,000千円を頭金として買い換えを行った。取得原価と下取価額との差額の支払に際しては、翌年１月末より毎月月末ごとに支払期日の到来する約束手形（券面額@20,533千円）を18枚振り出している。なお、利息相当分については長期前払費用として処理している。試算表上の長期前払費用はすべてこのときに計上したもので、決算に至るまで変更は加えていない。決算にあたって利息の期間配分について級数法によって処理する。また、決算整理前残高試算表の車両運搬具は、すべて新たに取得した車両運搬具である。

6．固定資産について以下の要領で減価償却を行う。

建　　物：定額法、耐用年数：40年、残存価額：取得原価の10％
備　　品：200％定率法、耐用年数：８年、残存価額０、保証率：0.07909、改定償却率：0.334
車両運搬具：旧車両と同じ方法によって、減価償却を行う（月割計算による）。

7．保有する備品について決算整理時に減損の兆候が認められたため、調査したところ備品を使用し続けた場合の割引前将来キャッシュ・フローは残存耐用年数５年にわたって毎年50,000千円（耐用年数到来時の売却価値は０）、将来キャッシュ・フローの現在価値を算定する場合の割引率は４％、当期末時点における正味売却価額が223,000千円であることが判明した。直接控除形式にもとづいて適切な処理を行う。

8．期中に自己株式すべてを消却したが、この処理が未処理となっている。会社法および会社計算規則にもとづいて処理する。

9．販売費の前払分が5,600千円あり、一般管理費の未払分が4,800千円ある。

10．法人税、住民税及び事業税を575,000千円計上する。試算表上の仮払法人税等は中間納付額である。

問１　答案用紙の貸借対照表を完成しなさい

問２　次の設問⑴～⑸に答えなさい。なお、百分率については小数第２位を四捨五入すること（例：8.7％）。

⑴　20X6年３月期のＹ商品の見積返品率　　⑵　20X6年３月期のＸ商品の売上総利益
⑶　20X6年３月期の売上原価　　⑷　20X6年３月期の売上高
⑸　20X6年３月期の当期純利益

会 計 学

解答用紙 ☞別冊P31　解答・解説 ☞P248

問 題

第1問

次の(1)〜(5)のそれぞれにおいて、わが国の会計基準に照らして正しい選択肢をア〜エの中から1つ選び、記号で答えなさい。

(1) ア　棚卸資産の貸借対照表日における正味売却価額が帳簿価額よりも下落している場合であっても、同日における再調達価額が帳簿価額を上回っている場合には、帳簿価額を切り下げる必要はない。

イ　特許権から得られるキャッシュ・フローが著しく低下し、帳簿価額を下回る場合であっても、当初に見積もった残存有効期間内であれば、当該帳簿価額を切り下げる必要はなく、予定通り償却を続行すればよい。

ウ　共用資産についてより大きな資産グループを単位として減損の認識を行う場合には、減損処理後の共用資産の帳簿価額を回収可能価額まで切り下げる。

エ　その他有価証券の時価が著しく下落し、取得原価を時価まで切り下げた場合には、翌年度において当該切下げ額を戻し入れすることは認められない。

(2) ア「収益認識に関する会計基準」によると、販売商品について予想される売上割戻に対しては、売上割戻引当金を設定しなければならない。

イ「企業会計原則」および「企業会計原則注解」によると、偶発債務の一種である保証債務について注記を要するものとされるが、発生の可能性が高いものについては債務保証損失引当金の設定を要する場合がある。

ウ「金融商品に関する会計基準」によると、破産更生債権等に係る貸倒見込額は、貸倒引当金を設定する方法によらず、その帳簿価額を直接減額する方法によって処理しなければならない。

エ「役員賞与に関する会計基準」によると、株主総会の承認を要する役員賞与は、配当と同様、剰余金の処分の一項目とされ、役員賞与引当金を計上することは認められていない。

(3) ア　子会社となる企業の株式を取得する企業結合について、取得関連費用は、個別財務諸表において、発生した期間の費用として処理しなければならない。

イ　負ののれんは、企業結合日において負債として計上し、その後20年以内の期間において取り崩して各期の利益としなければならない。

ウ　共同支配投資企業の共同支配企業に対する持分比率が議決権の過半となる場合、当該共同支配企業は、共同支配投資企業の連結財務諸表において、連結の範囲に含めなければならない。

エ　企業結合に際して、取得原価のうち被取得企業の仕掛中の研究開発費に配分された額は、取得企業の連結財務諸表において資産として計上しなければならない。

(4) ア　キャッシュ・フロー計算書の作成に当たり、資金の範囲には、現金、要求払預金の他、市場価格のある有価証券も含まれる。

イ　キャッシュ・フロー計算書において、資金自体に生じた為替換算差額は、投資活動によるキャッシュ・フローの区分に表示される。

ウ　連結キャッシュ・フロー計算書において、子会社株式の追加取得から生じたキャッシュ・フローは、財務活動によるキャッシュ・フローの区分に表示される。

エ　キャッシュ・フロー計算書において、法人税等の支払額のうち、有価証券の売却益に係る部分は、投資活動によるキャッシュ・フローの区分に表示される。

(5) ア　貸借対照表における同一納税主体の繰延税金資産と繰延税金負債の表示は、原則として両者を相殺してその純額のみを固定資産または固定負債の区分に表示する方法による。

イ　貸借対照表における繰延ヘッジ損益の表示は、原則として流動資産または流動負債の区分に表示する方法による。

ウ　損益計算書におけるトレーディング目的で保有する棚卸資産に係る利益または損失の表示は、原則として売上原価の内訳項目として表示する方法による。

エ　損益計算書における資産除去債務に係る利息費用（時の経過による資産除去債務の調整額）の表示は、原則として営業外費用の区分に表示する方法による。

第2問

次の1．～3．の各文章の空欄に当てはまる適切な語句（漢字で記入すること）または金額を求めなさい。なお、小数点未満の端数は、四捨五入して解答しなさい。

1．当社は、X1年度期首において、製品Aとそれに関連するメンテナンス等のサービスBを提供する契約を締結し、代金440,000円を受け取った。製品Aは、X1年度期首に引き渡し、サービスBは、X1年度期首から3年間にわたり提供する。

当社は、製品Aの引渡しとサービスBの提供を上記の契約に含まれる別個の（　ア　）として識別した。製品AとサービスBの独立（　イ　）は、それぞれ380,000円と120,000円であった。このとき、X1年度において認識すべき収益の額は、（　ウ　）円であった。また、X1年度末の貸借対照表に計上される（　エ　）負債は、（　オ　）円であった。

2．当社は、X1年度期末において、S社の発行済株式総数の60％を1,800百万円で取得した。そのときのS社の資本金は1,000百万円、利益剰余金は500百万円であった。また、X1年度期末においてS社が保有するその他有価証券（取得原価300百万円）の時価は400百万円であった。S社が保有するそれ以外の資産および負債の時価は、帳簿価額と近似しているものとする。のれんは、発生年度の翌年度から10年間にわたり定額法によって償却する。なお、税効果は考慮しない。

S社のX2年度期末における資本金が1,000百万円、利益剰余金が700百万円、その他有価証券評価差額金が140百万円であるとすると、X2年度期末の連結貸借対照表におけるのれんは（　カ　）百万円、その他の（　キ　）累計額は（　ク　）百万円となる。なお、X2年度期末において親会社たる当社は、その他有価証券を有していない。

さらに、S社のX4年度期末における資本金が1,000百万円、利益剰余金が900百万円、その他有価証券評価差額金が180百万円であった。当社がS社株式の20%を800百万円で追加取得した場合、X4年度期末の連結貸借対照表における資本剰余金は（　ケ　）百万円、利益剰余金は（　コ　）百万円となる。なお、当社のX4年度期末の個別貸借対照表における資本金は5,000百万円、資本剰余金は3,000百万円、利益剰余金は3,400百万円であった。

3．当社は、X5年４月１日に、額面総額1,000,000千円の新株予約権付社債（転換社債型）を発行した。当該新株予約権付社債のうち、社債部分は984,700千円、新株予約権部分は15,300千円であり、区分法によって会計処理を行う。償還期間は５年、利払日は年１回３月末日、利率は年1.2%であり、社債の評価は償却原価法（利息法）によって行う。

X5年度（X5年４月１日～X6年３月31日）における社債利息は（　サ　）千円、X5年度期末における社債の帳簿価額は（　シ　）千円となる。なお、実効利子率は年1.52%であった。

さらに、X7年３月31日に新株予約権付社債のうち20%について新株予約権の行使があり、株式発行に伴う資本金および資本準備金の合計額として（　ス　）千円を計上した。X7年度（X7年４月１日～X8年３月31日）における社債利息は（　セ　）千円、X7年度期末における新株予約権は（　ソ　）千円となる。

第162回 工業簿記・原価計算

制限時間
1時間30分

工業簿記

解答用紙 ☞別冊P32　解答·解説 ☞P252

問　題

N社は製品Xと製品Yを製造販売している。工場には2つの製造部門（A製造部門、B製造部門）と3つの補助部門（材料倉庫部、生産技術部、工場管理部）がある。

原価計算の方法としては部門別計算を行い、補助部門費の配賦（部門費の第2次集計）は直接作業時間を配賦基準とした直接配賦法を採用している。各製造部門製造間接費の製品への配賦は、直接労務費を配賦基準としている。次の［資料Ⅰ］にもとづき、下記の問に答えなさい。

［資料Ⅰ］

1．当期の部門別製造費用予算　（単位：千円）

	A製造部門	B製造部門	材料倉庫部	生産技術部	工場管理部
製造直接費					
直接材料費	25,000	14,400	—	—	—
直接労務費	4,875	2,378	—	—	—
製造間接費	1,276.8	1,220.2	1,856	1,740	1,160

2．当期の製品別計画生産販売数量、単位当たり予定直接材料費と予定直接作業時間

	製品X	製品Y
予定生産販売数量	6,000個	500個
単位当たり直接材料費	6,400円／個	2,000円／個
A製造部門単位当たり直接作業時間	0.6時間／個	0.3時間／個
B製造部門単位当たり直接作業時間	0.3時間／個	0.5時間／個

注）直接作業時間には段取作業時間は含まれていない。

3．計算条件

① 配賦率が割り切れない場合、計算の途中ではなく最終段階（たとえば問2では製品Xと製品Yへの製造間接費配賦額を答える段階）で小数点以下第4位（円未満）を四捨五入すること。

② 製品単位当たり製造原価は、割り切れない場合、円未満を四捨五入すること。

問1　補助部門費配賦後のA製造部門製造間接費とB製造部門製造間接費を求めなさい。

問2　製品Xと製品Yへの製造間接費配賦額を求めなさい。

問3　製品Xと製品Yの製造直接費を求めなさい。

問4　製品Xと製品Yの単位当たり製造原価を求めなさい。

N社はコスト・プラスの価格設定方式を採用している。各製品の単位当たり製造原価にマージンを加えて、製品Xを10,820円、製品Yを4,925円で販売しようとしたがライバル会社の製品価格と比べたところ、当社の製品Yの価格が非常に安いことがわかった。そのため社長は、コスト・プラス方式のコスト、すなわち製品単位当たり製造原価のうち製造間接費の配賦額に疑問を抱き、原価計算担当者に活動基準原価計算を用いた場合の製品別単位当たり製造原価の計算を命じた。次の［資料Ⅱ］にもとづき、下記の問に答えなさい。なお、製品Xと製品Yの予定生産販売数量は［資料Ⅰ］2．と等しい。

［資料Ⅱ］

1．製造間接費のコスト・プール

製造部門における間接作業と補助部門における業務活動の分析をしたところ、製造間接費は次の6つのコスト・プールに分けられることがわかった。

（単位：千円）

コスト・プール	製造間接費
機械作業活動	1,803
段取活動	1,040
工程改善活動	1,400
購入部品の発注・検収活動	970
材料の払出・運搬活動	880
管理活動	1,160
合　　計	※　7,253

※［資料Ⅰ］1．部門別製造間接費合計と等しい

2．製品別のコスト・ドライバー

コスト・ドライバーを調べた結果、次の通りになることが推定された。なお、管理活動コスト・プールには適切な基準がないので、直接作業時間を配賦基準とする。？は各自計算すること。

	製品X	製品Y
機械運転時間	2,506時間	1,100時間
段取時間	80時間	50時間
工程設計時間	60時間	40時間
購入部品の発注回数	71回	26回
材料運搬回数	52回	36回
直接作業時間	?	?

3．計算条件

① 配賦率が割り切れない場合、計算の途中ではなく最終段階で小数点以下第４位（円未満）を四捨五入すること。

② 製品単位当たり製造原価は、割り切れない場合、円未満を四捨五入すること。

問5　製品Ｘと製品Ｙへの製造間接費配賦額を求めなさい。

問6　製品Ｘと製品Ｙの単位当たり製造原価を求めなさい。なお、製造直接費は問３と同額である。

原価計算

解答用紙 ☞別冊P33　解答･解説 ☞P255

問　題

第1問

次の文章のアからキまでの（　　　　）の中に適切な言葉をいれなさい。クは､「高」か「低」のいずれか適切な方を○で囲みなさい。

(1) 総合原価計算において完成品換算量とは、完成品と仕掛品の価値の違いを、（　ア　）の違いに置きかえて互いに価値の異なる完成品と仕掛品を統一的に扱うことができるようにするものである。

(2) 製造間接費は（　イ　）とよばれる代理変数によって製品との関係づけを行うことができる。（　イ　）の代表的な例に直接作業時間がある。

(3) （　ウ　）は、製品量産体制以前の源流管理といえる。すなわち、製品の企画・設計段階における原価の作り込み活動である。

(4) 投資案には独立投資案と従属投資案があるが、（　エ　）投資案の場合には内部利益率法をとっても、（　オ　）法をとっても、採用すべきかどうかは同じ結論になる。

(5) 何%売上高が落ち込んだら損失が生じるかを示す指標を（　カ　）率という。

(6) 固定費に変化がない場合、貢献利益率が40%から50%に上がると、貢献利益率40%の場合に比較して、損益分岐点の売上高は（　キ　）%（　ク　）くなる。

第2問

当社は製品Xを製造販売している。製品Xの販売単価は700円である。いままで製品Xは、材料xを使用して製造されていた。材料xの単価は、100円である。その歩留まりは50%である。製品Xを100個製造するのに200個の材料xの投入が必要である。なお、材料xを使用した場合、製品Xを10個製造するのに機械作業時間10分を要する。なお、機械は1台だけである。1日の機械稼働可能時間が450分である。

最近、材料yが開発された。その材料を使用すると、歩留まりは80%に向上する。すなわち製品X100個を製造するのに125個の材料yの投入が必要である。材料yの単価は、200円である。なお、材料yを使用した場合、製品Xを10個製造するのに機械作業時間5分を要する。機械は、材料xのときと同じ機械を使用することができる。

製品Xは非常に需要が高く、作れば作るだけ販売することができるので、常に生産能力いっぱいまで使って製造を行っている。これは材料xを使う場合でも材料yを使う場合でも同様である。

なお、税金は考慮する必要はない。

問1　材料xのみを使用した場合、製品Xは1日に何個作ることができるか。

問2　材料yのみを使用した場合、製品Xは1日に何個作ることができるか。

問3　製品Xを製造販売するとき材料xを使用する場合に比べて、材料yを使用すると、1日あたりいくら有利か、あるいは不利か。

問4　1個100円で購入した材料xの在庫が大量に残っている。材料xは、製品Xの製造をしない場合、1個あたり30円で売却する以外に利用法がない。材料yが利用可能になってからあとに、材料xを利用して製品X100個を製造することの機会原価を計算しなさい。

問5　問4の状況で、材料yが利用可能になってからあとに、在庫されている材料xを利用して製品X100個を製造することは、材料yを利用することに比べて、いくら有利か、あるいは不利か。

第164回 商業簿記・会計学

制限時間
1時間30分

商業簿記

解答用紙 ☞別冊P34 解答・解説 ☞P258

問　題

下記の［資料1］および［資料2］に基づいて、次の各問に答えなさい。なお、当社の各事業年度は、各年3月末日に終了する1年間である。計算過程で生じる千円未満の端数については、四捨五入して解答しなさい。

問1　当社の20X4年度（20X4年４月１日～20X5年３月31日）の個別損益計算書を作成しなさい。

問2　当社の20X4年度末の個別貸借対照表における答案用紙に記載の各科目の金額を求めなさい。

［資料1］ 決算整理前残高試算表

決算整理前残高試算表　　（単位：千円）

借方科目	金額	貸方科目	金額
現金預金	129,940	買掛金	83,000
売掛金	135,980	契約負債	19,500
仮払法人税等	10,000	貸倒引当金	400
繰越商品	60,000	建物減価償却累計額	86,000
仕掛品	36,600	備品減価償却累計額	12,000
土地	435,610	長期借入金	400,000
建物	430,000	退職給付引当金	54,000
備品	48,000	資本金	500,000
機械装置	12,000	資本準備金	100,000
ソフトウェア	30,000	利益準備金	20,000
関係会社株式	72,500	繰越利益剰余金	69,700
投資有価証券	59,520	売上高―商品販売	820,000
繰延税金資産	16,500	売上高―ソフトウェア開発	22,500
仕入高―商品販売	661,000	受取賃貸料	32,400
売上原価―ソフトウェア開発	19,200	受取配当金	8,300
給料手当	20,000	有価証券利息	1,250
退職給付費用	7,000	為替差損益	800
研究開発費	20,000		
一般管理費	10,000		
支払利息	8,000		
支払配当金	8,000		
	2,229,850		2,229,850

［資料2］ 未処理事項および決算整理事項

1．当社は、商品について返品権付き販売を行っており、返品権が販売後１か月内に行使される場合であれば代金の全額を返金している。３月中の販売金額100,000千円が試算表において計上されている。このうち、10％が翌年度の４月中に返品されることが見込まれるので、売上高を減額するとともに返金負債を計上する。

当社は、商品販売の処理方法として三分法を採用しており、期末商品棚卸高は65,000千円であった。返品資産の原価は、当期の原価率を見積もることによって算定する。

2．当社は、受注したソフトウェア開発についての収益認識を履行義務が充足されるにつれて行っており、進捗度は発生した原価に基づくインプット法によって見積もっている。試算表に計上されているソフトウェア開発に係る売上高および売上原価は、当期中にすべての履行義務の充足が完了したもののうち、当期中に充足した部分に相当する額である。また、同一の顧客に対する同一案件に係る契約資産と契約負債は相殺している。顧客各社との契約内容は、次のとおりである（金額単位：千円）。

顧客	取引価格	当期末までの入金額	着手年月	完成年月	当初見積総原価	前期末までの発生原価累計額	当期末までの発生原価累計額
X社	90,000	63,000	20X2年６月	20X4年10月	72,000	54,000	73,200
Y社	45,000	18,000	20X3年１月	20X5年４月	36,000	6,000	30,000
Z社	48,000	9,000	20X4年12月	20X6年３月	45,000	—	12,600

Ｚ社との契約については、当初の見積総原価は45,000千円であったものの、当期末までに52,500千円となることが判明した。必要な受注損失引当金を計上する。受注損失引当金の繰入額は、売上原価に含める。

3．売掛金（返金負債との相殺後）および契約資産（契約負債との相殺後）の残高に対して、１%の貸倒引当金を差額補充法によって設定する。

4．有形固定資産につき、必要な減価償却を行う（金額単位：千円）。なお、月割計算による。

種類	取得月	取得原価	残存価額	耐用年数	償却方法等
建物（甲）	20X0年４月	250,000	0	20年	税法上の定額法
建物（乙）	20X1年４月	180,000	0	15年	税法上の定額法
備品	20X3年４月	48,000	0	８年	税法上の200%定率法。改定償却率0.334、保証率0.07909とする。
機械装置	20X4年９月	12,000	0	５年	税法上の200%定率法。改定償却率0.500、保証率0.10800とする。

当期首より保有目的を賃貸目的に変更した土地146,410千円および建物（乙）180,000千円（取得原価）について、投資不動産勘定に振り替える。また、当期末において減損の兆候が判明し、建物（乙）の残存耐用年数が４年に見積もられるとともに、次年度より４年間にわたって29,282千円のキャッシュ・フローが各期末時点において生じると見積もられた。４年経過後の処分価額は、土地146,410千円（現在の簿価と同額）のみである。使用価値の算定に当たっては、割引率を年10%とする。

また、機械装置は、もっぱら新規事業の研究開発活動に使用する目的で取得したものである。

5．ソフトウェアについては、定額法によって減価償却を行っている（月割計算による）。試算表上のソフトウェアの一部は、取得原価33,600千円の20X2年７月１日より稼働している事務系の基幹システムであり、有効期間は５年と見積もられたものである。残額は、20X4年10月１日より稼働している販売支援システムであり、有効期間は３年と見積もられた。いずれも当期分の償却費を計上する。

6．試算表上の投資有価証券は、米国企業が発行した社債（額面500千ドル、満期20X6年３月31日）を490千ドルで20X1年４月１日に取得したものである。当該保有社債については、満期保有目的の債券に分類し、償却原価法（定額法）を適用している。１ドル当たりの為替相場は、前期末において120円、当期中において125円、当期末において130円であった。必要な利息および為替差損益を計上する。

7．前期末において退職給付債務の残高は150,000千円、年金資産の残高は90,000千円、未認識数理計算上の差異（年金資産の運用損によるもの）は6,000千円であった。当期に係る勤務費用5,000千円、利息費用4,500千円、期待運用収益2,700千円、数理計算上の差異の当期費用処理額1,000千円を計上する。なお、試算表上の退職給付費用は、当期中に支払った退職一時金および退職年金掛金の合計額である。

8．当年度の法人税、住民税及び事業税は、28,000千円と見積もられた。なお、試算表上の仮払法人税等は、当年度中に中間納付した額である。

税効果会計を適用する。当期末において、一時差異は、貸倒引当金、受注損失引当金、減損損失累計額および退職給付引当金のみから生じるものとする。当期末において見積もられた一時差異解消年度の法定実効税率は30％であり、当社の繰延税金資産の回収可能性に疑義はないものとする。

9．試算表上の支払配当金は、当期中に行った中間配当額である。なお、当該中間配当は、繰越利益剰余金から行ったものであり、中間配当に伴う準備金の積立てが未処理であった。

会　計　学

解答用紙 ☞別冊P35　解答·解説 ☞P263

問　題

第1問

以下の（1）～（5）の文章のそれぞれについて、現行のわが国の会計基準等にもとづいた場合、下線部のいずれか一つの語句に誤りが存在するものがある。誤っていると思われる場合には、その語句の下線部の記号（ａ）～（ｄ）のいずれかをⅠ欄に記入した上で、それぞれに代わる正しいと思われる適当な語句または文章をⅡ欄に記入しなさい。また、誤りがない場合には、Ⅰ欄に○印を記入しなさい。

⑴　会計上の変更及び誤謬の訂正のうち、会計上の変更は会計方針の変更、会計上の見積りの変更、および表示方法の変更の３つから構成される。このうち、(a) 会計方針の変更については遡及適用を行い、(b) 誤謬の訂正については修正再表示を行う。なお、会計方針の変更と会計上の見積りの変更とを区別することが困難な場合は、(c) 会計方針の変更と同様に取り扱う。

⑵　新株予約権付社債の発行者側については、転換社債型は、新株予約権と社債とを区別して処理する区分法と、これらを区別せずに処理する (a) 一括法のいずれの適用も認められているのに対して、転換社債型以外については、(b) 一括法の処理しか認められていない。一方、取得者側については、転換社債型は、(c) 一括法の処理しか認められておらず、転換社債型以外については (d) 区分法の処理しか認められていない。

⑶　商品の棚卸減耗損については、それが原価性を有する場合は売上原価の内訳科目または販売費として表示し、原価性を有しない場合は (a) 営業外費用または (b) 特別損失として表示する。これに対して、正味売却価額が取得原価を下回る場合、その差額に (c) 期末帳簿棚卸数量を乗じて把握される金額を商品評価損といい、原則として売上原価の内訳科目として表示し、臨時的かつ多額に発生した場合は (d) 特別損失として表示する。

⑷　キャッシュ・フロー計算書において利息及び配当金に係るキャッシュ・フローについては、受取利息、受取配当金及び支払利息は「(a) 営業活動によるキャッシュ・フロー」の区分に記載し、支払配当金は「(b) 財務活動によるキャッシュ・フロー」の区分に記載する方法か、受取利息及び受取配当金は「(c) 営業活動によるキャッシュ・フロー」の区分に記載し、支払利息及び支払配当金は「(d) 財務活動によるキャッシュ・フロー」の区分に記載する方法のいずれかの方法により記載する。

⑸　会社成立後営業開始時までに支出した開業準備のための費用を開業費という。開業費は、原則として、支出時に (a) 営業外費用として処理しなければならない。ただし、開業費を繰延資産に計上することもできる。この場合には、開業のときから (b) ５年以内のその効果の及ぶ期間にわたって (c) 定額法により償却をしなければならない。なお、開業費を (d) 販売費及び一般管理費として処理することもできる。

検定試験問題

第2問

日本商工株式会社の20X1年3月31日から20X3年3月31日までの連結グループに関する［資料］は次のとおりである。これらの［資料］にもとづいて、次の各問に答えなさい。なお、のれんについては、支配獲得時の翌年度から10年間にわたって定額法により償却する。連結グループ各社の決算日はいずれも3月31日で、会計期間は1年である。また、税効果会計はその他有価証券評価差額金にのみ適用することとし、法定実効税率は各期とも30%とする。

［資料1］ 日本商工株式会社の利益剰余金および連結子会社の株主資本の推移

	日本商工株式会社の利益剰余金	S1社株主資本		S2社株主資本	
	利益剰余金	資本金	利益剰余金	資本金	利益剰余金
20X1年3月31日	420,000千円	230,000千円	165,000千円	1,500千ドル	1,200千ドル
20X2年3月31日	451,000千円	230,000千円	173,000千円	1,500千ドル	1,500千ドル
20X3年3月31日	498,000千円	230,000千円	226,000千円	1,500千ドル	1,850千ドル

（注1）日本商工株式会社の当該期間の資本金と資本剰余金に増減はない。また、同社は、20X1年度は配当を行っていないが、20X2年度には20,000千円の配当を行っている。

（注2）S1社は20X1年度も20X2年度も配当を行っていない。

（注3）S2社は、20X1年度は配当を行っていないが、20X2年度には100千ドルの配当を行っている。配当時の為替相場は1ドル127円であった。

［資料2］ 日本商工株式会社の株式の取得と売却状況

1. 日本商工株式会社は20X1年3月31日にS1社の株式の発行済株式総数（以下同じ）の60%を277,000千円で取得して支配を獲得して子会社とした。
2. 日本商工株式会社は20X1年3月31日に米国のS2社の株式の80%を2,360千ドルで取得して支配を獲得して子会社とした。
3. 日本商工株式会社は20X3年3月31日に上記S2社の株式の8%を246千ドルで売却した。

［資料3］ 日本商工株式会社およびS1社のその他有価証券の保有状況

1. 日本商工株式会社は20X1年3月31日に米国のA社の株式を150千ドルで取得し、その他有価証券として保有していた。しかし、20X3年1月20日に180千ドルまで値上がりしたため、すべて売却して利益を確定した（売却時の為替相場は1ドル127円）。なお、20X2年3月31日のA社株式の時価は160千ドルであった。

2．S1社は、20X1年3月31日に甲社の株式を11,500千円で取得し、その他有価証券として保有している。20X2年3月31日の甲社株式時価は12,600千円で、20X3年3月31日の時価は13,200千円であった。

[資料4] 為替相場の状況

20X1年3月31日：1ドル120円　20X1年度期中平均相場：1ドル123円

20X2年3月31日：1ドル126円　20X2年度期中平均相場：1ドル128円　20X3年3月31日：1ドル129円

問1　20X1年度（20X1年4月1日から20X2年3月31日まで）の日本商工株式会社の連結財務諸表における次の金額（単位：千円）を求めなさい（(3)については、借方残高となる場合は金額の前に△を付すこと）。

(1) 当期純利益　(2) 非支配株主に帰属する当期純利益　(3) その他有価証券評価差額金の残高

(4) のれん償却額　(5) 親会社株主に係る包括利益

問2　20X2年度（20X2年4月1日から20X3年3月31日まで）の日本商工株式会社の連結グループにおける答案用紙に示された金額（単位：千円）を求めなさい。ただし、純資産が減少している場合は、金額の前に△を付すこと。

令和5年6月11日施行

第164回 工業簿記・原価計算

制限時間 1時間30分

工業簿記

解答用紙 ☞別冊P36　解答・解説 ☞P273

問　題

第1問

次の文章の（　　）に当てはまる最も適切な言葉を以下の＜語群＞から選び記号で答えなさい。

・未完成品の原価計算票（表）をファイルしたものを（　1　）元帳という。

・完成品の原価計算票（表）をファイルしたものを（　2　）元帳という。

・材料カードをファイルしたものを（　3　）元帳という。

・ある材料の実際消費量を（　4　）法で把握してもその材料が特定製品にしか使われていないことがわかっているのであれば、その製品に賦課する原価を計算できる。

・わが国では、段取時間は、（　5　）に含められ、段取費は（　6　）に含められることが多い。そのため、自働化されて直接工の加工時間がほとんど必要のない場合でも、（　5　）が生じる場合がある。

＜語群＞

ア	継続記録	イ	平均	ウ	先入先出	エ	売上品	オ	製品
カ	原価（製造）	キ	材料	ク	出庫	ケ	半製品	コ	加工時間
サ	直接作業時間	シ	手待時間	ス	間接作業時間	セ	直接材料費		
ソ	直接労務費	タ	直接経費	チ	製造間接費	ツ	活動原価		
テ	コストプール	ト	機会原価	ナ	棚卸計算				

第2問

当社は全部原価計算を採用している。各期の［財務データ］と［生産・販売データ］は以下のとおりである。［財務データ］については、第1期から第4期まで変わらない。以下の問に答えなさい。

［資料］

［財務データ］

販売単価　4,000円

単位当たり標準製造変動費　1,500円

製造固定費予算総額　12,000,000円（1期分）

正常作業時間　24,000時間（1期分）

販売費および一般管理費　3,200,000円（すべて固定費：1期分）

1個当たりの標準作業時間は2時間である。

［生産・販売データ］

	第1期	第2期	第3期	第4期
期首有高	0個	?	?	?
実際生産量	12,000個	11,000個	10,000個	9,500個
実際販売量	10,000個	10,000個	10,000個	10,000個

原価差異は操業度差異だけであるとする。その他の差異は発生しなかった。原価差異は、各期ごとに、売上原価に対して調整するものとする。

なお、期首・期末の仕掛品は存在しないものとする。

問1　**［資料］**の条件にしたがい、全部原価計算方式で第1期の営業利益を計算しなさい。

問2　**［資料］**の条件にしたがい、直接原価計算方式で第1期の営業利益を計算しなさい。

問3　次の文章の（　　）の中に適切な数字または言葉を入れなさい。エ、キ、ケ、サはいずれか適切な方を○で囲みなさい。

⑴　第2期を例にとると、期首と比べて期末の製品在庫は（　ア　）個増えている。本問題の条件では、製品1個当たりの標準製造固定費は（　イ　）円である。第2期における全部原価計算方式の営業利益の方が直接原価計算方式の営業利益より、（　ウ　）円だけ（　エ　大きい　小さい　）。（　ウ　）円は、（　ア　）個×（　イ　）円にて計算することができる。全部原価計算では、製品在庫の増加分にも製造固定費が配分され、その分、当期の売上原価が少なくなり、製品在庫増加分に配分された固定費は、期末の棚卸資産として次期に繰り延べられる。この在庫増加分に配分される固定費は、直接原価計算では、製品原価には含められず、当期の製造固定費として期間原価となる。

⑵　第4期の場合、期首と比べて期末の製品在庫は（　オ　）個減っている。第4期においては、全部原価計算方式の営業利益の方が直接原価計算方式の営業利益より、（　カ　）円だけ（　キ　大きい　小さい　）。（　カ　）円は、（　オ　）個×（　イ　）円にて計算することができる。全部原価計算では、期中に製品在庫が減った分だけ、期首の製品在庫が使われ、その中に含まれる前期の固定費の一部が、当期の売上原価に追加されるようになる。

⑶　もし第3期において実際生産量が10,000個ではなく、12,000個であった場合、他の条件に変化がなければ、全部原価計算の利益は（　ク　）円だけ（　ケ　増加する　減少する　）。この金額は、第3期における（　コ　）の金額と同じである。全部原価計算では、（　コ　）は、売上原価に賦課されて、期間原価となるが、正常生産量いっぱい生産すると（　コ　）が発生せず、販売量が変わらないにもかかわらず増やした生産量はそのまま期末の在庫の増加となる。増加した在庫に製造固定費が配分され次期に繰り越される。

⑷　本問題よりわかるように、（　サ　全部原価計算　直接原価計算　）の営業利益は、在庫変動の影響を受けないので、利益計画に適している。

原価計算

解答用紙 ☞別冊P37 解答・解説 ☞P277

問　題

第1問

次の文章について、その内容が正しいものの番号をすべて選びなさい。

① 通常の原価計算制度では、原価を費目別、部門別、製品別に把握する。品質原価計算は、品質保証活動費ないし製品品質関係費を把握しようとするものであるから、通常の原価計算制度から得られる原価情報では不十分である。

② 品質原価計算では、品質保証活動費を予防原価、評価原価、内部失敗原価および外部失敗原価に分けて把握する。外部失敗原価には、たとえばリコール費用や仕損費が含まれる。

③ 品質原価計算は、顧客の要求品質と設計仕様とのずれを問題とする設計品質に焦点を当てた原価計算である。

④ ライフサイクル・コスティングでは、企業内で発生する原価のみならず、製品やシステムのライフサイクル全体で発生する原価を計算対象とすることから、企業外部で発生する原価も包含されるように変化している。

⑤ ライフサイクル・コストとは、製品やシステムの企画開発から廃棄処分されるまでの生涯にわたってかかるコストである。ライフサイクル・コスティングでは、研究・開発コスト、生産・構築コスト、運用・支援コスト、廃棄コストとライフサイクルの各段階に分けて原価を把握する。各段階で発生するコストの間には、トレード・オフの関係はない。

第2問

当社は量産品を製造・販売している。原価計算の方法としては、総合原価計算を採用している。次の［資料］にもとづき、下記の問に答えなさい。

［資料］

1．生産データ

月初仕掛品	100kg	(50%)
当月投入	4,400kg	
合　計	4,500kg	
正常仕損	60kg	(20%)
異常仕損	40kg	(80%)
月末仕掛品	100kg	(50%)
完成品	4,300kg	

注：

① 原料は工程の始点で投入される。(　　) 内は加工費進捗度を意味する。

② 正常仕損および異常仕損は (　　) 内に示された加工費進捗度の点で発生した。

③ 仕損はすべて当月着手分から生じたと仮定する。

2．原価データ

月初仕掛品原価	14,400円
当月製造費用	
原料費	352,000円
加工費	260,640円
合計	627,040円

注：

⑴ 正常仕損費は良品を製造するための原価であるから、異常仕損品は正常仕損費を負担すべきでないという考え方もあるが、本問では仕損の発生ポイント（加工費進捗度）によって正常仕損費等の負担を考えること。

⑵ 正常仕損品と異常仕損品は材料として再利用することはできない。いずれも廃棄する。廃棄費用は仕損費として処理する。正常仕損品の廃棄費用は556円、異常仕損品の廃棄費用は324円である。

⑶ 完成品と月末仕掛品への原価の配分は先入先出法を採用している。

3．販売データ

当月販売量　4,300kg、販売単価　230円／kg

注：

⑴ 月初製品は200kg、月初製品原価は27,720円である。

⑵ 製品の払出単価は平均法を採用している。

問1　当月の正常仕損費と異常仕損費はそれぞれいくらか。

問2　当月の異常仕損品は機械の整備不良による故障が原因だとすると、異常仕損費はどのように会計処理すべきか。①から④の選択肢から最も適切な番号を１つ選び、それを選んだ理由を40文字以内で述べなさい。

① 正常仕損費と同様に当月の製品原価とする

② 一般管理費とする

③ 営業外費用とする

④ 特別損失とする

問3　当月の完成品原価と月末仕掛品原価はそれぞれいくらか。仕損費を考慮したあとの金額を解答すること。

問4　当月の売上総利益はいくらか。

第165回 商業簿記・会計学

制限時間
1時間30分

商業簿記

解答用紙 ☞別冊P38　解答・解説 ☞P279

問　題

日商株式会社の20X6年度（自20X6年4月1日至20X7年3月31日）における［Ⅰ］決算整理前残高試算表および［Ⅱ］期末整理事項等に基づいて、答案用紙の問に答えなさい。

［解答上の注意事項］

1　計算の過程で端数が出る場合は、その都度千円未満を四捨五入すること。

2　税効果会計は考慮外とする。試算表内の？については各自推定すること。

3　決算日の直物為替レートは1ドル138円である。

［Ⅰ］ 決算整理前残高試算表

決算整理前残高試算表

20X7年3月31日　　　　（単位：千円）

借方科目	金額	貸方科目	金額
現金預金	417,374	支払手形	359,000
受取手形	323,240	買掛金	489,000
売掛金	423,800	貸倒引当金	1,110
売買目的有価証券	?	建物減価償却累計額	445,500
繰越商品	588,000	備品減価償却累計額	86,719
未着品	1,355,400	資産除去債務	27,022
仮払金	115,000	社債	?
仮払法人税等	61,000	退職給付引当金	169,250
建物	900,000	資本金	1,717,000
機械装置	527,022	資本準備金	58,000
備品	150,000	利益準備金	141,000
土地	1,500,000	繰越利益剰余金	112,000
長期貸付金	250,000	一般売上	4,515,000
仕入	2,633,500	未着品売上	1,677,500
販売費	860,000	役務収益	130,000
一般管理費	211,000	受取利息	4,687
手形売却損	87	為替差損益	380
		固定資産売却益	500
	?		?

［Ⅱ］ 期末整理事項等

1．商品売買については、一般商品販売と未着品販売を行っている。

⑴　一般商品販売における棚卸資産の評価方法は、売価還元法（正味値下げ額を除外せずに原価率を算定する方法）を適用している。商品期首棚卸高（売価）840,000千円、期中の原始値入額1,707,500千円、正味値上げ額947,500千円、正味値下げ額807,500千円、商品期末帳簿棚卸高（各自推定）、商品期末実地棚卸高（売価）722,000千円である。なお、期中

に掛けによる仕入戻し68,000千円、掛けによる仕入割戻し4,250千円があったが、この処理がまだ行われていない。

(2)　一般商品販売とは別に、米国から輸入した商品について未着のまま販売を行っている。未着品販売に関する売上原価の算定は、期末に一括して仕入勘定で行っており、未着品の販売売価（3．(1)の保守点検サービス考慮前）は貨物代表証券の原価の25％増しである。期首における未着品の原価は60,000千円である。なお、3月3日に600,000ドルの貨物代表証券を入手し、代金は全額掛けとしたが、この取引が未記帳となっている（この貨物代表証券については為替予約時の先物為替レートで換算する。3月3日の為替レートについては2．を参照のこと）。

2．先の3月3日に加えて、買掛金には370,000ドル分の米ドル建買掛金が含まれている。この買掛金は2月25日の取引から発生したもので、3月3日の取引と同時にこれらの買掛金に対して為替予約を行っていたが、この為替予約の処理が未だ行われていなかった。決済は5月末日である。この為替予約については振当処理によることとし、為替予約差額の処理は月割りで行う。取引日と予約日の為替レートは次のとおりである。

	直物為替レート		直物為替レート	先物為替レート
取引日：2月25日	1ドル135円	取引日：3月3日	1ドル136円	1ドル142円

3．当社は未着品販売について、当期から希望する顧客に対して、販売時に申し出た場合に限り、売価に20％の料金を追加することによって2年間にわたって保守点検を追加するサービスを開始した。

(1)　当期首に得意先Ａ社が希望したため、未着品売上50,000千円に対して10,000千円の追加で2年間の保守点検サービスを提供することとした。12月1日に得意先Ｂ社も希望してきたため、未着品売上600,000千円に対して120,000千円の追加で同サービスを提供することとした。当期の当該サービスを希望したのはこの2社のみである。商品がＡ社には6月1日に、Ｂ社には2月1日にそれぞれ到着し、到着と同時に保守点検サービスを開始している。

(2)　この保守点検サービスについては商品販売と別契約と判断し、いずれも受領した保守点検サービス料をすべて役務収益として計上していた。しかし、実質的に同一の契約に商品販売と2年間の保守点検サービスという2つの履行義務が含まれると判断されたため、修正の処理を行う。

(3)　得意先Ａ社へ販売した商品の独立販売価格は50,000千円、同社への2年間の保守点検サービスの独立販売価格は15,000千円で、得意先Ｂ社へ販売した商品の独立販売価格は600,000千円、同社への2年間の保守点検サービスの独立販売価格は180,000千円である。なお、時間の経過にともなって履行義務を充足した保守点検サービスについては、月割計算によって収益を計上する。

4．売買目的有価証券は、すべて当期中に取得原価12,500ドル（取得時の直物為替レートは1ドル130円である）で購入したものである。期末の時価は12,000ドルに値下がりしたため、評価替えを行う。

5．売掛金と受取手形の期末残高に2％の貸倒引当金を差額補充法により設定する。なお、売掛金のうち65,280千円は480,000ドルの外貨建売掛金である。この外貨建売掛金に対しては為替予約は行っていない。

6．以下の要領で減価償却を行う。

建　　物：定額法、耐用年数40年、残存価額：取得原価の10％

備　　品：200％定率法、耐用年数8年、残存価額ゼロ、保証率0.07909、改定償却率0.334

機械装置：定額法、耐用年数10年、残存価額ゼロ

なお、機械装置は、当期首に500,000千円で取得し、耐用年数10年、使用後の除去費用40,000千円、取得時における割引率は年4％と見積もってすでに使用を開始している。決算にあたって調査したところ、除去費用は42,000千円に増加していることが判明したため、修正処理を行う。決算日時点における割引率は年3％である。期間10年で3％と4％の現価係数はそれぞれ0.74409、0.67556、期間9年で3％と4％の現価係数はそれぞれ0.76642、0.70259である。

7．仮払金のうち96,000千円は、20X7年1月末日に債券金額100,000千円（1,000千口）の社債を1口100円につき95円（裸相場）で買い入れて代金を経過利息とともに支払ったさいのものである。買入れた社債についてはすでに消却済みである。この社債は20X4年4月1日に、債券金額400,000千円、払込金額（100円につき）93.25円、発行口数4,000千口、償還期限20X9年3月31日、実効利子率：年2.66％、クーポン利子率：年1.20％、利払日：3月31日の条件で発行したものである（社債の債券金額と払込金額との差額はすべて金利の調整差額と認められるため、償却原価法（利息法）を適用している）。決算にあたって、買入消却について適切に処理する（クーポン利息と金利調整差額の償却は月割りで計算する）。加えて、未償還の社債に対する利息を当座預金から支払うとともに、償却原価法により期末評価を行う。

8．確定給付型の企業年金制度を採用している。期首退職給付債務は874,500千円、期首年金資産は705,250千円で、当期掛金拠出額11,000千円と退職一時金8,000千円は仮払金で処理してある。なお、年金基金からの退職金の支払額は4,250千円である。当期の勤務費用は9,800千円、利息費用の利率は年1％、長期期待運用収益率は年2％であり、実際運用収益と同額である。また、当期において数理計算上の差異（不足額、借方差異）が6,000千円発生しており、この差異は当期から定額法（平均残存勤務期間8年）で償却する。

9．販売費の前払分が49,600千円あり、一般管理費の未払分が27,800千円ある。

10．法人税、住民税及び事業税として132,500千円を計上する。

会　計　学

解答用紙　☞別冊P39　解答·解説　☞P286

問　題

問題1

次の1．～3．の文章における空欄（　ア　）～（　ク　）に当てはまる語句または金額を答案用紙の該当欄に記入しなさい。なお、同一の記号の空欄には同一の語句または金額が入るものとし、解答に当たって金額単位未満の端数が生じる場合には四捨五入して答えなさい。

1．税法上の損金算入限度額を超えた減価償却費からは、将来（　ア　）一時差異が生じ、繰延税金（　イ　）が計上される。

　例えば、前年度末および当年度末における将来（　ア　）一時差異がそれぞれ20,000千円および22,000千円であり、適用すべき法定実効税率がそれぞれ35％および30％であるとき、当年度における法人税等調整額は（　ウ　）千円となる。

2．「金融商品に関する会計基準」によると、貸倒（　エ　）債権については、①債権額から（　オ　）の処分見込額および保証による回収見込額を減額し、その残額について債務者の財政状態および経営成績を考慮して貸倒見積高とする財務内容評価法の他、②キャッシュ・フロー見積法によって貸倒見積高を算定するものとされている。

　キャッシュ・フロー見積法による場合、例えば当期末の帳簿価額が50,000千円、当初の約定利子率が年３％で、２年後および３年後のキャッシュ・フローがそれぞれ500千円および30,600千円と見込まれる場合、貸倒見積高は（　カ　）千円となる。

3．「会計上の（　キ　）の開示に関する会計基準」は、当年度の財務諸表に計上した金額が会計上の（　キ　）によるもののうち、翌年度の財務諸表に重要な影響を及ぼす（　ク　）（有利となる場合及び不利となる場合の双方が含まれる。）がある項目における会計上の（　キ　）の内容について、財務諸表利用者の理解に資する情報を開示することを目的とする。

問題2

次の［資料］に基づいて、答案用紙における20X3年度の連結株主資本等変動計算書を作成しなさい。なお、税効果会計は適用しない。解答に当たって千円未満の端数が生じる場合には、四捨五入して答えなさい。

［資料］

1．20X1年度末において、P社はS社の発行済株式数の80%を550,000千円で取得し、同社を子会社とした。

2．20X1年度末において、S社が保有する簿価30,000千円の土地について時価が38,000千円、簿価16,000千円の建物について時価が18,000千円であった。他の資産および負債は、簿価と時価が同じであった。建物の残存耐用年数は5年であり、残存価額をゼロとする定額法によって減価償却する。のれんは、発生年度の翌年度から10年間で定額法により償却する。なお、20X1年度末以降、P社およびS社における土地および建物の取得・売却はなかった。

3．20X2年度および20X3年度におけるP社の個別貸借対照表、並びに20X1年度から20X3年度までのS社の個別貸借対照表における純資産の部は、次の通りであった（単位:千円)。なお、評価・換算差額等は、その他有価証券の評価差額金に係るものであり、20X1年度末以降、P社およびS社によるその他有価証券の取得・売却はなかった。

	P社		S社		
	20X2年度	20X3年度	20X1年度	20X2年度	20X3年度
資本金	1,000,000	1,100,000	400,000	400,000	400,000
資本剰余金	500,000	598,000	—	—	—
利益剰余金	300,000	400,000	250,000	280,000	300,000
自己株式	△ 80,000	△ 60,000	—	—	—
評価・換算差額等	20,000	18,000	10,000	13,000	11,000

4．20X3年度におけるP社およびS社の利益剰余金からの支払配当金は、それぞれ20,000千円および6,000千円であった。

5．20X3年度において、P社は、株式の発行を行っており、払込金額200,000千円のうち2分の1を資本金としないこととした。

6．20X3年度において、P社は、自己株式20,000千円の処分（処分価額18,000千円）を行っている。

7．20X3年度末において、P社は、S社の発行済株式数の10%を82,000千円で売却した。

8．20X2年度末および20X3年度末において、S社の棚卸資産に含まれるP社が計上した未実現利益は、それぞれ2,000千円および1,600千円であった。

第165回 工業簿記・原価計算

制限時間 1時間30分

工業簿記

解答用紙 ☞別冊P40　解答・解説 ☞P292

問　題

ニッショウ製紙の南大阪工場では、原料Aおよび原料Bを使用して、製品Xをロット別生産している。原価計算方式としてはシングル・プランの標準原価計算を採用している。原料は購入時に標準単価で受け入れており、購入原料価格差異を算出している。購入原料価格差異の会計処理は四半期末にのみ行う。当月は四半期の2か月目である。次の［資料］にもとづいて、下記の問に答えなさい。

［資料］

1．製品Xの原価標準

直接材料費

原料A	150円/kg	× 2.0kg	300円
原料B	80円/m²	× 2.5m²	200
直接労務費	1,400円/時間	× 0.1時間	140
製造間接費	2,600円/時間	× 0.1時間	260
		合計	900円

2．当月の生産状況

ロット	118	119	120	121	122	123
生産量	400個	500個	200個	350個	650個	550個
着手月	前月（80%）	前月（50%）	当月	当月	当月	当月
完成月	当月	当月	当月	当月	当月	次月予定（40%）

（注）原料Aは工程の始点、原料Bは工程の60%の点で投入される。（　　）内は加工費進捗度を示す。

3．当月の原料記録

	月初在庫量	当月購入量	当月消費量	月末在庫量
原料A	3,220kg	5,500kg	3,580kg	5,140kg
原料B	1,360m²	5,150m²	4,010m²	2,500m²

原料Aは2回に分けて購入しており、1回目は購入量3,100kg（実際購入単価230円/kg）、2回目は購入量2,400kg（実際購入単価210円/kg）であった。

原料Bの購入は1回のみで、実際購入単価は85円/m²であった。

4．直接労務費と製造間接費

実際直接作業時間　　179時間

実際直接労務費　　258,200円

製造間接費予算　　5,740,800円（年間）　変動費　2,649,600円　固定費　3,091,200円

基準操業度　　2,208時間（年間）

※月間の固定費予算額、基準操業度は年間の値の１/12とする。

実際製造間接費　　464,000円

5．当月の販売状況

ロット	117	118	119	120	121	122
販売量	450個	400個	500個	200個	350個	650個
販売月	当月	当月	当月	当月	当月	次月予定
販売単価	1,420円	1,450円	1,520円	1,600円	1,580円	1,500円

(注) ロット117は前月完成したロットである。

問１　ロット別計算に関する以下の説明文の（　①　）～（　⑤　）に入る適切な金額を答えなさい。

ロット別計算では、ロット別に原価を集計していき、完成したロットの原価合計を完成品原価、未完成のロットの原価合計を仕掛品原価とする。

当月は、ロット118と119が月初仕掛品であった。ロット118の月初仕掛品原価のうち原料Ａ・直接材料費は（　①　）円、原料Ｂ・直接材料費は（　②　）円であった。直接労務費と製造間接費については加工費進捗度が加味され、ロット118の直接労務費は（　③　）円、製造間接費は（　④　）円であった。

なお、ロット119の月初仕掛品原価のうち原料Ａ・直接材料費は（　⑤　）円であったが、原料Ｂは月初時点では投入されていなかったため、原料Ｂ・直接材料費はゼロであった。

問２　答案用紙の仕掛品勘定を完成させなさい。

問３　答案用紙の差異一覧表を作成しなさい。なお、製造間接費の能率差異は変動費と固定費の両方から計算する。

問４　答案用紙の月次損益計算書を完成させなさい。なお、原価差異は、購入原料価格差異を除いて、当月の売上原価に賦課する。

問5　以下の会話文の（　①　）～（　④　）に入る適切な語句または金額を答えなさい。

経　理　部　長：原価会議をはじめましょう。当月の原価差異について報告してください。

原価計算担当者：はい。原料の消費数量差異は…(以下略。差異一覧表にもとづいて説明していく)。当月の原価差異は以上となり、多額の原価差異は発生していませんので、月次損益計算書においてすべて売上原価に賦課しています。

経　理　部　長：今の説明には購入原料価格差異が含まれていませんね。

原価計算担当者：購入原料価格差異は（　①　）部門の責任ということで、工場への原価報告には入れていませんでした。（　①　）部門には別途報告する予定です。

経　理　部　長：原料価格が高騰していますので、購入原料価格差異の金額が気になりますね。

原価計算担当者：当月購入した原料から生じた購入原料価格差異は（　②　）円の（　③　）差異となりました。購入原料価格差異の会計処理は四半期末のみ行っています。「原価計算基準」にしたがって、（　④　）と（　④　）に配賦しています。

経　理　部　長：会計処理はそれでいいのですが、これだけ大きな差異が出ていると、損益への影響が無視できませんね。これは経営判断や業績予測にも関わってきますので、私から経営会議に報告しておくことにします。

検定試験問題

原価計算

解答用紙 ☞別冊P41　解答・解説 ☞P296

問　題

以下の問題文を読んで下記の問に答えなさい。

当社は、2024年度に向けて、2023年度末に新しい自動設備（以下新設備という）の導入を計画している。新設備の取得原価は、20,000,000円。耐用年数は４年、４年後の残存価額は０円である。経済的耐用年数と法定耐用数は等しいものとする。新設備は今までより高品質の製品の製造が可能であり、より高い価格での販売が見込まれる。それにより年々8,000,000円のキャッシュ・インフロー増が見込まれるが、他方現金支出原価が年々2,000,000円増加すると見込まれている。現金支出原価の増加は、会計上の費用の増加であるとともに、キャッシュ・アウトフローの増加でもある。

新設備の導入により、今まで使用していた設備（以下旧設備とよぶ）を売却することにした。旧設備の売却価額は9,000,000円である。旧設備の取得原価は18,000,000円で予定残存価額は０円、耐用年数は６年で、2023年度末で２年間使用したことになり２年分の減価償却累計額がある。なお、減価償却の方法は旧設備も新設備も定額法である。新設備も旧設備も耐用年数に達したときには、売却価値はないものとする。

法人税等の実効税率は30％で、当社は黒字企業であるとする。

なお、簡単化のためキャッシュ・フローについては以下のような仮定を設ける。キャッシュ・フローは年度末（＝次年度はじめ）にまとめて生じると仮定する。その年度の利益にたいする法人税等の支払いは、次年度はじめ（＝当該年度末）に支払われるものと仮定する。会計上の利益の認識でいえば年度末に生じる費用は、その年度に帰属する損益に含まれ、次年度の利益とは明確に区別されるが、キャッシュ・フローの生じる時点としては、年度末と、次年度のはじめとは同じである。（ようするに、年度末に行う旧設備の売却による損益は、その年度の損益になり、その年度の税金に影響を与えるが、その税金の支払いは、次年度はじめ＝当年度末におこるということである。）

加重平均資本コスト率は５％である。

なお、割引率５％のときの現価係数は以下のとおりとする。

現在価値を計算するさいには以下の現価係数（近似値）を利用すること。

１年　0.952381

２年　0.907029

３年　0.863838

４年　0.822702

年利５％の場合の終価係数は以下のとおりとする。

終価を計算する場合には、上記の現価係数（近似値）の逆数を計算するのではなく、以下の終価係数を使うこと。

1年　1.05
2年　1.1025
3年　1.157625

問

以上の条件のもと、以下の文章の（　ア　）から（　チ　）に適切な数字を、（　a　）から（　d　）に適切な単語をいれなさい。金額をいれるさいには、万円や千円を使わず1円単位で書くこと。なお、計算の途中では小数点以下の四捨五入は行わず、可能な限り正確に計算し、最終解答で1円未満の端数が出る場合には、小数点以下を四捨五入して、1円単位で解答すること。

キャッシュ・フローの金額を解答するさいに、キャッシュ・インフロー、キャッシュ・アウトフローと明示されておらず単にキャッシュ・フローと書いてある場合には、インフローとなる場合は数字のみ、アウト・フローとなる場合には、数字の先頭に△を付すこと。

意思決定には（　a　）的意思決定と設備投資の意思決定がある。設備投資の意思決定では、理論的には貨幣の時間価値を考慮する必要がある。（　a　）的意思決定の場合は、差額原価と差額収益が重要であるが、設備投資の意思決定においては、差額のキャッシュ・フローを考える必要がある。本問題の条件の場合、取替投資なので、新設備に取り替えず旧設備を使い続ける場合と比較して、旧設備を売却して新設備を導入するという案を採用した場合に異なってくるキャッシュ・フローを差額キャッシュ・フローとして考えるものとする。

本問題において、2023年度末時点の差額キャッシュ・フローの合計はいくらになるであろうか。まず、新設備の購入のために（　ア　）円のキャッシュ・フローがある。さらに旧設備を売却するので、旧設備の売却によるキャッシュ・フロー（　イ　）円が存在する。さらに忘れてはいけないのは、旧設備の簿価と売却価格の差（　ウ　）円が売却損となり、それに関する節税額が（　エ　）円生じることである。そうすると、2023年度末時点の正味の差額キャッシュ・フローの合計は（　オ　）円となる。

次に、年々のキャッシュ・フロー 1年分を考える。減価償却費による節税額のことを一切考えずに税引後の正味差額キャッシュ・フローを計算すると、（　カ　）円となる。それに、新設備の減価償却費による節税額が（　キ　）円ある。さらに忘れてはならないのは、旧設備を売却してしまうので、旧設備の減価償却費に基づく節税額が享受できなくなることである。すなわち、差額キャッシュ・フロー△（　ク　）円として考慮しなければならない。以上3つのことを合わせて考えると、旧設備を使い続ける場合と比較した場合の、新設備に取り替える案の2024年度末から2027年度末までの年々の正味差額キャッシュ・フローの1年分は、（　ケ　）円である。耐用年数に達したさいのキャッシュ・フローは、新設備も旧設備も存在しないのでプロジェクト終了時の差額キャッシュ・フローは0円である。そうすると、この設備取替というプロジェクトの開始時の正味差額キャッシュ・フローと年々の正味差額キャッシュ・フローを考慮して計算したプロジェクトの正味現在価値は、（　コ　）円となる。

正味現在価値法には再投資の仮定がある。もし、2024年度末、2025年度末、2026年度末の正味差額キャッシュ・フローを再投資せず、金庫にいれておくとすると、2027年度末にまとめて（　サ　）円の正味差額キャッシュ・フローがあるのと同じである。それを現在価値に割り引くと、（　シ　）円となり、その正味現在価値は（　ス　）円となる。（　ス　）円と先に計算した（　コ　）円の差はどうして生じたかというと、正味現在価値法の暗黙の仮定では、2024年度末、2025年度末、2026年度末の正味の差額キャッシュ・フローを金庫にいれることを仮定するのではなく、（　b　）率で再投資すると仮定しているからである。2024年度末、2025年度末、2026年度末の正味差額キャッシュ・フローを明示的に（　b　）率で再投資した場合、2024年度末から2027年度末までの差額キャッシュ・フローの2027年度末における終価の合計は（　セ　）円となる。（　セ　）円を2023年度末時点の現在価値に割り引くと（　ソ　）円となる。それをもとに正味現在価値を計算すると（　タ　）円となり、最初に求めた正味現在価値の（　コ　）円とほぼ一致する。完全に一致しないのは、使用している現価係数の誤差によるものである。これにより、正味現在価値法では（　b　）率で再投資されることが確認できる。ちなみに、正味現在価値法以外の貨幣の時間価値を考慮する方法の１つである（　c　）率法では、（　c　）率で再投資されると仮定されている。

以上、貨幣の時間価値を考慮する方法を前提にしてきたが、実務的には貨幣の時間価値を考慮しない方法も多く使われている。たとえば、（　d　）法は、初期投資額を何年で回収できるかでプロジェクトの優劣を評価する方法である。プロジェクト開始時の正味差額キャッシュ・アウトフローが20,000,000円で、年々の差額キャッシュ・インフローが5,000,000円であるとき、（　d　）は、（　チ　）年である。（　d　）法では、貨幣の時間価値を考慮していない点と、（　d　）経過後のキャッシュ・フローが考慮されない点が欠点であるといわれる。しかし、（　d　）法は、もともと将来のキャッシュ・フローは先になればなるほど不確実性が高いことを踏まえ、プロジェクトの安全性を考慮できること、計算が簡単でわかりやすいことから実務上好まれる。

日商簿記１級

解答・解説編

第152回 解答・解説

商業簿記

問1

損　益　計　算　書

（単位：千円）

売上高		
商品売上高	(❶ 700,000) ☆1	
役務収益	(❷ 72,000) ☆2	(772,000)
売上原価		
商品売上原価	(❶ 385,800) ☆3	
役務原価	(❷ 28,400) ☆4	(414,200)
売上総利益		(357,800)
販売費及び一般管理費		
販売費	(❶ 3,000) ☆5	
給料手当	(❶ 37,000) ☆6	
退職給付費用	(❶ 21,200) ☆7	
貸倒引当金繰入額	(❶ 1,000) ☆8	
一般管理費	(❶ 19,200) ☆9	
減価償却費	(❶ 102,500) ☆10	
ソフトウェア償却額	(❶ 36,000) ☆11	(219,900)
営業利益		(137,900)
営業外収益		
受取配当金		(❶ 3,000) ☆12
営業外費用		
社債利息		(❶ 15,808) ☆13
経常利益		(125,092)
特別利益		
投資有価証券売却益		(❶ 5,000) ☆14
特別損失		
投資有価証券評価損		(❶ 6,000) ☆15
税引前当期純利益		(124,092)
法人税、住民税及び事業税	(❶ 27,000) ☆16	
法人税等調整額	(❶ 4,340) ☆17	(31,340)
当期純利益		(❶ 92,752)

問2

（単位：千円）

①	②	③	④
❶ 17,000 ☆18	❷ 378,600 ☆19	❶ 3,000 ☆20	❶ 74,842 ☆21

予想採点基準　❶点×19箇所＝19点
❷点× 3 箇所＝ 6 点
合計25点

解 説

問1

解説上、仕訳の金額は単位千円とする。

1．商品評価損の計上および商品評価損の売上原価算入

(1) **商品評価損の計上**

(商品評価損) 3,800[*1] (商品) 3,800

＊1 32,000千円（商品帳簿価額）－(30,000千円－1,800千円)（正味売却価額）＝3,800千円

(2) **商品評価損の売上原価算入**

(商品売上原価) 3,800 (商品評価損) 3,800

2．役務収益への振替え

(商品売上高) 80,000 (商品売上原価) 78,000

(役務収益) 2,000[*2]

＊2 80,000千円（商品売上高）－78,000千円（商品売上原価）＝2,000千円

3．受注損失引当金

(1) **受注損失引当金の計上**

(受注損失引当金繰入額) 1,400[*3] (受注損失引当金) 1,400

＊3 ① 受注損失の見積額 (21,200千円（買付価額）＋1,000千円（当社負担運賃）)－20,000千円（前受金）＝2,200千円

② 繰入額 2,200千円－800千円（前T/B受注損失引当金）＝1,400千円

(2) **役務原価への振替え**

(役務原価) 1,400 (受注損失引当金繰入額) 1,400

4．ソフトウェア（自社利用目的）

(1) **過去の誤謬の訂正**

(ソフトウェア) 30,000 (繰越利益剰余金) 30,000

(繰越利益剰余金) 6,000[*4] (ソフトウェア) 6,000

＊4 30,000千円（ソフトウェア追加分（過去の誤謬））÷ 5 年＝6,000千円

(2) **法人税等の追加分**

(繰越利益剰余金) 8,400 (未払法人税等) 8,400

(3) **減価償却**

(ソフトウェア償却額) 36,000[*5] (ソフトウェア) 36,000

＊5 ① 90,000千円（前T/Bソフトウェア）÷(5年－2年)（残存期間）＝30,000千円

② 30,000千円（ソフトウェア追加分（過去の誤謬））÷ 5 年＝6,000千円

③ ①＋②＝36,000千円

5．貸倒引当金

(貸倒引当金繰入額) 1,000[*6] (貸倒引当金) 1,000

＊6 (1) 貸倒見積額 300,000千円（前T/B売掛金）× 1 %＝3,000千円

(2) 繰入額 3,000千円－2,000千円（前T/B貸倒引当金）＝1,000千円

6．役務原価への振替え

(役務原価) 15,000 (販売費) 15,000

7．有価証券

(1)　**A社株式（その他有価証券）**

（投資有価証券）　1,500*7　（繰延税金負債）　525*8
　　　　　　　　　　　　　（その他有価証券評価差額金）　975*9

＊7　13,500千円－12,000千円＝1,500千円（評価益）
　　　当期末時価　　取得原価

＊8　1,500千円×35%＝525千円
　　　　　　　　法定実効税率

＊9　1,500千円－525千円＝975千円

(2)　**B社株式（その他有価証券）**

（繰延税金資産）　140*11　（投資有価証券）　400*10
（その他有価証券評価差額金）　260*12

＊10　7,600千円－8,000千円＝△400千円（評価損）
　　　当期末時価　　取得原価

＊11　400千円×35%＝140千円
　　　　　　　法定実効税率

＊12　400千円－140千円＝260千円

(3)　**C社株式（その他有価証券：減損処理）**

（投資有価証券評価損）　6,000*13　（投資有価証券）　6,000

＊13　4,000千円－10,000千円＝△6,000千円（評価損）
　　　当期末時価　　取得原価

(4)　**自己株式の売却益の振替え**

（投資有価証券売却益）　3,000　（その他資本剰余金）　3,000
　　　　　　　　　　　　　　　　自己株式処分差益

8．建　物

（減価償却費）　42,500*14　（建物減価償却累計額）　42,500

＊14　(600,000千円－90,000千円)÷12年＝42,500千円
　　　取得原価　　前T/B建物　残存耐用年数
　　　　　　　　　減価償却累計額

9．備　品

（減価償却費）　60,000*15　（備品減価償却累計額）　60,000

＊15　(1)　200%定率法償却率　1÷5年×200%＝0.400
　　　　　　　　　　　　　　　耐用年数

　　　(2)　(250,000千円－100,000千円)×0.400＝60,000千円
　　　　　取得原価　　前T/B備品　　定率法
　　　　　　　　　　減価償却累計額　償却率

10．退職給付

(1)　**退職給付費用**

（退職給付費用）　21,200*16　（退職給付引当金）　21,200

＊16　①　勤務費用　15,000千円

　　　②　利息費用　400,000千円×3%＝12,000千円
　　　　　　　　　期首退職給付債務　割引率

　　　③　期待運用収益　280,000千円×3.5%＝9,800千円
　　　　　　　　　　　期首年金資産　期待運用収益率

　　　④　数理計算上の差異の償却　36,000千円÷(10年－1年)＝4,000千円
　　　　　　　　　　　　　　　　未認識数理　　残存期間
　　　　　　　　　　　　　　　　計算上の差異
　　　　　　　　　　　　　　　　（借方差異）

　　　⑤　①＋②－③＋④＝21,200千円

(2)　**掛金の修正**

（退職給付引当金）　10,000　（給料手当）　10,000

11．社　債

(1)　**金利調整差額の償却**

（社　債　利　息）　3,808[*17]（社　　　　債）　3,808

＊17 ① 分割償還額 1,000,000千円（額面総額）× $\frac{1}{5}$ ＝200,000千円

② 実質利息 790,386千円（前T/B社債）×2.0%（実効利子率）≒15,808千円（千円未満四捨五入）

③ 表面利息 （1,000,000千円（額面総額）－200,000千円（分割償還額））×1.5%（表面利率）＝12,000千円

④ ②－③＝3,808千円

(2) **分割償還（仮払金の振替え）**

（社　　　　債）　200,000　（仮　払　金）　200,000

12. 前払販売費、配当金領収証および貯蔵品への振替え

(1) **前払販売費**

（前　払　販　売　費）　2,000　（販　売　費）　2,000

(2) **配当金領収証**

（現　金　預　金）　1,000　（受　取　配　当　金）　1,000

(3) **貯蔵品への振替え**

（貯　蔵　品）　800　（一　般　管　理　費）　800

13. 法人税、住民税及び事業税および税効果会計

(1) **法人税、住民税及び事業税**

（法人税、住民税及び事業税）　27,000　（仮　払　法　人　税　等）　20,000
　　　　　　　　　　　　　　　　（未　払　法　人　税　等）　7,000[*18]

＊18 27,000千円－20,000千円（前T/B仮払法人税等）＝7,000千円

(2) **税効果会計**

（法　人　税　等　調　整　額）　4,340[*19]（繰　延　税　金　資　産）　4,340

＊19 ① 期首繰延税金資産 34,200千円

② 期末繰延税金資産 30,000千円－140千円（前記＊11）＝29,860千円

③ ②－①＝△4,340千円（借方）

金額集計仮計算

損　益　計　算　書　（単位：千円）

科目	金額	科目	金額
商品売上原価	460,000＋3,800（前記1(2)）－78,000（前記2）＝**385,800** ☆3	商品売上高	780,000－80,000（前記2）＝**700,000** ☆1
役務原価	12,000＋1,400（前記3(2)）＋15,000（前記6）＝**28,400** ☆4	役務収益	70,000＋2,000（前記2）＝**72,000** ☆2
販売費	20,000－15,000（前記6）－2,000（前記12(1)）＝**3,000** ☆5	受取配当金	2,000＋1,000（前記12(2)）＝**3,000** ☆12
給料手当	47,000－10,000（前記10(2)）＝**37,000** ☆6	投資有価証券売却益	8,000－3,000（前記7(4)）＝**5,000** ☆14
退職給付費用	**21,200** ☆7（前記10(1)）		
貸倒引当金繰入額	**1,000** ☆8（前記5）		
一般管理費	20,000－800（前記12(3)）＝**19,200** ☆9		
減価償却費	42,500（前記8）＋60,000（前記9）＝**102,500** ☆10		
ソフトウェア償却額	**36,000** ☆11（前記4(3)）		
社債利息	12,000＋3,808（前記11(1)）＝**15,808** ☆13		
投資有価証券評価損	**6,000** ☆15（前記7(3)）		
法人税、住民税及び事業税	**27,000** ☆16（前記13(1)）		
法人税等調整額	**4,340** ☆17（前記13(2)）		

問 2

1．利益準備金の当期首残高

20,000千円 − 3,000千円 = **17,000千円**☆ 18
前T/B利益準備金　利益準備金積立額

2．繰越利益剰余金の当期首残高

330,000千円 +（30,000千円 − 6,000千円）− 8,400千円 +（30,000千円 + 3,000千円）= **378,600千円**☆ 19
前T/B繰越利益剰余金　過去の誤謬の訂正（ソフトウェア）　法人税等の追加分　剰余金の配当

3．その他資本剰余金の自己株式の処分による当期変動額

3,000千円☆ 20
自己株式の処分

4．純資産合計の当期変動額

(1)　**その他資本剰余金**　3,000千円
自己株式の処分

(2)　**利益準備金**　3,000千円
剰余金の配当

(3)　**繰越利益剰余金**　92,752千円 −（30,000千円 + 3,000千円）= 59,752千円
当期純利益　剰余金の配当

(4)　**自己株式**　10,000千円
自己株式の処分

(5)　**その他有価証券評価差額金**

①　当期首残高

(イ)　A社株式　（15,000千円 − 12,000千円）×（1 − 35%）= 1,950千円（貸方）
前期末時価　取得原価　法定実効税率

(ロ)　B社株式　（9,000千円 − 8,000千円）×（1 − 35%）= 650千円（貸方）
前期末時価　取得原価　法定実効税率

(ハ)　C社株式　（10,000千円 − 8,500千円）×（1 − 35%）= 975千円（借方）
取得原価　前期末時価　法定実効税率

(ニ)　(イ)+(ロ)−(ハ)= 1,625千円（貸方）

②　当期末残高

(イ)　A社株式　975千円（貸方）
前記問1・7(1)

(ロ)　B社株式　260千円（借方）
前記問1・7(2)

(ハ)　(イ)−(ロ)= 715千円（貸方）

③　②−①= △910千円

(6)　(1)+(2)+(3)+(4)+(5)= **74,842千円**☆ 21

会　計　学

第１問

イ	減価償却費 ❶	ロ	取替法 ❶
ハ	投資活動 ❶	ニ	割引前将来キャッシュ・フロー ❶
ホ	経済的単一体 ❶		

第２問

問　備品Ａ～Ｄについて、次の①～⑤の各項目の金額を求めなさい。なお、該当する金額がない場合、またはゼロの場合は、解答欄に「－」を記入すること。

①　日本商工株式会社の損益計算書において20X8年度に計上される支払リース料
②　日本商工株式会社の20X8年度における減価償却費
③　日本商工株式会社の20X8年度における支払利息
④　日本商工株式会社の20X8年度末のリース資産の帳簿価額
⑤　日本商工株式会社の20X8年度末のリース債務（未払利息を除く）の残高

備品	①	②	③	④	⑤
A	ー 千円	9,829 千円	3,145 千円	❶ 68,803 千円	❶ 66,777 千円
B	ー 千円	❶ 3,561 千円	❶ 712 千円	49,861 千円	❶ 53,422 千円
C	❷ 5,000 千円	ー 千円	ー 千円	ー 千円	ー 千円
D	ー 千円	10,484 千円	❷ 2,263 千円	❶ 47,180 千円	50,819 千円

第３問

問　次の各項目の金額を求めなさい。

①　Ａ社株式取得時におけるＡ社株式取得額に含まれるのれんの金額
②　20X8年３月末の連結貸借対照表に計上されるＡ社株式の金額
③　20X7年度の連結損益計算書に計上される持分法による投資損益の金額（解答欄の借または貸のいずれかに○を付すこと）
④　20X9年３月末の連結貸借対照表に計上されるＢ社株式の金額
⑤　20X8年度において、**［資料Ⅱ］**の３．に関連してＰ社とＡ社との取引により売上高に加減する金額（解答欄の借または貸のいずれかに○を付すこと）

①	❷ 4,200 千円	②	❷ 154,616 千円
③	借・(貸) ❷ 864 千円	④	❷ 28,556 千円
⑤	借・(貸) ❷ 12 千円		

予想採点基準　❶点×11箇所＝11点
❷点×７箇所＝14点
合計25点

解　説

第１問

１．資産計上された資産除去債務に対応する除去費用に係る費用配分額は、損益計算書上、当該資産除去債務に関連する有形固定資産の（減価償却費）と同じ区分に含めて計上する。

資産除去債務に関する会計基準・13参照

２．同種の物品が多数集まって一つの全体を構成し、老朽品の部分的取替を繰り返すことにより全体が維持されるような資産については、減価償却の代用的方法として、部分的取替に要する費用を収益的支出として処理する（取替法）を採用することができる。

企業会計原則注解【注20】参照

３．キャッシュ・フロー計算書において、固定資産の取得および売却、投資有価証券の取得および売却等によるキャッシュ・フローについては（投資活動）によるキャッシュ・フローの区分に記載する。

連結キャッシュ・フロー計算書等の作成基準注解（注４）参照

４．減損の兆候がある資産または資産グループについての減損損失を認識するかどうかの判定は、資産または資産グループから得られる（割引前将来キャッシュ・フロー）の総額と帳簿価額を比較することによって行い、資産または資産グループから得られる（割引前将来キャッシュ・フロー）の総額が帳簿価額を下回る場合には、減損損失を認識する。

固定資産の減損に係る会計基準・二２⑴参照

５．連結財務諸表の作成にあたって、連結財務諸表を親会社の財務諸表の延長線上に位置づけて、資本に関して親会社の株主の持分のみを反映させる考え方を親会社説という。これに対して、連結財務諸表を親会社とは区別される企業集団全体の財務諸表と位置づけて、企業集団を構成するすべての連結会社の株主の持分を反映させる考え方を（経済的単一体）説という。

連結財務諸表に関する会計基準・51参照

第２問

１．ファイナンス・リース取引の判定

⑴　**備品A**

①　割引現在価値（借手の追加借入利子率３％により算定）
15,000千円×5.41719≒81,258千円（千円未満四捨五入）

②　判定　$\frac{81{,}258\text{千円}}{78{,}632\text{千円}}\geqq 90\%$　または　$\frac{6\text{年}}{8\text{年}}\geqq 75\%$

よって、ファイナンス・リース取引に該当する。なお、所有権移転条項があるため、所有権移転ファイナンス・リース取引となる。

⑵　**備品B**

①　割引現在価値（借手の追加借入利子率３％により算定）
12,000千円×4.57971≒54,957千円（千円未満四捨五入）

②　判定　$\frac{54{,}957\text{千円}}{53{,}422\text{千円}}\geqq 90\%$　または　$\frac{5\text{年}}{6\text{年}}\geqq 75\%$

よって、ファイナンス・リース取引に該当する。なお、所有権移転条項がないため、所有権移転外ファイナンス・リース取引となる。

(3) **備品C**

① 割引現在価値（借手の追加借入利子率３％により算定）
5,000千円×2.82861≒14,143千円（千円未満四捨五入）

② 判定 $\frac{14,143千円}{18,000千円}<90\%$　$\frac{3年}{5年}<75\%$

よって、オペレーティング・リース取引に該当する。

(4) **備品D**

① 割引現在価値（借手の追加借入利子率３％により算定）
14,000千円×5.41719≒75,841千円（千円未満四捨五入）

② 判定 $\frac{75,841千円}{73,390千円}\geqq 90\%$　または　$\frac{6年}{7年}\geqq 75\%$

よって、ファイナンス・リース取引に該当する。なお、特別仕様のため、所有権移転ファイナンス・リース取引となる。

ファイナンス・リース取引に該当する「備品A」「備品B」および「備品D」は、すべて見積現金購入価額が割引現在価値より低いため、見積現金購入価額をもって、リース資産およびリース債務の金額とする。

2．各金額の算定

(1) **20X8年度に計上される支払リース料**

備品Cより　5,000千円

(2) **20X8年度における減価償却費**

① 備品A　78,632千円÷８年＝9,829千円
（78,632千円：見積現金購入価額、８年：経済的耐用年数）

② 備品B　53,422千円÷５年×$\frac{4ヵ月}{12ヵ月}$≒3,561千円（千円未満四捨五入）
（53,422千円：見積現金購入価額、５年：リース期間）

③ 備品D　73,390千円÷７年≒10,484千円（千円未満四捨五入）
（73,390千円：見積現金購入価額、７年：経済的耐用年数）

(3) **20X8年度における支払利息**

① 備品A

(ｲ) 20X8年４月１日のリース債務　78,632千円

(ﾛ) 20X9年３月31日のリース債務　15,000千円×4.45182≒66,777千円（千円未満四捨五入）

(ﾊ) 当期のリース債務元本返済額　(ｲ)−(ﾛ)＝11,855千円

(ﾆ) 支払利息　15,000千円−11,855千円＝3,145千円

② 備品B

(ｲ) 20X8年12月１日のリース債務　53,422千円

(ﾛ) 20X9年11月30日のリース債務　12,000千円×3.62990≒43,559千円（千円未満四捨五入）

(ﾊ) 支払利息　{12,000千円−(53,422千円−43,559千円)}×$\frac{4ヵ月}{12ヵ月}$≒712千円（千円未満四捨五入）

20X9年３月31日の決算において、未払利息の計上が行われる。なお、リース料の支払日ではないため、リース債務（元本）の返済処理は行わないことに留意する。

③ 備品D

(ｲ) 20X7年９月30日のリース債務　14,000千円×4.45182≒62,325千円（千円未満四捨五入）

(ﾛ) 20X8年９月30日のリース債務　14,000千円×3.62990≒50,819千円（千円未満四捨五入）

(ﾊ) 20X9年９月30日のリース債務　14,000千円×2.77509≒38,851千円（千円未満四捨五入）

(ﾆ) 支払利息

ⓐ {14,000千円−(62,325千円−50,819千円)}×$\frac{6ヵ月}{12ヵ月}$＝1,247千円

㋺　$\{14{,}000千円-(50{,}819千円-38{,}851千円)\}\times\dfrac{6ヵ月}{12ヵ月}=1{,}016千円$

20X9年３月31日の決算において、未払利息の計上が行われる。なお、リース料の支払日ではないため、リース債務（元本）の返済処理は行わないことに留意する。

㋩　㋑＋㋺＝2,263千円

(4)　20X8年度末のリース資産の帳簿価額

①　備品A

78,632千円（リース資産）－9,829千円（減価償却累計額）＝68,803千円

②　備品B

53,422千円（リース資産）－3,561千円（減価償却累計額）＝49,861千円

③　備品D

$73{,}390千円（リース資産）-\left(10{,}484千円\times\dfrac{6ヵ月}{12ヵ月}+10{,}484千円\times 2年\right)（減価償却累計額）=47{,}180千円$

(5)　20X8年度末のリース債務の残高

①　備品A　66,777千円（前記２(3)①㋺）

②　備品B　53,422千円（前記２(3)②㋑）

③　備品D　50,819千円（前記２(3)③㋺）

第３問

１．A社の資本の推移等（金額単位：千円）

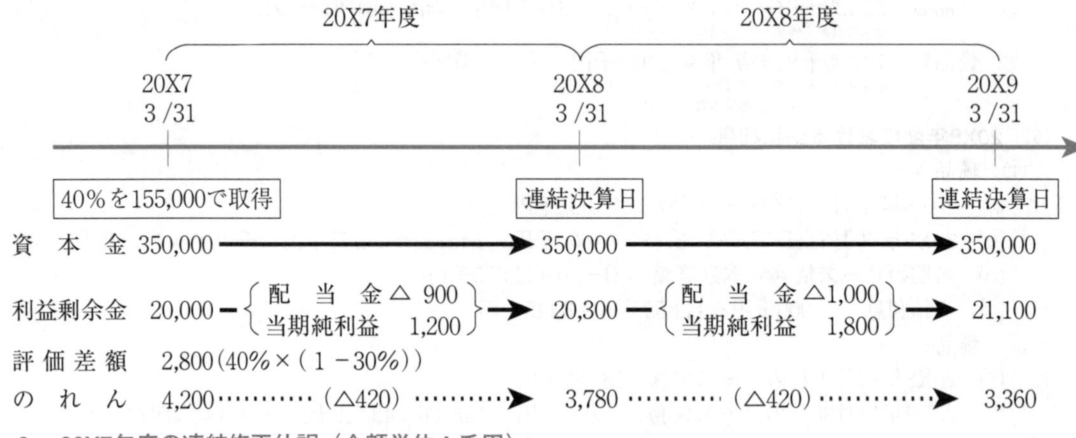

２．20X7年度の連結修正仕訳（金額単位：千円）

(1)　のれんの償却

（持分法による投資損益）	420	（A　社　株　式）	420

①　評価差額　10,000千円×40%×（１－30%）＝2,800千円

②　のれん　155,000千円－{(350,000千円＋20,000千円)×40%＋2,800千円}＝4,200千円

③　のれんの償却額　$4{,}200千円\times\dfrac{1年}{10年}=420千円$

(2)　当期純利益の計上

（A　社　株　式）	480	（持分法による投資損益）	480

1,200千円×40%＝480千円

(3) **配当金**

(受取配当金) 360 (A社株式) 360

900千円×40%＝360千円

(4) **期末棚卸資産に含まれる未実現利益の消去**

(売上高) 84 (A社株式) 84
(繰延税金資産) 25 (法人税等調整額) 25

① 未実現利益 700千円×30%(利益率)×40%(投資割合)＝84千円

② 税効果額 84千円×30%(法定実効税率)≒25千円（千円未満四捨五入）

3．20X8年度の連結修正仕訳（金額単位：千円）

(1) **開始仕訳**

(利益剰余金(当期首残高)) 300 (A社株式) 300

利益剰余金当期首残高 420千円(前記2(1))－480千円(前記2(2))＋360千円(前記2(3))＝300千円

(2) **のれんの償却**

(持分法による投資損益) 420 (A社株式) 420

$4,200千円 \times \frac{1年}{10年} = 420千円$

(3) **当期純利益の計上**

(A社株式) 720 (持分法による投資損益) 720

1,800千円×40%＝720千円

(4) **配当金**

(受取配当金) 400 (A社株式) 400

1,000千円×40%＝400千円

(5) **期首棚卸資産に含まれる未実現利益の調整**

① 開始仕訳

(利益剰余金(当期首残高)) 84 (A社株式) 84
(繰延税金資産) 25 (利益剰余金(当期首残高)) 25

(イ) 未実現利益 700千円×30%(利益率)×40%(投資割合)＝84千円

(ロ) 税効果額 84千円×30%(法定実効税率)≒25千円（千円未満四捨五入）

② 実現仕訳（逆仕訳）

(A社株式) 84 (売上高) 84
(法人税等調整額) 25 (繰延税金資産) 25

(6) **期末棚卸資産に含まれる未実現利益の消去**

(売上高) 72 (A社株式) 72
(繰延税金資産) 22 (法人税等調整額) 22

① 未実現利益 600千円×30%(利益率)×40%(投資割合)＝72千円

② 税効果額 72千円×30%(法定実効税率)≒22千円（千円未満四捨五入）

4．B社の資本の推移等（金額単位：千円）

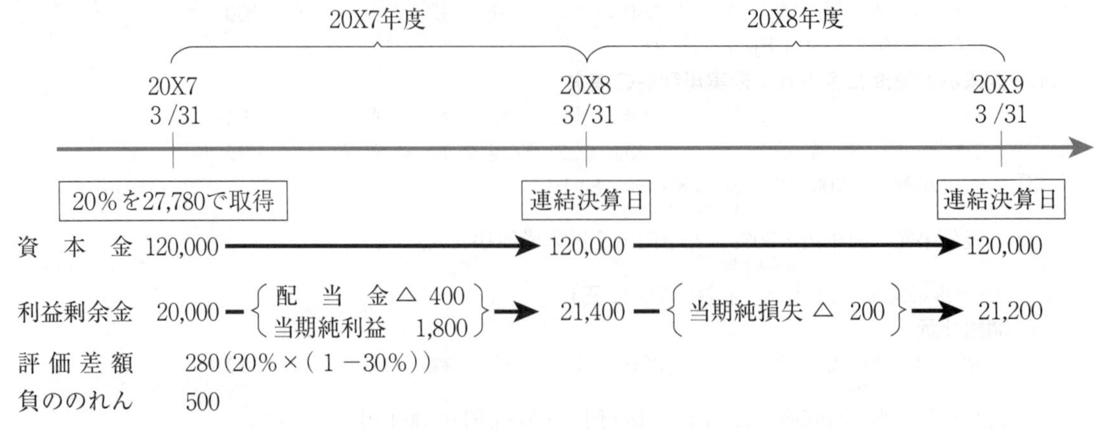

資　本　金 120,000 → 120,000 → 120,000

利益剰余金　20,000 －｛配　当　金 △ 400／当期純利益　1,800｝→ 21,400 －｛当期純損失 △ 200｝→ 21,200

評 価 差 額　　280（20％×（1－30％））

負ののれん　　500

5．20X7年度の連結修正仕訳（金額単位：千円）

(1)　負ののれんの計上

（B　社　株　式）	500	（持分法による投資損益）	500

①　評価差額　2,000千円×20％×（1－30％）＝280千円

②　負ののれん　27,780千円－{(120,000千円＋20,000千円)×20％＋280千円}＝△500千円

負ののれんは、持分法による投資損益に含めて処理する。

(2)　当期純利益の計上

（B　社　株　式）	360	（持分法による投資損益）	360

1,800千円×20％＝360千円

(3)　配当金

（受　取　配　当　金）	80	（B　社　株　式）	80

400千円×20％＝80千円

(4)　期末棚卸資産に含まれる未実現利益の消去

（持分法による投資損益）	80	（棚　卸　資　産）	80
（B　社　株　式）	24	（持分法による投資損益）	24

①　未実現利益　1,000千円×40％（利益率）×20％（投資割合）＝80千円

②　税効果額　80千円×30％（法定実効税率）＝24千円

持分法では、持分法適用会社の財務諸表を合算しないため、アップ・ストリームの場合には、投資勘定および持分法による投資損益を使って税効果を連結財務諸表に反映させる。

6．20X8年度の連結修正仕訳（金額単位：千円）

(1)　開始仕訳

（B　社　株　式）	780	（利　益　剰　余　金）当期首残高	780

利益剰余金当期首残高　500千円（前記5(1)）＋360千円（前記5(2)）－80千円（前記5(3)）＝780千円

(2)　当期純損失の計上

（持分法による投資損益）	40	（B　社　株　式）	40

200千円×20％＝40千円

(3)　**期首棚卸資産に含まれる未実現利益の調整**

①　開始仕訳

(利益剰余金) 当期首残高	80	(棚卸資産)	80
(B社株式)	24	(利益剰余金) 当期首残高	24

(イ)　未実現利益　1,000千円×40%（利益率）×20%（投資割合）＝80千円

(ロ)　税効果額　80千円×30%（法定実効税率）＝24千円

②　実現仕訳（逆仕訳）

(棚卸資産)	80	(持分法による投資損益)	80
(持分法による投資損益)	24	(B社株式)	24

(4)　**期末棚卸資産に含まれる未実現利益の消去**

(持分法による投資損益)	120	(棚卸資産)	120
(B社株式)	36	(持分法による投資損益)	36

①　未実現利益　1,500千円×40%（利益率）×20%（投資割合）＝120千円

②　税効果額　120千円×30%（法定実効税率）＝36千円

7．各金額の算定

(1)　**A社株式取得時におけるA社株式取得額に含まれるのれんの金額**

4,200千円（前記2(1)②）

(2)　**20X8年3月末（20X7年度末）の連結貸借対照表に計上されるA社株式の金額**

155,000千円（取得原価）－420千円（前記2(1)）＋480千円（前記2(2)）－360千円（前記2(3)）－84千円（前記2(4)）＝154,616千円

(3)　**20X7年度の連結損益計算書に計上される持分法による投資損益の金額**

480千円（前記2(2)）－420千円（前記2(1)）＋500千円（前記5(1)）＋360千円（前記5(2)）－80千円（前記5(4)）＋24千円（前記5(4)）＝864千円（貸方）

(4)　**20X9年3月末（20X8年度末）の連結貸借対照表に計上されるB社株式の金額**

27,780千円（取得原価）＋780千円（前記6(1)）－40千円（前記6(2)）＋24千円（前記6(3)①）－24千円（前記6(3)②）＋36千円（前記6(4)）＝28,556千円

(5)　**20X8年度におけるP社とA社との取引により売上高に加減する金額**

84千円（前記3(5)②）－72千円（前記3(6)）＝12千円（貸方）

第152回 解答・解説

工 業 簿 記

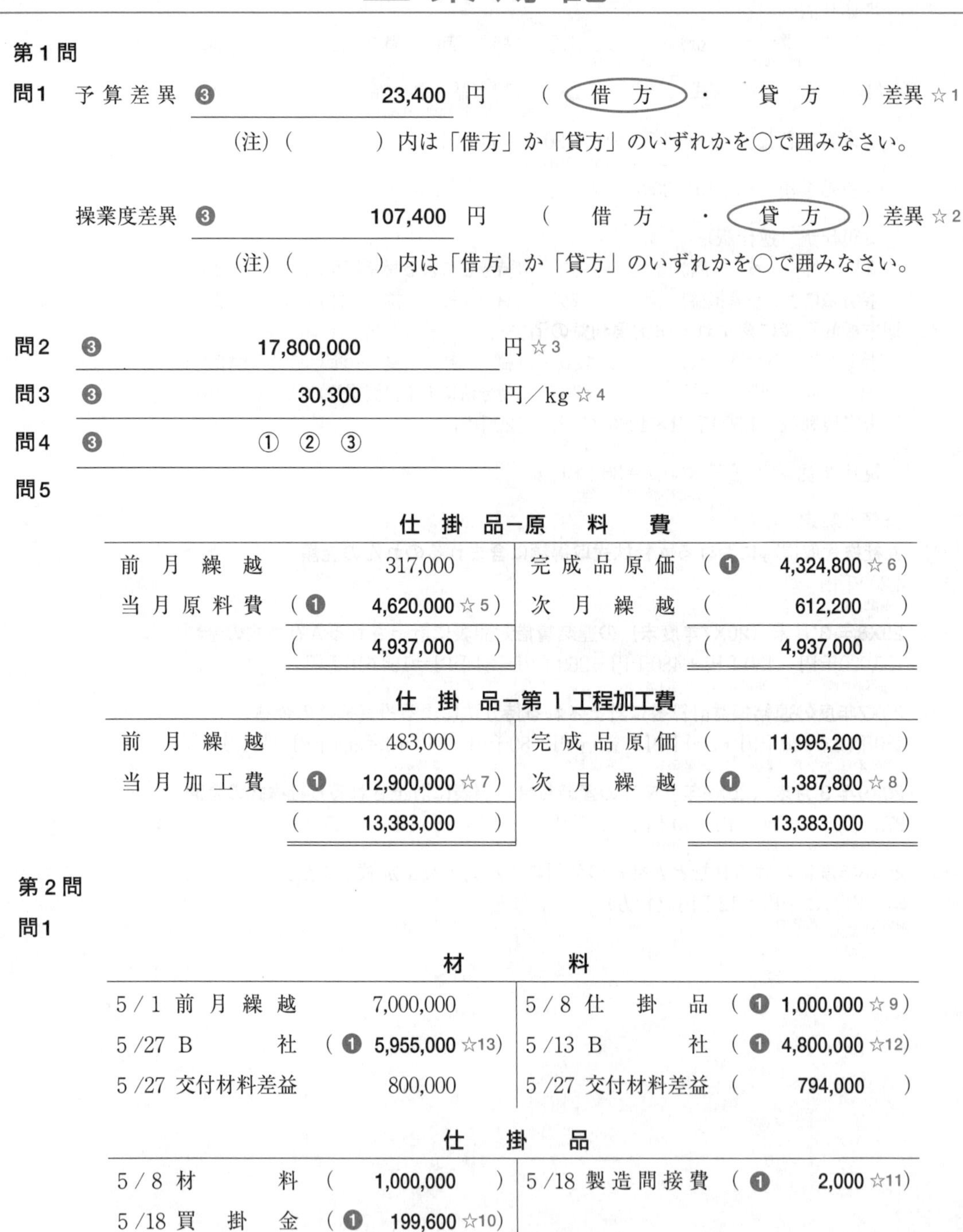

第１問

問1　予算差異 ❸ 23,400 円　（ 借 方（○）・ 貸 方 ）差異 ☆1

（注）（　　　）内は「借方」か「貸方」のいずれかを○で囲みなさい。

操業度差異 ❸ 107,400 円　（ 借 方 ・ 貸 方（○） ）差異 ☆2

（注）（　　　）内は「借方」か「貸方」のいずれかを○で囲みなさい。

問2 ❸ 17,800,000 円 ☆3

問3 ❸ 30,300 円／kg ☆4

問4 ❸ ① ② ③

問5

仕　掛　品－原　料　費

前 月 繰 越	317,000	完 成 品 原 価	（❶ 4,324,800 ☆6）
当 月 原 料 費	（❶ 4,620,000 ☆5）	次 月 繰 越	（ 612,200 ）
	（ 4,937,000 ）		（ 4,937,000 ）

仕　掛　品－第１工程加工費

前 月 繰 越	483,000	完 成 品 原 価	（ 11,995,200 ）
当 月 加 工 費	（❶ 12,900,000 ☆7）	次 月 繰 越	（❶ 1,387,800 ☆8）
	（ 13,383,000 ）		（ 13,383,000 ）

第２問

問1

材　　料

5/1 前 月 繰 越	7,000,000	5/8 仕 掛 品	（❶ 1,000,000 ☆9）
5/27 B 社	（❶ 5,955,000 ☆13）	5/13 B 社	（❶ 4,800,000 ☆12）
5/27 交付材料差益	800,000	5/27 交付材料差益	（ 794,000 ）

仕　掛　品

5/8 材 料	（ 1,000,000 ）	5/18 製 造 間 接 費	（❶ 2,000 ☆11）
5/18 買 掛 金	（❶ 199,600 ☆10）		

問2 ❶ 1,191,000 円 ☆14

予想採点基準　❶点×10箇所＝10点
❸点×５箇所＝15点
合計25点

解 説

第１問

１．当月製造費用

(1) **原料費**

原 料

借方	貸方
月初有高 300,000円	当月原料費 (差引) (4,620,000円)
当月仕入高 4,515,000円	
消費価格差異(貸方差異) 55,000円	月末帳簿棚卸高 250,000円

(2) **加工費正常配賦額**

① 月間予算（年間予算÷12ヵ月）

	第１工程	第２工程
変動費予算	2,550,000円	3,960,000円
固定費予算	10,200,000円	5,940,000円
基準操業度における予算額	12,750,000円	9,900,000円
基準操業度	5,100時間	3,300時間

② 予定配賦率（予算÷基準操業度）

	第１工程	第２工程
変動費率	@ 500円	@1,200円
固定費率	@2,000円	@1,800円
予定配賦率	@2,500円	@3,000円

③ 正常配賦額（実際作業時間×予定配賦率）

第１工程　5,160時間×@2,500円＝12,900,000円

第２工程　3,293時間×@3,000円＝9,879,000円

２．加工費の予算差異と操業度差異

(1) **予算差異**

① 実際操業度における予算額

第１工程　5,160時間×@500円＋10,200,000円＝12,780,000円

第２工程　3,293時間×@1,200円＋5,940,000円＝9,891,600円

② 予算差異

第１工程　12,780,000円－12,800,000円＝20,000円（借方差異）

第２工程　9,891,600円－9,895,000円　＝ 3,400円（借方差異）

合計　**23,400円（借方差異）**☆1

(2)　**操業度差異**

第１工程（5,160時間－5,100時間）×@2,000円＝120,000円（貸方差異）

第２工程（3,293時間－3,300時間）×@1,800円＝ 12,600円（借方差異）

合計　**107,400円（貸方差異）**☆２

3．第１工程の生産・原価データ

第１工程（先入先出法）

月初	**原　317,000**	100	1,000	**4,277,000**	完成	完成品が負担
	加（　483,000）	(50)	(1,000)	**(11,883,000)**		
			100	**440,000**	正仕	
			(100)	**(　1,200,000)**		
当月	**原　4,620,000**	1,050	50	**220,000**	月末	
	加（12,900,000）	(1,075)	(25)	**(　300,000)**		

(1)　**月初仕掛品原価**

加工費　800,000円－317,000円＝483,000円

(2)　**月末仕掛品原価**

原料費　4,620,000円÷1,050kg×50kg＝220,000円

加工費　12,900,000円÷1,075kg×25kg＝300,000円

(3)　**正常仕損品原価**

原料費　4,620,000円÷1,050kg×100kg＝440,000円

加工費　12,900,000円÷1,075kg×100kg＝1,200,000円

(4)　**完成品総合原価**

原料費　317,000円＋4,620,000円－220,000円　＝　4,717,000円

加工費　483,000円＋12,900,000円－300,000円＝13,083,000円

合計　**17,800,000円**☆３

(5)　**完成品単位原価**

17,800,000円÷1,000kg＝@17,800円

4．第２工程の生産・原価データ

第２工程（先入先出法）

当月	**前　17,800,000**	1,000	850	**15,130,000**	完成	加工換算量比で追加配賦
	加（　9,879,000）	(925)	(850)	**(　9,078,000)**		
			80	**1,424,000**	月末	
			(40)	**(　427,200)**		
			70	**1,246,000**	正減	
			(35)	**(　373,800)**		

(1)　**正常減損の平均的発生**

・加工換算量は数量の1/2

・正常減損費は完成品と月末仕掛品の両者負担

・非度外視法では、正常減損費を加工換算量比で追加配賦

(2) **正常減損費**

前工程費 17,800,000円÷1,000kg×70kg＝1,246,000円

加 工 費 9,879,000円÷925kg×35kg＝373,800円

(3) **月末仕掛品への正常減損費追加配賦**

前工程費 1,246,000円÷(850kg＋40kg)×40kg＝56,000円

加 工 費 373,800円÷(850kg＋40kg)×40kg＝16,800円

(4) **月末仕掛品原価**

前工程費 17,800,000円÷1,000kg×80kg＋56,000円＝1,480,000円

加 工 費 9,879,000円÷925kg×40kg＋16,800円＝444,000円

(5) **完成品総合原価**

前工程費 17,800,000円－1,480,000円＝16,320,000円

加 工 費 9,879,000円－444,000円 ＝ 9,435,000円

合計 25,755,000円

(6) **完成品単位原価**

25,755,000円÷850kg＝**@30,300円**☆4

5．問4の正誤判定

① 正しい文章である。

第1工程（先入先出法）

月初 原 317,000	100	1,000	4,277,000	完成	完成品単位原価
加（483,000）	(50)	(1,000)	(11,883,000)	→	@17,800円
↓ 先月作業分		100	440,000	正仕	
		(100)	(1,200,000)		
当月 原 4,620,000	1,050	50	220,000	月末	
加（12,900,000）	(1,075)	(25)	(300,000)		
		1,150	← 完成品換算総量		
		(1,125)			

↓
当月作業分の完成品
換算総量当たりの単価
@16,400円（原料費@4,400円、加工費@12,000円）

② 正しい文章である。

・第2工程加工費の予算差異（固定予算）

(3,960,000円＋5,940,000円)－9,895,000円＝5,000円（有利な差異）

③ 正しい文章である。

正常仕損費を分離計算しない場合でも、仕損が終点で発生する場合には月末仕掛品は正常仕損費を負担しないため、月末仕掛品の金額は同じである。

④ 誤った文章である。

正常減損非度外視法による場合、正常減損費は完成品と月末仕掛品とに加工換算量比で追加配賦される。これに対し、正常減損度外視法による場合、正常減損の原料費は数量比で、加工費は加工換算量比で按分されるため、完成品総合原価の金額は異なることとなる。

6．各工程費を原価要素別に工程別計算する場合（非累加法）

第２工程では、前工程費を原料費と第１工程加工費に区別して計算する。

第２工程（先入先出法）

当月	前　17,800,000	1,000	850	15,130,000	完成
	加（ 9,879,000）	(925)	(850)	（ 9,078,000）	
			80	1,424,000	月末
			(40)	（ 427,200）	
			70	1,246,000	正減
			(35)	（ 373,800）	

原価要素（原料費・第１工程加工費）別に計算

当月	前・原　4,717,000	1,000	850	4,009,450	完成
	前・加 [13,083,000]	[1,000]	[850]	[11,120,550]	
			80	377,360	月末
			[80]	[1,046,640]	
			70	330,190	正減
			[70]	[915,810]	

(1)　原料費

第１工程（先入先出法）

月初	原　317,000	100	1,000	~~4,277,000~~	完成
			100	~~440,000~~	正仕
当月	原　**4,620,000** ☆5	1,050	50	220,000	月末

第２工程（先入先出法）

当月	~~前・原 4,717,000~~	1,000	850	4,009,450	完成	← ＋315,350
			80	377,360	月末	← ＋14,840
			70	330,190	正減	

①　月末仕掛品への正常減損費追加配賦

330,190円÷(850kg＋40kg)×40kg＝14,840円

②　月末仕掛品原価　220,000円＋377,360円＋14,840円＝612,200円

③　完成品原価　317,000円＋4,620,000円－612,200円＝**4,324,800円**☆6

(2)　第１工程加工費

第１工程（先入先出法）

月初	加（　483,000）	(50)	(1,000)	~~（11,883,000）~~	完成
			(100)	~~（ 1,200,000）~~	正仕
当月	加（**12,900,000**）☆7	(1,075)	(25)	（　300,000）	月末

第２工程（先入先出法）

当月	~~前・加 [13,083,000]~~	[1,000]	[850]	[11,120,550]	完成	← ＋874,650
			[80]	[1,046,640]	月末	← ＋41,160
			[70]	[　915,810]	正減	

① 月末仕掛品への正常減損費追加配賦

915,810円÷(850kg＋40kg)×40kg＝41,160円

② 月末仕掛品原価 300,000円＋1,046,640円＋41,160円＝**1,387,800円**☆8

③ 完成品原価 483,000円＋12,900,000円－1,387,800円＝11,995,200円

第2問

1．A社への外注加工委託（無償支給）

外注加工品に不合格品があり、不合格品にかかる材料費を当社が負担する場合は、通常、製品製造と特別な因果関係はないため、その材料費を製造間接費として処理する。

以上を踏まえ、本問におけるA社との取引に関する仕訳を示すと以下のようになる。

5月8日：材料支給時

（仕掛品）	**1,000,000**	（材料）	**1,000,000**☆9

5月18日：合格品の受け入れ

（仕掛品）	**199,600**☆10	（買掛金）	**199,600**

998個×@200円＝199,600円

不合格品の間接費処理

（製造間接費）	**2,000**	（仕掛品）	**2,000**☆11

2個×@1,000円＝2,000円

2．B社への外注加工委託（有償支給）

有償支給の場合、外部の企業へ材料を有償で支給（売却）し、加工が完了した外注品を外部企業より買い取ることとなる。無償支給と比べて外部の業者に材料消費量の節減に関心を持たせることができる等の特徴がある。なお、不合格品が生じた場合の手続きは無償支給の場合と同様である。

有償支給に関する流れは、以下のとおりである。

① 材料の有償支給時

（○○社）	×××	（材料）	×××

借方の人名勘定は債権を示す。なお、人名勘定を用いない場合は売掛金となる。

② 納品時

（部品）	×××	（○○社）	×××

貸方の人名勘定は債務を示す。なお、人名勘定を用いない場合は買掛金となる。

③ 加工賃支払時

（○○社）	×××	（現金預金）	×××

人名勘定の貸借差額が精算額（外注加工賃支払額）となる。

④ 材料勘定の修正

（材料）	×××	（交付材料差益）	×××

材料の有償支給時に売価で材料勘定の貸方に記帳しているため、付加した利益分を交付材料差益勘定に記帳することによって材料勘定の修正を行う。

⑤ 交付材料差益勘定の精算

（交付材料差益）	×××	（部品）	×××

納品された部品原価には当社で付加した利益が含まれる。つまり、交付材料差益は部品原価のマイナス勘定として当社が付加した利益を控除する。

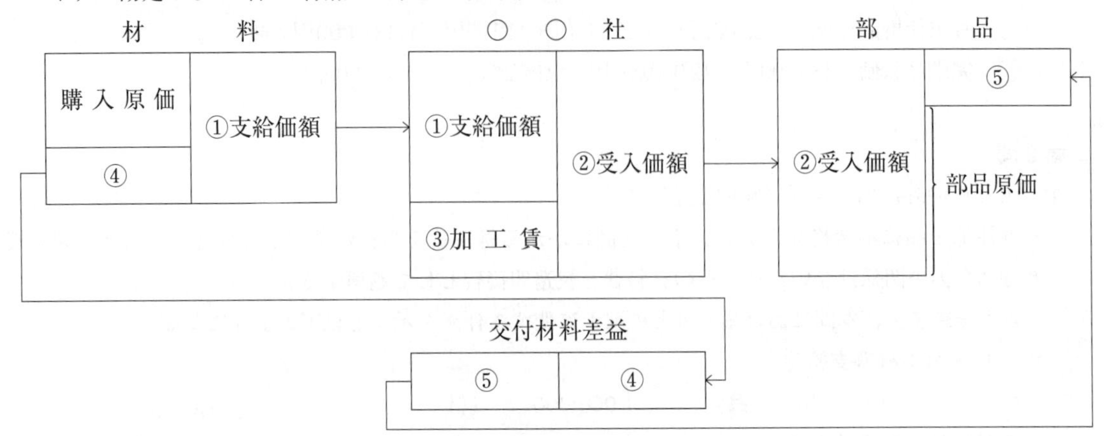

以上を踏まえ、本問におけるＢ社との取引に関する仕訳を示すと以下のようになる。なお、本問では部品勘定を用いず、材料勘定で処理している。

5 月13日：材料支給時

借方	金額	貸方	金額
（Ｂ　　　社）	4,800,000	（材　　　料）	4,800,000☆12

400個×（@10,000円＋@2,000円）＝4,800,000円

5 月27日：合格品の受け入れ

借方	金額	貸方	金額
（材　　　料）	5,955,000☆13	（Ｂ　　　社）	5,955,000

397個×（@10,000円＋@2,000円＋@3,000円）＝5,955,000円

不合格品の間接費処理

借方	金額	貸方	金額
（製造間接費）	30,000	（Ｂ　　　社）	30,000

3 個×@10,000円＝30,000円

材料勘定の修正

借方	金額	貸方	金額
（材　　　料）	800,000	（交付材料差益）	800,000

400個×（@12,000円－@10,000円）＝800,000円

交付材料差益勘定の精算

借方	金額	貸方	金額
（交付材料差益）	800,000	（材　　　料）	794,000＊1
		（Ｂ　　　社）	6,000＊2

＊１　合格品にかかる付加利益の精算　397個×（@12,000円－@10,000円）＝794,000円

＊２　不合格品にかかる付加利益の精算　3 個×（@12,000円－@10,000円）＝6,000円

5 月末にＢ社に支払うべき特殊メッキ加工賃（Ｂ社勘定の貸借差額）

（5,955,000円＋30,000円＋6,000円）－4,800,000円＝**1,191,000円**☆14

または、合格品にかかる外注加工賃：397個×（@15,000円－@12,000円）＝1,191,000円

原価計算

問1	予算貢献利益	(❷ 12,750,000) 円 ☆1
	予算営業利益	(❷ 4,500,000) 円 ☆2
問2	予算現金残高	(❷ 9,500,000) 円 ☆3
問3	所要借入額	(❷ 1,000,000) 円 ☆4
問4	予算経常利益	(❷ 4,498,000) 円 ☆5
問5	①	(❶ 34) % ☆6
	②	(❷ 12) % ☆7
	③	(❷ 14) % ☆8
	④	(❷ 経営レバレッジ係数) ☆9
	⑤	(❷ 751,365) 円 ☆10
	⑥	(❷ 98) g ☆11
	⑦	(❷ 22,500,000) 円 ☆12
	⑧	(❷ 21,750,000) 円 ☆13

予想採点基準　❶点×1箇所＝1点
❷点×12箇所＝24点
合計25点

解　説

1．9月の予算貢献利益と予算営業利益

(1)　**予算変動費（変動製造原価＋変動販売費）**

変動製造原価	25,000個×900円＝	22,500,000円
変動販売費	25,000個× 90円＝	2,250,000円
合計		24,750,000円

(2)　**予算貢献利益（売上高－変動費）**

37,500,000円－24,750,000円＝**12,750,000円**☆1

(3)　**固定費予算（固定加工費＋固定販売費及び一般管理費）**

2,000,000円＋6,250,000円＝8,250,000円

(4)　**予算営業利益（貢献利益－固定費）**

12,750,000円－8,250,000円＝**4,500,000円**☆2

2．［資料］(6)までの条件にもとづく予算現金残高

(1)　**現金収入**

現金売上	37,500,000円×20%＝	7,500,000円
先月末売掛金の回収		28,000,000円
合計		35,500,000円

(2)　**現金支出**

原料現金購入	25,000個×500円×50%＝	6,250,000円
先月末買掛金の支払い		3,500,000円
原料以外の材料費		7,650,000円
労務費		8,800,000円
経費		2,800,000円
機械購入		7,000,000円
合計		36,000,000円

(3)　**予算現金残高**

10,000,000円＋35,500,000円－36,000,000円＝**9,500,000円**☆3

3．［資料］(7)と(8)を踏まえた借入額

500,000円を借入れた場合、利息（月利0.2%）を支払うと最低の現金残高（10,000,000円）を下回ってしまう。したがって、**1,000,000円の借入れが必要となる。**☆4

4．予算経常利益（営業利益－支払利息）

4,500,000円－(1,000,000円×0.2%)＝**4,498,000円**☆5

5．問5の空欄穴埋め

(1)　**①～⑤まで**

①　貢献利益率・・・12,750,000円÷37,500,000円＝**0.34（34%）**☆6

②　売上高営業利益率・・・4,500,000円÷37,500,000円＝**0.12（12%）**☆7

③　売上高営業利益率目標・・・(4,500,000円＋750,000円)÷37,500,000円＝**0.14（14%）**☆8

④　**経営レバレッジ係数**☆9・・・12,750,000円÷4,500,000円＝2.83…（約2.83）

⑤　営業利益増加額・・・4,500,000円×16.697%＝**751,365円**☆10

(2) ⑥～⑧まで

⑥ 原料費の物量標準

(イ) 売上高営業利益率目標を達成する貢献利益

(4,500,000円＋750,000円)＋8,250,000円＝13,500,000円

(ロ) 標準改訂後の変動売上原価

37,500,000円－変動売上原価－2,250,000円＝13,500,000円

変動売上原価＝21,750,000円

(ハ) 設計変更後の原価標準

原料費　　5円／g　×物量標準＝490円※

変動加工費　2,000円／時間×0.19時間＝380円

21,750,000円÷25,000個＝870円

※ 870円－380円＝490円

(ニ) 原料費の物量標準・・・490円÷5円／g＝**98g**☆11

⑦ 標準改訂前の変動売上原価・・・解説1より**22,500,000円**☆12

⑧ 標準改訂後の変動売上原価・・・解説5(2)⑥(ロ)より**21,750,000円**☆13

第153回 解答・解説

商業簿記

問1

（単位：千円）

①	②	③	④	⑤
❶ 300,000 ☆1	❶ 108,344 ☆2	❶ 124,000 ☆3	❶ 9,408 ☆4	❶ 7,070 ☆5

問2

損益計算書

自2X18年4月1日　至2X19年3月31日　（単位：千円）

Ⅰ 売上高		
1 一般売上高	（ 581,125 ）☆1	
2 小売売上高	（ 413,500 ）☆2	（❶ 994,625 ）
Ⅱ 売上原価		
1 期首商品棚卸高	（ 87,450 ）☆3	
2 当期商品仕入高	（❶ 668,870 ）☆4	
合計	（ 756,320 ）	
3 他勘定振替高	（❶ 360 ）☆5	
4 期末商品棚卸高	（❶ 68,560 ）☆6	（ 687,400 ）
売上総利益		（ 307,225 ）
Ⅲ 販売費及び一般管理費		
1 販売費	（❶ 106,617 ）☆7	
2 一般管理費	（❶ 7,813 ）☆8	
3 貸倒引当金繰入	（❶ 632 ）☆9	
4 減価償却費	（❶ 29,353 ）☆10	
5 退職給付費用	（❶ 33,500 ）☆11	（ 177,915 ）
営業利益		（ 129,310 ）
Ⅳ 営業外収益		
1 受取配当金	（ 3,424 ）	
2 受取利息	（ 750 ）	（❶ 4,174 ）
Ⅴ 営業外費用		
1 貸倒引当金繰入	（❶ 331 ）☆12	
2 支払利息	（ 1,697 ）	
3 社債利息	（❶ 1,942 ）☆13	（ 3,970 ）
経常利益		（ 129,514 ）
Ⅵ 特別利益		
1 固定資産売却益		（ 1,300 ）
Ⅶ 特別損失		
1 （減損損失）		（❶ 7,116 ）☆14
税引前当期純利益		（ 123,698 ）
法人税、住民税及び事業税		（❶ 35,170 ）☆15
当期純利益		（❶ 88,528 ）

問3

（単位：千円）

建物の帳簿価額	社債	リース債務	資本準備金	繰越利益剰余金
❶ 215,384 ☆16	❶ 98,531 ☆17	❶ 38,269 ☆18	❶ 61,328 ☆19	❶ 97,702 ☆20

予想採点基準　❶点×25箇所＝25点　合計25点

解説

問1

決算整理前残高試算表の各金額の算定

1．建　物

(1) **前期末までの経過期間**　81ヵ月（2X11年７月１日～2X18年３月31日）

(2) **取得原価の推定**（取得原価をXとする）

$$X \div 30年 \times \frac{81ヵ月}{12ヵ月} = 67{,}500千円$$

（67,500千円：前T/B建物減価償却累計額）

X＝300,000千円 ☆1

2．備　品

(1) **リース期間**　120,000千円（リース料総額）÷20,000千円（年間リース料）＝６年

(2) **リース料総額の割引現在価値**　20,000千円（年間リース料）×5.4172＝108,344千円

(3) **見積現金購入価額**　110,000千円

(4) (2)<(3)　∴108,344千円 ☆2

3．退職給付引当金

426,000千円（期首退職給付債務）－214,000千円（期首年金資産）－88,000千円（期首未認識数理計算上の差異）＝124,000千円 ☆3

数理計算上の差異は、年金資産の運用成績の悪化による退職給付引当金の積立不足によるものであるため、借方差異となる。なお、期首未認識数理計算上の差異は以下のように計算される。

2X16年３月期発生額　50,000千円－50,000千円÷10年×２年＝40,000千円

2X18年３月期発生額　48,000千円

期首未認識数理計算上の差異　40,000千円＋48,000千円＝88,000千円

4．車両減価償却累計額

(1) **定率法償却率**　１÷５年×200％＝0.400

(2) **償却保証額**　12,000千円×0.10800＝1,296千円

(3) **2X15年度調整前償却額**　12,000千円×0.400＝4,800千円

(4) **2X16年度調整前償却額**　(12,000千円－4,800千円)×0.400＝2,880千円

(5) **2X17年度調整前償却額**　(12,000千円－4,800千円－2,880千円)×0.400＝1,728千円

調整前償却額が償却保証額を上回っているため、各年度における調整前償却額を減価償却費とする。

(6) (3)+(4)+(5)＝9,408千円 ☆4

5．新株予約権

(1) **社債部分の対価**

$$100{,}000千円 \times \frac{@92.93円}{@100円} = 92{,}930千円$$

（100,000千円：額面総額）

(2) **新株予約権**　100,000千円（額面総額）－92,930千円（社債部分の対価）＝7,070千円 ☆5

問２

解説上、仕訳の金額は単位千円とする。

Ⅰ　決算整理前残高試算表の各金額の算定（問１を除く）

1．仕　入　371,870千円（甲商品の当期仕入高）＋(391,250千円－94,250千円)（乙商品の当期仕入高）＝668,870千円

2．社　債

(1) **表面利息**　100,000千円（額面総額）×0.50％（表面利率）＝500千円

(2) **2X15年度償却額**　92,930千円（発行価額）×2.00%（実効利率）－500千円（表面利息）≒1,359千円（千円未満四捨五入）

(3) **2X16年度償却額**　(92,930千円＋1,359千円)×2.00%－500千円≒1,386千円（千円未満四捨五入）

(4) **2X17年度償却額**

(92,930千円＋1,359千円＋1,386千円)×2.00%－500千円≒1,414千円（千円未満四捨五入）

(5) 92,930千円＋1,359千円＋1,386千円＋1,414千円＝97,089千円

3．リース債務

(1) **2X15年度元本償還額**　20,000千円（年間リース料）－108,344千円（前記問1・2(4)）×３％≒16,750千円（千円未満四捨五入）

(2) **2X16年度元本償還額**

20,000千円－(108,344千円－16,750千円)×３％≒17,252千円（千円未満四捨五入）

(3) **2X17年度元本償還額**

20,000千円－(108,344千円－16,750千円－17,252千円)×３％≒17,770千円（千円未満四捨五入）

(4) **2X18年度元本償還額**

20,000千円－(108,344千円－16,750千円－17,252千円－17,770千円)×３％≒18,303千円

（千円未満四捨五入）

(5) 108,344千円－16,750千円－17,252千円－17,770千円－18,303千円＝38,269千円

Ⅱ　期末整理事項等

1．売上原価の算定等

(1) **甲商品**

(仕　　　入)	42,450	(繰 越 商 品)	42,450
(繰 越 商 品)	43,720	(仕　　　入)	43,720

(2) **乙商品**

① 小売売上の未処理

(現 金 預 金)	1,500	(小 売 売 上)	1,500

② 見本品配布の未処理

(販 売 費)	360*1	(仕　　　入)	360

＊1　500千円×72%（下記＊3(ｲ)）＝360千円

③ 売上原価の算定

(仕　　　入)	45,000	(繰 越 商 品)	45,000*2
(繰 越 商 品)	24,840*3	(仕　　　入)	24,840

＊2　87,450千円（前T/B繰越商品）－42,450千円（甲商品）＝45,000千円

＊3　(ｲ) 売価還元低価法原価率の算定

$$\frac{45{,}000千円+391{,}250千円-94{,}250千円}{60{,}000千円+391{,}250千円+23{,}750千円}=0.72\ (72\%)$$

(ﾛ) 期末商品実地棚卸原価　34,500千円（期末商品実地棚卸売価）×72%＝24,840千円

2．貸倒引当金

(1) **受取手形および売掛金**

(貸倒引当金繰入)（販売費及び一般管理費）	632*4	(貸 倒 引 当 金)	632

＊4　① 前期末における長期貸付金に対する貸倒引当金　25,000千円（長期貸付金）×2.5%＝625千円

② (26,800千円（受取手形）＋48,800千円（売掛金）)×２％－(1,505千円（前T/B貸倒引当金）－625千円（前記＊4①）)＝632千円

(2) **長期貸付金**

（貸倒引当金繰入） 331[*5]（貸 倒 引 当 金） 331
営業外費用

＊5 ① 利率引下後の利息受取額 25,000千円×1％＝250千円
② 将来キャッシュ・フローの割引現在価値
$$\frac{250千円}{(1+0.03)}+\frac{250千円+25,000千円}{(1+0.03)^2}≒24,044千円$$（計算の都度千円未満四捨五入）
③ 25,000千円－24,044千円－625千円＝331千円
前記＊5② 前記＊4①

3．減価償却等
(1) **建 物**
① 減価償却
（減 価 償 却 費） 10,000[*6]（建物減価償却累計額） 10,000
＊6 300,000千円÷30年＝10,000千円
前記問1・1(2)
② 減損損失の計上
（減 損 損 失） 7,116[*7]（建 物） 7,116
＊7 (イ) 減損損失の認識の判定
㋑ 建物の帳簿価額 300,000千円－67,500千円－10,000千円＝222,500千円
前T/B建物減価償却累計額 前記Ⅱ3(1)①
㋺ 割引前将来キャッシュ・フロー 221,000千円
㋩ ㋑＞㋺ ∴減損損失を認識する。
(ロ) 減損損失の測定 222,500千円－215,384千円＝7,116千円
建物の帳簿価額 回収可能価額

(2) **車 両**
（減 価 償 却 費） 1,296[*8]（車両減価償却累計額） 1,296
＊8 ① 定率法償却率 1÷5年×200％＝0.400
② 償却保証額 12,000千円×0.10800＝1,296千円
③ 調整前償却額 （12,000千円－9,408千円）×0.400≒1,037千円（千円未満四捨五入）
前記問1・4(6)
調整前償却額が償却保証額に満たないため、改定取得価額に改定償却率を乗じた金額を減価償却費とする。
④ 減価償却費 （12,000千円－9,408千円）×0.500＝1,296千円
改定償却率

(3) **備 品**
（減 価 償 却 費） 18,057[*9]（備品減価償却累計額） 18,057
＊9 108,344千円÷6年≒18,057千円（千円未満四捨五入）
前記問1・2(4) リース期間

4．新株予約権付社債
(1) **仮受金の判明（新株予約権の権利行使）**
（仮 受 金） 80,000 （資 本 金） 42,828[*11]
（新 株 予 約 権） 5,656[*10]（資 本 準 備 金） 42,828[*12]
＊10 7,070千円×80％＝5,656千円
前記問1・5(2)
＊11 （80,000千円＋5,656千円）×$\frac{1}{2}$＝42,828千円
前記＊10
＊12 （80,000千円＋5,656千円）－42,828千円＝42,828千円
前記＊10 前記＊11

(2) **金利調整差額の償却**
（社 債 利 息） 1,442[*13]（社 債） 1,442
＊13 ① 表面利息 100,000千円×0.50％＝500千円
額面総額 表面利率

② 償却額　97,089千円×2.00%－500千円≒1,442千円（千円未満四捨五入）
前記Ⅰ2(5)　実効利率　表面利息

なお、決算整理前残高試算表に社債利息500千円が計上されているため、表面利息については処理済みである。

5．退職給付引当金

(1) 退職給付費用

（退職給付費用）	33,500[*14]	（退職給付引当金）	33,500

＊14 ① 勤務費用　21,600千円

② 利息費用　426,000千円×２％＝8,520千円
期首退職給付債務

③ 期待運用収益　214,000千円×３％＝6,420千円
期首年金資産

④ 数理計算上の差異の償却

(ｲ) 2X16年３月期発生額　40,000千円÷(10年－２年)＝5,000千円
期首未認識数理計算上の差異

(ﾛ) 2X18年３月期発生額　48,000千円÷10年＝4,800千円
期首未認識数理計算上の差異

(ﾊ) (ｲ)＋(ﾛ)＝9,800千円

⑤ ①＋②－③＋④＝33,500千円

(2) 仮払金の判明（掛金拠出）

（退職給付引当金）	11,000	（仮払金）	11,000

6．経過勘定

（前払販売費）	3,365	（販売費）	3,365
（一般管理費）	2,387	（未払一般管理費）	2,387

7．法人税、住民税及び事業税

（法人税、住民税及び事業税）	35,170	（仮払法人税等）	17,000
		（未払法人税等）	18,170

金額集計仮計算

損益計算書　（単位：千円）

期首商品棚卸高	42,450 ＋ 45,000＝87,450☆3 前記問2・Ⅱ1(1)　前記問2・Ⅱ1(2)③	一般売上高	581,125☆1
当期商品仕入高	668,870☆4 前記問2・Ⅰ1	小売売上高	412,000 ＋ 1,500＝413,500☆2 前記問2・Ⅱ1(2)①
販売費	109,622 ＋ 360 － 3,365＝106,617☆7 前記問2・Ⅱ1(2)②　前記問2・Ⅱ6	他勘定振替高	360☆5 前記問2・Ⅱ1(2)②
一般管理費	5,426 ＋ 2,387＝7,813☆8 前記問2・Ⅱ6	期末商品棚卸高	43,720 ＋ 24,840＝68,560☆6 前記問2・Ⅱ1(1)　前記問2・Ⅱ1(2)③
貸倒引当金繰入（販売費及び一般管理費）	632☆9 前記問2・Ⅱ2(1)	受取配当金	3,424
減価償却費	10,000 ＋ 1,296 ＋ 18,057＝29,353☆10 前記問2・Ⅱ3(1)①　前記問2・Ⅱ3(2)　前記問2・Ⅱ3(3)	受取利息	750
退職給付費用	33,500☆11 前記問2・Ⅱ5(1)	固定資産売却益	1,300
貸倒引当金繰入（営業外費用）	331☆12 前記問2・Ⅱ2(2)		
支払利息	1,697		
社債利息	500 ＋ 1,442＝1,942☆13 前記問2・Ⅱ4(2)		
減損損失	7,116☆14 前記問2・Ⅱ3(1)②		
法人税、住民税及び事業税	35,170☆15 前記問2・Ⅱ7		

問3

期末貸借対照表における各金額

1．建物の帳簿価額　300,000千円－(67,500千円＋10,000千円)－7,116千円＝215,384千円 ☆16
　　前記問1・1(2)　建物減価償却累計額　減損損失

2．社　債　97,089千円＋1,442千円＝98,531千円 ☆17
　　前記問2・Ⅰ2(5)　前記＊13②

3．リース債務　38,269千円 ☆18
　　前記問2・Ⅰ3(5)

4．資本準備金　18,500千円＋42,828千円＝61,328千円 ☆19
　　前T/B資本準備金　前記＊12

5．繰越利益剰余金　9,174千円＋88,528千円＝97,702千円 ☆20
　　前T/B繰越利益剰余金　当期純利益

会　計　学

問題 1

(イ)	(ロ)	(ハ)	(ニ)
デリバティブ ❶	オプション ❶	時　価 ❶	600 ❶

(ホ)	(ヘ)	(ト)	(チ)
実　効 ❶	1,395 ❶	有　用 ❶	信　頼 ❶

(リ)	(ヌ)	(ル)
顧　客 ❶	のれん ❶	持分法 ❶

問題 2

問 1

連結貸借対照表

20X3年度末現在　　（単位：千円）

資　産	金　額	負債・純資産	金　額
現金預金	522,500	買掛金	200,000
売掛金	❷ 560,000	長期借入金	540,000
棚卸資産	❷ 308,000	資本金	1,000,000
有形固定資産	❷ 1,013,000	資本剰余金	❶ 215,400
のれん	❷ 43,200	利益剰余金	❶ 397,100
投資有価証券	270,000	その他の包括利益累計額	❶ 33,000
		非支配株主持分	❶ 331,200
	2,716,700		2,716,700

問 2

親会社株主に帰属する当期純利益	包括利益
❶ 15,300 千円	❶ 25,100 千円

予想採点基準　❶点×17箇所＝17点
❷点× 4 箇所＝ 8 点
合計25点

解 説

問題 1

1．（デリバティブ）取引とは、先物取引、先渡取引、（オプション）取引、スワップ取引及びこれらに類似する取引をいう。（オプション）取引により生じる正味の債権及び債務は、（時価）をもって貸借対照表価額とし、評価差額は原則として当期の損益として処理される。

金融商品に関する会計基準・4、25参照

2．当期首現在において繰延税金資産が3,000百万円、繰延税金負債が450百万円あった。当期末現在において、将来減算一時差異が12,000百万円、将来加算一時差異が2,000百万円である場合、当期の法人税等調整額は、（600）百万円となる。ただし、将来の法定（実効）税率は30%、当期首および当期末における将来加算一時差異はその他有価証券の評価差額金について生じたものである。

税効果会計に係る会計基準の適用指針・4（11）参照

当期の法人税等調整額

12,000百万円（将来減算一時差異）×30%（法定実効税率）－3,000百万円（期首繰延税金資産）＝600百万円

3．当期首における建物の帳簿価額は10,400百万円、当該建物に係る資産除去債務が3,183百万円であった。このとき、当期の減価償却費と利息費用の合計額は、（1,395）百万円となる。なお、建物の減価償却は、残存耐用年数が８年、残存価額ゼロ、定額法による。資産除去債務の割引率は、年３%とする。

減価償却費　10,400百万円÷８年＝1,300百万円

利 息 費 用　3,183百万円×３%≒95百万円（金額単位未満四捨五入）

当期の減価償却費と利息費用の合計額

1,300百万円＋95百万円＝1,395百万円

4．「討議資料　財務会計の概念フレームワーク」によると、会計情報の意思決定（有用）性を支える特性として、意思決定との関連性と（信頼）性が挙げられている。

討議資料　財務会計の概念フレームワーク第２章・1、２参照

5．企業が開示する報告セグメントの利益に含まれる項目のうち、開示が要求されているものには、外部（顧客）への売上高、事業セグメント間の内部売上高又は振替高、減価償却費、（のれん）の償却額、受取利息及び支払利息、（持分法）投資利益（又は損失）、特別利益及び特別損失、税金費用、重要な非資金損益項目がある。

セグメント情報等の開示に関する会計基準・21参照

問題 2

解説上、仕訳の金額は単位千円とする。

1．S社の資本の推移

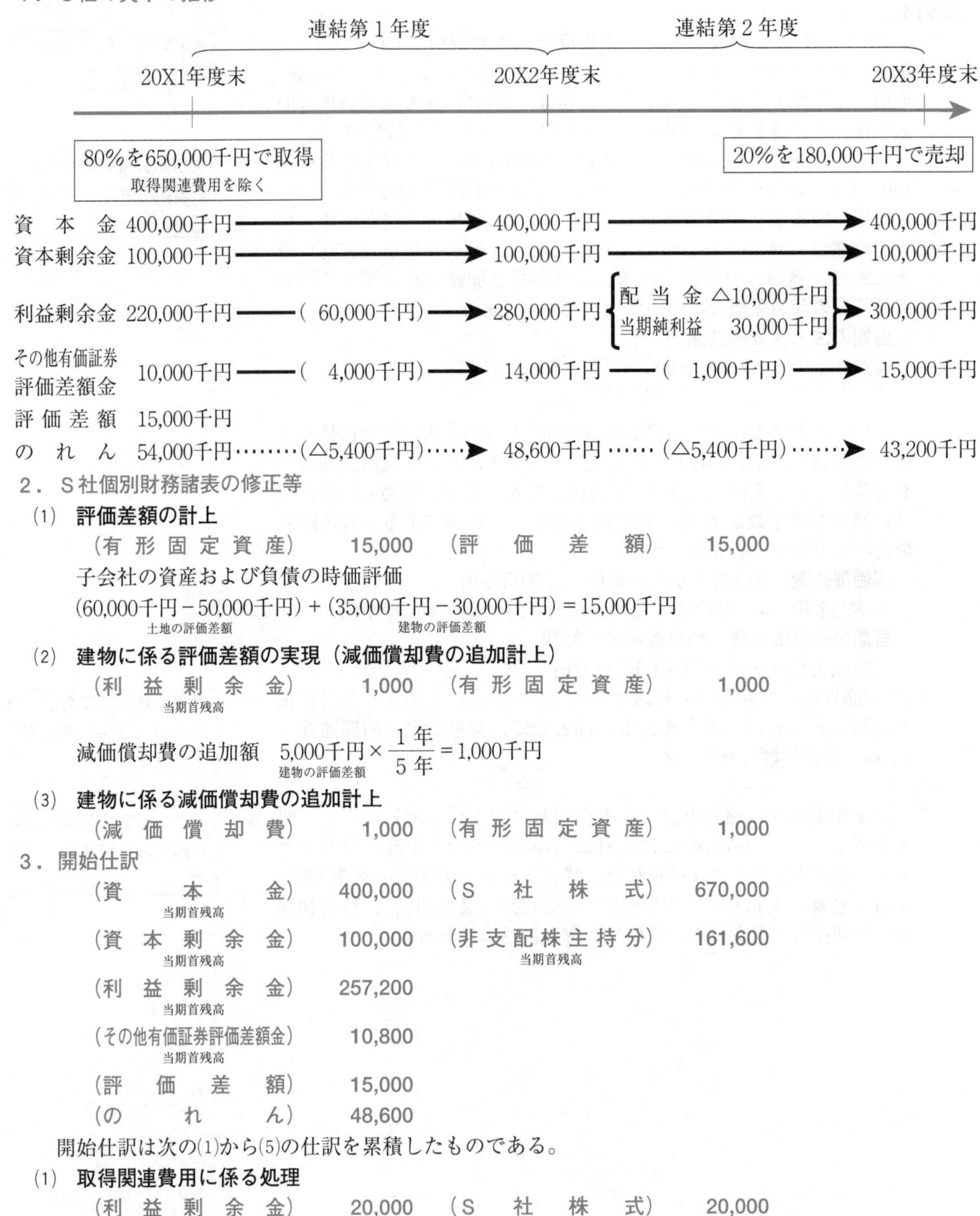

2．S社個別財務諸表の修正等

(1)　**評価差額の計上**

（有 形 固 定 資 産）	15,000	（評　価　差　額）	15,000

子会社の資産および負債の時価評価

(60,000千円－50,000千円)（土地の評価差額）＋(35,000千円－30,000千円)（建物の評価差額）＝15,000千円

(2)　**建物に係る評価差額の実現（減価償却費の追加計上）**

（利 益 剰 余 金）当期首残高	1,000	（有 形 固 定 資 産）	1,000

減価償却費の追加額　5,000千円（建物の評価差額）$\times \dfrac{1年}{5年}$＝1,000千円

(3)　**建物に係る減価償却費の追加計上**

（減 価 償 却 費）	1,000	（有 形 固 定 資 産）	1,000

3．開始仕訳

（資　本　金）当期首残高	400,000	（S　社　株　式）	670,000
（資 本 剰 余 金）当期首残高	100,000	（非支配株主持分）当期首残高	161,600
（利 益 剰 余 金）当期首残高	257,200		
（その他有価証券評価差額金）当期首残高	10,800		
（評　価　差　額）	15,000		
（の　れ　ん）	48,600		

開始仕訳は次の(1)から(5)の仕訳を累積したものである。

(1)　**取得関連費用に係る処理**

（利 益 剰 余 金）当期首残高	20,000	（S　社　株　式）	20,000

(2) **投資と資本の相殺消去**

(資本金 当期首残高) 400,000 (S社株式) 650,000
(資本剰余金 当期首残高) 100,000 (非支配株主持分 当期首残高) 149,000
(利益剰余金 当期首残高) 220,000
(その他有価証券評価差額金 当期首残高) 10,000
(評価差額) 15,000
(のれん) 54,000

① のれん

650,000千円(S社株式の取得原価)－(400,000千円(S社資本金)＋100,000千円(S社資本剰余金)＋220,000千円(S社利益剰余金)＋10,000千円(その他有価証券評価差額金)＋15,000千円(評価差額))×80%(親会社持分割合)

＝54,000千円

② 非支配株主持分

(400,000千円(S社資本金)＋100,000千円(S社資本剰余金)＋220,000千円(S社利益剰余金)＋10,000千円(その他有価証券評価差額金)＋15,000千円(評価差額))×20%(非支配株主持分割合)＝149,000千円

(3) **のれんの償却**

(利益剰余金 当期首残高) 5,400 (のれん) 5,400

のれんの償却額 54,000千円×$\frac{1年}{10年}$＝5,400千円

(4) **連結第1年度の増加利益剰余金の非支配株主持分への振替え**

(利益剰余金 当期首残高) 11,800 (非支配株主持分 当期首残高) 11,800

非支配株主持分への振替額 {(280,000千円－220,000千円)(増加利益剰余金)－1,000千円(建物に係る評価差額の実現)}×20%(非支配株主持分割合)＝11,800千円

(5) **その他有価証券評価差額金の非支配株主持分への振替え**

(その他有価証券評価差額金 当期首残高) 800 (非支配株主持分 当期首残高) 800

非支配株主持分への振替額 (14,000千円－10,000千円)(その他有価証券評価差額金変動額)×20%(非支配株主持分割合)＝800千円

4．のれんの償却

(のれん償却額) 5,400 (のれん) 5,400

5．当期純利益の非支配株主持分への振替え

(非支配株主に帰属する当期純損益) 5,800 (非支配株主持分 当期変動額) 5,800

非支配株主持分への振替額 (30,000千円(子会社当期純利益)－1,000千円(建物に係る減価償却費の追加計上額))×20%(非支配株主持分割合)＝5,800千円

6．配当金の修正

(非支配株主持分 当期変動額) 2,000 (剰余金の配当) 2,000
(受取配当金) 8,000 (剰余金の配当) 8,000

(1) **非支配株主負担額** 10,000千円×20%(非支配株主持分割合)＝2,000千円

(2) **親会社負担額** 10,000千円×80%(親会社持分割合)＝8,000千円

7．その他有価証券評価差額金の非支配株主持分への振替え

（その他有価証券評価差額金）当期変動額	200	（非支配株主持分）当期変動額	200

非支配株主持分への振替額　(15,000千円－14,000千円)×20%＝200千円
（15,000千円－14,000千円：その他有価証券評価差額金変動額、20%：非支配株主持分割合）

8．債権・債務の相殺消去

（買　掛　金）	50,000	（売　掛　金）	50,000

9．期末棚卸資産に含まれる未実現利益の消去（ダウン・ストリーム）

（売　上　原　価）	2,000	（棚　卸　資　産）	2,000

10．持分の一部売却

(1)　**取得関連費用に係る処理**

（S　社　株　式）	5,000	（S社株式売却益）	5,000

一部売却に係る取得関連費用　$20{,}000\text{千円}\times\dfrac{20\%}{80\%}=5{,}000\text{千円}$

(2)　**一部売却**

（S　社　株　式）	162,500	（非支配株主持分）当期変動額	165,600
（S社株式売却益）	17,500	（資本剰余金）当期変動額	15,400
（その他有価証券評価差額金）当期変動額	1,000		

①　連結上の売却簿価　$650{,}000\text{千円}\times\dfrac{20\%}{80\%}=162{,}500\text{千円}$
（650,000千円：取得関連費用を除く）

②　非支配株主持分の増加額
(400,000千円＋100,000千円＋300,000千円－1,000千円－1,000千円＋15,000千円＋15,000千円)×20%
（400,000千円：S社資本金、100,000千円：S社資本剰余金、300,000千円：S社利益剰余金、1,000千円：建物に係る評価差額の実現、1,000千円：建物に係る減価償却費の追加計上額、15,000千円：その他有価証券評価差額金、15,000千円：評価差額、20%：売却持分）
＝165,600千円

③　S社株式売却益の修正額　$180{,}000\text{千円}-650{,}000\text{千円}\times\dfrac{20\%}{80\%}=17{,}500\text{千円}$
（180,000千円：売却価額、650,000千円：取得関連費用を除く）

④　その他有価証券評価差額金の修正額　$(15{,}000\text{千円}-10{,}800\text{千円}-200\text{千円})\times\dfrac{20\%}{80\%}=1{,}000\text{千円}$
（10,800千円：前記3、200千円：前記7）

⑤　資本剰余金　貸借差額

11．親会社株主に帰属する当期純利益
(20,000千円＋30,000千円)－1,000千円－5,400千円－5,800千円－8,000千円－2,000千円＋5,000千円－17,500千円＝15,300千円
（20,000千円：P社当期純利益、30,000千円：S社当期純利益、1,000千円：前記2(3)、5,400千円：前記4、5,800千円：前記5、8,000千円：前記6、2,000千円：前記9、5,000千円：前記10(1)、17,500千円：前記10(2)）

12．包括利益
15,300千円＋5,800千円＋(30,000千円－27,000千円)＋(15,000千円－14,000千円)＝25,100千円
（15,300千円：親会社株主に帰属する当期純利益、5,800千円：非支配株主に帰属する当期純利益、(30,000千円－27,000千円)：P社その他有価証券評価差額金変動額、(15,000千円－14,000千円)：S社その他有価証券評価差額金変動額）

第153回 解答・解説

工業簿記

問1

借方科目	金額	貸方科目	金額
原材料	5,000,000	買掛金	4,500,000
		当座預金	50,000
		内部材料副費	450,000

❺ ☆1

問2

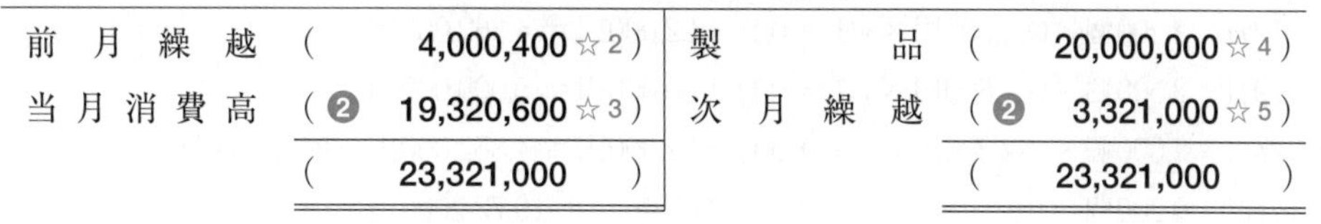

仕掛直接材料費

前月繰越	(4,000,400 ☆2)	製品	(20,000,000 ☆4)
当月消費高	(❷ 19,320,600 ☆3)	次月繰越	(❷ 3,321,000 ☆5)
	(23,321,000)		(23,321,000)

問3 製造間接費予定配賦額 (7,380,000 ☆6) 円 ❷

製造間接費配賦差異 (260,000 ☆7) 円 ❷

< (借方差異) 貸方差異 差異はゼロ > ❶

注：< >内はいずれかを○で囲みなさい。

問4 販売費予定配賦額 (4,576,000 ☆8) 円 ❷

販売費配賦差異 (0 ☆9) 円 ❷

< 借方差異 貸方差異 (差異はゼロ) > ❶

注：< >内はいずれかを○で囲みなさい。

問5 売上総利益 (12,840,000 ☆10) 円 ❸

営業利益 (5,344,000 ☆11) 円 ❸

予想採点基準
❶点×2箇所＝2点
❷点×6箇所＝12点
❸点×2箇所＝6点
❺点×1箇所＝5点
合計25点

解　説

1．11月５日の仕入取引 ☆1

（原　材　料）5,000,000	（買　掛　金）4,500,000	← 購入代価：2,500個×@1,800円
貸方合計↑	（当 座 預 金）　50,000	← 引取費用：2,500個以上のため50,000円
	（内部材料副費）　450,000	← 購入代価の10%：4,500,000円×10%

2．買入部品Ａ

(1)　**仕入**

５日　2,500個×@1,800円×（１＋0.1）＋50,000円＝5,000,000円
12日　2,200個×@2,000円×（１＋0.1）＋22,000円＝4,862,000円
19日　2,500個×@1,800円×（１＋0.1）＋50,000円＝5,000,000円
26日　2,000個×@2,200円×（１＋0.1）＋22,000円＝4,862,000円（@2,431円）
合計　9,200個　19,724,000円

(2)　**出庫**

2,300個＋2,500個＋2,500個＋2,000個＝9,300個

(3)　**次月繰越**

1,500個＋9,200個－9,300個＝1,400個
先入先出法のため、最終仕入単価で評価する。
1,400個×@2,431円＝3,403,400円

(4)　**当月消費高**

買入部品Ａ

前月繰越	1,500個	3,000,000円	当月消費	9,300個	19,320,600円	← 差引
当月仕入	9,200個	19,724,000円	次月繰越	1,400個	3,403,400円	

3．仕掛直接材料費勘定

仕掛直接材料費

資料(7) →	前月繰越	**4,000,400円** ☆2	製　　品	**20,000,000円** ☆4	← 資料(5)
買入部品Ａ →	当月消費	**19,320,600円** ☆3	次月繰越	**3,321,000円** ☆5	← 差引

4．製造間接費

(1)　**製造間接費予定配賦額**

生 産 技 術 費　18,000,000円÷3,600時間×300時間＝1,500,000円
機 械 作 業 費　36,000,000円÷9,000時間×750時間＝3,000,000円
工場事務部費　9,800,000円÷4,900時間×392時間＝784,000円
検　　査　　費　25,152,000円÷6,000時間×500時間＝2,096,000円
合計　**7,380,000円** ☆6

(2)　**製造間接費配賦差異**

①　製造間接費実際発生額（資料(4)②）
1,580,000円＋3,100,000円＋820,000円＋2,140,000円＝7,640,000円

②　製造間接費配賦差異
7,380,000円－7,640,000円＝**260,000円（借方差異）** ☆7

5．販売費

(1) **販売費予定配賦額**

出荷物流費　54,000,000円÷480回×40回＝4,500,000円
顧客サポート費　912,000円÷240回×20回　＝　76,000円
合計　**4,576,000円** ☆8

(2) **販売費配賦差異**

① 販売費実際発生額（資料(4)②）
4,500,000円＋76,000円＝4,576,000円

② 販売費配賦差異
4,576,000円－4,576,000円＝ **0 円** ☆9

6．労務費

(1) **支給総額**

（賃金）20,800,000	（預り金）4,200,000	← 3,600,000円＋600,000円
貸方合計↑	（現金）16,600,000	← 現金支給額

(2) **労務費**

労務費

支給総額	20,800,000円	前月未払	2,800,000円	
当月未払	2,000,000円	当月消費	20,000,000円	← 差引

(3) **直接労務費および間接労務費**

就業時間 10,000時間		
実働時間 9,500時間		手待時間 500時間
直接作業時間 9,000時間	間接作業時間 500時間	

就業時間 20,000,000円（@2,000円）		
実働時間 19,000,000円		間接労務費 1,000,000円
直接労務費 18,000,000円	間接労務費 1,000,000円	

7．仕掛品勘定

仕掛直接材料費

資料(7) →	前月繰越 4,000,400円	製品	20,000,000円	← 資料(5)
買入部品A →	当月消費 19,320,600円	次月繰越	3,321,000円	← 差引

仕掛直接労務費

資料(7) →	前月繰越 2,500,000円	製品	18,000,000円	← 差引
直接労務費 →	当月消費 18,000,000円	次月繰越	2,500,000円	← 10月末と同額

仕掛製造間接費

資料(7) →	前月繰越 1,500,000円	製品	7,000,000円	← 資料(5)
予定配賦額 →	当月消費 7,380,000円	次月繰越	1,880,000円	← 差引

完成品原価　20,000,000円＋18,000,000円＋7,000,000円＝45,000,000円

8．製品勘定

	製	品			
資料(7) →	前月繰越	3,200,000円	売上原価	43,000,000円	← 差引
完成品原価 →	当月完成	45,000,000円	次月繰越	5,200,000円	← 資料(6)

9．売上総利益と営業利益

売上高	56,100,000円	
売上原価	43,000,000円	
原価差異	260,000円	（借方差異）
売上総利益	**12,840,000円**	☆10
販売費	4,576,000円	
一般管理費	2,920,000円	
営業利益	**5,344,000円**	☆11

原価計算

第1問

問1

7,100 円／個 ❷☆1

問2

1,075,000 円 ❷☆2

問3

利益差異分析表

（単位：円）

	製品X	製品Y	合計
予算営業利益			1,000,000
販売活動差異			
販売量差異	(❶ 120,000☆3)	(❶ −45,000☆4)	(75,000)
販売価格差異	−100,000	−25,000	−125,000
変動販売費差異	5,000	(❶ −7,000☆5)	(−2,000)
製造活動差異			
直接材料価格差異	(❶ −20,000☆6)	(❶ −30,000☆7)	(−50,000)
直接材料消費量差異	−10,000	18,000	8,000
加工費予算差異	(6,500☆8)	(❶ 3,000☆9)	9,500
加工費能率差異	(❶ 7,500☆10)	(−11,000☆11)	−3,500
実際営業利益			(❶ 912,000)

（注）不利差異の場合のみ数字の前に「−」をつける。

第2問

①				793 億円		❷☆12
②				1,000 億円		❷☆13
③				27 億円		❷☆14
④				961 億円		❷☆15
⑤				72 億円		❷☆16
⑥	6.8%	7.0%	(7.5%)	8.2%		❷☆17
⑦	損益分岐点比率	(内部利益率)	年金現価係数	経営レバレッジ係数		❶

予想採点基準　❶点×9箇所＝9点
❷点×8箇所＝16点
合計25点

解　説

第１問

１．製品１個あたりの予算

	製品X		製品Y		
予算販売量	500個	1 個	400個	1 個	
売上高	5,000,000円	@10,000円	5,000,000円	@12,500円	
変動売上原価	2,500,000円	@ 5,000円	2,840,000円	**@ 7,100円**	☆1
変動販売費	500,000円	@ 1,000円	360,000円	@ 900円	
標準貢献利益	2,000,000円	@ 4,000円	1,800,000円	@ 4,500円	

２．当月の実際販売量に見合う予算営業利益

(1)　**当月の実際販売量に見合う予算貢献利益**

X530個×@4,000円＋Y390個×@4,500円＝3,875,000円

(2)　**当月の実際販売量に見合う予算営業利益**

貢献利益－個別固定費－共通固定費＝営業利益

3,875,000円－1,150,000円－1,650,000円＝**1,075,000円** ☆2

３．販売活動差異

(1)　**販売量差異**

販売量差異の解答欄が１つであるため、単位貢献利益を用いて計算する。

製品X　(530個－500個)×@4,000円＝**120,000円（有利差異）** ☆3

製品Y　(390個－400個)×@4,500円＝**45,000円（不利差異）** ☆4

75,000円（有利差異）

(2)　**販売価格差異**

製品X　5,200,000円－530個×@10,000円＝100,000円（不利差異）

製品Y　4,850,000円－390個×@12,500円＝25,000円（不利差異）

125,000円（不利差異）

(3)　**変動販売費差異**

製品X　530個×@1,000円－525,000円＝5,000円（有利差異）

製品Y　390個×@ 900円－358,000円＝**7,000円（不利差異）** ☆5

2,000円（不利差異）

第152回
第153回
第156回
第157回
第158回

4．製造活動差異

(1) **原価標準**

① 変動加工費配賦率

製品X　1,500,000円÷1,000時間＝@1,500円

製品Y　1,980,000円÷1,800時間＝@1,100円

② 原価標準

製品X				製品Y			
			逆算				逆算
直接材料費	2 kg	×	@1,000円＝2,000円	直接材料費	3 kg	×	@　900円＝2,700円
変動加工費	2 時間	×	@1,500円＝3,000円	変動加工費	4 時間	×	@1,100円＝4,400円
合計（変動売上原価）			5,000円	合計（変動売上原価）			7,100円

直接材料費　5,000円－3,000円＝2,000円　　直接材料費　7,100円－4,400円＝2,700円

材料単価　2,000円÷2 kg＝@1,000円　　材料単価　2,700円÷3 kg＝@900円

(2) **実際生産データ**

製品X

月初	120－(60)	完成	500－(500)
当月	480－(490)	月末	100－(50)

製品Y

月初	100－(50)	完成	420－(420)
当月	440－(430)	月末	120－(60)

(　)内は加工換算量を示す。

(3) **直接材料価格差異**

【製品X】

実際発生額　990,000円

実際

直接材料価格差異 ← 差引　20,000円（不利差異）

@1,000円 標準

標準原価	直接材料消費量差異	標準単価×実際消費量
960,000円	10,000円（不利差異）	970,000円

標準　　実際

当月480個× 2 kg → 960kg

【製品Y】

実際発生額　1,200,000円

実際

直接材料価格差異 ← 差引　30,000円（不利差異）

@900円 標準

標準原価	直接材料消費量差異	標準単価×実際消費量
1,188,000円	18,000円（有利差異）	1,170,000円

標準　　実際

当月440個× 3 kg → 1,320kg

製品X　480個× 2 kg×@1,000円＋10,000円－　990,000円＝**20,000円（不利差異）** ☆6

製品Y　440個× 3 kg×@　900円－18,000円－1,200,000円＝**30,000円（不利差異）** ☆7

50,000円（不利差異）

(4)　**変動加工費差異**

①　加工費予算差異

製品X　975時間×@1,500円－1,456,000円＝**6,500円（有利差異）**☆8

製品Y　1,730時間×@1,100円－1,900,000円＝**3,000円（有利差異）**☆9

9,500円（有利差異）

②　加工費能率差異

製品X　（490個×２時間－ 975時間）×@1,500円＝ **7,500円（有利差異）**☆10

製品Y　（430個×４時間－1,730時間）×@1,100円＝**11,000円（不利差異）**☆11

3,500円（不利差異）

第２問

１．キャッシュ・フローのまとめ（金額単位：億円）

	投資時点	１年度末	２年度末	３年度末	４年度末	５年度末	
		48	48	48	48	48	減価償却費×30%
		225	231	258	246	183	現金支出費用×30%
IN	10	1,000	1,050	1,080	990	720	売上高
OUT	800	750	770	860	820	610	現金支出費用
	3	300	315	324	297	216	売上高×30%
NET	**－793** ☆12	＋223	＋244	＋202	＋167	＋125	

(1)　**投資時点のキャッシュ・フロー**

①　投資額　800億円

②　旧設備の売却　10億円

③　固定資産売却益の法人税等影響額　10億円×30%＝３億円

(2)　**売上高**

１年度　4.0万台×@250万円＝**1,000億円**☆13

２年度　4.2万台×@250万円＝1,050億円

３年度　4.5万台×@240万円＝1,080億円

４年度　4.4万台×@225万円＝ 990億円

５年度　3.6万台×@200万円＝ 720億円

(3)　**年間減価償却費**

800億円÷５年＝160億円

２．第１年度末の法人税等の支払額

300億円－(48億円＋225億円)＝**27億円**☆14

３．税引後純増分現金流入額の単純合計

223億円＋244億円＋202億円＋167億円＋125億円＝**961億円**☆15

４．正味現在価値

223億円×0.962＋244億円×0.925＋202億円×0.889＋167億円×0.855＋125億円×0.822－793億円

＝72.339億円　∴ **72億円（億円未満四捨五入）**☆16

５．内部利益率

解答欄の選択肢より6.8%～8.2%の範囲であることが分かるため、まずは７%で割引く。

(1) **割引率７％**

223億円×0.935＋244億円×0.873＋202億円×0.816＋167億円×0.763＋125億円×0.713＝802.895億円

投資時点のキャッシュ・フローを上回っているため、次は８％で割引く。

(2) **割引率８％**

223億円×0.926＋244億円×0.857＋202億円×0.794＋167億円×0.735＋125億円×0.681＝783.864億円

投資時点のキャッシュ・フローを下回っているため、内部利益率は７％超・８％未満と判明する。

(3) **内部利益率**

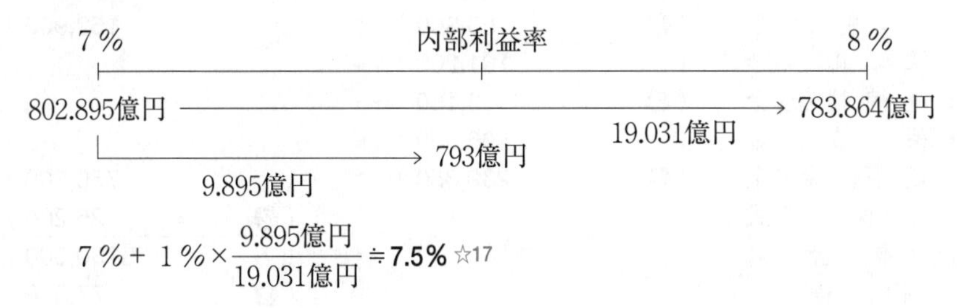

$$7\% + 1\% \times \frac{9.895\text{億円}}{19.031\text{億円}} \fallingdotseq \mathbf{7.5\%}$$ ☆17

第156回 解答・解説

商業簿記

第1問

貸借対照表

純資産の部 （単位：千円）

株主資本		
資本金		(❷ 902,600) ☆1
資本準備金	(102,600) ☆2	
その他資本剰余金	(❷ 50,300) ☆3	(152,900)
利益準備金	(101,200) ☆4	
固定資産圧縮積立金	(❷ 3,150) ☆5	
別途積立金	(406,000) ☆6	
繰越利益剰余金	(❷ 239,850) ☆7	(750,200)
自己株式		(❷ △ 25,200) ☆8
株主資本合計		(1,780,500)
新株予約権		(❷ 77,800) ☆9
純資産合計		(1,858,300)

第2問

連結損益計算書 （単位：千円）

費用	金額	収益	金額
売上原価	❶ 1,810,200 ☆1	売上高	❶ 2,650,000 ☆10
役務原価	294,750 ☆2	役務収益	❶ 393,000 ☆11
広告宣伝費	❶ 186,000 ☆3	受取配当金	❶ 20,000 ☆12
減価償却費	❶ 146,000 ☆4	受取利息	❶ 11,000 ☆13
のれんの償却額	❶ 8,000 ☆5	固定資産売却益	❶ 50,000 ☆14
支払手数料	❶ 98,000 ☆6	(**負ののれん発生益**)	❶ 200,000 ☆15
その他の営業費用	❶ 145,250 ☆7		
支払利息	91,000 ☆8		
非支配株主に帰属する当期純利益	❶ 10,800 ☆9		
親会社株主に帰属する当期純利益	534,000		
	3,324,000		3,324,000

予想採点基準 ❶点×13箇所＝13点
❷点×６箇所＝12点
合計25点

解　説

第１問

解説上、仕訳の金額は単位千円とする。

１．剰余金の配当等

借方	金額	貸方	金額
（繰越利益剰余金）	19,200	（未払配当金）	12,000
		（利益準備金）	1,200
		（別途積立金）	6,000

２．当期純利益

借方	金額	貸方	金額
（損益）	30,000	（繰越利益剰余金）	30,000

３．ストック・オプション

借方	金額	貸方	金額
（株式報酬費用）	1,800	（新株予約権）	1,800

４．自己株式

(1) 自己株式の取得

借方	金額	貸方	金額
（自己株式）	4,000	（現金預金）	4,000

(2) 自己株式の処分

借方	金額	貸方	金額
（現金預金）	3,300	（自己株式）	3,000
		（その他資本剰余金） 自己株式処分差益	300*

＊　3,300千円－3,000千円＝300千円（処分差益）

５．圧縮積立金の取崩し

借方	金額	貸方	金額
（固定資産圧縮積立金）	1,050	（繰越利益剰余金）	1,050

＊ (1) 定率法償却率　１÷８年×200％＝0.250

(2) 企業会計上の機械装置　（単位：千円）

	期首帳簿価額	減価償却費	減価償却累計額	期末帳簿価額
20X8年度	16,000	4,000	4,000	12,000
20X9年度	12,000	3,000	7,000	9,000

(3) 課税所得計算上の機械装置　（単位：千円）

	期首帳簿価額	減価償却費	減価償却累計額	期末帳簿価額
20X8年度	8,000	2,000	2,000	6,000
20X9年度	6,000	1,500	3,500	4,500

(4) 固定資産圧縮積立金の取崩額

① 20X8年度末における固定資産圧縮積立金　(12,000千円－6,000千円)×(１－30％)＝4,200千円
　（企業会計上と課税所得計算上の期末帳簿価額の差額）

② 20X9年度末における固定資産圧縮積立金　(9,000千円－4,500千円)×(１－30％)＝3,150千円
　（企業会計上と課税所得計算上の期末帳簿価額の差額）

③ ②－①＝△1,050千円

６．新株予約権の権利行使

借方	金額	貸方	金額
（現金預金）	10,000	（資本金）	2,600*
（新株予約権）	1,000	（資本準備金）	2,600*
		（自己株式）	5,800

＊　(1)　$(10{,}000千円 + 1{,}000千円) \times \frac{1}{2} - 5{,}800千円 = △300千円$（処分差損）

　　(2)　$(10{,}000千円 + 1{,}000千円) \times \frac{1}{2} - 300千円 = 5{,}200千円$

　　(3)　$5{,}200千円 \times \frac{1}{2} = 2{,}600千円$

金額集計仮計算

貸借対照表（純資産の部のみ）　（単位：千円）

	資本金	900,000 + 2,600 = **902,600** ☆1 前記6
	資本準備金	100,000 + 2,600 = **102,600** ☆2 前記6
	その他資本剰余金	50,000 + 300 = **50,300** ☆3 前記4(2)
	利益準備金	100,000 + 1,200 = **101,200** ☆4 前記1
	固定資産圧縮積立金	4,200 − 1,050 = **3,150** ☆5 前記5
	別途積立金	400,000 + 6,000 = **406,000** ☆6 前記1
	繰越利益剰余金	228,000 − 19,200 + 30,000 前記1　前記2 + 1,050 = **239,850** ☆7 前記5
	自己株式	−30,000 − 4,000 + 3,000 前記4(1)　前記4(2) + 5,800 = △**25,200** ☆8 前記6
	新株予約権	77,000 + 1,800 − 1,000 = **77,800** ☆9 前記3　前記6

第2問

連結損益計算書を作成する問題であるため、連結修正仕訳は開始仕訳を除いて示している（仕訳の単位：千円）。

Ⅰ　S社に関する連結修正

1．子会社の資産および負債の時価評価

（土地）	100,000	（評価差額）	190,000
（建物）	50,000		
（商標権）	40,000		

2．建物に係る減価償却費の追加計上

（減価償却費）	5,000	（建物減価償却累計額）	5,000

＊　$50{,}000千円 \times \frac{1年}{10年} = 5{,}000千円$

3．商標権に係る減価償却費の追加計上

（減価償却費）	5,000	（商標権）	5,000

＊　$40{,}000千円 \times \frac{1年}{8年} = 5{,}000千円$

4．投資と資本の相殺消去

（資本金） 当期首残高	×××	（子会社株式） S社株式	×××
（利益剰余金） 当期首残高	×××	（非支配株主持分） 当期首残高	×××
（評価差額）	190,000		
（のれん）	160,000		

5．のれんの償却

(のれんの償却額)　8,000　(の れ ん)　8,000

＊ $160{,}000千円 \times \frac{1年}{20年} = 8{,}000千円$

6．当期純利益の按分

(非支配株主に帰属する当期純損益)　14,000　(非支配株主持分 当期変動額)　14,000

＊ (80,000千円－5,000千円－5,000千円（減価償却費の追加計上額）)×20％＝14,000千円

7．剰余金の配当の振替え

(非支配株主持分 当期変動額)　10,000　(剰余金の配当)　10,000

＊ 50,000千円×20％＝10,000千円

8．配当金の相殺消去

(受取配当金)　40,000　(剰余金の配当)　40,000

＊ 50,000千円×80％＝40,000千円

9．商品売買取引の相殺消去

(売上高)　350,000　(売上原価)　320,000
　　　　　　　　　　(広告宣伝費)　30,000

10．広告宣伝費の計上

(広告宣伝費)　21,000　(売上原価)　21,000

＊ 30,000千円×(1－30％)＝21,000千円

11．期首棚卸資産に含まれる未実現利益の調整

(1) **開始仕訳**

(利益剰余金 当期首残高)　6,000　(棚卸資産)　6,000

＊ 20,000千円×30％＝6,000千円

(2) **実現仕訳（逆仕訳）**

(棚卸資産)　6,000　(売上原価)　6,000

12．期末棚卸資産に含まれる未実現利益の消去

(売上原価)　7,200　(棚卸資産)　7,200

＊ 24,000千円×30％＝7,200千円

13．会社間取引等の相殺消去

(1) **役務収益・支払手数料**

(役務収益)　7,000　(支払手数料)　7,000

(2) **科目の振替え**

(その他の営業費用)　5,250　(役務原価)　5,250

(3) **受取利息・支払利息**

(受取利息)　9,000　(支払利息)　9,000

14．車両運搬具の売却に係る未実現利益の消去

(固定資産売却益)　20,000＊1　(車両運搬具)　20,000
(車両運搬具減価償却累計額)　4,000　(減価償却費)　4,000＊2
(非支配株主持分 当期変動額)　3,200　(非支配株主に帰属する当期純損益)　3,200＊3

＊1　70,000千円－50,000千円＝20,000千円（益）

＊2　$20{,}000千円 \times \frac{1年}{5年} = 4{,}000千円$

＊3　(20,000千円－4,000千円)×20％＝3,200千円

Ⅱ　T社に関する連結修正

1．投資と資本の相殺消去等

(1) **科目の振替え**

(支払手数料)　60,000　(子会社株式 T社株式)　60,000

＊　個別上、子会社株式の取得原価1,060,000千円（1,000,000千円＋60,000千円）には、T社株式の取得に要した手数料60,000千円が含まれている。しかし、連結上、T社株式の取得に要した手数料60,000千円は、発生年度の費用として処理するため、科目の振替えが必要となる。

(2) **投資と資本の相殺消去**

(資本など)　2,000,000　(子会社株式 T社株式)　1,000,000[*1]

(非支配株主持分)　800,000[*2]

(負ののれん発生益)　200,000[*3]

＊1　1,060,000千円－60,000千円＝1,000,000千円

＊2　2,000,000千円×40％＝800,000千円

＊3　1,000,000千円－2,000,000千円×60％＝△200,000千円（負ののれん発生益）

金額集計仮計算

連結損益計算書　(単位：千円)

借方	計算	貸方	計算
売上原価	1,400,000＋750,000－320,000 (前記Ⅰ9) －21,000 (前記Ⅰ10) －6,000 (前記Ⅰ11(2)) ＋7,200 (前記Ⅰ12) ＝**1,810,200**☆1	売上高	2,000,000＋1,000,000－350,000 (前記Ⅰ9) ＝**2,650,000**☆10
役務原価	300,000－5,250 (前記Ⅰ13(2)) ＝**294,750**☆2	役務収益	400,000－7,000 (前記Ⅰ13(1)) ＝**393,000**☆11
広告宣伝費	125,000＋70,000－30,000 (前記Ⅰ9) ＋21,000 (前記Ⅰ10) ＝**186,000**☆3	受取配当金	60,000－40,000 (前記Ⅰ8) ＝**20,000**☆12
減価償却費	100,000＋40,000＋5,000 (前記Ⅰ2) ＋5,000 (前記Ⅰ3) －4,000 (前記Ⅰ14) ＝**146,000**☆4	受取利息	20,000－9,000 (前記Ⅰ13(3)) ＝**11,000**☆13
のれんの償却額	**8,000**☆5 (前記Ⅰ5)	固定資産売却益	50,000＋20,000－20,000 (前記Ⅰ14) ＝**50,000**☆14
支払手数料	25,000＋20,000－7,000 (前記Ⅰ13(1)) ＋60,000 (前記Ⅱ1(1)) ＝**98,000**☆6	負ののれん発生益	**200,000**☆15 (前記Ⅱ1(2))
その他の営業費用	100,000＋40,000＋5,250 (前記Ⅰ13(2)) ＝**145,250**☆7		
支払利息	80,000＋20,000－9,000 (前記Ⅰ13(3)) ＝**91,000**☆8		
非支配株主に帰属する当期純利益	14,000 (前記Ⅰ6) －3,200 (前記Ⅰ14) ＝**10,800**☆9		
親会社株主に帰属する当期純利益	貸借差額　534,000		

会 計 学

第１問

ア	イ	ウ	エ	オ
株主資本 ❶	組替え ❶	賃貸等 ❶	時 価 ❶	直先差額 ❶

第２問

(1) 満期保有目的債券	❷ 42,397千円
(2) 子会社株式	❷ 651,442千円
(3) 関連会社株式	❷ 75,000千円
(4) その他有価証券	❷ 196,205千円
(5) その他有価証券評価差額金（借方残高の場合は金額の前に△を付すこと）	❷ 13,104千円
(6) 繰延ヘッジ損益（借方残高の場合は金額の前に△を付すこと）	❶ 1,400千円

第３問

	Ⅰ欄 下線部の語句の記号	Ⅱ欄 正しいと思われる語句または文章	
(1)	(a)	営業活動によるキャッシュ・フロー	❷
(2)	○		❶
(3)	(c)	高い	❷
(4)	(c)	退職給付に係る負債	❷
(5)	(a)	所有権移転外ファイナンス・リース	❷

予想採点基準　❶点×７箇所＝７点
❷点×９箇所＝18点
合計25点

解　説

第１問

1．会社の分割にあたって、分離元企業の受け取る対価が分離先企業の株式のみであり、事業分離によって分離先企業が新たに分離元企業の子会社や関連会社となる場合、分離元企業は、個別財務諸表上、分離先企業から受け取った株式の取得原価を移転した事業に係る（株主資本）相当額にもとづいて算定して処理する。

事業分離等に関する会計基準・17(1)、20(1)参照

2．財務諸表の科目分類、科目配列および報告様式など、財務諸表の作成にあたって採用した表示の方法を財務諸表の表示方法といい、新たな表示方法を過去の財務諸表に遡って適用したかのように表示を変更することを財務諸表の（組替え）という。

会計方針の開示、会計上の変更及び誤謬の訂正に関する会計基準・4(2)、4(10)参照

3．棚卸資産に分類される不動産以外で、賃貸収益またはキャピタル・ゲインの獲得を目的として保有されている不動産（ファイナンス・リース取引の貸手による不動産を除く）を（賃貸等）不動産という。（賃貸等）不動産を保有している場合は、その概要、貸借対照表計上額および期中における主な変動、当期末における（時価）およびその算定方法、および（賃貸等）不動産に関係する損益を注記しなければならない。

賃貸等不動産の時価等の開示に関する会計基準・4(2)、8参照

4．外貨建金銭債権債務等に係る為替予約等の振当処理においては、当該金銭債権債務等の取得時または発生時の為替相場による円換算額と為替予約等による円貨額との差額のうち、予約等の締結時の直物為替相場による円換算額と為替予約（先物為替相場）による円換算額との差額を（直先差額）といい、予約日の属する期から決済日の属する期までの期間にわたって合理的な方法により配分し、各期の損益として処理する。

外貨建取引等の会計処理に関する実務指針・8参照

第２問

解説上、仕訳の金額は単位千円とする。

1．A社株式（子会社株式）

仕訳不要

2．B社株式（その他有価証券）

(1)　**保有目的区分の変更（売買目的有価証券からその他有価証券への振替え）**

借方	金額	貸方	金額
（その他有価証券）	2,585	（売買目的有価証券）	2,660
（有価証券評価損益）	75*		

＊　2,585千円－2,660千円＝△75千円（評価損）

(2)　**時価評価**

借方	金額	貸方	金額
（その他有価証券）	300*1	（繰延税金負債）	90*2
		（その他有価証券評価差額金）	210*3

＊1　2,885千円－2,585千円＝300千円（評価益）

＊2　300千円×30%＝90千円

＊3　300千円－90千円＝210千円

3．C社社債（満期保有目的債券）

(1)　**有価証券利息の計上**

借方	金額	貸方	金額
（現金預金）	1,728*1	（有価証券利息）	2,091
（満期保有目的債券）	363*2		

＊1　400,000ドル×4.0%×@108円＝1,728千円

＊2　①　当期の償却額（外貨ベース）

389,107ドル×5.0%－400,000ドル×4.0%＝3,455.35ドル

② 当期の償却額（円貨ベース）
3,455.35ドル×@105円≒363千円（千円未満四捨五入）

(2) **為替差損益の計上**

（満期保有目的債券） 1,956 （為 替 差 損 益） 1,956

＊ （389,107ドル＋3,455.35ドル）×@108円－（40,078千円＋363千円）≒1,956千円（益）（千円未満四捨五入）

4．D社株式（その他有価証券）

（繰 延 税 金 資 産） 174＊2 （そ の 他 有 価 証 券） 580＊1
（その他有価証券評価差額金） 406＊3

＊1 40,000ドル×@108円－4,900千円＝△580千円（評価損）
＊2 580千円×30%＝174千円
＊3 580千円－174千円＝406千円

5．E社株式（関連会社株式）

(1) **E社株式の取得**

（関 連 会 社 株 式） 36,000 （現 金 預 金） 36,000

(2) **保有目的区分の変更（その他有価証券から関連会社株式への振替え）**

（関 連 会 社 株 式） 14,000 （そ の 他 有 価 証 券） 14,000

6．F社株式（関連会社株式）

（関係会社株式評価損） 60,000 （関 連 会 社 株 式） 60,000

＊ 100,000千円×25%－85,000千円＝△60,000千円（評価損）

7．G社株式（その他有価証券）

(1) **G社株式の売却**

（現 金 預 金） 175,000 （関 連 会 社 株 式） 140,000
（関係会社株式売却益） 35,000＊

＊ 175,000千円－140,000千円＝35,000千円（売却益）

(2) **保有目的区分の変更（関連会社株式からその他有価証券への振替え）**

（そ の 他 有 価 証 券） 70,000 （関 連 会 社 株 式） 70,000

＊ $210{,}000\text{千円}\times\frac{30\%-20\%}{30\%}=70{,}000\text{千円}$

(3) **時価評価**

（そ の 他 有 価 証 券） 21,000＊1 （繰 延 税 金 負 債） 6,300＊2
（その他有価証券評価差額金） 14,700＊3

＊1 $273{,}000\text{千円}\times\frac{30\%-20\%}{30\%}-70{,}000\text{千円}=21{,}000\text{千円}$（評価益）
＊2 21,000千円×30%＝6,300千円
＊3 21,000千円－6,300千円＝14,700千円

8．H社株式（子会社株式）

仕訳不要

9．国債（その他有価証券）

（繰 延 税 金 資 産） 600＊2 （そ の 他 有 価 証 券） 2,000＊1
（その他有価証券評価差額金） 1,400＊3

＊1 98,000千円－100,000千円＝△2,000千円（評価損）
＊2 2,000千円×30%＝600千円
＊3 2,000千円－600千円＝1,400千円

10．国債先物

（先 物 取 引 差 金） 2,000 （繰 延 税 金 負 債） 600＊1
（繰 延 ヘ ッ ジ 損 益） 1,400＊2

＊1 2,000千円×30%＝600千円
＊2 2,000千円－600千円＝1,400千円

11. 各項目の金額

(1) **満期保有目的債券（C社社債）**

40,078千円＋363千円＋1,956千円＝42,397千円

(2) **子会社株式**

① A社株式：1,442千円
② H社株式：650,000千円
③ 合　計：①＋②＝651,442千円

(3) **関連会社株式**

① E社株式：36,000千円＋14,000千円＝50,000千円
② F社株式：85,000千円－60,000千円＝25,000千円
③ 合　計：①＋②＝75,000千円

(4) **その他有価証券**

① B社株式：2,585千円＋300千円＝2,885千円
② D社株式：4,900千円－580千円＝4,320千円
③ G社株式：70,000千円＋21,000千円＝91,000千円
④ 国　債：100,000千円－2,000千円＝98,000千円
⑤ 合　計：①＋②＋③＋④＝196,205千円

(5) **その他有価証券評価差額金**

210千円（貸方）－406千円（借方）＋14,700千円（貸方）－1,400千円（借方）＝13,104千円（貸方）

(6) **繰延ヘッジ損益**

1,400千円（貸方）

第3問

1．利息および配当金に係るキャッシュ・フローをキャッシュ・フロー計算書に表示する場合、受取利息、受取配当金および支払利息は(a) 営業活動によるキャッシュ・フローの区分に記載し、支払配当金は財務活動によるキャッシュ・フローの区分に記載する方法と、受取利息および受取配当金は投資活動によるキャッシュ・フローの区分に記載し、支払利息および支払配当金は財務活動によるキャッシュ・フローの区分に記載する方法の2つがある。

◀……連結キャッシュ・フロー計算書等の作成基準・第二、二3参照

2．資産除去債務の算定の基礎となる割引前将来キャッシュ・フローに重要な見積りの変更が生じ、当該キャッシュ・フローが増加する場合、増加した分のキャッシュ・フローに対して、その時点の割引率を適用するが、減少する場合には残りのキャッシュ・フローに対して負債計上時の割引率を適用する。なお、過去に割引前の将来キャッシュ・フローの見積りが増加した場合で、減少部分に適用すべき割引率を特定できないときは、加重平均した割引率を適用する。

◀……資産除去債務に関する会計基準・11参照

3．減損損失を認識すべきであると判断された資産または資産グループについては、帳簿価額を回収可能価額まで減額し、その減少額を当期の減損損失として計上する。この減損損失の測定において用いられる回収可能価額とは、正味売却価額と使用価値のいずれか(c) 高い方の金額である。

◀……固定資産の減損に係る会計基準・二3、同注解(注1)1参照

4．退職給付債務から年金資産の額を控除した積立状況を示す額を連結貸借対照表に負債として計上する場合、(c) 退職給付に係る負債として固定負債に計上する。

◀……退職給付に関する会計基準・13、27参照

5．(a) 所有権移転外ファイナンス・リース取引において借手がリース物件をリース資産として計上する場合の価額は、貸手の購入価額等が明らかな場合、貸手の購入価額等とリース料総額の割引現在価値とのいずれか低い方の額による。

◀……リース取引に関する会計基準の適用指針・22(1)参照

第156回　解答・解説

工業簿記

第1問

問1

①	(継続記録法)	先入先出法	平均法	棚卸計算法	❶
②	予定	標準	(実際)	正常	❶
③	(保険料)	選別費	出荷運送費	手入費	❶
④	関税	販売事務	広告宣伝	(保管)	❶
⑤	直接	標準	個別	(活動基準)	❶

問2　❷　②　③

第2問

問1　A 材 料　❷　8,800,000 円 ☆1

B 材 料　❷　10,800,000 円 ☆2

問2　❷　42,000 円　（(不利)・　有利　）差異 ☆3

（注）（　　）内は「不利」か「有利」のいずれかを○で囲みなさい。

問3　❷　13,035,000 円 ☆4

問4　❷　115,800 円　（　不利　・(有利)）差異 ☆5

（注）（　　）内は「不利」か「有利」のいずれかを○で囲みなさい。

第3問

(1)　❷　2,100 時間 ☆6

(2)　❷　2,380,000 円 ☆7　（別解：2,409,400）

(3)　❷　1,065,400 円 ☆8

(4)　❷　75,400 円　（(不利)・　有利　）差異 ☆9

（別解：46,000円　不利差異）

（注）（　　）内は「不利」か「有利」のいずれかを○で囲みなさい。

予想採点基準　❶点×５箇所＝５点
❷点×10箇所＝20点
合計25点

解　説

第1問

解答参照

第2問

1．実際購入原価の計算

外部副費を予定配賦（購入代価基準）して計算する。

(1)　**外部副費の予定配賦額**

A材料　8,000,000円×10%＝800,000円

B材料　10,000,000円×８%＝800,000円

(2)　**実際購入原価**

A材料　8,000,000円＋800,000円＝**8,800,000円**☆1

B材料　10,000,000円＋800,000円＝**10,800,000円**☆2

2．A材料の材料副費配賦差異

外部副費は、引取運賃・関税・保険料である。それ以外は内部副費であり、間接経費として処理するため、本問の解答上は考慮外となる。

(1)　**A材料の実際材料副費**

引取運賃　1,040,000円÷(800個＋500個)×800個＝640,000円

関　　税　270,000円÷(8,000,000円＋10,000,000円)×8,000,000円＝120,000円

保 険 料　82,000円（問題資料５.）

(2)　**A材料の材料副費配賦差異**

800,000円－(640,000円＋120,000円＋82,000円)＝**42,000円（不利差異）**☆3

3．X製品の直接材料費

材料の消費額は、予定消費価格で計算する。

A300個×@11,200円＋B450個×@21,500円＝**13,035,000円**☆4

4．消費価格差異総額

(1)　**Y製品の直接材料費**

A400個×@11,200円＋B100個×@21,500円＝6,630,000円

(2)　**予定消費価格で計算した直接材料費合計**

X13,035,000円＋Y6,630,000円＝19,665,000円

(3)　**実際直接材料費（平均法）**

実際直接材料費

借方			貸方		
月初			消費		
A　200個		2,156,000円	A300個 A400個	@10,956円	＝**7,669,200円**
B　100個		2,160,000円	B450個 B100個	@21,600円	＝**11,880,000円**
購入			合計		**19,549,200円**
A　800個		8,800,000円	月末		
B　500個		10,800,000円	A300個	@10,956円	＝3,286,800円
			B　50個	@21,600円	＝1,080,000円
合計					
A1,000個	@10,956円	10,956,000円			
B　600個	@21,600円	12,960,000円			

(4) **消費価格差異総額**
19,665,000円－19,549,200円＝**115,800円（有利差異）** ☆5

第3問

1．5月の直接工の就業時間
問題資料3．出勤票の総括のうち、定時休憩時間以外の時間数である。
1,360時間＋680時間＋60時間＝**2,100時間** ☆6
※問題資料1.の合計時間と一致しているため、手待時間はない。

2．5月の直接労務費
加工時間と段取時間の合計が直接作業時間であり、直接作業時間に対する賃金が直接労務費である。
(1,500時間＋200時間)×@1,400円＝**2,380,000円** ☆7

3．5月の未払賃金
5/21～5/31の作業時間に対する賃金が未払賃金である。
定時間内 680時間×@1,400円＝952,000円
定時間外 60時間×@1,400円＝ 84,000円
割増賃金 60時間×@1,400円×35%＝29,400円 **合計1,065,400円** ☆8

4．5月の賃率差異

直 接 工

借方		貸方	
賃金手当総額	2,790,000円	4月の未払賃金	840,000円
		直接労務費	2,380,000円
		間接労務費	560,000円
5月の未払賃金	1,065,400円	**(差引) 賃率差異**	**75,400円（不利）** ☆9

＊ 間接労務費
400時間×@1,400円＝560,000円

＜別解に対する解説＞
定時間外作業割増賃金については、直接労務費または間接労務費として扱うことも考えられる。
直接労務費（定時間外作業割増賃金を含めた場合） 2,380,000円＋29,400円＝2,409,400円

直 接 工

借方		貸方	
賃金手当総額	2,790,000円	4月の未払賃金	840,000円
		直接労務費	2,380,000円
		間接労務費	560,000円
5月の未払賃金	1,065,400円	割増賃金	29,400円
		(差引) 賃率差異	46,000円（不利）

原価計算

問 1

（　22.5☆1）%　❹

問 2

①（マーケット・ベース・アプローチ）❶
②（目標価格）❷
③（目標原価）❷
④（ＶＥ）❶
⑤（価値連鎖）❶

問 3

①（35,000☆2）円　❷
②（17,180☆3）円　❷
③（1,620☆4）円　❷
④（100☆5）円　❷
⑤（1,500☆6）円　❷
⑥（3,000☆7）円　❷
⑦（7☆8）%ポイント　❷

予想採点基準　❶点×3箇所＝3点
❷点×9箇所＝18点
❹点×1箇所＝4点
合計25点

解　説

1．製品X

(1) **営業利益**

売上高	15,000台×@40,000円＝	600,000,000円
直接材料費	15,000台×@14,000円＝	210,000,000円
直接労務費	15,000台×4時間×@1,600円＝	96,000,000円
発注受入費	20種類×250回×@9,000円＝	45,000,000円
検査費	15,000台×2時間×@200円＝	6,000,000円
補修費	15,000台×8％×@2,500円＝	3,000,000円
包装物流費	600回×@75,000円＝	45,000,000円
管理費	15,000台×4時間×@1,000円＝	60,000,000円
営業利益		135,000,000円

(2) **売上高営業利益率**

$\frac{営業利益}{売上高} \rightarrow \frac{135,000,000円}{600,000,000円} = 0.225$　∴**22.5%** ☆1

2．製品XⅡ

(1) **販売単価**

① 競争相手の販売単価　40,000円÷(1－0.2)＝50,000円

② 製品XⅡの販売単価　50,000円×(1－0.3)＝**35,000円** ☆2

(2) **営業利益**

売上高	20,000台×@35,000円＝	700,000,000円
直接材料費	20,000台×@12,380円＝	247,600,000円
直接労務費	20,000台×3時間×@1,600円＝	96,000,000円
発注受入費	15種類×240回×@9,000円＝	32,400,000円
検査費	20,000台×2時間×@200円＝	8,000,000円
補修費	20,000台×4％×@2,500円＝	2,000,000円
包装物流費	600回×@50,000円＝	30,000,000円
管理費	20,000台×3時間×@1,000円＝	60,000,000円
営業利益		224,000,000円

1台当たり原価（÷20,000台）

製造直接費（直接材料費・直接労務費）	**17,180円**	☆3
発注受入費	**1,620円**	☆4
検査費	400円	
補修費	**100円**	☆5
包装物流費	**1,500円**	☆6
管理費	**3,000円**	☆7

(3) **売上高営業利益率**

$\frac{営業利益}{売上高} \rightarrow \frac{224,000,000円}{700,000,000円} = 0.32$　∴32%（**目標売上高営業利益率25％を7％ポイント上回る**）☆8

第157回 解答・解説

商業簿記

問1

①	②	③	④	⑤
❶ 222,750千円 ☆1	❶ 33,600千円 ☆2	❶ 64,419千円 ☆3	❶ 41,400千円 ☆4	❶ 446,796千円 ☆5

問2

損 益 計 算 書

自20X5年4月1日　至20X6年3月31日　（単位：千円）

Ⅰ 売上高			1,233,576
Ⅱ 売上原価			
1 期首商品棚卸高	（ 33,600 ）☆6		
2 当期商品仕入高	（❶ 972,200 ）☆7		
合計	（ 1,005,800 ）		
3 期末商品棚卸高	（ 103,860 ）☆8		
差引	（ 901,940 ）		
4 棚卸減耗損	（ 6,000 ）☆9		
5 商品評価損	（ 1,650 ）☆10	（ 909,590 ）	
売上総利益		（ 323,986 ）	
Ⅲ 販売費及び一般管理費			
1 販売費	（ 115,854 ）☆11		
2 一般管理費	（❷ 89,920 ）☆12		
3 貸倒引当金繰入	（ 4,303 ）☆13		
4 減価償却費	（❷ 21,747 ）☆14		
5 資産除去債務利息費用	（❷ 123 ）☆15		
6 資産除去債務履行差額	（❷ 150 ）☆16		
7 支払手数料	（❷ 6,100 ）☆17		
8 退職給付費用	（ 15,120 ）☆18	（ 253,317 ）	
営業利益		（ 70,669 ）	
Ⅳ 営業外収益			
1 為替差益	（❷ 49 ）☆19		
2 受取利息	（ 687 ）☆20	（ 736 ）	
Ⅴ 営業外費用			
1 株式交付費償却	（❷ 100 ）☆21		
2 支払利息	（ 120 ）	（ 220 ）	
経常利益		（ 71,185 ）	
Ⅵ 特別利益			
1 固定資産売却益		3,500	
Ⅶ 特別損失			
1 減損損失		1,890	
税引前当期純利益		（ 72,795 ）	
法人税、住民税及び事業税		（ 10,900 ）☆22	
当期純利益		（ 61,895 ）	

問3

商品	自己株式	退職給付引当金	その他資本剰余金	繰越利益剰余金
❶ 96,210千円 ☆23	❶ 15,000千円 ☆24	❶ 46,920千円 ☆25	❶ 5,241千円 ☆26	❶ 134,225千円 ☆27

予想採点基準　❶点×11箇所＝11点
❷点× 7 箇所＝14点
合計25点

解答・解説

解　説

解説上、仕訳の金額は単位千円とする。

Ⅰ　決算整理前残高試算表の各金額（一部）

1．売掛金

(1)　A商品の売上高（決算整理前残高試算表の一般売上）

1,233,576千円－446,796千円＝786,780千円

P/L売上高　海外輸出売上（下記Ⅰ５）

(2)　A商品の売上による増加高（受取手形）

450,480千円＋39,000千円－42,000千円－36,000千円＝411,480千円

取立による減少高　決算整理前残高　前期繰越高　売掛金の回収による増加高

受　取　手　形　（単位：千円）

借方	貸方
前期繰越高 42,000	取立による減少高 450,480
A商品の売上による増加高 411,480	決算整理前残高 39,000
売掛金の回収による増加高 36,000	

(3)　売掛金

27,000千円＋375,300千円（※１）＋446,796千円（※２）－36,000千円－590,346千円＝**222,750千円** ☆1

前期繰越高　A商品の売上による増加高　B商品の売上による増加高　手形による回収高　現金預金による回収高

売　　掛　　金　（単位：千円）

借方	貸方
前期繰越高 27,000	手形による回収高 36,000
A商品の売上による増加高 375,300（※１）	現金預金による回収高 590,346
B商品の売上による増加高 446,796（※２）	決算整理前残高 222,750

（※１）786,780千円－411,480千円＝375,300千円

A商品の売上高　A商品の売上による増加高(受取手形)

（※２）下記Ⅰ５参照

2．繰越商品

(1)　A商品の売上原価

$$786{,}780千円 \times \frac{1}{1+0.35} = 582{,}800千円$$

A商品の売上高（前記Ⅰ１(1)）

(2)　**A商品の売上数量**

800個＋(6,600個＋8,600個)－1,800個＝14,200個
期首商品棚卸数量　当期仕入数量　期末商品帳簿棚卸数量

(3)　**繰越商品**

①　A商品の期首商品棚卸高の単価
期首商品棚卸高の単価をXとすると、
800X＋6,600X＋(X－2千円)×(14,200個－800個－6,600個)＝582,800千円
第2回目の仕入単価　第2回目の仕入のうち販売された数量

X＝42千円

②　A商品の期首商品棚卸高
@42千円×800個＝**33,600千円** ☆2

3．機械装置

60,000千円＋5,000千円÷$(1+0.025)^5$≒**64,419千円（千円未満四捨五入）** ☆3
購入価額　除去費用資産計上額

4．買掛金

(1)　**A商品の仕入による増加高（買掛金）**

{@42千円×6,600個＋(@42千円－@2千円)×8,600個}－510,000千円＝111,200千円
A商品第1回目の仕入高　A商品第2回目の仕入高　A商品の仕入による増加高（支払手形）

(2)　**B商品の第1回目の仕入単価**

①　B商品の売上原価

$$446{,}796\text{千円} \times \frac{1}{1+0.4} = 319{,}140\text{千円}$$
海外輸出売上(下記Ⅰ5)

②　B商品の第1回目の仕入単価
第1回目の仕入単価をYとすると、
3,600Y＋(Y＋3千円)×{(4,110個＋2,000個)－3,600個}＝319,140千円
第2回目の仕入単価　第2回目の仕入のうち販売された数量

Y＝51千円

(3)　**B商品の仕入による増加高（買掛金）**

@51千円×3,600個＋(@51千円＋@3千円)×3,100個＝351,000千円

(4)　**買掛金**

54,000千円＋111,200千円＋351,000千円－28,000千円－446,800千円＝**41,400千円** ☆4
前期繰越高　A商品の仕入による増加高　B商品の仕入による増加高　手形による支払高　現金預金による支払高

買　掛　金　(単位：千円)

借方	貸方
手形による支払高 28,000	前期繰越高 54,000
現金預金による支払高 446,800	A商品の仕入による増加高 111,200
	B商品の仕入による増加高 351,000
決算整理前残高 41,400	

解答・解説

5．海外輸出売上

2,898千ドル×@102円＋1,400千ドル×@108円＝**446,796千円** ☆5
（2,898千ドル：12月販売分、1,400千ドル：2月販売分）

6．仕入

(1) **A商品** @42千円×6,600個＋(@42千円－@2千円)×8,600個＝621,200千円
（@42千円×6,600個：第1回目の仕入高、(@42千円－@2千円)×8,600個：第2回目の仕入高）

(2) **B商品** @51千円×3,600個＋(@51千円＋@3千円)×3,100個＝351,000千円
（@51千円×3,600個：第1回目の仕入高、(@51千円＋@3千円)×3,100個：第2回目の仕入高）

(3) (1)＋(2)＝972,200千円

Ⅱ 期末整理事項等

1．売上原価の算定等

(1) **売上原価の算定**

借方	金額	貸方	金額
(仕 入)	33,600	(繰 越 商 品)	33,600
(繰 越 商 品)	103,860 *	(仕 入)	103,860

＊ ① A商品 (@42千円－@2千円)×1,800個＝72,000千円
（(@42千円－@2千円)：第2回目の仕入単価）

② B商品 (@51千円＋@3千円)×590個＝31,860千円
（(@51千円＋@3千円)：第2回目の仕入単価）

③ ①＋②＝103,860千円

(2) **期末商品の評価**

借方	金額	貸方	金額
(棚 卸 減 耗 損)	6,000 *1	(繰 越 商 品)	7,650
(商 品 評 価 損)	1,650 *2		

＊1 (@42千円－@2千円)×(1,800個－1,650個)＝6,000千円
（(@42千円－@2千円)：A商品の第2回目の仕入単価、1,800個：期末帳簿棚卸数量、1,650個：期末実地棚卸数量）

＊2 {(@42千円－@2千円)－@39千円}×1,650個＝1,650千円
（(@42千円－@2千円)：A商品の第2回目の仕入単価、@39千円：正味売却価額、1,650個：期末実地棚卸数量）

(3) **棚卸減耗損等の売上原価算入**

借方	金額	貸方	金額
(仕 入)	7,650	(棚 卸 減 耗 損)	6,000
		(商 品 評 価 損)	1,650

2．為替予約

(1) **為替予約の未処理**

借方	金額	貸方	金額
(為 替 差 損 益)	2,800 *1	(前 受 収 益)	4,200 *2
(売 掛 金)	1,400		

＊1 1,400千ドル×(@106円－@108円)＝△2,800千円（損）
（@106円：予約日の直物為替相場、@108円：販売日の為替相場）

＊2 1,400千ドル×(@109円－@106円)＝4,200千円（益）
（@109円：予約日の先物為替相場、@106円：予約日の直物為替相場）

(2) **決算整理仕訳**

借方	金額	貸方	金額
(前 受 収 益)	1,400	(為 替 差 損 益)	1,400

＊ 4,200千円×$\frac{1ヵ月}{3ヵ月}$＝1,400千円

3．貸倒引当金

借方	金額	貸方	金額
(貸 倒 引 当 金 繰 入)	4,303	(貸 倒 引 当 金)	4,303

＊ (39,000千円＋222,750千円＋1,400千円)×2％－960千円＝4,303千円
（39,000千円：前T/B受取手形、222,750千円：前T/B売掛金、1,400千円：前記Ⅱ2(1)、960千円：前T/B貸倒引当金）

4．固定資産

(1) **備 品**

借方	金額	貸方	金額
(減 価 償 却 費)	864	(備品減価償却累計額)	864

＊ ① 償却保証額 8,000千円×0.10800＝864千円

② 200%定率法償却率　1 ÷ 5 年×200%＝0.400
③ 調整前償却額　(8,000千円－6,272千円)×0.400≒691千円（千円未満四捨五入）
調整前償却額が償却保証額を下回るため、改定償却率により計算する。
④ 減価償却費　(8,000千円－6,272千円)×0.500＝864千円

(2) **建　物**

(減　価　償　却　費)　8,000　(建物減価償却累計額)　8,000

＊ 200,000千円÷25年＝8,000千円

(3) **機械装置**

① 減価償却

(減　価　償　却　費)　12,883　(機械装置減価償却累計額)　12,883

＊ (イ) 年間減価償却費　64,419千円÷ 5 年≒12,884千円（千円未満四捨五入）
(ロ) 決算整理前残高試算表の機械装置減価償却累計額　12,884千円× 4 年＝51,536千円
(ハ) 当期の減価償却費　64,419千円－51,536千円＝12,883千円（最終年度のため差引計算による。）

② 利息費用の計上

(資産除去債務利息費用)　123　(資　産　除　去　債　務)　123

＊ 5,000千円－4,877千円＝123千円

③ 機械装置の除去および資産除去債務の履行

(機械装置減価償却累計額)　64,419　(機　械　装　置)　64,419
(資　産　除　去　債　務)　5,000　(未　払　金)　5,150
(資産除去債務履行差額)　150＊

＊ 5,150千円－5,000千円＝150千円

5．自己株式等

(1) **手数料の会計処理の修正**

(支　払　手　数　料)　5,000　(自　己　株　式)　5,000

(2) **新株の発行及び自己株式の処分の会計処理の修正**

(仮　受　金)　320,000　(資　本　金)　128,000＊1
(資　本　準　備　金)　128,000＊2
(自　己　株　式)　60,000＊3
(その他資本剰余金)　4,000＊4

＊1　$@1{,}600\text{円}\times 200{,}000\text{株}\times\dfrac{160{,}000\text{株}}{160{,}000\text{株}+40{,}000\text{株}}\times\dfrac{1}{2}=128{,}000\text{千円}$

＊2　$@1{,}600\text{円}\times 200{,}000\text{株}\times\dfrac{160{,}000\text{株}}{160{,}000\text{株}+40{,}000\text{株}}-128{,}000\text{千円}=128{,}000\text{千円}$

＊3　$(80{,}000\text{千円}-5{,}000\text{千円})\times\dfrac{40{,}000\text{株}}{50{,}000\text{株}}=60{,}000\text{千円}$

＊4　$@1{,}600\text{円}\times 200{,}000\text{株}\times\dfrac{40{,}000\text{株}}{160{,}000\text{株}+40{,}000\text{株}}-60{,}000\text{千円}=4{,}000\text{千円}$（処分差益）

(3) **株式交付費の償却**

(株式交付費償却)　100　(株　式　交　付　費)　100

＊ $1{,}800\text{千円}\times\dfrac{2\text{ヵ月}}{12\text{ヵ月}\times 3\text{年}}=100\text{千円}$

6．退職給付

(1) **年金掛金拠出額の修正**

(退職給付引当金)　18,000　(仮　払　金)　18,000
年金資産

(2) **退職給付費用**

① 勤務費用

(退職給付費用) 勤務費用	16,800	(退職給付引当金) 退職給付債務	16,800

② 利息費用

(退職給付費用) 利息費用	5,760	(退職給付引当金) 退職給付債務	5,760

＊ 288,000千円×２％＝5,760千円

③ 期待運用収益

(退職給付引当金) 年金資産	7,200	(退職給費費用) 期待運用収益	7,200

＊ 240,000千円×３％＝7,200千円

④ 未認識数理計算上の差異の費用処理（20X3年度発生分）

(退職給付引当金) 未認識数理計算上の差異	600	(退職給付費用) 費用処理額	600

＊ 6,000千円÷10年＝600千円

なお、数理計算上の差異（20X3年度発生分）は、主として年金資産の運用収益額が期待運用収益額を上回ったために発生したものであるので、貸方差異である。

⑤ 未認識数理計算上の差異の費用処理（20X4年度発生分）

(退職給付費用) 費用処理額	360	(退職給付引当金) 未認識数理計算上の差異	360

＊ (ｲ) 未認識数理計算上の差異（20X4年度発生分）の計算

288,000千円（期首退職給付債務）－240,000千円（期首年金資産）＋(6,000千円－600千円)（未認識数理計算上の差異（20X3年度発生分））－49,800千円（退職給付引当金）＝3,600千円（借方差異）

(ﾛ) 3,600千円÷10年＝360千円

7．費用の前払い・未払い、収益の未収

(前払販売費)	890	(販売費)	890
(一般管理費)	320	(未払一般管理費)	320
(未収利息)	399	(受取利息)	399

8．法人税、住民税及び事業税

(法人税、住民税及び事業税)	10,900	(仮払法人税等)	4,950
		(未払法人税等)	5,950 *

＊ 10,900千円－4,950千円＝5,950千円

金額集計仮計算

損　益　計　算　書　　（単位：千円）

科目	金額	科目	金額
期首商品棚卸高	**33,600**☆6 前記Ⅰ2(3)②	売　上　高	1,233,576
当期商品仕入高	**972,200**☆7 前記Ⅰ6(3)	期末商品棚卸高	**103,860**☆8 前記Ⅱ1(1)
棚卸減耗損	**6,000**☆9 前記Ⅱ1(3)	為替差益	1,449－2,800＋1,400＝**49**☆19 前記Ⅱ2(1) 前記Ⅱ2(2)
商品評価損	**1,650**☆10 前記Ⅱ1(3)	受取利息	288＋399＝**687**☆20 前記Ⅱ7
販　売　費	116,744－890＝**115,854**☆11 前記Ⅱ7	固定資産売却益	3,500
一般管理費	89,600＋320＝**89,920**☆12 前記Ⅱ7		
貸倒引当金繰入	**4,303**☆13 前記Ⅱ3		
減価償却費	864＋8,000＋12,883＝**21,747**☆14 前記Ⅱ4(1) 前記Ⅱ4(2) 前記Ⅱ4(3)①		
資産除去債務利息費用	**123**☆15 前記Ⅱ4(3)②		
資産除去債務履行差額	**150**☆16 前記Ⅱ4(3)③		
支払手数料	1,100＋5,000＝**6,100**☆17 前記Ⅱ5(1)		
退職給付費用	16,800＋5,760－7,200 前記Ⅱ6(2)① 前記Ⅱ6(2)② 前記Ⅱ6(2)③ －600＋360＝**15,120**☆18 前記Ⅱ6(2)④ 前記Ⅱ6(2)⑤		
株式交付費償却	**100**☆21 前記Ⅱ5(3)		
支払利息	120		
減損損失	1,890		
法人税、住民税及び事業税	**10,900**☆22 前記Ⅱ8		

9．貸借対照表における各金額

(1)　**商　品**　33,600千円－33,600千円＋103,860千円－7,650千円＝**96,210千円**☆23
前記Ⅰ2(3)②　前記Ⅱ1(1)　前記Ⅱ1(1)　前記Ⅱ1(2)

(2)　**自己株式**　80,000千円－5,000千円－60,000千円＝**15,000千円**☆24
前記Ⅱ5(1)　前記Ⅱ5(2)

(3)　**退職給付引当金**　49,800千円－18,000千円＋16,800千円＋5,760千円－7,200千円－600千円＋360千円
前記Ⅱ6(1)　前記Ⅱ6(2)①　前記Ⅱ6(2)②　前記Ⅱ6(2)③　前記Ⅱ6(2)④　前記Ⅱ6(2)⑤
＝**46,920千円**☆25

(4)　**その他資本剰余金**　1,241千円＋4,000千円＝**5,241千円**☆26
前記Ⅱ5(2)

(5)　**繰越利益剰余金**　72,330千円＋61,895千円＝**134,225千円**☆27
当期純利益

会　計　学

（ア）	（イ）	（ウ）	（エ）
❶ 主要	❶ 315,109	❶ 320,000	❷ 38,400

（オ）	（カ）	（キ）	（ク）
❶ 追加借入	❶ 18,593	❶ 265,615	❷ 276,459

（ケ）	（コ）	（サ）	（シ）
❶ 4,000	❶ 27,400	❶ 50,825	❷ −198

（ス）	（セ）	（ソ）	（タ）
❶ 3,600	❶ 4,380	❶ 新株予約権	❷ 7,980

（チ）	（ツ）	（テ）	（ト）
❶ 80,000	❶ 逆取得	❶ 162,000	❷ 2,000

※（シ）の金額が減少額である場合、金額の前に「−」（マイナス）符号を付しなさい。

※別解：（セ）→3,120、（タ）→6,720

予想採点基準　❶点×15箇所＝15点
❷点× 5 箇所＝10点
合計25点

解　説

解説上、仕訳の金額は単位千円とする。

1．固定資産の減損

(1)　**固定資産群の使用価値**

33,000千円×3.312127＋280,000千円×0.735030≒315,109千円（小数点未満四捨五入）

(2)　**回収可能価額**

①　正味売却価額　330,000千円－10,000千円＝320,000千円

②　315,109千円＜320,000千円　∴320,000千円

(3)　**減損処理後の機械の帳簿価額**

①　土地の帳簿価額　200,000千円

②　建物の帳簿価額　180,000千円－180,000千円÷20年×４年＝144,000千円

③　機械の帳簿価額　96,000千円－96,000千円÷８年×４年＝48,000千円

④　備品の帳簿価額　14,400千円－14,400千円÷９年×４年＝8,000千円

⑤　各構成資産の帳簿価額合計　①＋②＋③＋④＝400,000千円

⑥　固定資産群の減損損失　400,000千円－320,000千円（回収可能価額）＝80,000千円

⑦　機械に配分される減損損失　$80{,}000\text{千円}\times\dfrac{48{,}000\text{千円}}{400{,}000\text{千円}}=9{,}600\text{千円}$

⑧　48,000千円－9,600千円＝38,400千円

※　割引前将来キャッシュ・フローの総額が固定資産群の帳簿価額を上回っているが、問題の指示に従い減損処理を行った解答としている。

2．リース会計

(1)　**X1年度における支払利息**

①　リース料総額の割引現在価値

$$\frac{100{,}000\text{円}}{1+0.03}+\frac{100{,}000\text{円}}{(1+0.03)^2}+\frac{100{,}000\text{円}}{(1+0.03)^3}+\frac{100{,}000\text{円}}{(1+0.03)^4}+\frac{100{,}000\text{円}}{(1+0.03)^5}\fallingdotseq 457{,}971\text{円}$$

（小数点未満四捨五入）

②　リース資産の取得原価相当額

(ｲ)　リース料総額の割引現在価値　457,971円

(ﾛ)　見積現金購入価額　442,692円

(ﾊ)　(ｲ)＞(ﾛ)　∴442,692円

③　442,692円×4.2％≒18,593円（小数点未満四捨五入）

(2)　**X1年度末におけるリース資産の帳簿価額**

①　X1年度における減価償却費

(ｲ)　定率法償却率　1÷５年×200％＝0.400

(ﾛ)　442,692円×0.400≒177,077円（小数点未満四捨五入）

②　442,692円－177,077円＝265,615円

(3)　**X2年度末におけるリース債務の残高**

①　X1年度におけるリース債務償還額　100,000円－18,593円＝81,407円

②　X2年度におけるリース債務償還額

(ｲ)　支払利息　(442,692円－81,407円)×4.2％≒15,174円（小数点未満四捨五入）

(ﾛ)　100,000円－15,174円＝84,826円

③　442,692円－81,407円－84,826円＝276,459円

3．連結会計

(1) **当期末の連結貸借対照表における原材料**

① 当期末原材料に含まれる未実現利益 4,400千円×$\frac{0.1}{1+0.1}$＝400千円

② 4,400千円－400千円＝4,000千円

(2) **当期末の連結貸借対照表における仕掛品**

① 完成した製品Ｙの原材料費の割合 100％－70％（加工費率）＝30％

② 当期末仕掛品に含まれる加工費の割合 70％（加工費率）×50％（加工進捗度）＝35％

③ 当期末仕掛品に含まれる原材料費 28,600千円×$\frac{0.3}{0.3+0.35}$＝13,200千円

④ 当期末仕掛品に含まれる未実現利益 13,200千円×$\frac{0.1}{1+0.1}$＝1,200千円

⑤ 28,600千円－1,200千円＝27,400千円

(3) **当期末の連結貸借対照表における製品**

① Ｐ社の当期末製品に含まれる未実現利益

(イ) Ｓ社が付加した未実現利益 29,700千円×$\frac{0.2}{1+0.2}$＝4,950千円

(ロ) 当期末製品に含まれる原材料費（29,700千円－4,950千円）×30％＝7,425千円

(ハ) Ｐ社が付加した未実現利益 7,425千円×$\frac{0.1}{1+0.1}$＝675千円

(ニ) (イ)＋(ハ)＝5,625千円

② Ｓ社の当期末製品に含まれる未実現利益

(イ) 当期末製品に含まれる原材料費 27,500千円×30％＝8,250千円

(ロ) 8,250千円×$\frac{0.1}{1+0.1}$＝750千円

③ （29,700千円（P社製品）＋27,500千円（S社製品））－5,625千円－750千円＝50,825千円

(4) **未実現利益の調整による非支配株主に帰属する当期純利益の増加額または減少額**

非支配株主に帰属する当期純利益はアップ・ストリームの取引における未実現利益の調整により増減する。すなわち、Ｐ社製品に含まれるＳ社が付加した未実現利益の調整に係る金額のみを集計すればよい。

① 期首製品に含まれる未実現利益の調整

(イ) 開始仕訳

（利益剰余金）当期首残高	4,500 *1	（製品）	4,500
（非支配株主持分）当期首残高	792	（利益剰余金）当期首残高	792 *2

＊1 ㋑ Ｓ社が付加した未実現利益 23,760千円×$\frac{0.2}{1+0.2}$＝3,960千円

㋺ 前期末製品に含まれる原材料費 （23,760千円－3,960千円）×30％＝5,940千円

㋩ Ｐ社が付加した未実現利益 5,940千円×$\frac{0.1}{1+0.1}$＝540千円

㋥ ㋑＋㋩＝4,500千円

＊2 3,960千円×20％＝792千円

(ロ) 実現仕訳（逆仕訳）

（製品）	4,500	（売上原価）	4,500
（非支配株主に帰属する当期純損益）	792	（非支配株主持分）当期変動額	792

② 期末製品に含まれる未実現利益の消去

（売　上　原　価）　5,625　（製　　　　品）　5,625
（非支配株主持分）　990　（非支配株主に帰属する当期純損益）　990 *
当期変動額

* 4,950千円×20%＝990千円
S社が付加した未実現利益

③ 792千円－990千円＝△198千円（減少額）

4．ストック・オプション

(1) **X1年度における株式報酬費用**

① ストック・オプション数　1,000個－200個＝800個

② 当期におけるストック・オプションの公正な評価額　800個×@18千円＝14,400千円

③ $14{,}400千円 \times \frac{9ヵ月}{36ヵ月} = 3{,}600千円$

(2) **X2年度における株式報酬費用**

① ストック・オプションの失効見込　80個＋160個＝240個

② ストック・オプション数　1,000個－240個＝760個

③ 当期におけるストック・オプションの公正な評価額　760個×@18千円＝13,680千円

④ 当期までの人件費　$13{,}680千円 \times \frac{21ヵ月}{36ヵ月} = 7{,}980千円$

⑤ 7,980千円－3,600千円＝4,380千円

(3) **X2年度末における貸借対照表上の新株予約権**　3,600千円（X1年度分）＋4,380千円（X2年度分）＝7,980千円

5．株式交換

(1) **A社個別財務諸表上の会計処理**

（子　会　社　株　式）　80,000　（払　込　資　本）　80,000

* 30,000千円＋50,000千円（B社株主資本）＝80,000千円

(2) **連結貸借対照表上の諸資産**

取得企業（B社）は、連結財務諸表上、被取得企業（A社）の諸資産および諸負債を時価で受入れる会計処理を行う。

120,000千円（B社諸資産）＋42,000千円（A社諸資産(時価)）＝162,000千円

(3) **連結貸借対照表上ののれん**

① A社の諸資産（時価）および諸負債（時価）の差額　42,000千円－20,000千円＝22,000千円

② 株式交換時のA社の時価　$96{,}000千円 \times \frac{200株}{800株} = 24{,}000千円$

③ 24,000千円－22,000千円＝2,000千円

〈参　考〉 別解に対する計算過程を示すと次のとおりである。

1．ストック・オプション

(1) **X2年度における株式報酬費用**

① ストック・オプションの失効見込　200個（当初見込）＋160個（追加見込）＝360個

② ストック・オプション数　1,000個－360個＝640個

③ 当期におけるストック・オプションの公正な評価額　640個×@18千円＝11,520千円

④ 当期までの人件費　$11{,}520千円 \times \frac{21ヵ月}{36ヵ月} = 6{,}720千円$

⑤ 6,720千円－3,600千円＝3,120千円

(2) **X2年度末における貸借対照表上の新株予約権**　3,600千円（X1年度分）＋3,120千円（X2年度分）＝6,720千円

第157回 解答・解説

工業簿記

問1 各❶点

① 支払形態	② 固定費	③ 短期利益計画	④ CVP分析
⑤ 消費形態	⑥ 変動費	⑦ 原価管理	⑧ 標準原価計算

問2

予算貢献利益（❷ 27,000 ）千円☆1

損益分岐点売上高（❷ 72,400 ）千円☆2

予算営業利益（❶ 8,900 ）千円☆3

問3

			金額		借方差異・貸方差異	
直接労務費差異		480	千円	（(借方差異) 貸方差異）	☆4
作業時間差異	❷	30	千円	（(借方差異) 貸方差異）	☆5
予想遊休能力差異	❶	300	千円	（(借方差異) 貸方差異）	☆6
予算操業度差異	❷	150	千円	（(借方差異) 貸方差異）	☆7

(注)（　）内はいずれかを○で囲みなさい。

問4

		金額		借方差異・貸方差異	
販売活動差異		2,996	千円	（(借方差異) 貸方差異）	☆12
販売数量差異	❷	600	千円	（借方差異 (貸方差異)）	☆8
販売価格差異	❶	3,680	千円	（(借方差異) 貸方差異）	☆9
変動販売費差異	❷	184	千円	（借方差異 (貸方差異)）	☆10
固定販売費差異	❶	100	千円	（(借方差異) 貸方差異）	☆11

(注)（　）内はいずれかを○で囲みなさい。

問5

実際営業利益（❶ 5,113 ）千円☆13

予想採点基準 ❶点×13箇所＝13点
❷点× 6 箇所＝12点
合計25点

第152回 第153回 第156回 第157回 第158回

解　説

1．問１

解答参照

2．予算貢献利益、損益分岐点売上高、予算営業利益

短期利益計画上、直接労務費は固定費として取り扱う。

(1)　**予算貢献利益**

①　製品Ｘの原価標準

直接材料費	2 kg×@2,000円　＝	4 千円
変動製造間接費	0.2時間×@1,800円＝	0.36千円
変動販売費		0.14千円
		4.5千円

②　製品Ｘ１個あたりの貢献利益

@６千円－@4.5千円＝@1.5千円

③　予算貢献利益

18,000個×@1.5千円＝**27,000千円** ☆１

(2)　**損益分岐点売上高**

①　貢献利益率

@1.5千円÷@６千円＝0.25（25%）

②　予算固定費総額

6,000千円＋5,400千円＋1,500千円＋2,000千円＋3,200千円＝18,100千円

③　損益分岐点売上高

18,100千円÷0.25＝**72,400千円** ☆２

(3)　**予算営業利益**

27,000千円－18,100千円＝**8,900千円** ☆３

3．直接労務費差異の分析

原価管理上、直接労務費は変動費として取り扱う。

(1)　**製品Ｘ１個あたりの標準直接労務費**

①　標準賃率

(イ)　作業能力（就業時間）

20人×200時間＝4,000時間

(ロ)　標準賃率

6,000千円÷4,000時間＝@1.5千円

②　製品Ｘ１個あたりの標準直接労務費

0.2時間×@1.5千円＝0.3千円

(2)　**直接労務費差異**

18,400個×@0.3千円－6,000千円＝**480千円（借方差異）** ☆４

(3)　**作業時間差異**

(18,400個×0.2時間－3,700時間)×@1.5千円＝**30千円（借方差異）** ☆５

⑷ **予想遊休能力差異（経営管理者の方針によって生じる差異）**

(3,800時間－4,000時間)×@1.5千円＝**300千円（借方差異）**☆6

⑸ **予算操業度差異**

(3,700時間－3,800時間)×@1.5千円＝**150千円（借方差異）**☆7

4．販売活動差異の分析

⑴ **販売数量差異**

(18,400個－18,000個)×@1.5千円＝**600千円（貸方差異）**☆8

⑵ **販売価格差異**

(@5.8千円－@6千円)×18,400個＝**3,680千円（借方差異）**☆9

⑶ **変動販売費差異**

18,400個×@0.14千円－2,392千円＝**184千円（貸方差異）**☆10

⑷ **固定販売費差異**

1,500千円－1,600千円＝**100千円（借方差異）**☆11

⑸ **販売活動差異**

上記⑴～⑷の合計　**2,996千円（借方差異）**☆12

5．実際営業利益

売上高	18,400個×@5.8千円＝	106,720千円
標準変動費	18,400個×@4.5千円＝	82,800千円
標準貢献利益		23,920千円
原価差異		△807千円
実際貢献利益		23,113千円
固定費		18,000千円
営業利益		**5,113千円** ☆13

⑴ **原価差異**

直接材料費差異	18,400個×@4千円－74,370千円＝	770千円（借方差異）
変動製造間接費差異	18,400個×@0.36千円－6,845千円＝	221千円（借方差異）
変動販売費差異		184千円（貸方差異）
		807千円（借方差異）

⑵ **固定費**

6,000千円＋5,200千円＋1,600千円＋2,000千円＋3,200千円＝18,000千円

原価計算

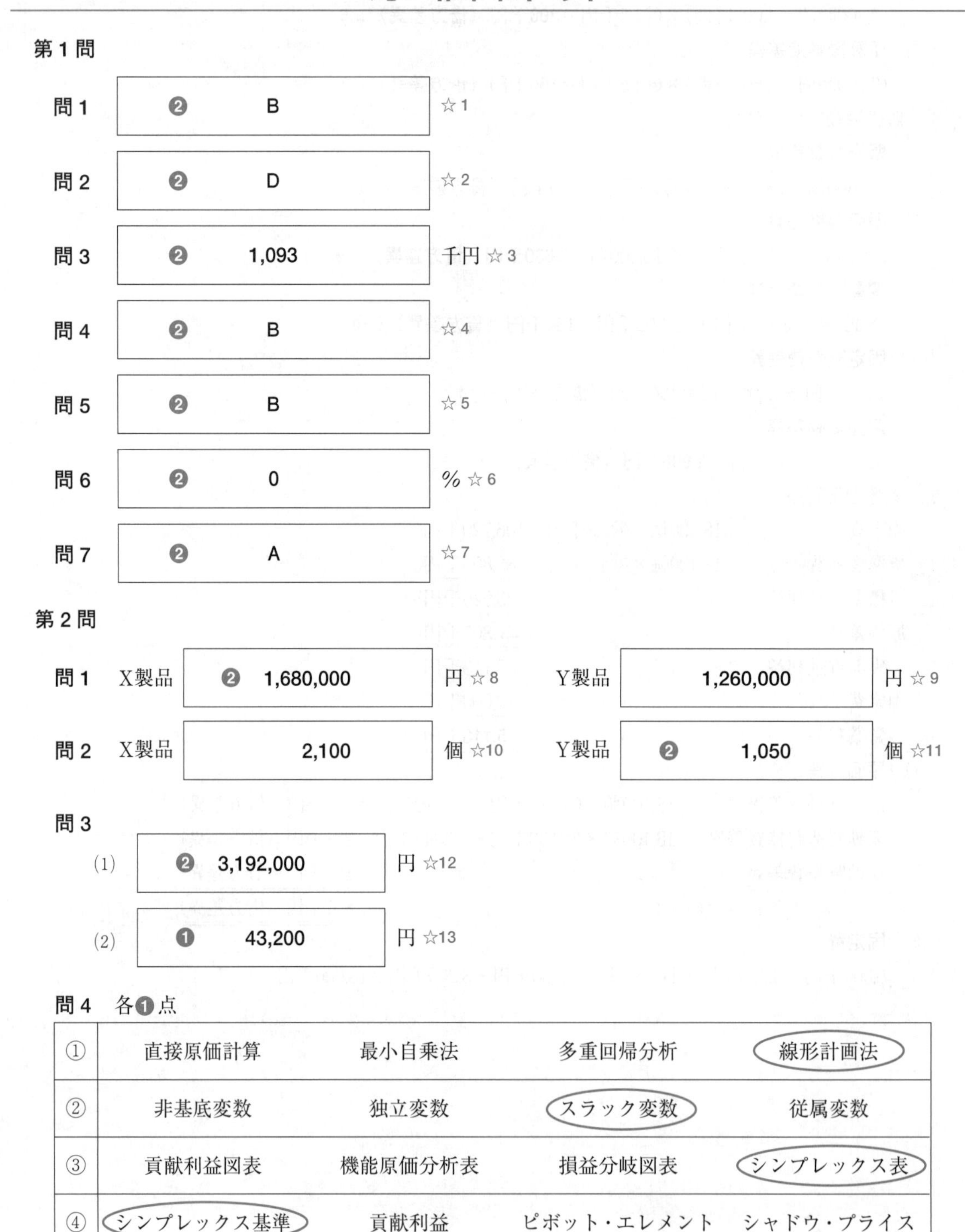

第1問

問1	❷ B	☆1
問2	❷ D	☆2
問3	❷ 1,093	千円 ☆3
問4	❷ B	☆4
問5	❷ B	☆5
問6	❷ 0	% ☆6
問7	❷ A	☆7

第2問

問1	X製品	❷ 1,680,000	円 ☆8	Y製品	1,260,000	円 ☆9
問2	X製品	2,100	個 ☆10	Y製品	❷ 1,050	個 ☆11

問3

(1)	❷ 3,192,000	円 ☆12
(2)	❶ 43,200	円 ☆13

問4　各❶点

①	直接原価計算	最小自乗法	多重回帰分析	(線形計画法)
②	非基底変数	独立変数	(スラック変数)	従属変数
③	貢献利益図表	機能原価分析表	損益分岐図表	(シンプレックス表)
④	(シンプレックス基準)	貢献利益	ピボット・エレメント	シャドウ・プライス

予想採点基準　❶点×5箇所＝5点
❷点×10箇所＝20点
合計25点

解　説

第１問

１．各投資案のキャッシュ・フロー整理（単位：千円）

		１年度末	２年度末	３年度末	４年度末	５年度末	合計	平均
A	ＣＦ	4,010	3,520	2,470	1,510	900	12,410	2,482
	累積	4,010	7,530	**10,000**				
B	ＣＦ	1,530	1,980	2,530	3,960	3,340	13,340	**2,668**
	累積	1,530	3,510	6,040	**10,000**			
C	ＣＦ	4,500	1,400	700	2,500	900	**10,000**	2,000
	累積	4,500	5,900	6,600	9,100	**10,000**		
D	ＣＦ	3,700	6,300	950	510	320	11,780	2,356
	累積	3,700	**10,000**					

２．平均正味現金流入額で計算する回収期間法

Ａ～Ｄの初期投資額は等しいため、平均ＣＦが大きい案の回収期間が最も短くなる。

∴　**上記解説１よりＢ** ☆1

３．累積正味現金流入額で計算する回収期間法

上記解説１より、Ｄの回収期間が最も短い。☆2

４．Ａの正味現在価値

資本コスト率５％の現価係数で正味現金流入額を割り引いて計算する。

4,010千円×0.9524＋3,520千円×0.9070＋2,470千円×0.8638＋1,510千円×0.8227＋900千円×0.7835
－10,000千円≒**1,093千円（千円未満四捨五入）** ☆3

５．正味現在価値が最も大きい投資案

(1)　**Ｂの正味現在価値**

1,530千円×0.9524＋1,980千円×0.9070＋2,530千円×0.8638＋3,960千円×0.8227＋3,340千円×0.7835
－10,000千円≒1,313千円（千円未満四捨五入）

(2)　**Ｃの正味現在価値**

4,500千円×0.9524＋1,400千円×0.9070＋700千円×0.8638＋2,500千円×0.8227＋900千円×0.7835
－10,000千円≒－1,078千円（千円未満四捨五入）

(3)　**Ｄの正味現在価値**

3,700千円×0.9524＋6,300千円×0.9070＋950千円×0.8638＋510千円×0.8227＋320千円×0.7835
－10,000千円≒729千円（千円未満四捨五入）

∴　**Ｂの正味現在価値が最も大きい。** ☆4

６．単純投下資本利益率が最も高い投資案

Ａ～Ｄの初期投資額は等しいため、平均ＣＦが大きい案の単純投下資本利益率が最も高くなる。

∴　**上記解説１よりＢ** ☆5

７．Ｃの内部利益率

Ｃは、割引前ＣＦ合計が投資額と等しいため、内部利益率は０％である。☆6

8．内部利益率が最も高い投資案（単位：千円）

		1年度末	2年度末	3年度末	4年度末	5年度末	現在価値合計
A	C F	4,010	3,520	2,470	1,510	900	10,000.27
	10%	×0.9091	×0.8264	×0.7513	×0.6830	×0.6209	
B	C F	1,530	1,980	2,530	3,960	3,340	9,706.47
	10%	×0.9091	×0.8264	×0.7513	×0.6830	×0.6209	
D	C F	3,700	6,300	950	510	320	9,830.743
	10%	×0.9091	×0.8264	×0.7513	×0.6830	×0.6209	

上記より、**Aの内部利益率は10%以上であることが分かるため、Aの内部利益率が最も高い。**☆7

第2問

1．各製品1個当たりの貢献利益

(1)　**X製品**　1,000円－450円＝550円

(2)　**Y製品**　1,500円－850円＝650円

2．X製品とY製品を2：1の割合で製造・販売する場合の損益分岐点における月間売上高

以下、X製品2個とY製品1個をセット販売しているものと仮定する。

(1)　**1セットあたりデータ**

①　売上高　1,000円×2個＋1,500円×1個＝3,500円

②　貢献利益　550円×2個＋650円×1個＝1,750円

③　貢献利益率　1,750円÷3,500円＝0.5（50%）

(2)　**損益分岐点における月間売上高**

①　月間売上高合計　1,470,000円÷0.5＝2,940,000円

②　月間販売セット数　2,940,000円÷3,500円＝840セット

③　製品別の販売量　840セット×｛ 2 ＝1,680個（X製品）／ 1 ＝840個（Y製品）

④　製品別の売上高

X製品　1,680個×1,000円＝**1,680,000円**☆8

Y製品　840個×1,500円＝**1,260,000円**☆9

3．X製品とY製品を2：1の割合で製造・販売する場合に10%の売上高営業利益率を確保する製品販売量

貢献利益率が50%のため、売上高営業利益率が10%のとき、売上高に対する固定費の割合は40%となる。

(1)　**月間売上高合計**　1,470,000円÷(0.5－0.1)＝3,675,000円

(2)　**月間販売セット数**　3,675,000円÷3,500円＝1,050セット

(3)　**製品別の販売量**　1,050セット×｛ 2 ＝**2,100個（X製品）**☆10／ 1 ＝**1,050個（Y製品）**☆11

4．制約条件のもとで最大の営業利益が得られる売上高

(1)　**各製品の最大需要量を満たすために必要な標準作業時間**

①　第1製造部門
X製品　2,000個×1.6時間＝3,200時間
Y製品　1,600個×2.0時間＝3,200時間
｝必要時間 6,400時間 ＞ 月間生産能力 4,656時間

②　第2製造部門
X製品　2,000個×0.8時間＝1,600時間
Y製品　1,600個×0.5時間＝　800時間
｝必要時間 2,400時間 ＞ 月間生産能力 1,764時間

＊　第1製造部門・第2製造部門ともに各製品の最大需要量を満たすことができない。

解答・解説

(2) 各製品の1時間当たり貢献利益

① 第1製造部門　X製品 550円÷1.6時間＝343.75円 ＞ Y製品 650円÷2.0時間＝325円

② 第2製造部門　X製品 550円÷0.8時間＝687.5円 ＜ Y製品 650円÷0.5時間＝1,300円

＊ 各製品の優劣がつけられないため、リニアー・プログラミングにより解答する。

(3) 最低目標販売量を製造した後の遊休能力

① 第1製造部門　4,656時間－(1,000個×1.6時間＋600個×2.0時間)＝1,856時間

② 第2製造部門　1,764時間－(1,000個×0.8時間＋600個×0.5時間)＝664時間

(4) 目的関数、制約条件および非負条件の定式化

X製品の製造・販売量をx、Y製品の製造・販売量をy、貢献利益をZとする。

目的関数　Max Z＝Max(550x＋650y)

制約条件　第1製造部門の生産能力 1.6x＋2y≦1,856……Ⅰ式

第2製造部門の生産能力 0.8x＋0.5y≦664……Ⅱ式

月間最大需要量 x≦1,000…………Ⅲ式

(最低目標販売量控除後) y≦1,000…………Ⅳ式

非負条件　x≧0　y≧0

(5) 定式のグラフ化

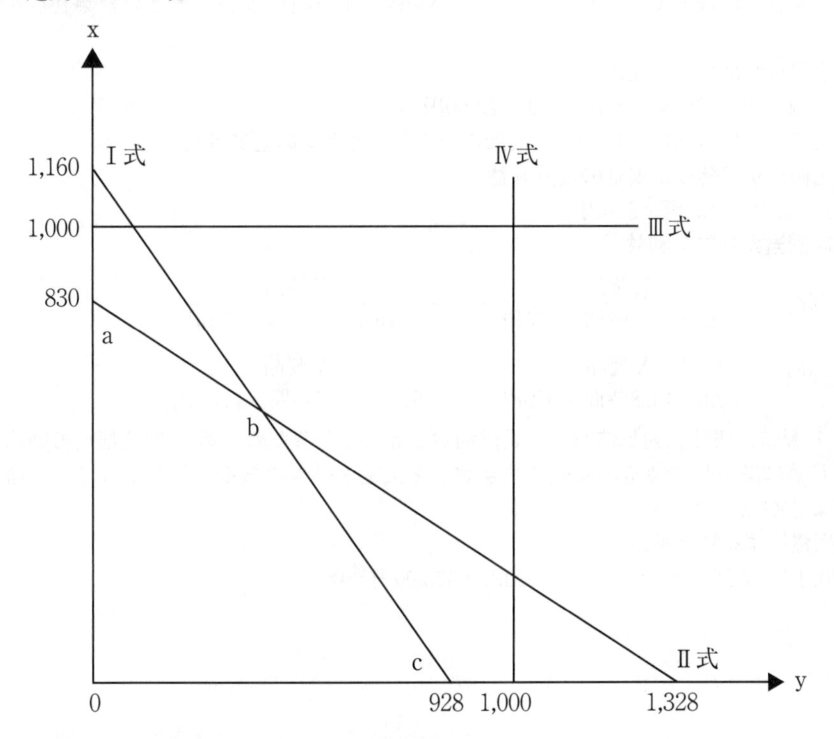

(6) 各端点の生産販売量およびその貢献利益

① 端点aは、制約条件Ⅱ式とx軸の交点である。よって、遊休能力でX製品のみを830個製造販売する。

貢献利益　(1,000個＋830個)×550円＋600個×650円＝1,396,500円

② 端点ｂは、制約条件Ⅰ式とⅡ式の交点である。よって、Ⅰ式とⅡ式の連立方程式を解き、遊休能力によるＸ製品およびＹ製品の製造販売量を求める。

Ⅰ式を整理すると、

$1.6x = 1,856 - 2y$

$x = 1,160 - 1.25y$ ······ Ⅰ´式

Ⅱ式にⅠ´式を代入すると、

$0.8(1,160 - 1.25y) + 0.5y = 664$

$928 - y + 0.5y = 664$

$0.5y = 264$

$y = 528$

Ⅰ´式に $y = 528$ を代入すると、

$x = 1,160 - 660$

$x = 500$　　∴ $x = 500$、$y = 528$

貢献利益　(1,000個＋500個)×550円＋(600個＋528個)×650円＝1,558,200円

③ 端点ｃは、制約条件Ⅰ式とｙ軸の交点である。よって、遊休能力でＹ製品のみを928個製造販売する。

貢献利益　1,000個×550円＋(600個＋928個)×650円＝1,543,200円

④ 結論

端点ｂの貢献利益が最大であるため、Ｘ製品1,500個、Ｙ製品1,128個のときに営業利益が最大となる。

⑤ 最大の営業利益が得られる売上高

1,500個×1,000円＋1,128個×1,500円＝**3,192,000円** ☆12

5．Ｘ製品の販売価格が下落した場合における最適な販売量のもとでの営業利益

(1) **Ｘ製品の販売価格が下落した場合の貢献利益**

1,000円×(1－0.03)－450円＝520円

(2) **各製品の１時間当たり貢献利益**

	Ｘ製品		Ｙ製品
① 第１製造部門	520円÷1.6時間＝325円	＝	650円÷2.0時間＝325円
② 第２製造部門	520円÷0.8時間＝650円	＜	650円÷0.5時間＝1,300円

上記より、第１製造部門は制約単位当たり貢献利益が等しくなるため、第２製造部門の制約単位当たり貢献利益を基準に優先して製造・販売すべき製品を決定すべきである。したがって、最適な販売量は前記４．(5)より端点ｃの組み合わせとなる。

(3) **端点ｃの販売量による営業利益**

1,000個×520円＋1,528個×650円－1,470,000円＝**43,200円** ☆13

6．問４

解答参照

第158回 解答・解説

商業簿記

第1問

決算整理後残高試算表（一部）　（単位：千円）

借方科目	金額	貸方科目	金額
売掛金	30,000	貸倒引当金	（❶ 4,300 ☆10）
投資有価証券	（❶ 62,826 ☆1）	社債	（❶ 75,972 ☆11）
長期貸付金	（❶ 37,000 ☆2）	その他資本剰余金	（❶ 4,744 ☆12）
繰延税金資産	（❶ 7,290 ☆3）	新株予約権	（❶ 5,003 ☆13）
その他有価証券評価差額金	（❶ 700 ☆4）	有価証券利息	（❶ 684 ☆14）
自己株式	（❶ 4,000 ☆5）	受取配当金	1,100
社債利息	（❶ 1,219 ☆6）	法人税等調整額	（❶ 6,840 ☆15）
貸倒引当金繰入額	（❶ 4,100 ☆7）		
貸倒損失	（❶ 3,000 ☆8）		
投資有価証券評価損	（❶ 16,000 ☆9）		

第2問

問1

❶ 255 百万円

問2

連結貸借対照表　（単位：百万円）

資産	金額	負債・純資産	金額
流動資産	（❶ 20,200 ☆1）	流動負債	（❶ 8,000 ☆4）
有形固定資産	（❶ 38,600 ☆2）	固定負債	（❶ 15,000 ☆5）
のれん	（❶ 1,320 ☆3）	資本金	（❶ 10,000 ☆6）
		利益剰余金	（❶ 22,900 ☆7）
		非支配株主持分	（❶ 4,220 ☆8）
	（60,120）		（60,120）

問3

❶ 1,170 百万円

予想採点基準　❶点×25箇所＝25点　合計25点

解　説

第１問

解説上、仕訳の金額は単位千円とする。

１．貸倒引当金

⑴　**売掛金（一般債権）**

（貸倒引当金繰入額）　100　（貸　倒　引　当　金）　100

＊　30,000千円（債権金額）×１％－200千円（前T/B貸倒引当金）＝100千円

⑵　**長期貸付金（貸倒懸念債権）**

（貸倒引当金繰入額）　4,000　（貸　倒　引　当　金）　4,000

＊　①　債権金額　24,000千円
　　②　現在価値　21,218千円÷1.03^2＝20,000千円
　　③　①－②＝4,000千円

⑶　**長期貸付金（破産更生債権等）**

（貸　倒　損　失）　3,000　（長　期　貸　付　金）　3,000

＊　16,000千円（債権金額）－13,000千円（担保評価額）＝3,000千円

２．投資有価証券

⑴　**振戻仕訳**

（繰　延　税　金　負　債）　300　（投　資　有　価　証　券）　1,000
（その他有価証券評価差額金）　700

⑵　**Ｃ社株式（その他有価証券）**

（繰　延　税　金　資　産）　300 [＊2]　（投　資　有　価　証　券）　1,000 [＊1]
（その他有価証券評価差額金）　700 [＊3]

＊１　19,000千円（当期末時価）－20,000千円（取得原価）＝△1,000千円（評価損）
＊２　1,000千円×30％＝300千円
＊３　1,000千円－300千円＝700千円

⑶　**Ｄ社株式（その他有価証券）**

（投資有価証券評価損）　16,000　（投　資　有　価　証　券）　16,000

＊　14,000千円（当期末時価）－30,000千円（取得原価）＝△16,000千円（評価損）

⑷　**Ｅ社社債（満期保有目的の債券）**

（投　資　有　価　証　券）　84　（有　価　証　券　利　息）　84

＊①　前期の金利調整差額
　　(ｲ)　実質利息　29,660千円×2.3％≒682千円（千円未満四捨五入）
　　(ﾛ)　表面利息　30,000千円×２％＝600千円
　　(ﾊ)　(ｲ)－(ﾛ)＝82千円
　②　前期末のＥ社社債の額　29,660千円＋82千円＝29,742千円
　③　当期の金利調整差額
　　(ｲ)　実質利息　29,742千円×2.3％≒684千円（千円未満四捨五入）
　　(ﾛ)　表面利息　30,000千円×２％＝600千円
　　(ﾊ)　(ｲ)－(ﾛ)＝84千円

3．転換社債型新株予約権付社債

(1) **償却原価法（利息法）**

（社　債　利　息）　1,219　（社　　　　債）　1,219

＊　93,746千円×1.3%≒1,219千円（千円未満四捨五入）
前T/B社債

(2) **権利行使**

（社　　　　債）　18,993＊1（自　己　株　式）　18,000
（新　株　予　約　権）　1,251＊2（その他資本剰余金）　2,244＊3

＊1　(93,746千円＋1,219千円)×$\frac{1}{5}$＝18,993千円
前T/B社債　前記3(1)

＊2　6,254千円×$\frac{1}{5}$≒1,251千円（千円未満四捨五入）
前T/B新株予約権

＊3　(18,993千円＋1,251千円)－18,000千円＝2,244千円

4．その他の税効果会計

（繰　延　税　金　資　産）　6,840　（法人税等調整額）　6,840

＊(1)　期首繰延税金資産　150千円
(2)　期末繰延税金資産　{(300千円＋4,000千円＋3,000千円)＋16,000千円}×30%＝6,990千円
貸倒見込額　前記2(3)
(3)　(2)－(1)＝6,840千円

金額集計仮計算

決算整理後残高試算表（一部）　(単位：千円)

借方科目	計算	金額	貸方科目	計算	金額
売掛金		30,000	貸倒引当金	200＋100＋4,000＝ 前記1(1) 前記1(2)	**4,300** ☆10
投資有価証券	80,742－1,000－1,000 前記2(1) 前記2(2) －16,000＋84＝ 前記2(3) 前記2(4)	**62,826** ☆1	社債	93,746＋1,219－18,993＝ 前記3(1) 前記3(2)	**75,972** ☆11
			その他資本剰余金	2,500＋2,244＝ 前記3(2)	**4,744** ☆12
長期貸付金	40,000－3,000＝ 前記1(3)	**37,000** ☆2	新株予約権	6,254－1,251＝ 前記3(2)	**5,003** ☆13
繰延税金資産	150＋300＋6,840＝ 前記2(2) 前記4	**7,290** ☆3	有価証券利息	600＋84＝ 前記2(4)	**684** ☆14
その他有価証券評価差額金	－700＋700＋700＝ 前記2(1) 前記2(2)	**700** ☆4	受取配当金		1,100
自己株式	22,000－18,000＝ 前記3(2)	**4,000** ☆5	法人税等調整額		**6,840** ☆15 前記4
社債利息		**1,219** ☆6 前記3(1)			
貸倒引当金繰入額	100＋4,000＝ 前記1(1) 前記1(2)	**4,100** ☆7			
貸倒損失		**3,000** ☆8 前記1(3)			
投資有価証券評価損		**16,000** ☆9 前記2(3)			

第２問

解説上、仕訳の金額は単位百万円とする。

問１

１．A社の資本の推移等（金額単位：百万円）

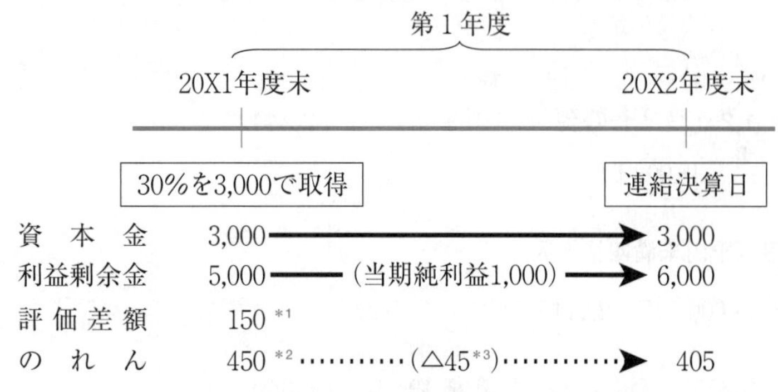

資 本 金　3,000 → 3,000
利益剰余金　5,000 ―（当期純利益1,000）→ 6,000
評 価 差 額　150 *1
の れ ん　450 *2 ……（△45*3）……→ 405

＊１　(2,500百万円－2,000百万円)×30%＝150百万円

＊２　3,000百万円－｛(3,000百万円＋5,000百万円)×30%＋150百万円｝＝450百万円

＊３　450百万円×$\frac{1年}{10年}$＝45百万円

２．のれんの償却

（持分法による投資損益）　45　（関 係 会 社 株 式）　45

３．当期純利益

（関 係 会 社 株 式）　300　（持分法による投資損益）　300

＊　(6,000百万円－5,000百万円)×30%＝300百万円

４．20X2年度における持分法による投資損益　300百万円－45百万円＝255百万円（益）

問２

１．A社の資本の推移等（20X1年度末～20X3年度末：持分法）（金額単位：百万円）

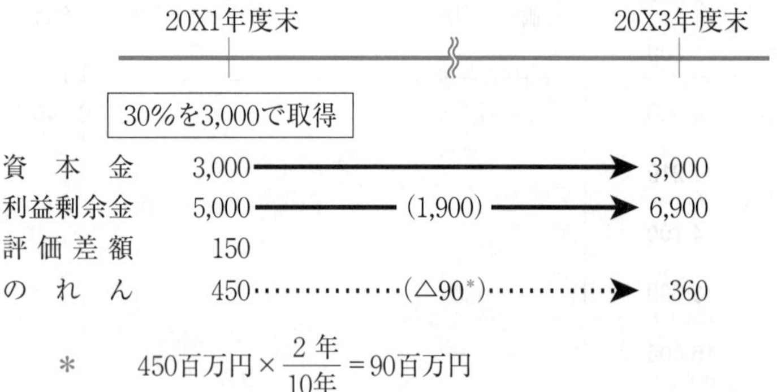

資 本 金　3,000 → 3,000
利益剰余金　5,000 ―（1,900）→ 6,900
評 価 差 額　150
の れ ん　450 ……（△90*）……→ 360

＊　450百万円×$\frac{2年}{10年}$＝90百万円

２．開始仕訳

（関 係 会 社 株 式）　480　（利 益 剰 余 金 当期首残高）　480

開始仕訳は次の(1)から(2)の仕訳を累積したものである。

(1)　**のれんの償却**

（利 益 剰 余 金 当期首残高）　90　（関 係 会 社 株 式）　90

(2)　**取得後増加利益剰余金**

（関 係 会 社 株 式）　570　（利 益 剰 余 金 当期首残高）　570

＊　(6,900百万円－5,000百万円)×30%＝570百万円

3．A社の資本の推移等（20X3年度末～20X4年度末：連結）（金額単位：百万円）

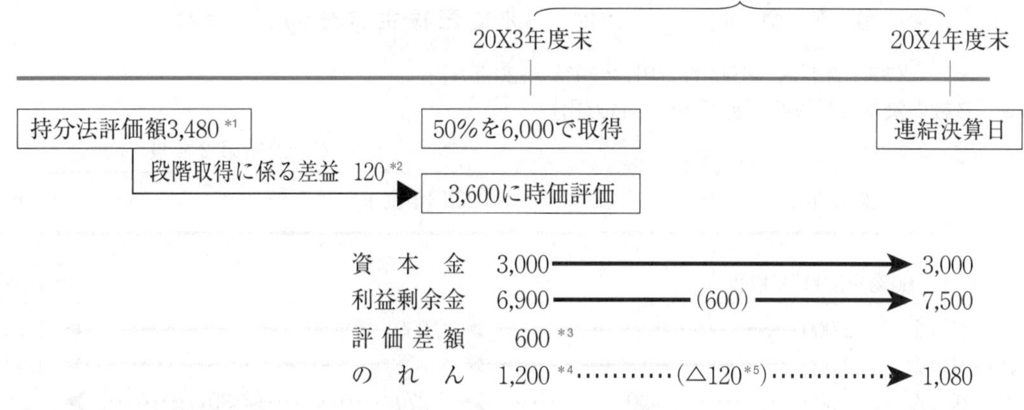

資本金　3,000 → 3,000
利益剰余金　6,900 →（600）→ 7,500
評価差額　600 *3
のれん　1,200 *4 ……（△120*5）…… 1,080

＊１　3,000百万円＋480百万円＝3,480百万円
＊２　3,600百万円－3,480百万円＝120百万円（益）
＊３　2,600百万円－2,000百万円＝600百万円
＊４　(3,600百万円＋6,000百万円)－(3,000百万円＋6,900百万円＋600百万円)×80%＝1,200百万円
＊５　1,200百万円×$\frac{1年}{10年}$＝120百万円

4．子会社の資産および負債の時価評価

（有形固定資産）	600	（評価差額）	600

5．開始仕訳

（資本金）当期首残高	3,000	（関係会社株式）	9,780
（利益剰余金）当期首残高	7,080	（非支配株主持分）当期首残高	2,100
（評価差額）	600		
（のれん）	1,200		

開始仕訳は次の(1)から(3)の仕訳を累積したものである。

(1)　先行取得持分の時価評価

（関係会社株式）	120	（利益剰余金）当期首残高	120

(2)　取得関連費用

（利益剰余金）当期首残高	300	（関係会社株式）	300

(3)　投資と資本の相殺消去

（資本金）当期首残高	3,000	（関係会社株式）	9,600
（利益剰余金）当期首残高	6,900	（非支配株主持分）当期首残高	2,100*
（評価差額）	600		
（のれん）	1,200		

＊　(3,000百万円＋6,900百万円＋600百万円)×20%＝2,100百万円

6．のれんの償却

（のれん償却額）	120	（のれん）	120

7．取得後増加利益剰余金の按分

配当の有無が不明なため、非支配株主持分の相手科目を利益剰余金としている。

借方	金額	貸方	金額
（利益剰余金）当期変動額	120	（非支配株主持分）当期変動額	120

＊　(7,500百万円－6,900百万円)×20%＝120百万円

8．B社の資本の推移等（金額単位：百万円）

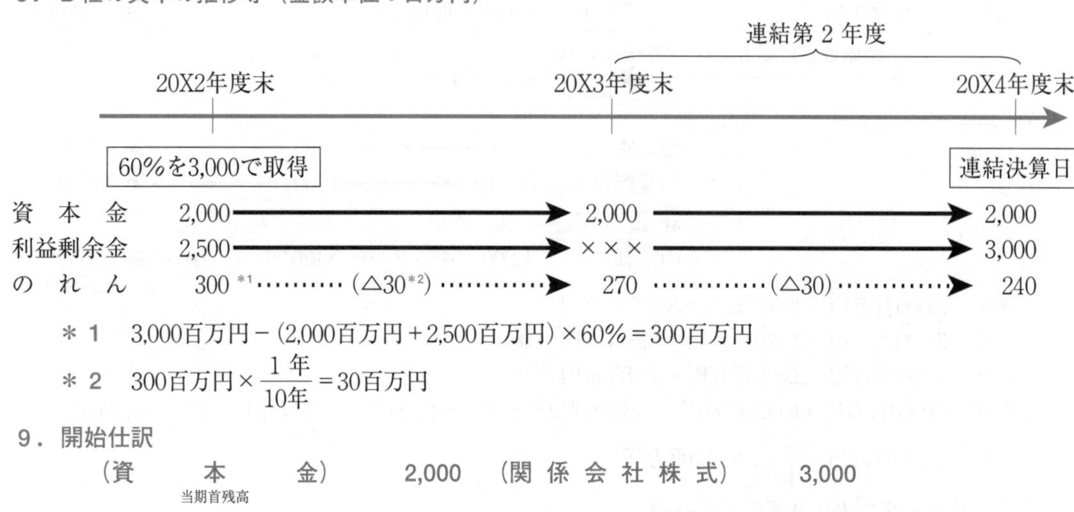

＊１　3,000百万円－(2,000百万円＋2,500百万円)×60%＝300百万円

＊２　300百万円×$\frac{1年}{10年}$＝30百万円

9．開始仕訳

借方	金額	貸方	金額
（資本金）当期首残高	2,000	（関係会社株式）	3,000
（利益剰余金）当期首残高	×××	（非支配株主持分）当期首残高	×××
（のれん）	270		

開始仕訳は次の(1)から(3)の仕訳を累積したものである。

(1)　**投資と資本の相殺消去**

借方	金額	貸方	金額
（資本金）当期首残高	2,000	（関係会社株式）	3,000
（利益剰余金）当期首残高	2,500	（非支配株主持分）当期首残高	1,800＊
（のれん）	300		

＊　(2,000百万円＋2,500百万円)×40%＝1,800百万円

(2)　**のれんの償却**

借方	金額	貸方	金額
（利益剰余金）当期首残高	30	（のれん）	30

(3)　**取得後増加利益剰余金の按分（20X3年度末における利益剰余金が不明）**

借方	金額	貸方	金額
（利益剰余金）当期首残高	×××	（非支配株主持分）当期首残高	×××

10．のれんの償却

借方	金額	貸方	金額
（のれん償却額）	30	（のれん）	30

11．取得後増加利益剰余金の按分

借方	金額	貸方	金額
（利益剰余金）当期変動額	×××	（非支配株主持分）当期変動額	×××

なお、20X2年度末から20X4年度末の取得後増加利益剰余金の按分額は以下のように計算できる。

(3,000百万円－2,500百万円)×40%＝200百万円

金額集計仮計算

連結貸借対照表 (単位：千円)

流動資産	15,700＋3,500＋1,000＝	**20,200**☆1	流動負債	6,000＋1,000＋1,000＝	**8,000**☆4
有形固定資産	20,000＋10,000＋600(前記4)＋8,000＝	**38,600**☆2	固定負債	10,000＋2,000＋3,000＝	**15,000**☆5
のれん	1,200(前記5)－120(前記6)＋270(前記9)－30(前記10)＝	**1,320**☆3	資本金	10,000＋3,000＋2,000－3,000(前記5)－2,000(前記9)＝	**10,000**☆6
			利益剰余金	貸借差額	**22,900**☆7
			非支配株主持分	2,100(前記5)＋120(前記7)＋1,800(前記9(1))＋200(前記11)＝	**4,220**☆8

問3

1．B社の資本の推移等（金額単位：百万円）

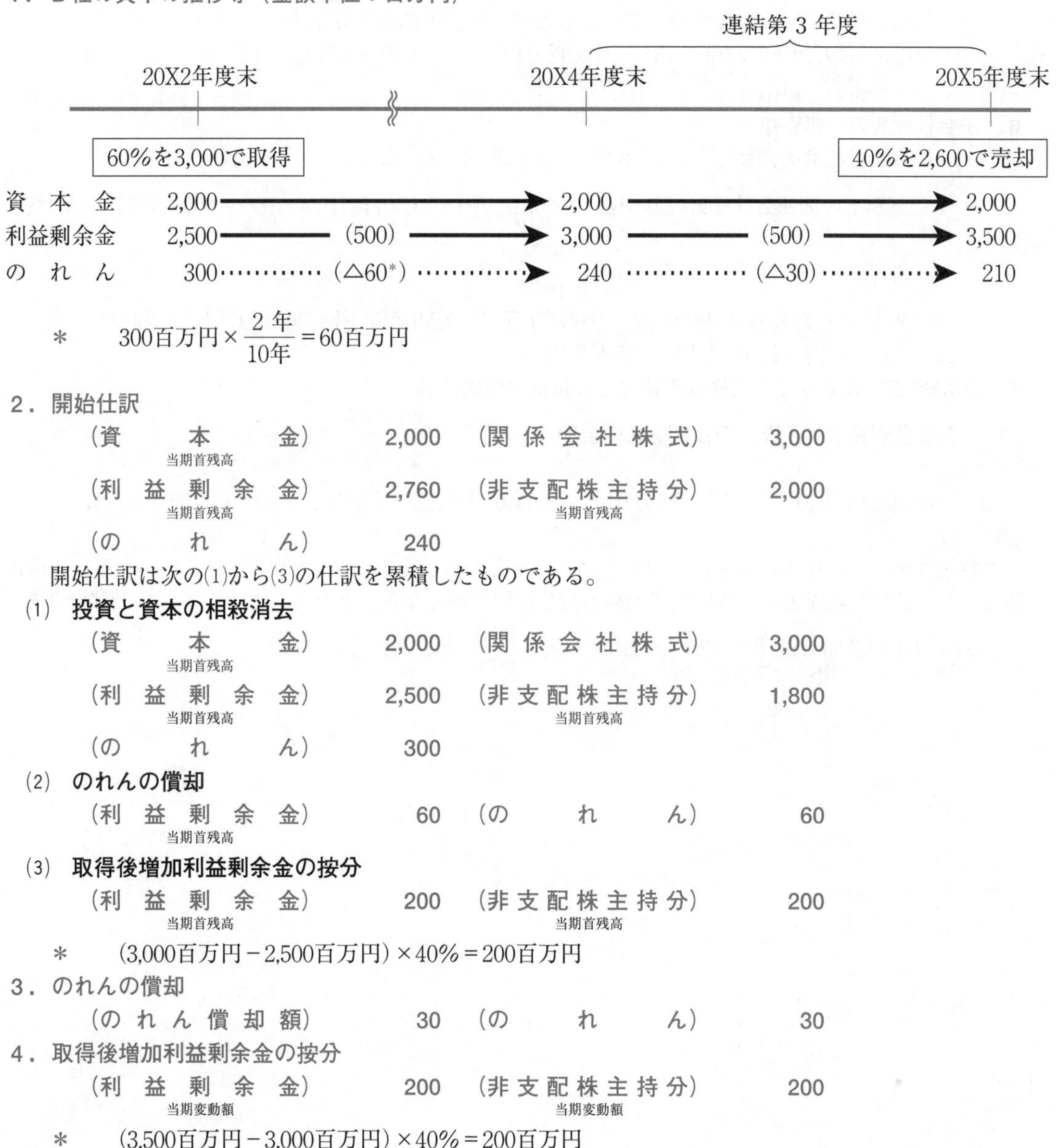

＊ $300百万円 \times \frac{2年}{10年} = 60百万円$

2．開始仕訳

借方	金額	貸方	金額
(資本金) 当期首残高	2,000	(関係会社株式)	3,000
(利益剰余金) 当期首残高	2,760	(非支配株主持分) 当期首残高	2,000
(のれん)	240		

開始仕訳は次の(1)から(3)の仕訳を累積したものである。

(1) **投資と資本の相殺消去**

借方	金額	貸方	金額
(資本金) 当期首残高	2,000	(関係会社株式)	3,000
(利益剰余金) 当期首残高	2,500	(非支配株主持分) 当期首残高	1,800
(のれん)	300		

(2) **のれんの償却**

借方	金額	貸方	金額
(利益剰余金) 当期首残高	60	(のれん)	60

(3) **取得後増加利益剰余金の按分**

借方	金額	貸方	金額
(利益剰余金) 当期首残高	200	(非支配株主持分) 当期首残高	200

＊ (3,000百万円－2,500百万円)×40%＝200百万円

3．のれんの償却

借方	金額	貸方	金額
(のれん償却額)	30	(のれん)	30

4．取得後増加利益剰余金の按分

借方	金額	貸方	金額
(利益剰余金) 当期変動額	200	(非支配株主持分) 当期変動額	200

＊ (3,500百万円－3,000百万円)×40%＝200百万円

5．連結除外

単純合算されたB社個別貸借対照表上の諸資産および諸負債と、連結修正仕訳により計上したのれんおよび非支配株主持分を消去する。また、貸借差額によりB社株式を持分法による評価額で計上する。

(流動負債)	×××	(流動資産)	×××
(固定負債)	×××	(有形固定資産)	×××
(非支配株主持分) 当期変動額	2,200 *1	(のれん)	210 *2
(関係会社株式)	3,510 *3		

＊1　2,000百万円＋200百万円＝2,200百万円

＊2　240百万円－30百万円＝210百万円

＊3　20X5年度末のB社個別貸借対照表上の諸資産および諸負債は不明だが、諸資産から諸負債を差引いた額は判明するため、これをもとに持分法評価額を算定する。

(2,000百万円＋3,500百万円)－2,200百万円＋210百万円＝3,510百万円
B社資本金　B社利益剰余金　非支配株主持分　のれん
(諸資産から諸負債を差引いた額)

6．子会社株式の一部売却

(関係会社株式売却益)	340	(関係会社株式)	340

＊(1)　個別上の関係会社株式売却損益　2,600百万円－3,000百万円×$\frac{40\%}{60\%}$＝600百万円（売却益）

(2)　連結上の売却簿価　3,510百万円×$\frac{40\%}{60\%}$＝2,340百万円

(3)　連結上のB社株式売却損益　2,600百万円－2,340百万円＝260百万円（売却益）

(4)　600百万円－260百万円＝340百万円

7．20X5年度末におけるB社株式の連結上の貸借対照表価額

(1)　**P社個別貸借対照表上のB社株式の金額**　3,000百万円×$\frac{20\%}{60\%}$＝1,000百万円

(2)　1,000百万円－3,000百万円＋3,510万円－340百万円＝1,170百万円

〈参　考〉

連結除外後、B社株式は持分法が適用されることとなる。そのため、20X5年度末におけるB社株式の連結上の貸借対照表価額は、持分比率20%の持分法評価額となることから、以下のように計算できる。

(2,000百万円＋3,500百万円)×20%＋210百万円×$\frac{20\%}{60\%}$＝1,170百万円
B社資本金　B社利益剰余金　のれん

会 計 学

第1問

ア	イ	ウ	エ	オ
その他の包括利益 ❶	**未実現損失** ❶	**偶発** ❶	**マネジメント** ❶	**負債** ❶

第2問

問1

損益計算書（一部） （単位：千円）

	20X2年度 （20X2年 4 月 1 日～20X3年 3 月31日）		20X3年度 （20X3年 4 月 1 日～20X4年 3 月31日）	
売上高		3,314,000		（❶ **3,979,000**）
売上原価				
期首商品棚卸高	（❶ **516,000**）		（❶ **450,000**）	
当期商品仕入高	（ **2,312,000**）		（ **3,080,000**）	
合計	（ **2,828,000**）		（ **3,530,000**）	
期末商品棚卸高	（ **450,000**）	（ **2,378,000**）	（❶ **680,000**）	（ **2,850,000**）
売上総利益		（ **936,000**）		（ **1,129,000**）
販売費及び一般管理費				
減価償却費		（❶ **7,500**）		（❶ **9,375**）
営業利益		（ **928,500**）		（ **1,119,625**）

問2

(1)	20X2年度期首における会計方針の変更による累積的影響額	❶ **12,960**千円
(2)	20X2年度期首における過去の誤謬の訂正による累積的影響額	❶ **△1,500**千円
(3)	20X2年度における遡及処理後の当期純損益	❶ **446,440**千円
(4)	20X3年度における繰越利益剰余金の期末残高	❶ **3,257,900**千円

第3問

	Ⅰ欄 下線部の語句の記号	Ⅱ欄 正しいと思われる語句または文章
(1)	**(c)**	**特別損失** ❷
(2)	**(b)**	**販売費及び一般管理費** ❷
(3)	**(b)**	**一時差異** ❷
(4)	○	❷
(5)	**(c)**	**売上原価** ❷

予想採点基準 ❶点×15箇所＝15点
❷点× 5 箇所＝10点
合計25点

解　説

第１問

1．企業の特定期間の財務諸表において認識された純資産の変化額のうち、当該企業の純資産に対する持分所有者との直接的取引によらない部分から、当期純利益を差し引いた部分を（その他の包括利益）という。

◀····包括利益の表示に関する会計基準・4、5参照

2．連結会社相互間の取引によって取得した棚卸資産、固定資産その他の資産に含まれる未実現損益は、その全額を消去する。ただし、（未実現損失）については、売手側の帳簿価額のうち回収不能と認められる部分は消去しない。

◀····連結財務諸表に関する会計基準・36参照

3．将来一定の条件を満たすような事態が生じた場合に、当該企業の確定債務となるものを（偶発）債務という。この債務のうち、引当金の要件を満たすものについては引当金を設定して対応し、それ以外のものについては、重要性の乏しいものを除いて、注記によって対応する。

◀····財務諸表等規則・第58条参照

4．セグメント情報の報告セグメントの決定において、経営上の意思決定を行い、業績を評価するために、経営者が企業を事業の構成単位に区分した方法を基礎として報告セグメントを決定する方法を（マネジメント）・アプローチといい、企業はこうして決定された各報告セグメントの概要、利益または損失、資産、負債、その他の重要項目の金額とそれらの測定方法などを開示しなければならない。

◀····セグメント情報等の開示に関する会計基準・45参照

5．企業会計原則の注解18が示す要件を満たす引当金のうち、貸倒引当金のように資産からの控除を意味する評価勘定としての引当金を一般に評価性引当金というのに対して、退職給付引当金や修繕引当金のようなそれ以外の引当金を（負債）性引当金という。この引当金は、債務性引当金と非債務性引当金から構成される。

◀····企業会計原則注解【注18】参照

第２問

1．20X3年度（前期分とあわせて２期分）における損益計算書

損益計算書（一部）　　　　（単位：千円）

	20X2年度 (20X2年４月１日～20X3年３月31日)		20X3年度 (20X3年４月１日～20X4年３月31日)	
売上高		3,314,000		（＊5　3,979,000）
売上原価				
期首商品棚卸高	（＊1　516,000）		（＊6　450,000）	
当期商品仕入高	（＊2　2,312,000）		（＊7　3,080,000）	
合計	（　2,828,000）		（　3,530,000）	
期末商品棚卸高	（＊3　450,000）	（　2,378,000）	（＊8　680,000）	（　2,850,000）
売上総利益		（　936,000）		（　1,129,000）
販売費及び一般管理費				
減価償却費		（＊4　7,500）		（＊9　9,375）
営業利益		（　928,500）		（　1,119,625）

＊1　20X2年度の期首商品棚卸数量（20X1年度の期末商品棚卸数量）
1,500個－1,300個＋2,250個＋2,500個－4,350個＝600個
20X2年度の期首商品棚卸高（20X1年度の期末商品棚卸高）@860千円×600個＝516,000千円

「20X1年度の最終仕入（11月26日の仕入）数量2,500個＞20X1年度の期末商品棚卸数量600個」であることから、20X1年度の最終仕入（11月26日の仕入）の単価（@860千円）を使用する。

＊２　20X2年度の当期商品仕入高　@880千円×1,400個＋@900千円×1,200個＝2,312,000千円

＊３　20X2年度の期末商品棚卸数量　600個＋1,400個－1,700個＋1,200個－1,000個＝500個
20X2年度の期末商品棚卸高　@900千円×500個＝450,000千円
「20X2年度の最終仕入（12月15日の仕入）数量1,200個＞20X2年度の期末商品棚卸数量500個」であることから、20X2年度の最終仕入（12月15日の仕入）の単価（@900千円）を使用する。

＊４　20X2年度の減価償却費　60,000千円÷８年＝7,500千円

＊５　20X3年度の売上高　@1,210千円×1,900個＋@1,200千円×1,400個＝3,979,000千円

＊６　20X3年度の期首商品棚卸高は、20X2年度の期末商品棚卸高（450,000千円）である。また、20X3年度の期首商品棚卸数量は、20X2年度の期末商品棚卸数量（500個）である。

＊７　20X3年度の当期商品仕入高　@860千円×2,000個＋@850千円×1,600個＝3,080,000千円

＊８　20X3年度の期末商品棚卸数量　500個＋2,000個－1,900個＋1,600個－1,400個＝800個
20X3年度の期末商品棚卸高　@850千円×800個＝680,000千円
「20X3年度の最終仕入（１月12日の仕入）数量1,600個＞20X3年度の期末商品棚卸数量800個」であることから、20X3年度の最終仕入（１月12日の仕入）の単価（@850千円）を使用する。

＊９　20X2年度末までの減価償却累計額　60,000千円÷８年×３年＝22,500千円
20X3年度の減価償却費　(60,000千円－22,500千円)÷４年＝9,375千円

２．20X2年度期首における会計方針の変更による累積的影響額

(1)　**総平均法における20X2年度の期首商品棚卸高**　503,040千円

(2)　**先入先出法における20X2年度の期首商品棚卸高**　516,000千円

(3)　(2)－(1)＝12,960千円

３．20X2年度期首における過去の誤謬の訂正による累積的影響額

(1)　**誤謬訂正前（残存価額を取得原価の10％として算定した場合）の１年間の減価償却費**
60,000千円×0.9÷８年＝6,750千円

(2)　**誤謬訂正後（残存価額をゼロとして算定した場合）の１年間の減価償却費**
60,000千円÷８年＝7,500千円

(3)　**20X2年度期首における過去の誤謬の訂正による累積的影響額**
(6,750千円－7,500千円)×２年＝△1,500千円

４．20X2年度における遡及処理後の当期純損益

450,000千円＋(2,375,190千円－2,378,000千円)＋(6,750千円－7,500千円)＝446,440千円（利益）
（2,375,190千円：総平均法による売上原価、2,378,000千円：先入先出法による売上原価、6,750千円：誤謬訂正前の減価償却費、7,500千円：誤謬訂正後の減価償却費）

５．20X3年度における繰越利益剰余金の期末残高

(1)　**遡及処理後の20X2年度の繰越利益剰余金当期首残高**
2,170,000千円＋12,960千円－1,500千円＝2,181,460千円

(2)　**遡及処理後の20X2年度の繰越利益剰余金当期末残高（20X3年度の繰越利益剰余金当期首残高）**
2,181,460千円＋446,440千円＝2,627,900千円

(3)　**20X3年度における繰越利益剰余金の期末残高**
2,627,900千円＋630,000千円＝3,257,900千円
（630,000千円：遡及処理後の20X3年度の当期純利益）

第3問

1．通常の販売目的で保有する棚卸資産について、収益性の低下による簿価切下額は売上原価とするが、棚卸資産の製造に関連し不可避的に発生すると認められるときには製造原価として処理する。また、収益性の低下にもとづく簿価切下額が、臨時の事象に起因し、かつ多額であるときには、(c) 特別損失に計上する。

◀…… 棚卸資産の評価に関する会計基準・17参照

2．企業結合によって取得した被取得企業の取得原価が、受け入れた資産および引き受けた負債に配分された純額を上回る場合には、その超過額をのれんとして無形固定資産の区分に計上する。そして、20年以内のその効果のおよぶ期間にわたって合理的な方法により規則的に償却し、その償却額は (b) 販売費及び一般管理費の区分に掲記する。一方、取得原価が配分された純額を下回る場合には、その不足額は負ののれん発生益として特別利益の区分に掲記する。

◀…… 企業結合に関する会計基準・31、32、47、48参照

3．その他有価証券の時価評価差額のように、当期純利益の算定に含まれない (b) 一時差異についても税効果会計を適用しなければならない。このような場合、法人税等調整額勘定を用いて当期に納付すべき法人税等に調整を加えるのではなく、評価差額に係る繰延税金負債または繰延税金資産を当該評価差額から控除して計上する。

◀…… 税効果会計に係る会計基準第二・二３、税効果会計に係る会計基準の適用指針・11参照

4．四半期連結財務諸表の作成にあたっては、実績主義が採用されているため、税金費用の計算についても原則として年度決算と同様の方法によって計算しなければならない。ただし、財務諸表利用者の判断を誤らせない限り、税引前四半期純利益に年間見積実効税率を乗じて計算する方法も認められる。

◀…… 四半期財務諸表に関する会計基準・14、39参照

5．研究開発費に該当しない開発費であっても、必ずしも将来の収益獲得または費用の削減に貢献するとは限らないため、原則として支出時に販売費及び一般管理費または (c) 売上原価として処理しなければならない。ただし、繰延資産として計上することも認められている。

◀…… 繰延資産の会計処理に関する当面の取扱い・３(5)参照

第158回 解答・解説

工業簿記

第1問

問1 697,900 円 ❷☆1

問2 699,921 円 ❷☆2

問3 521 円 （(借方)・貸方）差異 ❷☆3

（注）（　）内は「借方」か「貸方」のいずれかを○で囲みなさい。

問4 1,500 円 （(借方)・貸方）差異 ❷☆4

（注）（　）内は「借方」か「貸方」のいずれかを○で囲みなさい。

問5 158 円 （(借方)・貸方）差異 ❷☆5

（注）（　）内は「借方」か「貸方」のいずれかを○で囲みなさい。

問6

製造間接費

実際発生額	1,142,892	予定配賦額	（❷ 1,140,100 ☆6）
操業度差異	（❶ 100 ☆8）	予算差異	（❶ 2,892 ☆7）
	（1,142,992）		（1,142,992）

問7 ①②③ ❸

第2問

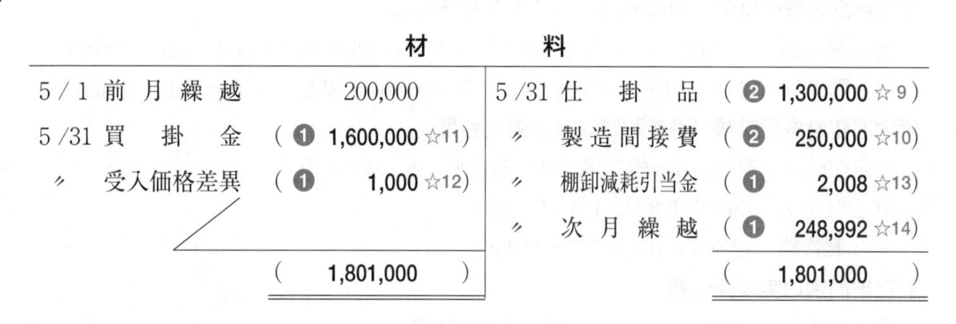

材料

5/1 前月繰越	200,000	5/31 仕掛品	（❷ 1,300,000 ☆9）
5/31 買掛金	（❶ 1,600,000 ☆11）	〃 製造間接費	（❷ 250,000 ☆10）
〃 受入価格差異	（❶ 1,000 ☆12）	〃 棚卸減耗引当金	（❶ 2,008 ☆13）
		〃 次月繰越	（❶ 248,992 ☆14）
	（1,801,000）		（1,801,000）

予想採点基準 ❶点×6箇所＝6点
❷点×8箇所＝16点
❸点×1箇所＝3点
合計25点

解　説

第１問

１．製造部門別の正常配賦額

(1)　**第１製造部**　997時間×@700円＝**697,900円** ☆１

(2)　**第２製造部**　804時間×@550円＝442,200円

２．実際部門別配賦表（階梯式配賦法）

他の補助部門への用役提供先数の多い事務部費から配賦する。

実際部門別配賦表　(単位:円)

費目	第１製造部		第２製造部		動力部		事務部
	固定費	変動費	固定費	変動費	固定費	変動費	固定費
第１次集計費	484,486	197,523	303,000	119,505	17,640	6,038	14,700
事務部費	7,700	−	6,300	−	700	−	
動力部費	7,860	2,352	10,480	3,528	18,340	6,038	
製造部門費	500,046	199,875	319,780	123,033			

(1)　**補助部門固定費月間予算額**

①　事務部　176,400円÷12カ月＝14,700円

②　動力部　211,680円÷12カ月＝17,640円

(2)　**事務部固定費配賦額（用役提供能力で予算額を配賦）**

①　第１製造部　14,700円÷(110人＋90人＋10人)×110人＝7,700円

②　第２製造部　14,700円÷(110人＋90人＋10人)×90人＝6,300円

③　動力部　14,700円÷(110人＋90人＋10人)×10人＝700円

(3)　**動力部固定費配賦額（用役提供能力で予算額を配賦）**

①　第１製造部　(17,640円＋700円)÷(3,780kW-h＋5,040kW-h)×3,780kW-h＝7,860円

②　第２製造部　(17,640円＋700円)÷(3,780kW-h＋5,040kW-h)×5,040kW-h＝10,480円

(4)　**動力部変動費配賦額（予定配賦率×実際供給量）**

①　予定配賦率　74,088円÷(3,780kW-h＋5,040kW-h)＝@8.4円

②　第１製造部　280kW-h×@8.4円＝2,352円

③　第２製造部　420kW-h×@8.4円＝3,528円

(5)　**製造部門別の実際発生額**

①　第１製造部　500,046円＋199,875円＝**699,921円** ☆２

②　第２製造部　319,780円＋123,033円＝442,813円

３．第１製造部の予算差異および操業度差異

(1)　**月間基準操業度**　12,000時間÷12カ月＝1,000時間

(2)　**月間固定費予算額**　1,000時間×@500円＝500,000円

(3)　**予算差異**　997時間×@200円＋500,000円−699,921円＝**521円（借方差異）** ☆３

(4)　**月操業度差異**　(997時間−1,000時間)×@500円＝**1,500円（借方差異）** ☆４

4．第２製造部の予算差異および操業度差異

(1) **月間基準操業度** 9,600時間÷12カ月＝800時間

(2) **月間固定費予算額** 800時間×@400円＝320,000円

(3) **予算差異** 804時間×@150円＋320,000円－442,813円＝2,213円（借方差異）

(4) **操業度差異** （804時間－800時間）×@400円＝1,600円（貸方差異）

5．動力部の予算差異

本問は、補助部門の月間固定費予算額（年間予算額÷12カ月）と、補助部門の月間固定費実際発生額が等しくなるため、変動費予算差異のみ計算すればよい。

変動費予算差異 2,352円＋3,528円－6,038円＝**158円（借方差異）** ☆5

6．製造間接費勘定

(1) **予定配賦額** 697,900円＋442,200円＝**1,140,100円** ☆6

(2) **予算差異** 521円(借方差異)＋2,213円(借方差異)＋158円(借方差異)＝**2,892円（借方差異）** ☆7

(3) **操業度差異** 1,500円(借方差異)＋1,600円(貸方差異)＝**100円（貸方差異）** ☆8

7．正誤判定（問７）

① 補助部門費の配賦方法によって部門別の製造間接費配賦差額は異なるが、工場全体における製造間接費配賦差額（総額）は変わらない。

② 本問は動力部から事務部への用役提供がないため、階梯式配賦法と相互配賦法の計算結果は一致する。

③ 本問は事務部において変動費が発生していないため、動力部変動費の配賦額は階梯式配賦法と直接配賦法で一致する。

第２問

1．予定価格（@1,000円）による材料BOX

材　料

借方	貸方	
前月繰越 200kg 200,000円	直接材料費 800kg＋500kg 1,300,000円	当月消費高 1,550kg 1,550,000円
当月仕入 900kg＋700kg 1,600,000円	間接材料費 100kg＋150kg 250,000円	
	棚卸減耗 2kg 2,000円	帳簿棚卸高 250kg 250,000円
	次月繰越 248kg 248,000円	

(1) **仕掛品（直接材料費）**

製造指図書に対する出庫は直接材料費となる。また、材料の消費額は予定価格で計算する。

(800kg＋500kg)×@1,000円＝**1,300,000円** ☆9

(2) **製造間接費（間接材料費）**

機械修理や機械保全に対する出庫は間接材料費となる。また、材料の消費額は予定価格で計算する。

(100kg＋150kg)×@1,000円＝**250,000円** ☆10

(3)　**買掛金（予定価格による当月購入額）**

材料受入価格差異を把握しているため、仕入額は予定価格で計算する。

(900kg＋700kg)×@1,000円＝**1,600,000円** ☆11

(4)　**予定価格による棚卸減耗費**

2 kg×@1,000円＝2,000円

(5)　**予定価格による次月繰越**

248kg×@1,000円＝248,000円

2．材料受入価格差異の処理

(1)　**当月の材料受入価格差異総額**

6 日仕入分　900kg×(@1,000円－@1,050円)＝45,000円（借方差異）

20日仕入分　700kg×(@1,000円－@946円)＝37,800円（貸方差異）

月間総額　45,000円(借方差異)＋37,800円(貸方差異)＝7,200円（借方差異）

(2)　**当月消費高と月末在庫への配賦**

①　当月消費高への配賦額　7,200円×$\frac{1,550kg}{1,550kg+250kg}$＝6,200円　→ 材料消費価格差異として把握

②　帳簿棚卸高への配賦額　7,200円×$\frac{250kg}{1,550kg+250kg}$＝**1,000円**　→ **月末棚卸高に配賦するため、材料勘定の借方へ計上** ☆12

(3)　**帳簿棚卸高への配賦額を、棚卸減耗費と実地棚卸高へ配賦**

①　棚卸減耗費への配賦額　1,000円×$\frac{2kg}{250kg}$＝ 8 円　→ 棚卸減耗費に加算

②　実地棚卸高への配賦額　1,000円×$\frac{248kg}{250kg}$＝992円　→ 次月繰越に加算

(4)　**材料受入価格差異配賦後の棚卸減耗費**

2,000円＋ 8 円＝**2,008円** ☆13

年間発生額を年度初めに見積計上しているため、各月において実際に発生した棚卸減耗費は棚卸減耗引当金勘定へ振り替える。

(5)　**材料受入価格差異配賦後の次月繰越**

248,000円＋992円＝**248,992円** ☆14

原価計算

第１問

問1

①	44,625	千円	❷☆1
②	安全（余裕）率		❶
③	49	%	❷☆2
④	営業利益		❶
⑤	損益分岐点比率		❶
⑥	51	%	❷☆3

問2

①	19,208	千円	❷☆4
②	16,093	千円	❷☆5
③	3,115	千円	❷☆6
④	不	利	❶
⑤	貢献利益		❶
⑥	4,070	千円	❷☆7
⑦	955	千円	❷☆8

第２問

問１	①　③	❷
問２	①　④	❷

予想採点基準　❶点×５箇所＝５点
❷点×10箇所＝20点
合計25点

解　説

第１問

１．損益分岐点売上高の計算

(1)　**製品Ａ１個当たり標準変動費**　1,000円＋2,500円＋1,000円＋2,000円＋400円＝6,900円

(2)　**製品Ａ１個当たり貢献利益**　12,500円－6,900円＝5,600円

(3)　**貢献利益率**　5,600円÷12,500円＝0.448（44.8％）

(4)　**固定間接費**　4,500千円＋400千円＋4,750千円＋10,342千円＝19,992千円

(5)　**損益分岐点売上高**　19,992千円÷0.448＝**44,625千円** ☆１

２．安全（余裕）率および損益分岐点比率の計算

(1)　**予定売上高**　7,000個×12,500円＝87,500千円

(2)　**安全（余裕）率**　(87,500千円－44,625千円)÷87,500千円＝**0.49（49％）** ☆２

(3)　**損益分岐点比率**　44,625千円÷87,500千円＝**0.51（51％）** または **１－0.49＝0.51（51％）** ☆３

３．当初の利益計画の予算営業利益

(1)　**当初の利益計画の予算貢献利益**　7,000個×5,600円＝39,200千円

(2)　**当初の利益計画の予算営業利益**　39,200千円－19,992千円＝**19,208千円** ☆４

４．修正予算における各四半期の予定生産販売量

(1)　**第１四半期**　900個（問題文追加資料より）

(2)　**第２四半期以降**　(6,000個－900個)÷３＝1,700個

第２四半期より通信販売を開始し、年間販売量に修正が生じる。年間生産販売量6,000個から第１四半期の生産販売量実績900個を差し引き、残りの３四半期で除して第２四半期以降の生産販売量とする。

５．原価低減策等実施後（下半期）の製品Ａ１個当たり標準変動費

1,000円＋2,200円＋1,000円×(１－0.05)＋2,000円×(１－0.05)＋400円＝6,450円

６．原価低減策等実施後（下半期）の製品Ａ１個当たり貢献利益

12,500円－6,450円＝6,050円

７．修正予算における固定間接費予算

(1)　**研究開発費**　4,750千円×(１＋0.02)＝4,845千円

(2)　**その他一般管理費**

①　役員賞与削減額　5,000千円×0.3＝1,500千円

②　その他一般管理費　10,342千円－1,500千円＝8,842千円

(3)　**固定間接費予算**　4,500千円＋400千円＋4,845千円＋8,842千円＋450千円（契約額）＝19,037千円

８．修正予算の営業利益

(1)　**修正予算の貢献利益**

(900個＋1,700個)×5,600円＋(1,700個＋1,700個)×6,050円＝35,130千円

(2)　**修正予算の営業利益**　35,130千円－19,037千円＝**16,093千円** ☆５

９．営業利益の差異

16,093千円－19,208千円＝**3,115千円（不利差異）** ☆６

10. 営業利益の差異の内訳

(1) **貢献利益減少額** 39,200千円－35,130千円＝**4,070千円** ☆7

(2) **固定費減少額** 19,992千円－19,037千円＝**955千円** ☆8

第2問

解答参照

第159回 解答・解説

商業簿記

問1

（単位：千円）

①	②	③	④	⑤
❶ 55,775 ☆1	❶ 46,660 ☆2	❶ 7,590 ☆3	❶ 250,000 ☆4	❶ 462,500 ☆5

問2

本支店合併損益計算書

自20X6年4月1日　至20X7年3月31日　（単位：千円）

Ⅰ 売上高		（❶ 15,126,100）☆6
Ⅱ 売上原価		
1 期首商品棚卸高	（368,170）☆7	
2 当期商品仕入高	（❶ 11,314,110）☆8	
合計	（11,682,280）	
3 期末商品棚卸高	（❶ 352,985）☆9	
差引	（11,329,295）	
4 棚卸減耗損	（❶ 634）☆10	
5 商品評価損	（❶ 3,990）☆11	（11,333,919）
売上総利益		（3,792,181）
Ⅲ 販売費及び一般管理費		
1 営業費	（❶ 2,555,200）☆12	
2 貸倒引当金繰入	（❶ 17,386）☆13	
3 減価償却費	（❶ 221,385）☆14	
4 退職給付費用	（❶ 73,500）☆15	（2,867,471）
営業利益		（924,710）
Ⅳ 営業外収益		
1 受取利息	（❶ 1,320）☆16	
2 有価証券利息	（❶ 900）☆17	
3 受取家賃	（❶ 6,720）☆18	（8,940）
Ⅴ 営業外費用		
1 （**貸倒引当金繰入**）	（❶ 1,695）☆19	
2 為替差損	（❶ 110,835）☆20	（112,530）
経常利益		（821,120）
Ⅵ 特別利益		
1 固定資産売却益		2,970
Ⅶ 特別損失		
1 投資有価証券評価損		（❶ 10,410）☆21
税引前当期純利益		（813,680）
法人税、住民税及び事業税		274,000
当期純利益		（539,680）

問3

（単位：千円）

売掛金（貸倒引当金控除前）	満期保有目的債券	その他有価証券	建物減価償却累計額	繰越利益剰余金
❶ 1,066,300	❶ 53,900	❶ 37,620	❶ 926,250	❶ 912,565

予想採点基準　❶点×25箇所＝25点　合計 25点

解　説

解説上、仕訳の金額は特に指示がある場合を除き単位千円とする。

Ⅰ　決算整理前残高試算表の空欄の金額推定

1．本　店

(1)　**満期保有目的債券**

①　B社社債の前期末の償却原価（外貨ベース）

$$475\text{千ドル}+(500\text{千ドル}-475\text{千ドル})\times\frac{12\text{ヵ月}\times 2\text{年}}{12\text{ヵ月}\times 5\text{年}}=485\text{千ドル}$$

②　B社社債の前期末の償却原価（円貨ベース）

485千ドル×@115円（当期首レート）＝55,775千円☆1

(2)　**その他有価証券**

①　A社株式　230千ドル×@116円（取得日レート）＝26,680千円

②　C社株式　180千ドル×@111円（取得日レート）＝19,980千円

③　①＋②＝46,660千円☆2

(3)　**繰延内部利益**

440千ドル（支店の期首商品棚卸高（本店仕入分））×@115円（仕入日レート）×15％＝7,590千円☆3

(4)　**退職給付引当金**

①　20X3年度発生未認識数理計算上の差異　$200{,}000\text{千円}\times\frac{10\text{年}-2\text{年}}{10\text{年}}=160{,}000\text{千円}$

②　退職給付引当金　1,300,000千円－1,100,000千円＋160,000千円－110,000千円＝250,000千円☆4

(5)　**備品減価償却累計額**

①　償却保証額　800,000千円×0.07909＝63,272千円

②　調整前償却額

(イ)　20X4年3月31日　800,000千円×0.250＝200,000千円

(ロ)　20X5年3月31日　(800,000千円－200,000千円)×0.250＝150,000千円

(ハ)　20X6年3月31日　(800,000千円－200,000千円－150,000千円)×0.250＝112,500千円

各年の調整前償却額が償却保証額を上回っているため、調整前償却額を各年の減価償却費とする。

③　備品減価償却累計額　200,000千円＋150,000千円＋112,500千円＝462,500千円☆5

2．支　店

(1)　**建　物**　5,000千ドル＋3,000千ドル＝8,000千ドル

(2)　**備　品**　4,000千ドル

(3)　**建物減価償却累計額**

$$5{,}000\text{千ドル}\times\frac{6\text{年}}{40\text{年}}+3{,}000\text{千ドル}\times\frac{4\text{年}}{40\text{年}}=1{,}050\text{千ドル}$$

(4)　**備品減価償却累計額**

①　20X5年3月31日　4,000千ドル×20％＝800千ドル

②　20X6年3月31日　(4,000千ドル－800千ドル)×20％＝640千ドル

③　①＋②＝1,440千ドル

Ⅱ　本支店間未達事項等（シカゴ支店の仕訳の金額は単位千ドルとする。）

1．本店からシカゴ支店への商品の発送

シカゴ支店：(本　店　仕　入)　70　(本　　　店)　70

2．本店の誤記入

本　店：（現 金 預 金）　27,250　（支　　店）　27,250

＊　27,500千円－250千円＝27,250千円

3．営業費の立替払いの未記帳

シカゴ支店：（営 業 費）　320　（本　　店）　320

Ⅲ　本店の決算整理等

1．売上原価の算定等

(1)　**売上原価の算定**

借方科目	金額	貸方科目	金額
（仕　　入）	266,000	（繰 越 商 品）	266,000
（繰 越 商 品）	253,600 *	（仕　　入）	253,600

＊　@3,170円×80,000個＝253,600千円

(2)　**期末商品の評価**

借方科目	金額	貸方科目	金額
（棚 卸 減 耗 損）	634 *1	（繰 越 商 品）	4,624
（商 品 評 価 損）	3,990 *2		

＊1　@3,170円×（80,000個－79,800個）＝634千円

＊2　（@3,170円－@3,120円）×79,800個＝3,990千円

(3)　**棚卸減耗損および商品評価損の売上原価算入**

借方科目	金額	貸方科目	金額
（仕　　入）	4,624	（棚 卸 減 耗 損）	634
		（商 品 評 価 損）	3,990

2．外貨建売掛金

(1)　**為替予約に係る修正**

（為 替 差 損 益）　400　（売 掛 金）　400

＊　400千ドル×@111円－400千ドル×67,200千円÷600千ドル＝△400千円
（@111円：予約レート、67,200千円：取引発生時の為替相場）

(2)　**為替差損益**

（為 替 差 損 益）　400　（売 掛 金）　400

＊　（600千ドル－400千ドル）×@110円－（600千ドル－400千ドル）×67,200千円÷600千ドル＝△400千円
（@110円：当期末レート、67,200千円：取引発生時の為替相場）

3．短期貸付金

(1)　**為替予約**

借方科目	金額	貸方科目	金額
（為 替 差 損 益）	1,000 *1	（前 受 収 益）	1,500 *2
（短 期 貸 付 金）	500 *3		

＊1　500千ドル×（@110円－@112円）＝△1,000千円（損：直直差額）
（@110円：予約日の直物レート、@112円：貸付時の直物レート）

＊2　500千ドル×（@113円－@110円）＝1,500千円（益：直先差額）
（@113円：予約日の先物レート、@110円：予約日の直物レート）

＊3　500千ドル×（@113円－@112円）＝500千円
（@113円：予約日の先物レート、@112円：貸付時の直物レート）

(2)　**直先差額の期間配分**

（前 受 収 益）　500　（為 替 差 損 益）　500

＊　$1{,}500\text{千円}\times\dfrac{1\text{ヵ月}}{3\text{ヵ月}}=500\text{千円}$

4．貸倒引当金

(1)　**売掛金**

（貸倒引当金繰入）　9,796　（貸 倒 引 当 金）　9,796
販売費及び一般管理費

＊　（522,600千円－400千円－400千円）×２％－640千円＝9,796千円

(2)　**短期貸付金**

（貸倒引当金繰入）　1,695　（貸 倒 引 当 金）　1,695
営業外費用

＊　（56,000千円＋500千円）×３％＝1,695千円

5．有価証券

(1)　A社株式

（その他有価証券）　1,370　（その他有価証券評価差額金）　1,370

＊　255千ドル×@110円（当期末レート）－230千ドル×@116円（取得時レート）＝1,370千円（評価益）

(2)　B社社債

①　償却原価法

（満期保有目的債券）　570　（有価証券利息）　570

＊　(ｲ)　(500千ドル－475千ドル)×$\frac{12ヵ月}{12ヵ月×5年}$＝5千ドル

(ﾛ)　5千ドル×@114円（期中平均レート）＝570千円

②　為替差損益

（為替差損益）　2,445　（満期保有目的債券）　2,445

＊　(ｲ)　55,775千円（前記Ⅰ1(1)②）＋570千円（前記Ⅲ5(2)①）＝56,345千円

(ﾛ)　(485千ドル（前記Ⅰ1(1)①）＋5千ドル（前記Ⅲ5(2)①(ｲ)）)×@110円（当期末レート）＝53,900千円

(ﾊ)　(ﾛ)－(ｲ)＝△2,445千円（損）

(3)　C社株式

（投資有価証券評価損）　10,410　（その他有価証券）　10,410

＊　87千ドル×@110円（当期末レート）－180千ドル×@111円（取得時レート）＝△10,410千円（評価損）

6．減価償却

(1)　建　物

（減価償却費）　60,000　（建物減価償却累計額）　60,000

＊　2,400,000千円÷40年＝60,000千円

(2)　備　品

（減価償却費）　84,375　（備品減価償却累計額）　84,375

＊　(ｲ)　償却保証額　800,000千円×0.07909＝63,272千円

(ﾛ)　調整前償却額（800,000千円－462,500千円）×0.250＝84,375千円

調整前償却額が償却保証額を上回っているため、調整前償却額を減価償却費とする。

7．退職給付

(1)　勤務費用

（退職給付費用（勤務費用））　84,000　（退職給付引当金（退職給付債務））　84,000

(2)　利息費用

（退職給付費用（利息費用））　26,000　（退職給付引当金（退職給付債務））　26,000

＊　1,300,000千円×2.0％＝26,000千円

(3)　期待運用収益

（退職給付引当金（年金資産））　27,500　（退職給付費用（期待運用収益））　27,500

＊　1,100,000千円×2.5％＝27,500千円

(4)　前期以前発生未認識数理計算上の差異の費用処理

①　20X3年度発生額

（退職給付引当金（未認識数理計算上の差異））　20,000　（退職給付費用（費用処理額））　20,000

＊　200,000千円÷10年＝20,000千円

②　20X5年度発生額

（退職給付費用（費用処理額））　11,000　（退職給付引当金（未認識数理計算上の差異））　11,000

＊　110,000千円÷10年＝11,000千円

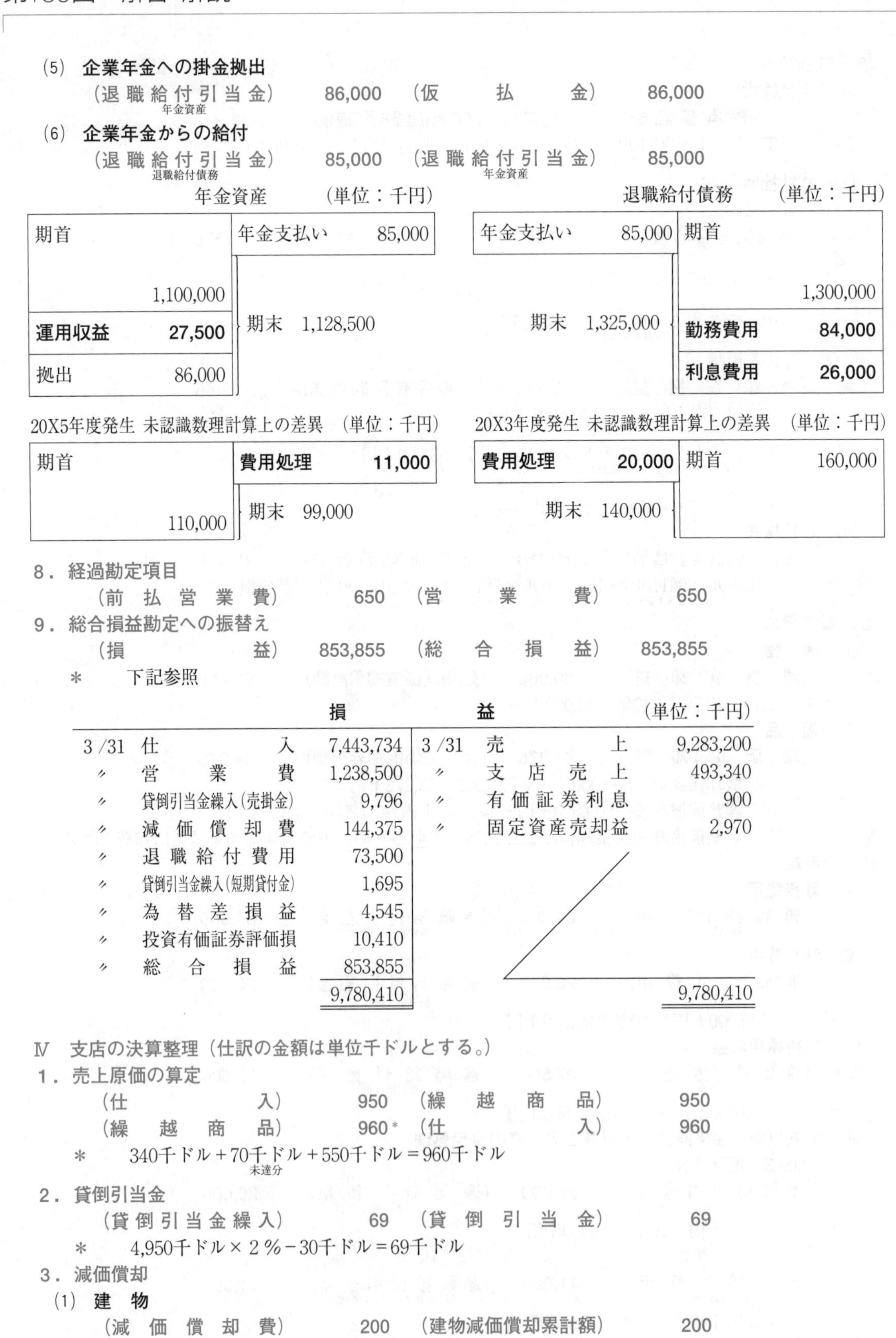

(5) **企業年金への掛金拠出**

(退職給付引当金〔年金資産〕)　86,000　(仮　払　金)　86,000

(6) **企業年金からの給付**

(退職給付引当金〔退職給付債務〕)　85,000　(退職給付引当金〔年金資産〕)　85,000

年金資産　(単位：千円)

期首	1,100,000	年金支払い	85,000
運用収益	**27,500**	期末	1,128,500
拠出	86,000		

退職給付債務　(単位：千円)

年金支払い	85,000	期首	1,300,000
期末	1,325,000	**勤務費用**	**84,000**
		利息費用	**26,000**

20X5年度発生 未認識数理計算上の差異　(単位：千円)

期首	110,000	**費用処理**	**11,000**
		期末	99,000

20X3年度発生 未認識数理計算上の差異　(単位：千円)

費用処理	**20,000**	期首	160,000
期末	140,000		

8．経過勘定項目

(前払営業費)　650　(営　業　費)　650

9．総合損益勘定への振替え

(損　益)　853,855　(総合損益)　853,855

＊　下記参照

損　益　(単位：千円)

日付	借方	金額	日付	貸方	金額
3/31	仕入	7,443,734	3/31	売上	9,283,200
〃	営業費	1,238,500	〃	支店売上	493,340
〃	貸倒引当金繰入(売掛金)	9,796	〃	有価証券利息	900
〃	減価償却費	144,375	〃	固定資産売却益	2,970
〃	退職給付費用	73,500			
〃	貸倒引当金繰入(短期貸付金)	1,695			
〃	為替差損益	4,545			
〃	投資有価証券評価損	10,410			
〃	総合損益	853,855			
		9,780,410			9,780,410

Ⅳ　支店の決算整理(仕訳の金額は単位千ドルとする。)

1．売上原価の算定

(仕　入)　950　(繰越商品)　950

(繰越商品)　960＊　(仕　入)　960

＊　340千ドル＋70千ドル〔未達分〕＋550千ドル＝960千ドル

2．貸倒引当金

(貸倒引当金繰入)　69　(貸倒引当金)　69

＊　4,950千ドル×２％－30千ドル＝69千ドル

3．減価償却

(1) **建　物**

(減価償却費)　200　(建物減価償却累計額)　200

解答・解説

＊　① 5,000千ドル÷40年＝125千ドル
　　② 3,000千ドル÷40年＝75千ドル
　　③ ①＋②＝200千ドル

(2) **備品**

（減価償却費）　512　（備品減価償却累計額）　512

＊　(4,000千ドル－1,440千ドル)×20%＝512千ドル

4．経過勘定項目

（前受収益）　60　（受取家賃）　60

＊　240千ドル×$\frac{3ヵ月}{12ヵ月}$＝60千ドル

Ⅴ　支店の円貨への換算

貸借対照表　(単位：千円)

現金預金	116,270 *1	買掛金	157,300 *1
売掛金	544,500 *1	貸倒引当金	10,890 *1
商品	106,150 *2	前受収益	20,160 *6
建物	930,000 *3	建物減価償却累計額	146,250 *4
備品	420,000 *5	備品減価償却累計額	204,960 *5
土地	1,000,000 *5	本店	2,618,360 *7
当期純損失	41,000 *8		
	3,157,920		3,157,920

＊1　決算時の為替相場を適用する。
＊2　340千ドル×@110円(仕入日レート)＋7,700千円(未達分（円貨）)＋550千ドル×@111円(仕入日レート)＝106,150千円
＊3　5,000千ドル×@120円(取得日レート)＋3,000千ドル×@110円(取得日レート)＝930,000千円
＊4　(5,000千ドル×$\frac{6年}{40年}$＋125千ドル)×@120円＋(3,000千ドル×$\frac{4年}{40年}$＋75千ドル)×@110円
　　＝146,250千円
＊5　取得時の為替相場を適用する。
＊6　受取時の為替相場を適用する。
＊7　本店における支店勘定の決算整理後残高
＊8　貸借差額

損益計算書　(単位：千円)

期首商品棚卸高	109,760 *1	売上高	5,842,500 *2
当期商品仕入高	3,887,400 *2	期末商品棚卸高	106,150
本店仕入	493,340 *3	受取利息	1,320 *6
営業費	1,316,700 *2	受取家賃	6,720 *6
貸倒引当金繰入	7,590 *4	当期純損失	41,000 *7
減価償却費	77,010 *5		
為替差損	105,890 *8		
	5,997,690		5,997,690

＊１　440千ドル×@115円＋510千ドル×@116円＝109,760千円
　　　　　　　　仕入日レート　　　　　　仕入日レート

＊２　期中平均相場を適用する。

＊３　本店における支店売上勘定の決算整理後残高

＊４　決算時の為替相場を適用する。

＊５　125千ドル×@120円＋75千ドル×@110円＋512千ドル×@105円＝77,010千円
　　　　　　　　取得日レート　　　　　取得日レート　　　　　　取得日レート

＊６　受取時の為替相場を適用する。

＊７　貸借対照表より移記する。

＊８　貸借差額

Ⅵ　本店における内部利益の調整等

１．支店当期純損失の振替え

（総合損益）	41,000	（支店）	41,000

２．内部利益の調整

（繰延内部利益）	7,590	（繰延内部利益戻入）	7,590
（繰延内部利益戻入）	7,590	（総合損益）	7,590
（繰延内部利益控除）	6,765＊	（繰延内部利益）	6,765
（総合損益）	6,765	（繰延内部利益控除）	6,765

＊　シカゴ支店の期末商品に含まれる内部利益
（340千ドル×@110円＋7,700千円）×15％＝6,765千円
　　本店仕入分　　　　　未達分（円貨）

３．法人税、住民税及び事業税の計上

（法人税、住民税及び事業税）	274,000	（未払法人税等）	274,000
（総合損益）	274,000	（法人税、住民税及び事業税）	274,000

４．総合損益勘定の締切り

（総合損益）	539,680	（繰越利益剰余金）	539,680

＊　813,680千円－274,000千円＝539,680千円
　税引前当期純利益

Ⅶ　本支店合併財務諸表の各金額

本支店合併財務諸表の各金額は、本店およびシカゴ支店の各勘定残高を合算し算定する（本支店会計における照合勘定を除く）。なお、以下の項目については、内部利益の考慮や正確性が求められるため、算定上注意する必要がある。

１．期首商品棚卸高

266,000千円＋109,760千円－7,590千円＝368,170千円
本店　シカゴ支店　前T/B繰延内部利益

２．当期商品仕入高　7,426,710千円＋3,887,400千円＝11,314,110千円
本店　シカゴ支店

３．期末商品棚卸高

253,600千円＋106,150千円－6,765千円＝352,985千円
本店　シカゴ支店　内部利益

４．為替差損　1,200千円＋400千円＋400千円＋1,000千円－500千円＋2,445千円＋105,890千円＝110,835千円
前T/B為替差損益　前記Ⅲ２(1)　前記Ⅲ２(2)　前記Ⅲ３(1)　前記Ⅲ３(2)　前記Ⅲ５(2)②　シカゴ支店の換算から生じた為替差損

金額集計仮計算

本支店合併損益計算書

(単位：千円)

借方科目	金額	貸方科目	金額
期首商品棚卸高	**368,170** ☆7 前記Ⅶ 1	売上高	9,283,600＋5,842,500 前記Ⅴ ＝**15,126,100** ☆6
当期商品仕入高	**11,314,110** ☆8 前記Ⅶ 2	期末商品棚卸高	**352,985** ☆9 前記Ⅶ 3
棚卸減耗損	**634** ☆10 前記Ⅲ 1(2)(3)	受取利息	**1,320** ☆16 前記Ⅴ
商品評価損	**3,990** ☆11 前記Ⅲ 1(2)(3)	有価証券利息	330＋570＝**900** ☆17 前記Ⅲ 5(2)①
営業費	1,239,150－650＋1,316,700 前記Ⅲ 8　前記Ⅴ ＝**2,555,200** ☆12	受取家賃	**6,720** ☆18 前記Ⅴ
貸倒引当金繰入 (販売費及び一般管理費)	9,796＋7,590＝**17,386** ☆13 前記Ⅲ 4(1)　前記Ⅴ	固定資産売却益	2,970
減価償却費	60,000＋84,375＋77,010 前記Ⅲ 6(1)　前記Ⅲ 6(2)　前記Ⅴ ＝**221,385** ☆14		
退職給付費用	84,000＋26,000－27,500－20,000 前記Ⅲ 7(1)　前記Ⅲ 7(2)　前記Ⅲ 7(3)　前記Ⅲ 7(4)① ＋11,000＝**73,500** ☆15 前記Ⅲ 7(4)②		
貸倒引当金繰入 (営業外費用)	**1,695** ☆19 前記Ⅲ 4(2)		
為替差損	**110,835** ☆20 前記Ⅶ 4		
投資有価証券評価損	**10,410** ☆21 前記Ⅲ 5(3)		
法人税、住民税及び事業税	274,000 前記Ⅵ 3		

会　計　学

第１問

1	2	3	4
❷ ウ	❷ ア	❷ ウ	❷ ア

第２問

(ア)	(イ)	(ウ)	(エ)
❶ 研究開発	❶ 無形	❷ 22,500	❷ 12,750

(オ)	(カ)	(キ)	(ク)
❶ 株主総	❶ 294,000	❷ 31,250	❷ 225,250

(ケ)	(コ)	(サ)	(シ)
❶ Q	❶ 100,000	❷ 7,000	❶ 93,000

予想採点基準　❶点×７箇所＝７点
❷点×９箇所＝18点
合計25点

解　説

第１問

解答参照

第２問

解説上、仕訳の金額は単位千円とする。

１．ソフトウェア

⑴　**市場販売目的のソフトウェアの会計処理**

市場販売目的のソフトウェアの制作費は、研究開発に該当する部分を除き、資産として貸借対照表の無形固定資産の区分に計上しなければならない。また、ソフトウェア制作費のうち、研究開発に該当する部分は研究開発費として費用処理する。

⑵　**ソフトウェアの減価償却**

①　X2年度におけるソフトウェアの償却費

(イ)　見込販売数量に基づく償却額　$48{,}000\text{千円} \times \dfrac{1{,}500\text{個}}{3{,}200\text{個}} = 22{,}500\text{千円}$

(ロ)　残存有効期間に基づく均等配分額　$48{,}000\text{千円} \times \dfrac{1\text{年}}{3\text{年}} = 16{,}000\text{千円}$

(ハ)　(イ)>(ロ)　∴22,500千円

②　X3年度末におけるソフトウェアの未償却残高

(イ)　見込販売数量に基づく償却額　$(48{,}000\text{千円} - 22{,}500\text{千円}) \times \dfrac{400\text{個}}{1{,}200\text{個}} = 8{,}500\text{千円}$

(ロ)　残存有効期間に基づく均等配分額　$(48{,}000\text{千円} - 22{,}500\text{千円}) \times \dfrac{1\text{年}}{2\text{年}} = 12{,}750\text{千円}$

(ハ)　(イ)<(ロ)　∴12,750千円

(ニ)　48,000千円－22,500千円－12,750千円＝12,750千円

２．株主資本の各勘定残高

⑴　**計算書類の承認**

貸借対照表や損益計算書などの計算書類は、会社法の規定により原則として株主総会の承認を受けなければならない。

⑵　**分配可能額の算定**

①　剰余金分配時点における剰余金の額　30,000千円＋289,000千円＝319,000千円

②　のれん等調整額による影響額

(イ)　のれん等調整額　540,000千円÷２＝270,000千円

(ロ)　資本等金額　200,000千円＋30,000千円＋15,000千円＝245,000千円

したがって、(イ)>(ロ)

(ハ)　資本等金額＋その他資本剰余金　245,000千円＋30,000千円＝275,000千円

(ニ)　分配可能額の算定上控除される額　(イ)≦(ハ)より、270,000千円－245,000千円＝25,000千円

③　分配可能額　319,000千円－25,000千円＝294,000千円

⑶　**剰余金の配当等**

（その他資本剰余金）	21,250 *2	（未払配当金）	80,000
（繰越利益剰余金）	63,750 *3	（資本準備金）	1,250 *1
		（利益準備金）	3,750 *1

＊１　①　準備金の積立額

(イ)　$80{,}000\text{千円} \times \dfrac{1}{10} = 8{,}000\text{千円}$

(ロ)　$200{,}000千円 \times \frac{1}{4} - (30{,}000千円 + 15{,}000千円) = 5{,}000千円$

(ハ)　(イ)>(ロ)　∴5,000千円

②　資本準備金への配分額　$5{,}000千円 \times \frac{20{,}000千円}{20{,}000千円 + 60{,}000千円} = 1{,}250千円$

③　利益準備金への配分額　$5{,}000千円 \times \frac{60{,}000千円}{20{,}000千円 + 60{,}000千円} = 3{,}750千円$

＊2　20,000千円＋1,250千円＝21,250千円
＊3　60,000千円＋3,750千円＝63,750千円

3．共同新設分割

(1)　事業分離後のＲ社株式持分割合

①　Ｐ社の持分割合　$\frac{240株}{240株 + 560株} = 30\%$

②　Ｑ社の持分割合　$\frac{560株}{240株 + 560株} = 70\%$

以上から、取得企業はＱ社と識別される。また、Ｐ社にとってＲ社は関連会社に該当する。

(2)　Ｐ社（分離元企業）の会計処理

（p　事　業　負　債）　×××　（p　事　業　資　産）　×××
（Ｒ　社　株　式）　100,000
関連会社株式

Ｒ社（分離先企業）が関連会社に該当し、投資の継続とみなして会計処理するため、Ｒ社株式の取得原価は、移転事業に係る株主資本相当額（事業分割前の移転事業の帳簿価額）にもとづいて算定する。

(3)　Ｑ社（分離元企業）の会計処理

（q　事　業　負　債）　×××　（q　事　業　資　産）　×××
（Ｒ　社　株　式）　200,000
子会社株式

Ｒ社（分離先企業）が子会社に該当し、投資の継続とみなして会計処理するため、Ｒ社株式の取得原価は、移転事業に係る株主資本相当額（事業分割前の移転事業の帳簿価額）にもとづいて算定する。

(4)　Ｑ社連結財務諸表の作成

①　分離先企業持分の会計処理

(イ)　p事業資産などの時価評価

（p事業資産など）　10,000　（評　価　差　額）　10,000

＊　110,000千円（p事業識別可能純資産の時価）－100,000千円（p事業純資産の帳簿価額）＝10,000千円

(ロ)　投資と資本の相殺消去

（資　本　金　な　ど）　100,000　（Ｒ　社　株　式）　84,000 ＊1
（評　価　差　額）　10,000　（非支配株主持分）　33,000 ＊2
（の　れ　ん）　7,000 ＊3

＊1　120,000千円（p事業の価値）×70%＝84,000千円

＊2　(100,000千円（p事業純資産の帳簿価額）＋10,000千円（評価差額））×30%＝33,000千円

＊3　84,000千円－(100,000千円（p事業純資産の帳簿価額）＋10,000千円（評価差額））×70%＝7,000千円

② 分離事業（q事業）持分の会計処理

（資本金など）	200,000 [*1]	（R社株式）	116,000 [*2]
		（非支配株主持分）	60,000 [*3]
		（資本剰余金）	24,000 [*4]

＊1　q事業に係る株主資本相当額にもとづいて算定

＊2　200,000千円（子会社株式）－84,000千円（前記3(4)①(ロ)）＝116,000千円

＊3　200,000千円（q事業純資産の帳簿価額）×30%＝60,000千円

＊4　貸借差額

第159回 解答・解説

工業簿記

問1

①	9,500 ☆1	千円 ❷	
②	140,080 ☆2	千円 ❷	
③	177,500 ☆3	千円 ❷	
④	3,025 ☆4	千円 ❷	
⑤	5,450 ☆5	千円 ❷	
⑥	5,616 ☆6	千円 ❷	
⑦	488 ☆7	千円	（〔借方差異〕 貸方差異 ）❷

（注）（　）内はいずれかを○で囲みなさい。ただし、差異がゼロの場合その必要はない。

問2

①	75 ☆8	千円	（〔借方差異〕 貸方差異 ）❶
②	0 ☆9	千円	（ 借方差異 貸方差異 ）❶
③	5 ☆10	千円	（〔借方差異〕 貸方差異 ）❶
④	0 ☆11	千円	（ 借方差異 貸方差異 ）❶
⑤	30.5 ☆12	千円	（〔借方差異〕 貸方差異 ）❷
⑥	10 ☆13	千円	（〔借方差異〕 貸方差異 ）❶
⑦	367.5 ☆14	千円	（〔借方差異〕 貸方差異 ）❷

（注）（　）内はいずれかを○で囲みなさい。ただし、差異がゼロの場合その必要はない。

問3 ② ③ ❷

予想採点基準 ❶点×５箇所＝５点
❷点×10箇所＝20点
合計25点

解 説

1．原価標準

(1) 第1工程

① 第1作業

直接材料費(M－1)	1kg×@2,000円	＝	2,000円
直接労務費	0.15時間×@1,000円	＝	150円
製造間接費	0.15時間×@1,500円	＝	225円
合　計			2,375円

② 第2作業

前作業費	1個×@2,375円	＝	2,375円
直接労務費	0.05時間×@1,000円	＝	50円
製造間接費	0.05時間×@1,500円	＝	75円
合　計			2,500円

(2) 第2工程

① 第3作業

前工程費	1個×@2,500円	＝	2,500円
直接労務費	0.3時間×@1,500円	＝	450円
製造間接費	0.3時間×@2,000円	＝	600円
合　計			3,550円

② 第4作業

前作業費	1個×@3,550円	＝	3,550円
直接材料費（M－2）	1kg×@1,500円	＝	1,500円
直接労務費	0.2時間×@2,000円	＝	400円
製造間接費	0.2時間×@2,000円	＝	400円
正味標準原価			5,850円
正常仕損費	5,850円×3％	＝	175.5円
総標準原価			6,025.5円

2．生産データ

(1) 第1工程

第1工程－第1作業 生産データ　(単位：個)

月初仕掛品	0	(0)	完了品	67,000	(67,000)
当月投入	70,000	(68,500)	月末仕掛品	3,000	(1,500)

第1工程－第1作業完了品　(単位：個)

月初仕掛品	4,000	第2作業へ投入	71,000
完了品	67,000	月末仕掛品	0

第1工程－第2作業 生産データ　(単位：個)

月初仕掛品	0	(0)	完成品	71,000	(71,000)
当月投入	71,000	(71,000)	月末仕掛品	0	(0)

① 第１作業当月投入数量　70,000個（第１工程当月投入数量）

② 第１作業完了品数量　70,000個（当月）＋０個（月初）－3,000個（月末）＝67,000個

③ 第１作業当月加工換算量　67,000個（完了）＋1,500個（月末）－０個（月初）＝68,500個

④ 第２作業完成品数量　71,000個（第１工程完成品数量）

⑤ 第２作業当月加工換算量　71,000個（完成）＋０個（月末）－０個（月初）＝71,000個

(2) **第２工程**

第２工程－第３作業　生産データ　（単位：個）

月初仕掛品	1,000	(500)	完了品	72,000	(72,000)
当月投入	71,000	(71,500)	月末仕掛品	0	(0)

第２工程－第４作業　生産データ　（単位：個）

月初仕掛品	0	(0)	完成品	68,000	(68,000)
当月投入	72,000	(71,500)	正常仕損	2,040	(2,040)
			異常仕損	960	(960)
			月末仕掛品	1,000	(500)

① 第３作業当月投入数量　71,000個（第２工程当月投入数量）

② 第３作業完了品数量　71,000個（当月）＋1,000個（月初）－０個（月末）＝72,000個

③ 第３作業当月加工換算量　72,000個（完了）＋０個（月末）－500個（月初）＝71,500個

④ 第４作業当月投入数量　72,000個（第３作業完了品数量）

⑤ 第４作業完成品数量　68,000個（第２工程完成品数量）

⑥ 第４作業正常仕損品数量　68,000個×３％＝2,040個

⑦ 第４作業異常仕損品数量　3,000個－2,040個＝960個

⑧ 第４作業当月加工換算量　68,000個（完成）＋2,040個（正常）＋960個（異常）＋500個（月末）
－０個（月初）＝71,500個

3．仕掛品－第１工程勘定

(1) **（借方）月初有高（第１作業完了品）**　4,000個×@2,375円＝**9,500千円** ☆1

(2) **（借方）直接材料費（直接材料Ｍ－1）**　70,040kg×@2,000円＝**140,080千円** ☆2

(3) **（貸方）完成品（第２作業）**　71,000個×@2,500円＝**177,500千円** ☆3

4．仕掛品－第２工程勘定

(1) **（借方）月初有高（第３作業）**　1,000個×@2,500円＋500個×@450円＋500個×@600円＝**3,025千円** ☆4

(2) **（貸方）月末有高（第４作業）**

1,000個×@3,550円＋1,000個×@1,500円＋500個×@400円＋500個×@400円＝**5,450千円** ☆5

(3) **（貸方）異常仕損費**　960個×@5,850円＝**5,616千円** ☆6

(4) **（貸方）標準原価差異**　下記解説「５．仕掛品－第２工程勘定の標準原価差異」参照

5．仕掛品－第２工程勘定の標準原価差異

(1) **第２工程直接材料費数量差異（直接材料Ｍ－2）**

(72,000個×１kg－72,050kg)×@1,500円＝**75千円（借方差異）** ☆8

(2) **第２工程直接材料費価格差異**

修正パーシャル・プランであるため、仕掛品勘定において価格差異は把握されない。☆9

(3) **第２工程直接労務費時間差異**

① 第３作業　(71,500個×0.3時間－21,460時間)×@1,500円＝15千円（借方差異）

② 第４作業 (71,500個×0.2時間－14,295時間)×@2,000円＝10千円 (貸方差異)

③ 第２工程直接労務費時間差異 15千円(借方差異)＋10千円(貸方差異)＝**5千円 (借方差異)** ☆10

(4) **第２工程直接労務費賃率差異**

修正パーシャル・プランであるため、仕掛品勘定において賃率差異は把握されない。☆11

(5) **第２工程製造間接費予算差異**

① 第２工程固定費予算額 36,000時間×@1,500円＝54,000,000円

② 第２工程実際操業度 (第３作業＋第４作業) 21,460時間＋14,295時間＝35,755時間

③ 第２工程製造間接費予算差異

54,000,000円＋35,755時間×@500円－71,908,000円＝**30.5千円 (借方差異)** ☆12

④ 第２工程標準操業度 (第３作業＋第４作業) 71,500個×0.3時間＋71,500個×0.2時間＝35,750時間

⑤ 第２工程製造間接費能率差異 (35,750時間－35,755時間)×@2,000円＝**10千円 (借方差異)** ☆13

⑥ 第２工程製造間接費操業度差異 (35,755時間－36,000時間)×@1,500円＝**367.5千円 (借方差異)** ☆14

(6) **仕掛品－第２工程勘定における標準原価差異**

75千円(借方差異)＋５千円(借方差異)＋30.5千円(借方差異)＋10千円(借方差異)

＋367.5千円(借方差異)＝**488千円(借方差異)** ☆7

原価計算

第1問

問1

①	(実際)	直接	個別	総合	標準	❶
②	税務	管理	原価	一般	(財務)	❶
③	目標	予算	給付	(標準)	実際	❶

問2　1　2　3　4　❷

第2問

問1　3,900 ☆1 円 ❷

問2　1,200 ☆2 円　（ 借方 ・(貸方)）差異 ❷

（注）（　　）内は「借方」か「貸方」のいずれかを○で囲みなさい。

問3　15,900 ☆3 円　（(借方)・ 貸方 ）差異 ❷

（注）（　　）内は「借方」か「貸方」のいずれかを○で囲みなさい。

問4　115,500 ☆4 円　（(借方)・ 貸方 ）差異 ❷

（注）（　　）内は「借方」か「貸方」のいずれかを○で囲みなさい。

問5　25,600 ☆5 円　（ 借方 ・(貸方)）差異 ❷

（注）（　　）内は「借方」か「貸方」のいずれかを○で囲みなさい。

第3問

問1　216,000 ☆6 円 ❷

問2　①　5,100 ☆7 円／個 ❷

②　544,000 ☆8 円 ❷

③　3 ☆9 % ❷

問3　3,795 ☆10 円／個 ❷

予想採点基準　❶点×3箇所＝3点
❷点×11箇所＝22点
合計25点

解 説

第１問

問１　原価計算基準２参照

問２　原価計算基準１参照

第２問

１．Ｋ製品の原価標準

(1)　**４kg当たりの標準原価**

Ｓ原料	３kg　×@1,600円	＝	4,800円
Ｔ原料	２kg　×@2,200円	＝	4,400円
	５kg		
加工費	２時間×@3,200円※	＝	6,400円　※標準配賦率　1,600,000円÷500時間＝@3,200円
合計			15,600円

(2)　**Ｋ製品の原価標準**

15,600円÷４kg＝**3,900円** ☆1

２．標準歩留率

４kg÷５kg＝0.8(80%)

３．生産データ

(1)　**当月投入数量および換算量（実際消費量）**

650kg(Ｓ原料)＋430kg(Ｔ原料)＝1,080kg

(2)　**生産データのまとめ（単位：kg）**

実際生産データ

当月 1,080－1,080	完成　880－880
	歩減　200－200

標準生産データ

当月 1,100－1,100	完成　880－880
	歩減　220－220

※当月　880kg÷0.8＝1,100kg

４．原価差異の分析

(1)　**原料配合差異**

①　標準配合割合

Ｓ原料　３kg÷５kg＝0.6　　　Ｔ原料　２kg÷５kg＝0.4

②　実際消費量×標準配合割合

Ｓ原料　1,080kg×0.6＝648kg　　　Ｔ原料　1,080kg×0.4＝432kg

③　原料配合差異

Ｓ原料　(648kg－650kg)×@1,600円＝3,200円(借方差異)

Ｔ原料　(432kg－430kg)×@2,200円＝4,400円(貸方差異)

合計　**1,200円(貸方差異)** ☆2

(2)　**加工費の予算差異**

①　固定費率　1,050,000円÷500時間＝@2,100円

②　変動費率　@3,200円－@2,100円＝@1,100円

③　実際操業度における予算額　1,050,000円＋445時間×@1,100円＝1,539,500円

④　加工費の予算差異　1,539,500円－1,555,400円＝**15,900円（借方差異）**☆3

(3)　**加工費の操業度差異**

(445時間－500時間)×@2,100円＝**115,500円（借方差異）**☆4

(4)　**加工費の歩留差異**

①　投入原料1kg当たりの標準作業時間　2時間÷5kg＝0.4時間

②　標準消費量合計に対する標準作業時間　1,100kg×0.4時間＝440時間

③　実際消費量合計に対する標準作業時間　1,080kg×0.4時間＝432時間

④　加工費の歩留差異　(440時間－432時間)×@3,200円＝**25,600円（貸方差異）**☆5

第3問

1．D事業部の現状における営業利益

問題資料5.(3)の指示により、直接原価計算によって計算する。

販売量	Y1個	Y300個
売上高	＋@9,000円	
変動製造原価	△@4,000円	
変動販売費	△@　250円	
貢献利益	＋@4,750円	1,425,000円
固定費	1,209,000円	1,209,000円
営業利益		**216,000円**☆6

(1)　変動製造原価
(直接材料費＋変動加工費)
@2,500円＋@1,500円＝@4,000円

(2)　固定費（固定加工費＋固定販管費）
500個×@2,200円＋109,000円
＝1,209,000円

2．製品Xの全部標準原価に2％をマークアップした内部振替価格（問2①）

(1)　**製品Xの全部標準原価**

@1,800円＋@1,200円＋@2,000円＝@5,000円

(2)　**製品Xの全部標準原価に2％をマークアップした内部振替価格**

@5,000円×（1＋0.02）＝**@5,100円**☆7

3．S事業部の外部販売も含めた営業利益（問2②）

(1)　**S事業部の現状における営業利益**

販売量	X1個	X1,000個
売上高	＋@6,200円	
変動製造原価	△@3,000円	
変動販売費	△@　300円	
貢献利益	＋@2,900円	2,900,000円
固定費	2,776,000円	2,776,000円
営業利益		124,000円

①　変動製造原価
(直接材料費＋変動加工費)
@1,800円＋@1,200円＝@3,000円

②　固定費（固定加工費＋固定販管費）
1,200個×@2,000円＋376,000円
＝2,776,000円

(2) **S事業部が内部振替取引により得られる営業利益**

販売量	X 1個	X200個
売上高	＋@5,100円	
変動製造原価	△@3,000円	
変動販売費	0円	
貢献利益	＋@2,100円	420,000円
追加固定費	0円	0円
営業利益		420,000円

① 内部販売量
(製品Zの製造販売量×２個)
100個×２個＝200個

(3) **S事業部の外部販売も含めた営業利益**

124,000円＋420,000円＝**544,000円** ☆8

4．D事業部の製品Zの販売も含めた売上高営業利益率（問２③）

(1) **D事業部の現状における営業利益**

販売量	Y 1個	Y300個
売上高	＋@9,000円	2,700,000円
変動製造原価	△@4,000円	
変動販売費	△@ 250円	
貢献利益	＋@4,750円	1,425,000円
固定費	1,209,000円	1,209,000円
営業利益		216,000円

(2) **D事業部が製品Zの販売により得られる営業利益**

販売量	Z 1個	Z100個
売上高	＋@11,000円	1,100,000円
変動製造原価	△@11,620円	
変動販売費	△@ 400円	
貢献利益	△@ 1,020円	△102,000円
追加固定費	0円	0円
営業利益		△102,000円

① 変動製造原価
製品Xの購入原価と変動加工費を合算する。
製品Xを２個必要とする点に注意する。
２個×@5,100円＋@1,420円
＝@11,620円

(3) **D事業部の製品Zの販売も含めた売上高営業利益率**

① 売上高
2,700,000円＋1,100,000円＝3,800,000円

② 営業利益
216,000円－102,000円＝114,000円

③ 売上高営業利益率
114,000円÷3,800,000円＝**0.03(３％)** ☆9

5．製品Xの内部振替により増加する営業利益を事業部間で折半できる内部振替価格

(1)　製品Xの内部振替により増加する営業利益

販売量	S事業部 X 2個	D事業部 Z 1個	合計 Z 1個	合計 Z 100個
外部売上高	−	＋@11,000円	＋@11,000円	
内部売上高	＋ ? 円	−	＋ ? 円	相殺されるので無視
内部仕入高	−	△ ? 円	△ ? 円	
変動製造原価	△@ 6,000円	△@ 1,420円	△@ 7,420円	
変動販売費	0円	△@ 400円	△@ 400円	
貢献利益			＋@ 3,180円	318,000円
追加固定費	0円	0円	0円	0円
営業利益				318,000円

∴318,000円÷2で、159,000円ずつを事業部間で折半すればよい。

(2)　製品Xの内部振替により増加する営業利益を事業部間で折半できる内部振替価格

販売量	S事業部 X200個	D事業部 Z100個	合計 Z100個
外部売上高	−	＋1,100,000円	
内部売上高	**＋759,000円**	−	合計・差引で求める
内部仕入高	−	**△759,000円**	
変動製造原価	△600,000円	△142,000円	
変動販売費	0円	△ 40,000円	
貢献利益	＋159,000円	＋159,000円	＋318,000円
追加固定費	0円	0円	0円
営業利益	＋159,000円	＋159,000円	＋318,000円

∴759,000円÷X200個で、**X1個当たりの内部振替価格は3,795円である。**☆10

第161回 解答・解説

商業簿記

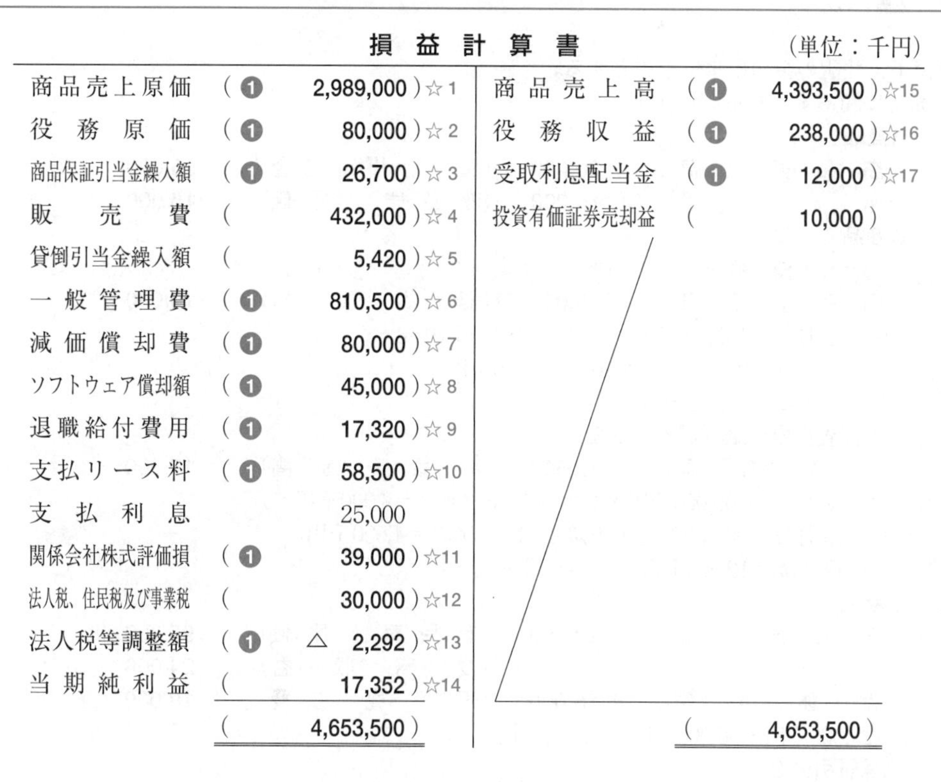

損 益 計 算 書 (単位：千円)

商品売上原価	(❶ 2,989,000) ☆1	商品売上高	(❶ 4,393,500) ☆15
役務原価	(❶ 80,000) ☆2	役務収益	(❶ 238,000) ☆16
商品保証引当金繰入額	(❶ 26,700) ☆3	受取利息配当金	(❶ 12,000) ☆17
販売費	(432,000) ☆4	投資有価証券売却益	(10,000)
貸倒引当金繰入額	(5,420) ☆5		
一般管理費	(❶ 810,500) ☆6		
減価償却費	(❶ 80,000) ☆7		
ソフトウェア償却額	(❶ 45,000) ☆8		
退職給付費用	(❶ 17,320) ☆9		
支払リース料	(❶ 58,500) ☆10		
支払利息	25,000		
関係会社株式評価損	(❶ 39,000) ☆11		
法人税、住民税及び事業税	(30,000) ☆12		
法人税等調整額	(❶ △ 2,292) ☆13		
当期純利益	(17,352) ☆14		
	(4,653,500)		(4,653,500)

貸 借 対 照 表 (単位：千円)

現金預金	(❶ 613,200) ☆18	買掛金	585,000
売掛金	(735,000) ☆19	契約負債	(❶ 31,500) ☆29
貸倒引当金	(❶ △ 8,820) ☆20	短期借入金	(❶ 90,000) ☆30
商品	(❶ 443,000) ☆21	商品保証引当金	(35,700) ☆31
前払費用	(16,500) ☆22	未払法人税等	(❶ 16,000) ☆32
建物	1,500,000	未払費用	(10,000) ☆33
建物減価償却累計額	(❶ △ 380,000) ☆23	長期借入金	1,000,000
土地	1,089,900	退職給付引当金	(❶ 34,320) ☆34
ソフトウェア	(90,000) ☆24	資本金	1,000,000
投資有価証券	(137,000) ☆25	資本準備金	200,000
関係会社株式	(21,000) ☆26	利益準備金	(❶ 50,000) ☆35
破産更生債権等	(❶ 1,400) ☆27	繰越利益剰余金	(1,202,352) ☆36
繰延税金資産	(❶ 8,592) ☆28	その他有価証券評価差額金	(❶ 11,900) ☆37
	(4,266,772)		(4,266,772)

(注) 金額がマイナスの場合、△を付しなさい。

予想採点基準 ❶点×25箇所＝25点 合計25点

解　説

解説上、仕訳の金額は単位千円とする。

1．売上に関連する修正

(1)　**A商品**

(商品売上高)	20,000	(売掛金)	20,000
(商品)	15,000	(商品売上原価)	15,000

(2)　**B商品**

①　売上計上額の修正

(商品売上高)	19,000	(契約負債)	19,000

＊　(イ)　2月分　100,000千円×10%＝10,000千円
　　(ロ)　3月分　90,000千円×10%＝9,000千円
　　(ハ)　(イ)＋(ロ)＝19,000千円

②　履行義務の充足（ポイント使用分）

(契約負債)	12,500	(商品売上高)	12,500

＊　(イ)　2月分　100,000千円×10%×(1－20%)＝8,000千円
　　(ロ)　3月分　90,000千円×10%×(1－50%)＝4,500千円
　　(ハ)　(イ)＋(ロ)＝12,500千円

(3)　**C商品**

(商品売上高)	120,000	(商品売上原価)	96,000
		(役務収益)	24,000*
(役務原価)	18,000	(販売費)	18,000

＊　120,000千円－96,000千円＝24,000千円

2．商品保証引当金

(1)　**一般管理費の修正**

(商品保証引当金)	11,000	(一般管理費)	11,000

(2)　**商品保証引当金の設定（差額補充法）**

(商品保証引当金繰入額)	26,700	(商品保証引当金)	26,700

＊　(2,400,000千円－20,000千円)×1.5%－(20,000千円－11,000千円)＝26,700千円
　　A商品売上高　前記1(1)　前T/B商品保証引当金　前記2(1)

3．貸倒引当金

(1)　**貸倒れ**

(貸倒引当金)	3,600*	(売掛金)	5,000
(破産更生債権等)	1,400		

＊　5,000千円－1,400千円＝3,600千円
　　担保評価額

(2)　**貸倒引当金の設定（一般債権：差額補充法）**

(貸倒引当金繰入額)	5,420	(貸倒引当金)	5,420

＊　(760,000千円－20,000千円－5,000千円)×1.2%－(7,000千円－3,600千円)＝5,420千円
　　前T/B売掛金　前記1(1)　前記3(1)　前T/B貸倒引当金　前記3(1)

4．投資有価証券

(1)　**配当金領収証**

(現金預金)	4,000	(受取利息配当金)	4,000

(2)　**投資有価証券の売却（金融取引）**

(現金預金)	40,000	(短期借入金)	40,000

(3)　**時価評価**

(投資有価証券)	17,000*1	(繰延税金負債)	5,100*2
		(その他有価証券評価差額金)	11,900*3

＊1　(40,000千円＋97,000千円)－120,000千円＝17,000千円（評価益）
　　時価　前T/B投資有価証券

＊２　17,000千円×30％＝5,100千円

＊３　17,000千円－5,100千円＝11,900千円

５．関係会社株式

借方	金額	貸方	金額
(関係会社株式評価損)	39,000	(関係会社株式)	39,000

＊　(300,000千円－265,000千円)×60％－60,000千円＝△39,000千円（評価損）
資産総額　負債総額　持分比率　前T/B関係会社株式

６．減価償却

(1)　建　物（耐用年数の変更）

借方	金額	貸方	金額
(減価償却費)	80,000	(建物減価償却累計額)	80,000

＊　(1,500,000千円－300,000千円)÷15年＝80,000千円
前T/B建物　前T/B建物減価償却累計額　残存耐用年数

(2)　ソフトウェア

借方	金額	貸方	金額
(ソフトウェア償却額)	45,000	(ソフトウェア)	45,000

＊　135,000千円÷(５年－２年)＝45,000千円

７．退職給付

(1)　退職年金の掛金および退職一時金の支払いに関する修正

借方	金額	貸方	金額
(退職給付引当金)	9,000	(退職給付費用)	9,000

(2)　勤務費用

借方	金額	貸方	金額
(退職給付費用) 勤務費用	12,000	(退職給付引当金) 退職給付債務	12,000

(3)　利息費用

借方	金額	貸方	金額
(退職給付費用) 利息費用	8,000	(退職給付引当金) 退職給付債務	8,000

＊　400,000千円×２％＝8,000千円

(4)　期待運用収益

借方	金額	貸方	金額
(退職給付引当金) 年金資産	6,680	(退職給付費用) 期待運用収益	6,680

＊　334,000千円×２％＝6,680千円

(5)　過年度発生未認識数理計算上の差異の費用処理

借方	金額	貸方	金額
(退職給付費用) 費用処理額	4,000	(退職給付引当金) 未認識数理計算上の差異	4,000

＊　40,000千円÷(12年－２年)＝4,000千円

(6)　年金基金からの給付

借方	金額	貸方	金額
(退職給付引当金) 退職給付債務	8,000	(退職給付引当金) 年金資産	8,000

８．利益準備金の積立て

借方	金額	貸方	金額
(繰越利益剰余金)	4,000	(利益準備金)	4,000

＊(1)　50,000千円×$\frac{1}{10}$＝5,000千円

(2)　1,000,000千円×$\frac{1}{4}$－(200,000千円＋46,000千円)＝4,000千円

(3)　(1)＞(2)　∴ 4,000千円

９．経過勘定項目

借方	金額	貸方	金額
(前払一般管理費) 前払費用	16,500	(一般管理費)	16,500
(支払リース料)	10,000	(未払リース料) 未払費用	10,000

10．法人税、住民税及び事業税

借方	金額	貸方	金額
(法人税、住民税及び事業税)	30,000	(仮払法人税等)	14,000
		(未払法人税等)	16,000＊

＊　30,000千円－14,000千円＝16,000千円

11. 税効果会計（投資有価証券を除く）

（繰延税金資産）　2,292　（法人税等調整額）　2,292

＊(1) 期首繰延税金資産　11,400千円（前T/B繰延税金資産）

(2) 期末繰延税金資産

① 未払事業税に係る繰延税金資産　2,500千円×30%＝750千円

② 貸倒引当金に係る繰延税金資産

(イ) 貸倒引当金　7,000千円－3,600千円＋5,420千円＝8,820千円

(ロ) 8,820千円×30%＝2,646千円

③ 退職給付引当金に係る繰延税金資産

(イ) 退職給付引当金

26,000千円－9,000千円＋12,000千円＋8,000千円－6,680千円＋4,000千円＋8,000千円－8,000千円
＝34,320千円

(ロ) 34,320千円×30%＝10,296千円

④ ①＋②＋③＝13,692千円

(3) 法人税等調整額　(2)－(1)＝2,292千円（貸方）

金額集計仮計算

損益計算書　（単位：千円）

借方科目	金額	貸方科目	金額
商品売上原価	3,100,000（前記1(1)）－15,000－96,000（前記1(3)） ＝**2,989,000**☆1	商品売上高	4,540,000－20,000（前記1(1)）－19,000（前記1(2)①） ＋12,500（前記1(2)②）－120,000（前記1(3)）＝**4,393,500**☆15
役務原価	62,000＋18,000（前記1(3)）＝**80,000**☆2	役務収益	214,000＋24,000（前記1(3)）＝**238,000**☆16
商品保証引当金繰入額	**26,700**☆3（前記2(2)）	受取利息配当金	8,000＋4,000（前記4(1)）＝**12,000**☆17
販売費	450,000－18,000（前記1(3)）＝**432,000**☆4	投資有価証券売却益	10,000
貸倒引当金繰入額	**5,420**☆5（前記3(2)）		
一般管理費	838,000－11,000（前記2(1)）－16,500（前記9） ＝**810,500**☆6		
減価償却費	**80,000**☆7（前記6(1)）		
ソフトウェア償却額	**45,000**☆8（前記6(2)）		
退職給付費用	9,000－9,000（前記7(1)）＋12,000（前記7(2)）＋8,000（前記7(3)） －6,680（前記7(4)）＋4,000（前記7(5)）＝**17,320**☆9		
支払リース料	48,500＋10,000（前記9）＝**58,500**☆10		
支払利息	25,000		
関係会社株式評価損	**39,000**☆11（前記5）		
法人税、住民税及び事業税	**30,000**☆12（前記10）		
法人税等調整額	**2,292**☆13（前記11）		
当期純利益	貸借差額　**17,352**☆14		

解答・解説

金額集計仮計算

貸借対照表 (単位：千円)

科目	金額	科目	金額
現金預金	569,200＋4,000＋40,000＝**613,200** ☆ 18 前記4(1) 前記4(2)	買掛金	585,000
売掛金	760,000－20,000－5,000＝**735,000** ☆ 19 前記1(1) 前記3(1)	契約負債	25,000＋19,000－12,500＝**31,500** ☆ 29 前記1(2)① 前記1(2)②
貸倒引当金	7,000－3,600＋5,420＝**8,820** ☆ 20 前記3(1) 前記3(2)	短期借入金	50,000＋40,000＝**90,000** ☆ 30 前記4(2)
商品	428,000＋15,000＝**443,000** ☆ 21 前記1(1)	商品保証引当金	20,000－11,000＋26,700＝**35,700** ☆ 31 前記2(1) 前記2(2)
前払費用	**16,500** ☆ 22 前記9	未払法人税等	**16,000** ☆ 32 前記10
建物	1,500,000	未払費用	**10,000** ☆ 33 前記9
建物減価償却累計額	300,000＋80,000＝**380,000** ☆ 23 前記6(1)	長期借入金	1,000,000
土地	1,089,900	退職給付引当金	26,000－9,000＋12,000＋8,000 前記7(1) 前記7(2) 前記7(3) －6,680＋4,000＋8,000－8,000 前記7(4) 前記7(5) 前記7(6) 前記7(6) ＝**34,320** ☆ 34
ソフトウェア	135,000－45,000＝**90,000** ☆ 24 前記6(2)		
投資有価証券	120,000＋17,000＝**137,000** ☆ 25 前記4(3)	資本金	1,000,000
関係会社株式	60,000－39,000＝**21,000** ☆ 26 前記5	資本準備金	200,000
破産更生債権等	**1,400** ☆ 27 前記3(1)	利益準備金	46,000＋4,000＝**50,000** ☆ 35 前記8
繰延税金資産	11,400＋2,292－5,100＝**8,592** ☆ 28 前記11 前記4(3)	繰越利益剰余金	1,189,000－4,000＋17,352 前記8 当期純利益 ＝**1,202,352** ☆ 36
		その他有価証券評価差額金	**11,900** ☆ 37 前記4(3)

会　計　学

第 1 問

ア	イ	ウ
❶ 評価・換算差額等	❶ 切放	❶ 修正受渡日

エ	オ
❶ 売価還元	❶ 直接

第 2 問

（単位：円）

問 1	問 2	問 3	問 4
❷ 700,686	❷ 259,314	❷ 960,000	❶ 113,607

第 3 問

問 1

（単位：円）

(1)	(2)	(3)	(4)	(5)
❷ 2,508,000	❷ 560,000	❷ 3,048,000	❷ 300,000	❷ 1,284,000

問 2

（単位：円）

(1)	(2)	(3)
❶ 1,023,120	❶ 10,795,440	❶ 852,440

予想採点基準　❶点×9箇所＝ 9点
❷点×8箇所＝16点
合計25点

解 説

第１問

１．その他有価証券評価差額金、繰延ヘッジ損益などは、連結貸借対照表ではその他の包括利益累計額の区分に掲記されるが、個別貸借対照表においては（評価・換算差額等）の区分に掲記される。

貸借対照表の純資産の部の表示に関する会計基準・８参照

２．前期に計上した時価による評価損益の戻入れに関しては、当期に戻入れを行う洗替法と、当期に戻入れを行わない（切放）法とがある。

金融商品会計に関する実務指針・67参照

３．有価証券のような金融商品は、売買契約日に取引を記録するのが原則である。これを約定日基準という。ただし、買手は約定日から受渡日までの時価の変動のみを認識し、また売手は売却損益だけを約定日に認識し、有価証券が移転したときに受渡しを記録する（修正受渡日）基準の適用も認められている。

金融商品会計に関する実務指針・22参照

４．棚卸資産の貸借対照表価額の算定方法のうち、異なる品目の資産を値入率等の類似性に従って適当なグループにまとめ、１グループに属する期末商品の売価合計に原価率を適用して期末棚卸品の価額を算定する方法を（売価還元）法という。

棚卸資産の評価に関する会計基準・６-２⑷参照

５．キャッシュ・フロー計算書における「営業活動によるキャッシュ・フロー」の表示方法のうち、主な取引ごとにキャッシュ・フローを総額表示する方法を（直接）法という。

連結キャッシュ・フロー計算書等の作成基準第三・一１参照

第２問

解説上、仕訳の金額は単位円とする。

１．リース債権の回収スケジュール

回収日	期首元本	受取リース料	利息分	元本分	期末元本
20X2年３月31日	3,989,452	960,000	259,314	700,686	3,288,766
20X3年３月31日	3,288,766	960,000	213,770	746,230	2,542,536
20X4年３月31日	2,542,536	960,000	165,265	794,735	1,747,801
20X5年３月31日	1,747,801	960,000	113,607	846,393	901,408
20X6年３月31日	901,408	960,000	58,592	901,408	0
合　計	－	4,800,000	810,548	3,989,452	－

２．リース料受領時に売上高と売上原価を計上する方法（問１）

⑴　**リース取引開始日（20X1年４月１日）**

（リ ー ス 債 権） 3,989,452 （買　　掛　　金） 3,989,452

⑵　**初回リース料受領時（20X2年３月31日）**

（現　金　預　金） 960,000 （売　　上　　高） 960,000
（売　上　原　価） 700,686 （リ ー ス 債 権） 700,686

３．売上高を計上せずに利息相当額を各期へ配分する方法（問２、問４）

⑴　**リース取引開始日（20X1年４月１日）**

（リ ー ス 債 権） 3,989,452 （買　　掛　　金） 3,989,452

⑵　**初回リース料受領時（20X2年３月31日）**

（現　金　預　金） 960,000 （リ ー ス 債 権） 700,686
（受　取　利　息） 259,314

⑶　**４回目リース料受領時（20X5年３月31日）**

（現　金　預　金） 960,000 （リ ー ス 債 権） 846,393
（受　取　利　息） 113,607

4．リース取引開始時に売上高と売上原価を計上する方法（問３）

(1) **リース取引開始日（20X1年４月１日）**

（リース債権）　4,800,000　（売　上　高）　4,800,000 *
（売上原価）　3,989,452　（買　掛　金）　3,989,452

＊　960,000円×５年＝4,800,000円

(2) **初回リース料受領時（20X2年３月31日）**

（現金預金）　960,000　（リース債権）　960,000

第３問

解説上、仕訳の金額は単位円とする。また、解答に影響がないものについては、標準的な科目で仕訳を示している。

問１

1．S社損益計算書の換算

損益計算書　（単位：外貨 ドル、換算後 円）

	外貨	円換算後		外貨	円換算後
売上原価	480,000	54,720,000 *1	諸収益	550,000	62,700,000 *1
減価償却費	8,000	912,000 *1	P社向売上	100,000	11,100,000 *2
諸費用	140,000	15,960,000 *1	為替差益	−	300,000 *3
当期純利益	22,000	2,508,000 *1			
	650,000	74,100,000		650,000	74,100,000

＊１　外貨建損益計算書の金額（ドル）×@114円（AR）

＊２　100,000ドル×@111円（親会社が換算に用いた為替相場）＝11,100,000円

＊３　貸借差額

2．S社貸借対照表の換算（時価評価前）

貸借対照表　（単位：外貨 ドル、換算後 円）

	外貨	円換算後		外貨	円換算後
諸資産	125,000	14,500,000 *1	諸負債	10,000	1,160,000 *1
備品	80,000	9,280,000 *1	資本金	200,000	22,000,000 *2
減価償却累計額	△8,000	△928,000 *1	利益剰余金	27,000	3,048,000 *3
土地	40,000	4,640,000 *1	為替換算調整勘定	−	1,284,000 *4
	237,000	27,492,000		237,000	27,492,000

＊１　外貨建貸借対照表の金額（ドル）×@116円（CR）

＊２　200,000ドル×@110円（支配獲得日の為替相場）＝22,000,000円

＊３　(1)　利益剰余金当期首残高　10,000ドル×@110円＝1,100,000円
　　(2)　剰余金の配当　5,000ドル×@112円（剰余金配当時の為替相場）＝560,000円
　　(3)　当期純利益　2,508,000円
　　(4)　(1)−(2)+(3)＝3,048,000円

＊４　貸借差額

3．各金額

(1) 当期純利益の金額　2,508,000円
(2) 剰余金の配当の金額　560,000円
(3) 利益剰余金当期末残高　3,048,000円
(4) 為替差損益の金額　300,000円（貸方残高）
(5) 為替換算調整勘定の金額　1,284,000円（貸方残高）

問２

1．S社の資産負債の時価評価（仕訳の単位：ドル）

借方	金額	貸方	金額
（土　　　地）	10,000 *1	（繰延税金負債）	3,000 *2
		（評　価　差　額）	7,000 *3

＊1　50,000ドル－40,000ドル＝10,000ドル
＊2　10,000ドル×30％＝3,000ドル
＊3　10,000ドル－3,000ドル＝7,000ドル

2．S社貸借対照表の換算（時価評価後）

貸　借　対　照　表　　（単位：外貨　ドル、換算後　円）

	外　貨	円換算後		外　貨	円換算後
諸　資　産	125,000	14,500,000 *2	諸　負　債	10,000	1,160,000 *2
備　　　品	80,000	9,280,000 *2	繰延税金負債	3,000	348,000 *2
減価償却累計額	△8,000	△928,000 *2	資　本　金	200,000	22,000,000 *3
土　　　地	50,000 *1	5,800,000 *2	利益剰余金	27,000	3,048,000 *3
			評　価　差　額	7,000	770,000 *4
			為替換算調整勘定	－	1,326,000 *5
	247,000	28,652,000		247,000	28,652,000

＊1　40,000ドル＋10,000ドル＝50,000ドル
＊2　外貨建貸借対照表の金額（ドル）×@116円
＊3　前記問1・2参照
＊4　7,000ドル×@110円＝770,000円
＊5　貸借差額

3．S社の資本の推移等（単位：ドル）

20X1.12/31　　　　　　　　　　　　20X2.12/31

60％を140,000で取得　　　　　　　　連結決算日

資　本　金　200,000 ――――――――――→ 200,000

利益剰余金　10,000 ――（配　当　金△5,000 / 当期純利益　22,000）――→ 27,000

評価差額　7,000

の　れ　ん　9,800 *1 ………（△980 *2）………→ 8,820

＊1　140,000ドル－（200,000ドル＋10,000ドル＋7,000ドル）×60％＝9,800ドル

＊2　$9,800ドル \times \frac{1年}{10年} = 980ドル$

4．開始仕訳

（資本金 当期首残高）22,000,000　（S社株式）15,400,000 *1
（利益剰余金 当期首残高）1,100,000　（非支配株主持分 当期首残高）9,548,000 *2
（評価差額）770,000
（のれん）1,078,000 *3

＊1　140,000ドル×@110円＝15,400,000円
＊2　(22,000,000円＋1,100,000円＋770,000円)×40%＝9,548,000円
＊3　9,800ドル×@110円＝1,078,000円

5．のれんの償却

（のれん償却額）111,720　（のれん）111,720

＊　980ドル×@114円＝111,720円

6．当期純利益の按分

（非支配株主に帰属する当期純損益）1,003,200　（非支配株主持分 当期変動額）1,003,200

＊　2,508,000円×40%＝1,003,200円

7．剰余金の配当の振替え

（非支配株主持分 当期変動額）224,000　（剰余金の配当）224,000

＊　560,000円×40%＝224,000円

8．配当金の相殺消去

（受取配当金）336,000　（剰余金の配当）336,000

＊　560,000円×60%＝336,000円

9．為替換算調整勘定の按分

（為替換算調整勘定 当期変動額）530,400　（非支配株主持分 当期変動額）530,400

＊　1,326,000円×40%＝530,400円

10．のれんに関する為替換算調整勘定

（のれん）56,840　（為替換算調整勘定 当期変動額）56,840

＊　(1)　のれんの連結貸借対照表価額　(9,800ドル－980ドル)×@116円＝1,023,120円
　(2)　のれん未償却額　1,078,000円－111,720円＝966,280円
　(3)　(1)－(2)＝56,840円（貸方）

11．商品売買取引の相殺消去

（P社向売上）11,100,000　（売上原価）11,100,000

12．期末棚卸資産に含まれる未実現利益の消去

（売上原価）222,000 *1　（棚卸資産）222,000
（繰延税金資産）66,600　（法人税等調整額）66,600 *2
（非支配株主持分 当期変動額）62,160　（非支配株主に帰属する当期純損益）62,160 *3

＊1　$10{,}000\text{ドル} \times \frac{0.25}{1+0.25} \times @111\text{円} = 222{,}000\text{円}$
＊2　222,000円×30%＝66,600円
＊3　(222,000円－66,600円)×40%＝62,160円

13．各金額

(1)　**のれんの金額**　1,023,120円
(2)　**非支配株主持分の金額**
9,548,000円＋1,003,200円－224,000円＋530,400円－62,160円＝10,795,440円
(3)　**為替換算調整勘定の金額**　1,326,000円－530,400円＋56,840円＝852,440円（貸方残高）

第161回 解答・解説

工業簿記

問1

自製部品A	5,300円	❷ ☆1
自製部品B	14,100円	❷ ☆2
自製部品C	10,500円	❷ ☆3

問2

製品X	35,780円	❷ ☆4
製品Y	17,320円	❷ ☆5
製品Z	32,940円	❷ ☆6

問3

買入部品a	5,300個	❶ ☆7
買入部品b	5,300個	❶ ☆8
買入部品c	4,800個	❶ ☆9
買入部品d	17,200個	❶ ☆10
買入部品e	8,600個	❶ ☆11

問4

部品製造部門必要直接作業時間	5,460時間	❶ ☆12
製品製造部門必要直接作業時間	1,570時間	❶ ☆13

問5

買入部品消費量差異	155,000円	（ (借方) ・ 貸方 ）	❶ ☆14
直接労務費作業時間差異	48,000円	（ (借方) ・ 貸方 ）	❶ ☆15
製造間接費能率差異	168,000円	（ (借方) ・ 貸方 ）	❶ ☆16

差異がある場合、借方・貸方のいずれか適切なほうを○で囲みなさい

問6

自製部品消費量差異	704,000円	（ (借方) ・ 貸方 ）	❶ ☆17
直接労務費作業時間差異	8,400円	（ (借方) ・ 貸方 ）	❶ ☆18
製造間接費能率差異	22,000円	（ (借方) ・ 貸方 ）	❶ ☆19

差異がある場合、借方・貸方のいずれか適切なほうを○で囲みなさい

予想採点基準　❶点×13箇所＝13点
❷点×６箇所＝12点
合計25点

解　説

1．自製部品A、自製部品B、自製部品Cの原価標準

(1) **部品製造部門の製造間接費標準配賦率**　@4,000円＋18,000,000円÷6,000時間＝@7,000円

(2) **自製部品A**

買入部品a	1個×@1,500円	＝	1,500円
買入部品b	1個×@2,000円	＝	2,000円
直接労務費	0.2時間×@2,000円	＝	400円
製造間接費	0.2時間×@7,000円	＝	1,400円
			5,300円 ☆1

(3) **自製部品B**

自製部品C	1個×@10,500円	＝	10,500円
買入部品c	1個×@1,800円	＝	1,800円
直接労務費	0.2時間×@2,000円	＝	400円
製造間接費	0.2時間×@7,000円	＝	1,400円
			14,100円 ☆2

(4) **自製部品C**

買入部品d	2個×@2,200円	＝	4,400円
買入部品e	1個×@2,500円	＝	2,500円
直接労務費	0.4時間×@2,000円	＝	800円
製造間接費	0.4時間×@7,000円	＝	2,800円
			10,500円 ☆3

2．製品X、製品Y、製品Zの原価標準

(1) **製品製造部門の製造間接費標準配賦率**　@3,000円＋5,000,000円÷2,000時間＝@5,500円

(2) **製品X**

自製部品A	1個×@5,300円	＝	5,300円
自製部品B	2個×@14,100円	＝	28,200円
直接労務費	0.3時間×@2,100円	＝	630円
製造間接費	0.3時間×@5,500円	＝	1,650円
			35,780円 ☆4

(3) **製品Y**

自製部品A	1個×@5,300円	＝	5,300円
自製部品C	1個×@10,500円	＝	10,500円
直接労務費	0.2時間×@2,100円	＝	420円
製造間接費	0.2時間×@5,500円	＝	1,100円
			17,320円 ☆5

(4) **製品Z**

自製部品A	1個×@5,300円	＝	5,300円
自製部品B	1個×@14,100円	＝	14,100円
自製部品C	1個×@10,500円	＝	10,500円
直接労務費	0.4時間×@2,100円	＝	840円
製造間接費	0.4時間×@5,500円	＝	2,200円
			32,940円 ☆6

3．計画生産量にもとづく買入部品必要量

自製部品Bの製造には、自製部品Cが必要であることに注意すること。

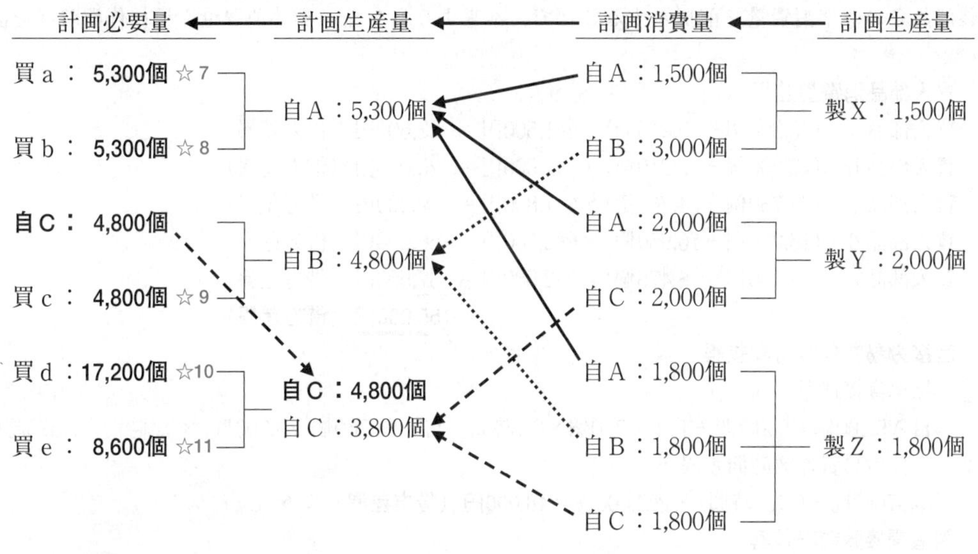

※　自製部品Cの生産量

製品製造部門での消費量　製Y2,000個×１個＋製Z1,800個×１個＝3,800個

部品製造部門での消費量　自B4,800個×１個＝4,800個

合計　3,800個＋4,800個＝8,600個

4．計画生産量にもとづく必要直接作業時間

(1)　**部品製造部門**

自A5,300個×0.2時間＋自B4,800個×0.2時間＋自C8,600個×0.4時間＝**5,460時間** ☆12

(2)　**製品製造部門**

製X1,500個×0.3時間＋製Y2,000個×0.2時間＋製Z1,800個×0.4時間＝**1,570時間** ☆13

5．生産実績にもとづく部品製造部門の差異分析

買入部品の標準消費量と部品製造部門の標準作業時間は、自製部品の実際消費量を前提として計算する。

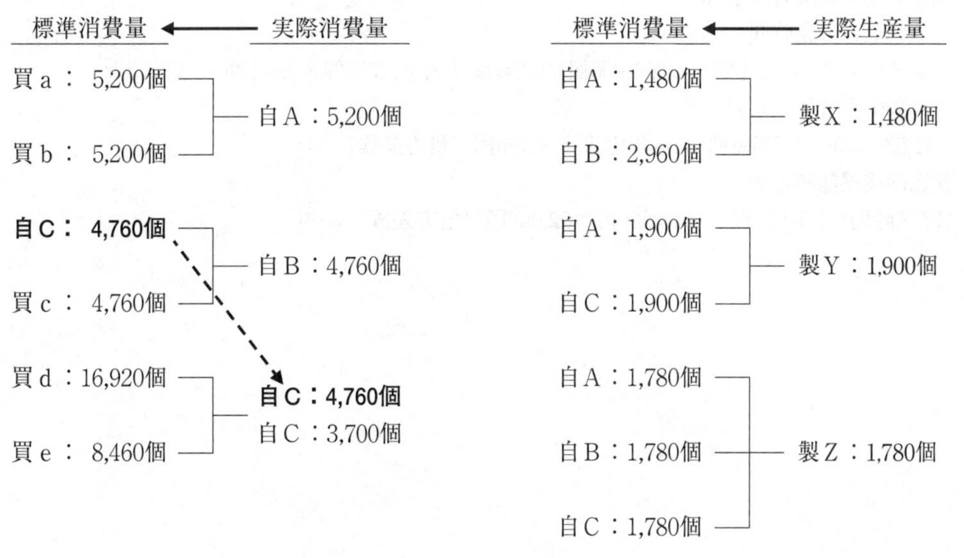

ただし、部品製造部門における自製部品Cの消費量差異は、自製部品消費量差異として分離しない。この場合には、自製部品Cの浪費を各種差異のなかに含めなければならないため、部品製造部門での自製部品Cの標準消費量を前提とすることで、本来よりも少ない標準消費量や標準作業時間を計算する。

(1) **買入部品消費量差異**

買入部品a　(5,200個－ 5,215個)×@1,500円＝ 22,500円（借方差異）
買入部品b　(5,200個－ 5,210個)×@2,000円＝ 20,000円（借方差異）
買入部品c　(4,760個－ 4,765個)×@1,800円＝ 9,000円（借方差異）
買入部品d　(16,920個－16,950個)×@2,200円＝ 66,000円（借方差異）
買入部品e　(8,460個－ 8,475個)×@2,500円＝ 37,500円（借方差異）
155,000円（借方差異）☆14

(2) **直接労務費作業時間差異**

① 標準直接作業時間
自A5,200個×0.2時間＋自B4,760個×0.2時間＋自C(4,760個＋3,700個)×0.4時間＝5,376時間

② 直接労務費作業時間差異
(5,376時間－5,400時間)×@2,000円＝**48,000円（借方差異）**☆15

(3) **製造間接費能率差異**

(5,376時間－5,400時間)×@7,000円＝**168,000円（借方差異）**☆16

6．生産実績にもとづく製品製造部門の差異分析

(1) **製品製造部門の標準消費量**

自製部品A　1,480個＋1,900個＋1,780個＝5,160個
自製部品B　2,960個＋1,780個＝4,740個
自製部品C　1,900個＋1,780個＝3,680個

(2) **自製部品消費量差異**

自製部品A　(5,160個－5,200個)×@ 5,300円＝212,000円（借方差異）
自製部品B　(4,740個－4,760個)×@14,100円＝282,000円（借方差異）
自製部品C　(3,680個－3,700個)×@10,500円＝210,000円（借方差異）
704,000円（借方差異）☆17

(3) **直接労務費作業時間差異**

① 標準直接作業時間
製X1,480個×0.3時間＋製Y1,900個×0.2時間＋製Z1,780個×0.4時間＝1,536時間

② 直接労務費作業時間差異
(1,536時間－1,540時間)×@2,100円＝**8,400円（借方差異）**☆18

(4) **製造間接費能率差異**

(1,536時間－1,540時間)×@5,500円＝**22,000円（借方差異）**☆19

原価計算

第1問

問1 2月の売上原価予算（単位：千円）

直接材料費予算	①（ 127,500 ）	❷☆1
直接労務費予算	②（ 21,250 ）	❷☆2
製造間接費予算配賦額	③（ 55,250 ）	❷☆3
当月総製造費用	（ ? ）	
月初製品有高	（ ? ）	
月末製品有高	（ ? ）	
売上原価	（ ? ）	
予定操業度差異	④（ 6,000 ）	❷☆4
売上原価予算	⑤（ 198,000 ）	❷☆5

問2 （ 22,241.8 ）千円 ❷☆6

問3 （ 38 ）千円 ❷☆7

問4 （ 267,820.5 ）千円 ❷☆8

問5 （ 6.9 ）% ❷☆9

第2問

問1 ①（ 予定配賦率 ）❶
②（ ○ ）❶
③（ ○ ）❶

問2 ④（ ○ ）❶
⑤（ ライフサイクル・コスト ）❶
⑥（ ○ ）❶
⑦（ ○ ）❶

予想採点基準 ❶点×7箇所＝7点
❷点×9箇所＝18点
合計25点

解　説

第１問

１．材料購買・製品生産・製品販売の計画データ

購買データ（単位:kg）			
月初	55	消費	42,500
購入	42,495	月末	50

×0.5kg

生産データ（単位:単位）			
月初	500（　250）	完成	85,000（85,000）
当月	85,000（85,000）	月末	500（　250）

販売データ（単位:単位）			
月初	0	販売	80,000
完成	85,000	月末	5,000

２．２月の売上原価予算（問１）

(1)　**当月総製造費用**

①　直接材料費予算　85,000単位×@1,500円＝**127,500千円** ☆1

②　直接労務費予算　85,000単位×@250円＝**21,250千円** ☆2

③　製造間接費予算配賦額　85,000単位×@650円＝**55,250千円** ☆3

④　当月総製造費用　①＋②＋③＝204,000千円

(2)　**月初製品有高**　0千円

(3)　**月末製品有高**　5,000単位×@2,400円＝12,000千円

(4)　**売上原価（予定操業度差異計上前）**　80,000単位×@2,400円＝192,000千円

(5)　**予定操業度差異**　(85,000単位×0.1時間－10,000時間)×@4,000円＝**6,000千円（借方差異）** ☆4

(6)　**売上原価予算**　192,000千円＋6,000千円＝**198,000千円** ☆5

３．売掛金回収計画および買掛金支払計画

売掛金回収計画（単位:千円）			
月初	306,800	回収	306,800
当月	320,000	月末	320,000

買掛金支払計画（単位:千円）			
支払	65,316.3	月初	65,316.3
月末	63,742.5	当月	63,742.5

売掛金当月増加額および月末有高　80,000単位×@4,000円＝320,000千円

買掛金当月増加額および月末有高　42,495kg×@3,000円×50%＝63,742.5千円

４．税引後営業利益（問２）

(1)　**売上高**　80,000単位×@4,000円＝320,000千円

(2)　**売上総利益**　320,000千円－198,000千円＝122,000千円

(3)　**貸倒引当金繰入額**

①　貸倒引当金見積額　320,000千円(売掛金月末有高)×0.5%＝1,600千円

②　貸倒引当金繰入額　1,600千円－1,534千円＝66千円

(4)　**販売費・一般管理費・研究開発費**　39,960千円＋66千円＋30,050千円＋20,150千円＝90,226千円

(5)　**税引前営業利益**　122,000千円－90,226千円＝31,774千円

(6)　**法人税等**　31,774千円×30%＝9,532.2千円

(7)　**税引後営業利益**　31,774千円－9,532.2千円＝**22,241.8千円** ☆6

5．2月末の予算現金有高（問3）

月初現金有高		2,930 千円
現金収入		
売掛金回収		306,800 千円
合計：利用可能現金		309,730 千円
現金支出		
材料現金仕入	42,495kg×@3,000円×50%＝	63,742.5 千円
買掛金支払		65,316.3 千円
直接労務費	85,000単位×@250円＝	21,250 千円
変動製造間接費	85,000単位×@250円＝	21,250 千円
固定製造間接費	40,000千円－1,500千円＝	38,500 千円
販売費・一般管理費・研究開発費	39,960千円＋30,050千円＋20,150千円－59千円＝	90,101 千円
法人税等		9,532.2 千円
差引：月末現金有高		**38 千円** ☆7

6．2月末の予算運転資本（問4）

(1) **流動資産**

① 現金　38千円

② 売掛金　320,000千円－1,600千円(貸倒引当金)＝318,400千円

③ 製品　5,000単位×@2,400円＝12,000千円

④ 材料　50kg×@3,000円＝150千円

⑤ 仕掛品　500単位×@1,500円＋250単位×(@250円＋@650円)＝975千円

⑥ 流動資産　①＋②＋③＋④＋⑤＝331,563千円

(2) **運転資本（流動資産－買掛金）**　331,563千円－63,742.5千円＝**267,820.5千円** ☆8

7．ROIC（問5）

(1) **固定資産**　15,000千円＋199,400千円－156,000千円－1,500千円－59千円＝56,841千円

(2) **事業部投下資本（運転資本＋固定資産）**　267,820.5千円＋56,841千円＝324,661.5千円

(3) **ROIC（税引後営業利益÷事業部投下資本）**

22,241.8千円÷324,661.5千円≒**6.9%（0.1%未満四捨五入）** ☆9

第2問

解答参照

第162回 解答・解説

商業簿記

問1

貸借対照表

日商株式会社　　20X6年3月31日　　(単位：千円)

(資産の部)			(負債の部)		
Ⅰ 流動資産			Ⅰ 流動負債		
現金及び預金		(❶ 50,070) ☆1	支払手形		75,500
受取手形	(77,800) ☆2		買掛金		(❶ 114,000) ☆14
貸倒引当金	(1,556) ☆3	(❶ 76,244)	未払金		(1,500)
売掛金	(122,000)		未払費用		(❶ 4,800) ☆15
貸倒引当金	(2,440) ☆4	(❶ 119,560)	未払法人税等		(❶ 265,000) ☆16
商品		(❶ 89,370) ☆5	返金負債		(❶ 4,200) ☆17
返品資産		(❶ 2,604) ☆6	契約負債		(❶ 4,620) ☆18
前払費用		(❶ 12,396) ☆7	保証債務		(❶ 204) ☆19
流動資産合計		(350,244)	車両購入手形		(❶ 246,396) ☆20
Ⅱ 固定資産			流動負債合計		(716,220)
有形固定資産			Ⅱ 固定負債		
建物	1,500,000		車両購入手形		(❶ 61,599) ☆21
減価償却累計額	(618,750) ☆8	(❶ 881,250)	固定負債合計		(61,599)
備品	(569,875) ☆9		負債合計		(777,819)
減価償却累計額	(346,875) ☆10	(❶ 223,000)	(純資産の部)		
車両運搬具	(382,900) ☆11		Ⅰ 株主資本		
減価償却累計額	(19,145) ☆12	(❶ 363,755)	資本金		2,460,000
土地		2,369,000	資本剰余金		
有形固定資産合計		(3,837,005)	資本準備金	(❶ 250,000)	
投資その他の資産			資本剰余金合計		(250,000)
長期貸付金		1,000,000	利益剰余金		
長期前払費用		(❶ 305) ☆13	利益準備金	(157,000)	
投資その他の資産合計		(1,000,305)	その他利益剰余金		
固定資産合計		(4,837,310)	繰越利益剰余金	(❶ 1,542,735) ☆22	
			利益剰余金合計		(1,699,735)
			株主資本合計		(4,409,735)
			純資産合計		(4,409,735)
資産合計		(5,187,554)	負債純資産合計		(5,187,554)

問2

(1)	❶ 4 % ☆23	(2)	❶ 1,247,295 千円 ☆24	(3)	❶ 6,616,189 千円 ☆25
(4)	❶ 9,282,000 千円 ☆26	(5)	❶ 886,415 千円 ☆27		

予想採点基準　❶点×25箇所＝25点　合計25点

解　説

問1

解説上、仕訳の金額は単位千円とする。

Ⅰ　決算整理前残高試算表の各金額の算定

1．車両運搬具

(@20,533千円(券面額)×18枚)－8,694千円(前T/B長期前払費用)＋22,000千円(下取価額)＝382,900千円

2．仮受金

10,200千円－(10,200千円×3％)＝9,894千円

3．売　上

9,286,170千円(貸借差額)

Ⅱ　期末整理事項等

1．手形の割引き

⑴　手形の割引きに係る修正

(仮受金)	9,894	(受取手形)	10,200
(手形売却損)	306*		

＊　10,200千円×3％＝306千円

⑵　保証債務の計上

(保証債務費用)	204	(保証債務)	204

＊　10,200千円×2％＝204千円

⑶　貸倒引当金の取崩し

(貸倒引当金)	204	(貸倒引当金戻入)	204

⑷　保証債務費用と貸倒引当金戻入の相殺

(貸倒引当金戻入)	204	(保証債務費用)	204

2．商品売買

⑴　X商品

①　売上の誤処理の修正

(売上)	4,620	(契約負債)	4,620

②　棚卸減耗損、商品評価損の計上

(棚卸減耗損)	350*1	(商品)	1,230
(商品評価損)	880*2		

＊1　73,200千円－72,850千円＝350千円

＊2　72,850千円－71,970千円＝880千円

③　棚卸減耗損等の売上原価算入

(売上原価)	1,230	(棚卸減耗損)	350
		(商品評価損)	880

⑵　Y商品

①　2月の返品権付販売に係る返金負債の修正

(返金負債)	5,000*1	(現金預金)	4,550
		(売上)	450*2

＊1　125,000千円－120,000千円＝5,000千円

＊2　5,000千円－4,550千円＝450千円

②　2月の返品権付販売に係る返品資産の修正

(商品)	2,821*2	(返品資産)	3,100*1
(売上原価)	279*3		

＊1　5,000千円×(1－38％(原価率))＝3,100千円

＊2　4,550千円×（1 －38%）＝2,821千円
原価率

＊3　450千円×（1 －38%）＝279千円
原価率

3．為替予約

⑴　**為替予約締結時の未処理**

（為替差損益）	1,000＊1	（買掛金）	4,000
（前払費用）	3,000＊2		

＊1　23,000千円－（200,000ドル×@120円）＝△1,000千円（損：直直差額）
予約日の直物為替相場

＊2　200,000ドル×（@120円－@135円）＝△3,000千円（損：直先差額）
予約日の直物為替相場　予約日の先物為替相場

⑵　**直先差額の期間配分**

（為替差損益）	2,000	（前払費用）	2,000

＊　$3{,}000千円 \times \frac{2ヵ月}{3ヵ月} = 2{,}000千円$

4．貸倒引当金の設定

（貸倒引当金繰入）	3,980	（貸倒引当金）	3,980

＊　⑴　貸倒見積高　{(88,000千円－10,200千円)＋122,000千円}×2％＝3,996千円
前記問1 Ⅱ 1 ⑴

⑵　貸倒引当金繰入　3,996千円－（220千円－204千円）＝3,980千円
前記問1 Ⅱ 1 ⑶

5．長期前払費用の振替え

⑴　**当期分の利息の振替え**

（支払利息）	2,593	（長期前払費用）	2,593

＊　①　18＋17＋16＋15＋14＋13＋12＋11＋10＋9＋8＋7＋6＋5＋4＋3＋2＋1＝171

②　$8{,}694千円 \times \frac{18+17+16}{171} \fallingdotseq 2{,}593千円$（千円未満四捨五入）

⑵　**次期分の利息の振替え**

（前払費用）	5,796	（長期前払費用）	5,796

＊　$8{,}694千円 \times \frac{15+14+13+12+11+10+9+8+7+6+5+4}{171} = 5{,}796千円$

6．減価償却費

⑴　**建物**

（減価償却費）	33,750	（建物減価償却累計額）	33,750

＊　1,500,000千円×0.9÷40年＝33,750千円

⑵　**備品**

（減価償却費）	84,375	（備品減価償却累計額）	84,375

＊　①　定率法償却率　1÷8年×200％＝0.250
②　償却保証額　600,000千円×0.07909＝47,454千円
③　調整前償却額　（600,000千円－262,500千円）×0.250＝84,375千円
調整前償却額が償却保証額を上回っているため、調整前償却額を減価償却費とする。

⑶　**車両運搬具**

（減価償却費）	19,145	（車両運搬具減価償却累計額）	19,145

＊　$382{,}900千円 \div 5年 \times \frac{3ヵ月}{12ヵ月} = 19{,}145千円$

7．減損会計

(減　損　損　失)	30,125	(備　　　品)	30,125

＊ (1) 減損損失の認識の判定

① 備品の帳簿価額　600,000千円－(262,500千円＋84,375千円)＝253,125千円
（262,500千円：前T/B備品減価償却累計額、84,375千円：前記問1 Ⅱ 6(2)）

② 割引前将来キャッシュ・フロー　50,000千円×５年＝250,000千円

③ ①＞②　∴減損損失を認識する

(2) 減損損失の測定

① 帳簿価額　253,125千円

② 回収可能価額の算定

(ｲ) 正味売却価額　223,000千円

(ﾛ) 使用価値

$$\frac{50{,}000\text{千円}}{1+0.04}+\frac{50{,}000\text{千円}}{(1+0.04)^2}+\frac{50{,}000\text{千円}}{(1+0.04)^3}+\frac{50{,}000\text{千円}}{(1+0.04)^4}+\frac{50{,}000\text{千円}}{(1+0.04)^5}$$

≒222,591千円(千円未満四捨五入)

(ﾊ) (ｲ)＞(ﾛ)　∴223,000千円

③ ①－②＝30,125千円

8．自己株式の消却等

(1) **自己株式の消却**

(その他資本剰余金)	99,680	(自　己　株　式)	99,680

(2) **その他資本剰余金に係る処理**

(繰越利益剰余金)	10,680	(その他資本剰余金)	10,680

＊ 99,680千円－89,000千円＝10,680千円
（89,000千円：前T/Bその他資本剰余金）

自己株式の消却により、その他資本剰余金が負の値(借方残高)となる。この場合、その他資本剰余金をゼロとして、同額を繰越利益剰余金から減額する。

9．経過勘定項目

(前　払　販　売　費) 前払費用	5,600	(販　　売　　費)	5,600
(一　般　管　理　費)	4,800	(未払一般管理費) 未払費用	4,800

10．法人税、住民税及び事業税

(法人税、住民税及び事業税)	575,000	(仮　払　法　人　税　等)	310,000
		(未　払　法　人　税　等)	265,000＊

＊ 575,000千円－310,000千円＝265,000千円
（310,000千円：前T/B仮払法人税等）

金額集計仮計算

貸借対照表　（単位：千円）

借方科目	金額	貸方科目	金額
現金及び預金	54,620－4,550＝**50,070** ☆1 前記Ⅱ 2(2)①	支払手形	75,500
受取手形	88,000－10,200＝**77,800** ☆2 前記Ⅱ 1(1)	買掛金	110,000＋4,000＝**114,000** ☆14 前記Ⅱ 3(1)
貸倒引当金	77,800×２％＝**1,556** ☆3	未払金	1,500
売掛金	122,000	未払費用	**4,800** ☆15 前記Ⅱ 9
貸倒引当金	122,000×２％＝**2,440** ☆4	未払法人税等	**265,000** ☆16 前記Ⅱ10
商品	87,779－1,230＋2,821＝**89,370** ☆5 前記Ⅱ 2(1)② 前記Ⅱ 2(2)②	返金負債	9,200－5,000＝**4,200** ☆17 前記Ⅱ 2(2)①
返品資産	5,704－3,100＝**2,604** ☆6 前記Ⅱ 2(2)②	契約負債	**4,620** ☆18 前記Ⅱ 2(1)①
前払費用	3,000－2,000＋5,796＋5,600＝**12,396** ☆7 前記Ⅱ 3(1)　前記Ⅱ 3(2)　前記Ⅱ 5(2)　前記Ⅱ 9	保証債務	**204** ☆19 前記Ⅱ 1(2)
建物	1,500,000	車両購入手形(流動負債)	20,533×12枚＝**246,396** ☆20
減価償却累計額	585,000＋33,750＝**618,750** ☆8 前記Ⅱ 6(1)	車両購入手形(固定負債)	307,995－246,396＝**61,599** ☆21
備品	600,000－30,125＝**569,875** ☆9 前記Ⅱ 7	資本金	2,460,000
減価償却累計額	262,500＋84,375＝**346,875** ☆10 前記Ⅱ 6(2)	資本準備金	250,000
車両運搬具	**382,900** ☆11 前記Ⅰ 1	利益準備金	157,000
減価償却累計額	**19,145** ☆12 前記Ⅱ 6(3)	繰越利益剰余金	667,000－10,680＋886,415＝**1,542,735** ☆22 前記Ⅱ 8(2)　当期純利益
土地	2,369,000		
長期貸付金	1,000,000		
長期前払費用	8,694－2,593－5,796＝**305** ☆13 前記Ⅱ 5(1) 前記Ⅱ 5(2)		

問２

１．20X6年３月期のＹ商品の見積返品率

(105,000千円－100,800千円)÷105,000千円＝0.04(４％) ☆23

または

(125,000千円－120,000千円)÷125,000千円＝0.04(４％) ☆23

２．20X6年３月期のＸ商品の売上総利益

(1) **売上高**　5,553,620千円－4,620千円＝5,549,000千円

(2) **売上原価**　5,549,000千円（売上高）×(１－22.5%（原価率）)＋1,230千円（棚卸減耗損等の売上原価算入）＝4,301,705千円

(3) **売上総利益**　(1)－(2)＝1,247,295千円 ☆24

３．20X6年３月期の売上原価

6,614,680千円（前T/B売上原価）＋1,230千円＋279千円＝6,616,189千円 ☆25

４．20X6年３月期の売上高

9,286,170千円（前T/B売上）－4,620千円＋450千円＝9,282,000千円 ☆26

５．20X6年３月期の当期純利益

886,415千円（下記参照）☆27

〈参　考〉 損益計算書を示すと、次のとおりである。

損 益 計 算 書

（単位：千円）

借方	金額	貸方	金額
売上原価	6,616,189	売上高	9,282,000
販売費	570,395	受取利息	30,000
一般管理費	435,990	為替差益	4,583
貸倒引当金繰入	3,980	固定資産売却益	2,000
減価償却費	197,270		
支払利息	2,913		
手形売却損	306		
減損損失	30,125		
法人税、住民税及び事業税	575,000		
当期純利益	886,415		
	9,318,583		9,318,583

会　計　学

第１問

(1)	(2)	(3)	(4)	(5)
❷ エ	❷ イ	❷ エ	❷ ウ	❷ ア

第２問

（ア）	（イ）	（ウ）	（エ）	（オ）
❶ 履行義務	❶ 販売価格	❶ 369,600	❶ 契約	❶ 70,400

（カ）	（キ）	（ク）	（ケ）	（コ）
❶ 756	❶ 包括利益	❶ 24	❶ 2,616	❶ 3,388

（サ）	（シ）	（ス）	（セ）	（ソ）
❶ 14,967	❶ 987,667	❶ 201,196	❶ 12,047	❶ 12,240

予想採点基準　❶点×15箇所＝15点
❷点×５箇所＝10点
合計25点

解 説

第１問

解答参照

第２問

１．収益認識

⑴ X1年度において認識すべき収益の額

① 製品Ａに対する取引価格の配分 $440,000円 \times \frac{380,000円}{380,000円+120,000円} = 334,400円$

② サービスＢに対する取引価格の配分 $440,000円 \times \frac{120,000円}{380,000円+120,000円} = 105,600円$

③ $334,400円 + (105,600円 \times \frac{1年}{3年}) = 369,600円$

⑵ X1年度末の貸借対照表に計上される契約負債の額

$105,600円 - (105,600円 \times \frac{1年}{3年}) = 70,400円$

２．連結会計

解説上、仕訳の金額は単位百万円とする。

⑴ 連結第１年度

① Ｓ社の資本の推移等(金額単位：百万円)

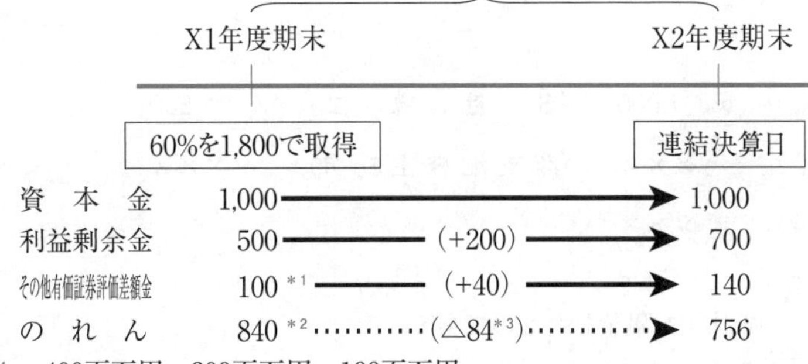

	X1年度期末		X2年度期末
資本金	1,000	→	1,000
利益剰余金	500	(+200)	700
その他有価証券評価差額金	100 *1	(+40)	140
のれん	840 *2	(△84*3)	756

＊1 400百万円－300百万円＝100百万円

＊2 1,800百万円－{(1,000百万円＋500百万円＋100百万円)×60％}＝840百万円

＊3 $840百万円 \times \frac{1年}{10年} = 84百万円$

② 開始仕訳

借方	金額	貸方	金額
(資本金 当期首残高)	1,000	(Ｓ社株式)	1,800
(利益剰余金 当期首残高)	500	(非支配株主持分 当期首残高)	640 *
(その他有価証券評価差額金 当期首残高)	100		
(のれん)	840		

＊ (1,000百万円＋500百万円＋100百万円)×40％＝640百万円

③ のれんの償却

借方	金額	貸方	金額
(のれん償却額)	84	(のれん)	84

④ 取得後増加利益剰余金の按分

解説の便宜上、増加利益剰余金はすべて当期純利益によるものとしている。

借方	金額	貸方	金額
(非支配株主に帰属する当期純損益)	80	(非支配株主持分)当期変動額	80

＊　(700百万円－500百万円)×40％＝80百万円

⑤　取得後その他有価証券評価差額金の按分

借方	金額	貸方	金額
(その他有価証券評価差額金)当期変動額	16	(非支配株主持分)当期変動額	16

＊　(140百万円－100百万円)×40％＝16百万円

⑵　連結第３年度

①　Ｓ社の資本の推移等(金額単位：百万円)

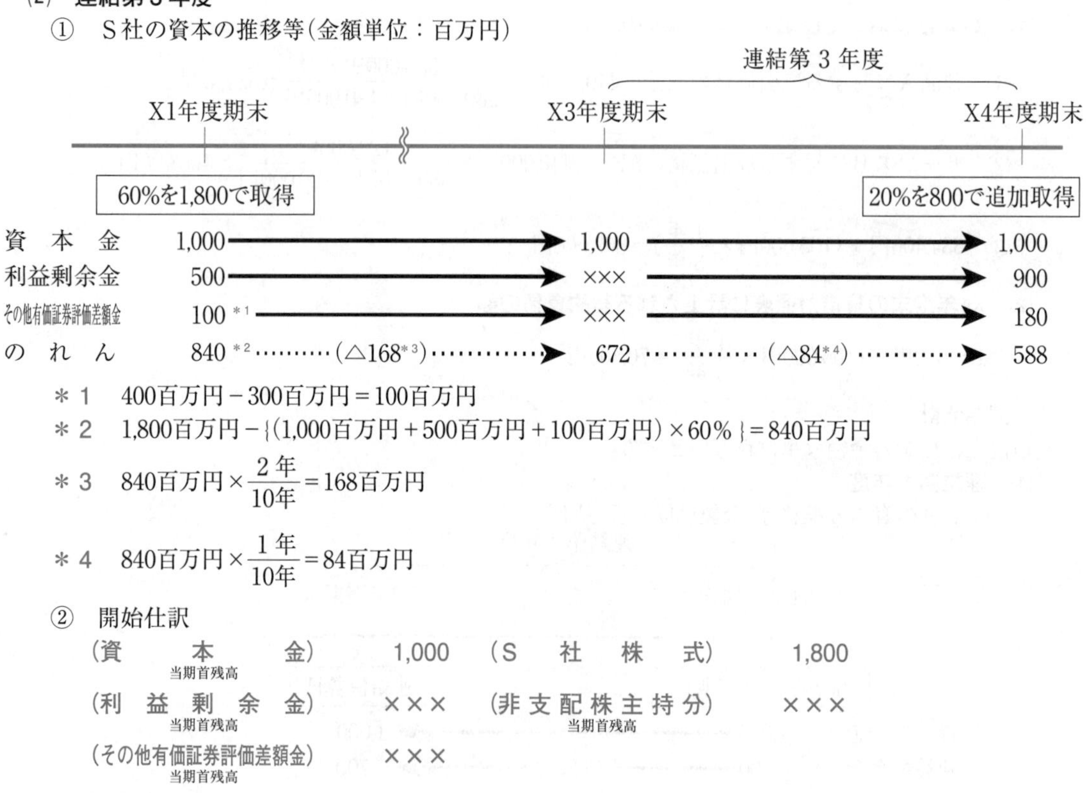

＊１　400百万円－300百万円＝100百万円

＊２　1,800百万円－{(1,000百万円＋500百万円＋100百万円)×60％}＝840百万円

＊３　840百万円×$\frac{2年}{10年}$＝168百万円

＊４　840百万円×$\frac{1年}{10年}$＝84百万円

②　開始仕訳

借方	金額	貸方	金額
(資本金)当期首残高	1,000	(Ｓ社株式)	1,800
(利益剰余金)当期首残高	×××	(非支配株主持分)当期首残高	×××
(その他有価証券評価差額金)当期首残高	×××		
(のれん)	672		

開始仕訳は次の(ｲ)から(ﾆ)の仕訳を累積したものである。

(ｲ)　投資と資本の相殺消去

借方	金額	貸方	金額
(資本金)当期首残高	1,000	(Ｓ社株式)	1,800
(利益剰余金)当期首残高	500	(非支配株主持分)当期首残高	640＊
(その他有価証券評価差額金)当期首残高	100		
(のれん)	840		

＊　(1,000百万円＋500百万円＋100百万円)×40％＝640百万円

(ﾛ)　のれんの償却(２期分)

借方	金額	貸方	金額
(利益剰余金)当期首残高	168	(のれん)	168

(ﾊ)　取得後増加利益剰余金の按分(X3年度期末における利益剰余金が不明)

借方	金額	貸方	金額
(利益剰余金)当期首残高	×××	(非支配株主持分)当期首残高	×××

(ﾆ)　取得後その他有価証券評価差額金の按分(X3年度期末におけるその他有価証券評価差額金が不明)

借方	金額	貸方	金額
(その他有価証券評価差額金)当期首残高	×××	(非支配株主持分)当期首残高	×××

③ のれんの償却

(のれん償却額)	84	(の れ ん)	84

④ 取得後増加利益剰余金の按分

解説の便宜上、増加利益剰余金はすべて当期純利益によるものとしている。

(非支配株主に帰属する当期純損益)	×××	(非支配株主持分 当期変動額)	×××

なお、X1年度期末からX4年度期末の取得後増加利益剰余金の按分額は以下のように計算できる。

(900百万円－500百万円)×40%＝160百万円

⑤ 取得後その他有価証券評価差額金の按分

(その他有価証券評価差額金 当期変動額)	×××	(非支配株主持分 当期変動額)	×××

なお、X1年度期末からX4年度期末の取得後その他有価証券評価差額金の按分額は以下のように計算できる。

(180百万円－100百万円)×40%＝32百万円

⑥ 追加取得

(非支配株主持分 当期変動額)	416 *1	(S 社 株 式)	800
(資本剰余金 当期変動額)	384 *2		

＊1 (1,000百万円＋900百万円＋180百万円)×20%＝416百万円

＊2 貸借差額

3．転換社債型新株予約権付社債

解説上、仕訳の金額は単位千円とする。

(1) X5年4月1日(発行時)

(現 金 預 金)	1,000,000	(新 株 予 約 権)	15,300
		(社 債)	984,700

(2) X6年3月31日(利払日：償却原価法)

(社 債 利 息)	14,967 *1	(現 金 預 金)	12,000 *2
		(社 債)	2,967 *3

＊1 984,700千円×1.52%≒14,967千円(小数点未満四捨五入)

＊2 1,000,000千円×1.2%＝12,000千円

＊3 貸借差額

(3) X7年3月31日

① 償却原価法

(社 債 利 息)	15,013 *1	(現 金 預 金)	12,000 *2
		(社 債)	3,013 *3

＊1 (984,700千円＋2,967千円)×1.52%≒15,013千円(小数点未満四捨五入)

＊2 1,000,000千円×1.2%＝12,000千円

＊3 貸借差額

② 権利行使

(新 株 予 約 権)	3,060 *1	(払込資本 資本金および資本準備金の合計額)	201,196
(社 債)	198,136 *2		

＊1 15,300千円×20%＝3,060千円

＊2 (984,700千円＋2,967千円＋3,013千円)×20%＝198,136千円

(4) X8年3月31日(利払日：償却原価法)

(社 債 利 息)	12,047 *1	(現 金 預 金)	9,600 *2
		(社 債)	2,447 *3

＊1 (984,700千円＋2,967千円＋3,013千円－198,136千円)×1.52%≒12,047千円(小数点未満四捨五入)

＊2 {1,000,000千円×(1－20%)}×1.2%＝9,600千円

＊3 貸借差額

第162回 解答・解説

工 業 簿 記

問1	A製造部門製造間接費	(4,351.8 ☆1)	千円	❷
	B製造部門製造間接費	(2,901.2 ☆2)	千円	❷
問2	製品Xへの製造間接費配賦額	(6,725.123 ☆3)	千円	❷
	製品Yへの製造間接費配賦額	(527.877 ☆4)	千円	❷
問3	製品Xの製造直接費	(45,168 ☆5)	千円	❷
	製品Yの製造直接費	(1,485 ☆6)	千円	❷
問4	製品Xの単位当たり製造原価	(8,649 ☆7)	円	❷
	製品Yの単位当たり製造原価	(4,026 ☆8)	円	❷
問5	製品Xへの製造間接費配賦額	(5,043 ☆9)	千円	❷
	製品Yへの製造間接費配賦額	(2,210 ☆10)	千円	❷
問6	製品Xの単位当たり製造原価	(8,369 ☆11)	円	❷
	製品Yの単位当たり製造原価	(7,390 ☆12)	円	❸

予想採点基準　❷点×11箇所＝22点
❸点×１箇所＝３点
合計25点

解　説

1．直接材料費

(1)　**製品Ｘ**　6,000個×@6,400円＝38,400千円

(2)　**製品Ｙ**　500個×@2,000円＝1,000千円

2．直接労務費

(1)　**Ａ製造部門の直接作業時間**

①　製品Ｘ　6,000個×0.6時間＝3,600時間

②　製品Ｙ　500個×0.3時間＝150時間

③　Ａ製造部門の直接作業時間　3,600時間＋150時間＝3,750時間

(2)　**Ａ製造部門の直接労務費**

①　製品Ｘ　4,875千円÷3,750時間×3,600時間＝4,680千円

②　製品Ｙ　4,875千円÷3,750時間×150時間＝195千円

(3)　**Ｂ製造部門の直接作業時間**

①　製品Ｘ　6,000個×0.3時間＝1,800時間

②　製品Ｙ　500個×0.5時間＝250時間

③　Ｂ製造部門の直接作業時間　1,800時間＋250時間＝2,050時間

(4)　**Ｂ製造部門の直接労務費**

①　製品Ｘ　2,378千円÷2,050時間×1,800時間＝2,088千円

②　製品Ｙ　2,378千円÷2,050時間×250時間＝290千円

3．製造直接費（問３）

(1)　**製品Ｘ**　38,400千円＋4,680千円＋2,088千円＝**45,168千円** ☆５

(2)　**製品Ｙ**　1,000千円＋195千円＋290千円＝**1,485千円** ☆６

4．補助部門費配賦後の製造部門製造間接費（問１）

予　算　部　門　別　配　賦　表　　（金額単位：千円）

	製造部門		補助部門		
	Ａ製造部門	Ｂ製造部門	材料倉庫部	生産技術部	工場管理部
部門費合計	1,276.8	1,220.2	1,856	1,740	1,160
工場管理部費	750	410			
生産技術部費	1,125	615			
材料倉庫部費	1,200	656			
製造部門費	4,351.8	2,901.2			

(1)　**工場管理部費の配賦（直接作業時間基準）**

①　Ａ製造部門　1,160千円÷(3,750時間＋2,050時間)×3,750時間＝750千円

②　Ｂ製造部門　1,160千円÷(3,750時間＋2,050時間)×2,050時間＝410千円

(2)　**生産技術部費の配賦（直接作業時間基準）**

①　Ａ製造部門　1,740千円÷(3,750時間＋2,050時間)×3,750時間＝1,125千円

②　Ｂ製造部門　1,740千円÷(3,750時間＋2,050時間)×2,050時間＝615千円

(3)　**材料倉庫部費の配賦（直接作業時間基準）**

①　Ａ製造部門　1,856千円÷(3,750時間＋2,050時間)×3,750時間＝1,200千円

②　Ｂ製造部門　1,856千円÷(3,750時間＋2,050時間)×2,050時間＝656千円

⑷　**補助部門費配賦後の製造部門製造間接費**

①　A製造部門　1,276.8千円＋750千円＋1,125千円＋1,200千円＝**4,351.8千円** ☆1

②　B製造部門　1,220.2千円＋410千円＋615千円＋656千円＝**2,901.2千円** ☆2

5．製造間接費配賦額（問２）

⑴　**A製造部門費配賦額（直接労務費基準）**

①　製品X　4,351.8千円÷（4,680千円＋195千円）×4,680千円＝4,177.728千円

②　製品Y　4,351.8千円÷（4,680千円＋195千円）×195千円＝174.072千円

⑵　**B製造部門費配賦額（直接労務費基準）**

①　製品X　2,901.2千円÷（2,088千円＋290千円）×2,088千円＝2,547.39512…千円

②　製品Y　2,901.2千円÷（2,088千円＋290千円）×290千円＝353.80487…千円

⑶　**製造間接費配賦額**

①　製品X　4,177.728千円＋2,547.39512…千円≒**6,725.123千円（小数点以下第４位四捨五入）** ☆3

②　製品Y　174.072千円＋353.80487…千円≒**527.877千円（小数点以下第４位四捨五入）** ☆4

6．単位当たり製造原価（問４）

⑴　**製品X**　（45,168千円＋6,725.123千円）÷6,000個≒**8,649円（円未満四捨五入）** ☆7

⑵　**製品Y**　（1,485千円＋527.877千円）÷500個≒**4,026円（円未満四捨五入）** ☆8

7．活動基準原価計算による製造間接費配賦額（問５）

⑴　**機械作業活動（機械運転時間基準）**

①　製品X　1,803千円÷（2,506時間＋1,100時間）×2,506時間＝1,253千円

②　製品Y　1,803千円÷（2,506時間＋1,100時間）×1,100時間＝550千円

⑵　**段取活動（段取時間基準）**

①　製品X　1,040千円÷（80時間＋50時間）×80時間＝640千円

②　製品Y　1,040千円÷（80時間＋50時間）×50時間＝400千円

⑶　**工程改善活動（工程設計時間基準）**

①　製品X　1,400千円÷（60時間＋40時間）×60時間＝840千円

②　製品Y　1,400千円÷（60時間＋40時間）×40時間＝560千円

⑷　**購入部品の発注・検収活動（購入部品の発注回数基準）**

①　製品X　970千円÷（71回＋26回）×71回＝710千円

②　製品Y　970千円÷（71回＋26回）×26回＝260千円

⑸　**材料の払出・運搬活動（材料運搬回数基準）**

①　製品X　880千円÷（52回＋36回）×52回＝520千円

②　製品Y　880千円÷（52回＋36回）×36回＝360千円

⑹　**管理活動（直接作業時間基準）**

①　直接作業時間

(ｲ)　製品X　3,600時間＋1,800時間＝5,400時間

(ﾛ)　製品Y　150時間＋250時間＝400時間

②　製品X　1,160千円÷（5,400時間＋400時間）×5,400時間＝1,080千円

③　製品Y　1,160千円÷（5,400時間＋400時間）×400時間＝80千円

⑺　**製造間接費配賦額**

①　製品X　1,253千円＋640千円＋840千円＋710千円＋520千円＋1,080千円＝**5,043千円** ☆9

②　製品Y　550千円＋400千円＋560千円＋260千円＋360千円＋80千円＝**2,210千円** ☆10

8．単位当たり製造原価（問６）

⑴　**製品X**　（45,168千円＋5,043千円）÷6,000個≒**8,369円（円未満四捨五入）** ☆11

⑵　**製品Y**　（1,485千円＋2,210千円）÷500個＝**7,390円** ☆12

原価計算

第1問

ア	進捗度、原価投入の程度　など	❷
イ	配賦基準	❷
ウ	原価企画	❶
エ	独　立	❶
オ	正味現在価値、収益性指数　など　（法）	❶
カ	安全（余裕）　（率）	❶
キ	20　（%）	❶ ☆1
ク	高　(低)　（く）	❶

クは高か低のいずれかを○で囲むこと

第2問

問1	450 個 ☆2	❸
問2	900 個 ☆3	❸
問3	180,000 円（ (有利) ・ 不利 ）☆4	❸
問4	96,000 円 ☆5	❸
問5	26,000 円（ 有利 ・ (不利) ）☆6	❸

問3・問5は、有利か不利のいずれかを○で囲むこと

予想採点基準　❶点×6箇所＝6点
❷点×2箇所＝4点
❸点×5箇所＝15点
合計25点

解　説

第１問

1．損益分岐点売上高の変化率（解答キ・ク）

仮に固定費を500円とすると、以下のように考えることができる。（金額単位：円）

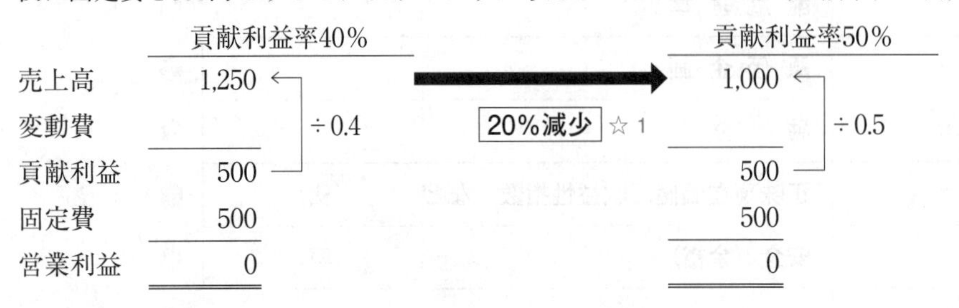

	貢献利益率40%			貢献利益率50%	
売上高	1,250	÷0.4	→ 20%減少 ☆1	1,000	÷0.5
変動費					
貢献利益	500			500	
固定費	500			500	
営業利益	0			0	

第２問

1．製品Ｘ１個の製造に要する材料投入量

⑴　**材料ｘを使用した場合**

$\frac{\text{製品X１個}}{\text{歩留率50\%}}$＝材料ｘ投入量２個

⑵　**材料ｙを使用した場合**

$\frac{\text{製品X１個}}{\text{歩留率80\%}}$＝材料ｙ投入量1.25個

2．材料１個あたり機械作業時間

⑴　**材料ｘを使用した場合**

$\frac{\text{製品X10個あたり機械作業時間：10分}}{\text{材料x投入量：10個×２個}}$＝材料ｘ１個あたり機械作業時間0.5分

⑵　**材料ｙを使用した場合**

$\frac{\text{製品X10個あたり機械作業時間：５分}}{\text{材料y投入量：10個×1.25個}}$＝材料ｙ１個あたり機械作業時間0.4分

3．１日あたりの製品Ｘ製造量

⑴　**材料ｘを使用した場合の１日あたり投入量**

$\frac{\text{１日の機械稼働可能時間：450分}}{\text{材料x１個あたり機械作業時間：0.5分}}$＝900個

⑵　**材料ｘを使用した場合の１日あたり製品Ｘ製造量**

材料ｘ900個×歩留率50％＝**450個** ☆2

⑶　**材料ｙを使用した場合の１日あたり投入量**

$\frac{\text{１日の機械稼働可能時間：450分}}{\text{材料y１個あたり機械作業時間：0.4分}}$＝1,125個

⑷　**材料ｙを使用した場合の１日あたり製品Ｘ製造量**

1,125個×歩留率80％＝**900個** ☆3

4．1日あたり利益額の比較

⑴ **材料xを使用した場合**

売上	450個×@700円＝	315,000円
材料x	900個×@100円＝	90,000円
利益		225,000円

⑵ **材料yを使用した場合**

売上	900個×@700円 ＝	630,000円
材料y	1,125個×@200円＝	225,000円
利益		405,000円

∴ **材料yを使用すると、1日あたり180,000円（405,000円－225,000円）有利となる。**☆4

5．材料xの在庫を利用して製品X100個を製造することの機会原価

制約条件である機械作業時間を材料xの加工に振り向けると、材料yを加工して利益を得る機会を失うことになる。また、材料xは消費することで売却機会を失うことになる。

⑴ **材料xの投入量**

製品X100個×２個＝200個

⑵ **材料xの加工に要する機械作業時間**

200個×0.5分＝100分

なお、この100分を材料xに振り向けると、材料yに振り向けられる機械作業時間が減少する。

⑶ **減少する材料yの加工量**

100分÷0.4分＝250個

⑷ **材料yを使用して製造した製品Xの販売機会逸失量**

250個×80％＝200個

⑸ **材料yを使用していたならば得られたはずの利益額**

売上	200個×@700円＝	140,000円
材料y	250個×@200円＝	50,000円
利益		90,000円

⑹ **材料xを売却していたならば得られたはずの利益額**

200個×@30円＝6,000円

⑺ **材料xの在庫を利用して製品X100個を製造することの機会原価**

90,000円＋6,000円＝**96,000円** ☆5

6．材料xの在庫を利用して製品X100個を製造すべきか否かの意思決定

計算にあたり、材料x在庫の消費額は考慮する必要がない点に注意すること（過去原価）。

差額収益	100個×@700円 ＝	70,000円
差額原価（機会原価：上記5.⑺より）		96,000円
差額利益		－26,000円

∴ **材料yを利用することに比べて、26,000円不利となる。**☆6

第164回 解答・解説

商業簿記

問1

損益計算書

(単位：千円)

売上高	
商品販売	(❶ 810,000 ☆1)
ソフトウェア開発	(❶ 64,020 ☆2)
売上高合計	(874,020)
売上原価	
商品販売	(❶ 648,000 ☆3)
ソフトウェア開発	(❶ 59,220 ☆4)
売上原価合計	(707,220)
売上総利益	(166,800)
販売費及び一般管理費	
貸倒引当金繰入額	(❶ 1,080 ☆5)
給料手当	20,000
退職給付費用	(❶ 7,800 ☆6)
減価償却費	(❶ 21,500 ☆7)
ソフトウェア償却費	(❶ 8,080 ☆8)
研究開発費	(❶ 32,000 ☆9)
一般管理費	10,000
販売費及び一般管理費合計	(100,460)
営業利益	(66,340)
営業外収益	
受取賃貸料	32,400
受取配当金	8,300
有価証券利息	(❶ 1,500 ☆10)
為替差益	(❶ 5,770 ☆11)
営業外収益合計	(47,970)
営業外費用	
減価償却費	(❶ 12,000 ☆12)
支払利息	8,000
営業外費用合計	(20,000)
経常利益	(94,310)
特別損失	
減損損失	(❶ 85,590 ☆13)
特別損失合計	(85,590)
税引前当期純利益	(8,720)
法人税、住民税及び事業税	(❶ 28,000 ☆14)
法人税等調整額	(❶ △ 27,087 ☆15)
法人税等合計	(913)
当期純利益	(❶ 7,807)

問2 (単位：千円)

返品資産	(❷ 8,000 ☆16)
受注損失引当金	(❷ 3,420 ☆17)
退職給付引当金	(❷ 54,800 ☆18)
利益準備金	(❷ 20,800 ☆19)
繰越利益剰余金	(❶ 68,707 ☆20)

予想採点基準　❶点×17箇所＝17点
❷点× 4 箇所＝ 8 点
合計25点

解　説

解説上、仕訳の金額は単位千円とする。

1．商品販売

⑴　**返品権付販売（売上高－商品販売、仕入高－商品販売の修正）**

(売上高－商品販売)	10,000*1	(返金負債)	10,000
(返品資産)	8,000*2	(仕入高－商品販売)	8,000

＊1　100,000千円×10％＝10,000千円

＊2　①　原価率 $\frac{60,000千円+661,000千円-65,000千円}{820,000千円}=0.8$

②　返品資産　10,000千円×0.8＝8,000千円

⑵　**売上原価の算定**

(仕入高－商品販売)	60,000	(繰越商品)	60,000
(繰越商品)	65,000	(仕入高－商品販売)	65,000

2．受注ソフトウェア

⑴　**X　社**

期中処理済み

⑵　**Y　社**

(契約負債)	10,500*2	(売上高－ソフトウェア開発)	30,000*1
(契約資産)	19,500*3		
(売上原価－ソフトウェア開発)	24,000*4	(仕掛品)	24,000

＊1　①　前期末までの収益　45,000千円× $\frac{6,000千円}{36,000千円}$ ＝7,500千円

②　当期の収益　45,000千円× $\frac{30,000千円}{36,000千円}$ －7,500千円＝30,000千円

＊2　19,500千円（前T/B契約負債）－9,000千円（Z社入金額）＝10,500千円

＊3　貸借差額

＊4　30,000千円－6,000千円＝24,000千円

⑶　**Z　社**

①　売上高、売上原価の計上

(契約負債)	9,000	(売上高－ソフトウェア開発)	11,520*1
(契約資産)	2,520*2		
(売上原価－ソフトウェア開発)	12,600	(仕掛品)	12,600

＊1　48,000千円× $\frac{12,600千円}{52,500千円}$ ＝11,520千円

＊2　貸借差額

②　受注損失引当金

(売上原価－ソフトウェア開発)	3,420	(受注損失引当金)	3,420

＊　(イ)　受注に伴う損失額　48,000千円（取引価格）－52,500千円（変更後見積総原価）＝△4,500千円

(ロ)　当期損失額　11,520千円（売上高）－12,600千円（売上原価）＝△1,080千円

(ハ)　4,500千円－1,080千円＝3,420千円

3．貸倒引当金

（貸倒引当金繰入額）　1,080　（貸　倒　引　当　金）　1,080

＊　{(135,980千円（前T/B売掛金）－10,000千円（前記1(1)））＋(19,500千円（前記2(2)）＋2,520千円（前記2(3)①））}×1％－400千円（前T/B貸倒引当金）＝1,080千円

4．有形固定資産

⑴　**建物（甲）**

（減　価　償　却　費（販売費及び一般管理費））　12,500　（建物減価償却累計額）　12,500

＊　250,000千円÷20年＝12,500千円

⑵　**投資不動産**

①　投資不動産勘定への振替え

（投　資　不　動　産）　326,410　（土　　　　地）　146,410

（建　　　　物）　180,000

（注）建物（乙）の取得原価を投資不動産勘定へ振替える。

②　建物（乙）減価償却累計額の投資不動産減価償却累計額への振替え

（建物減価償却累計額）　36,000　（投資不動産減価償却累計額）　36,000

＊　180,000千円÷15年×3年（経過年数）＝36,000千円

③　投資不動産（建物（乙））の減価償却

（減　価　償　却　費（営業外費用））　12,000　（投資不動産減価償却累計額）　12,000

＊　180,000千円÷15年＝12,000千円

④　減損損失の計上

（減　損　損　失）　85,590　（減損損失累計額（投資不動産））　85,590

＊　(ｲ)　投資不動産の帳簿価額　326,410千円－(36,000千円（前記4(2)②）＋12,000千円（前記4(2)③））＝278,410千円

(ﾛ)　割引前将来キャッシュ・フローの総額　29,282千円×4年＋146,410千円＝263,538千円

(ﾊ)　(ｲ)>(ﾛ)　∴減損損失を認識する。

(ﾆ)　回収可能価額の算定

$$\frac{29{,}282\text{千円}}{1+0.1}+\frac{29{,}282\text{千円}}{(1+0.1)^2}+\frac{29{,}282\text{千円}}{(1+0.1)^3}+\frac{29{,}282\text{千円}+146{,}410\text{千円}}{(1+0.1)^4}=192{,}820\text{千円}$$

(ﾎ)　減損損失の測定　278,410千円－192,820千円＝85,590千円

⑶　**備　品**

（減　価　償　却　費（販売費及び一般管理費））　9,000　（備品減価償却累計額）　9,000

＊　①　定率法償却率　1÷8年×200％＝0.25

②　償却保証額　48,000千円×0.07909≒3,796千円（千円未満四捨五入）

③　調整前償却額　(48,000千円－12,000千円)×0.25＝9,000千円

調整前償却額が償却保証額を上回っているため、調整前償却額を減価償却費とする。

⑷　**機械装置から研究開発費への振替え**

（研　究　開　発　費）　12,000　（機　械　装　置）　12,000

5．ソフトウェア

（ソフトウェア償却費）　8,080　（ソ　フ　ト　ウ　ェ　ア）　8,080

＊　⑴　20X4年10月1日取得分の算定

①　$33{,}600\text{千円}-\left(33{,}600\text{千円}\times\frac{9\text{ヵ月}+12\text{ヵ月}}{12\text{ヵ月}\times5\text{年}}\right)=21{,}840\text{千円}$

②　30,000千円（前T/Bソフトウェア）－21,840千円＝8,160千円

(2)　20X2年7月1日取得分　33,600千円×$\frac{12ヵ月}{12ヵ月×5年}$＝6,720千円

(3)　20X4年10月1日取得分　8,160千円×$\frac{6ヵ月}{12ヵ月×3年}$＝1,360千円

(4)　(2)＋(3)＝8,080千円

6．投資有価証券

(投資有価証券)	5,220	(有価証券利息)	250*1
		(為替差損益)	4,970*2

＊1　(1)　外貨による償却額　(500千ドル－490千ドル)×$\frac{12ヵ月}{12ヵ月×5年}$＝2千ドル

(2)　2千ドル×@125円＝250千円

＊2　(1)　貸借対照表価額　{490千ドル＋(500千ドル－490千ドル)×$\frac{12ヵ月×4年}{12ヵ月×5年}$}×@130円=64,740千円

(2)　64,740千円－(59,520千円（前T/B投資有価証券）＋250千円)＝4,970千円

7．退職給付

(1)　**勤務費用**

(退職給付費用)	5,000	(退職給付引当金) 退職給付債務	5,000

(2)　**利息費用**

(退職給付費用)	4,500	(退職給付引当金) 退職給付債務	4,500

(3)　**期待運用収益**

(退職給付引当金) 年金資産	2,700	(退職給付費用)	2,700

(4)　**数理計算上の差異の当期費用処理額**

(退職給付費用)	1,000	(退職給付引当金) 未認識数理計算上の差異	1,000

(5)　**退職一時金および退職年金掛金に係る会計処理の修正**

(退職給付引当金)	7,000	(退職給付費用)	7,000

8．法人税等および税効果会計

(1)　**法人税、住民税及び事業税**

(法人税、住民税及び事業税)	28,000	(仮払法人税等)	10,000
		(未払法人税等)	18,000*

＊　28,000千円－10,000千円＝18,000千円

(2)　**税効果会計**

(繰延税金資産)	27,087	(法人税等調整額)	27,087

＊　①　期首繰延税金資産　16,500千円

②　期末繰延税金資産

(イ)　貸倒引当金　400千円（前T/B貸倒引当金）＋1,080千円（前記3）＝1,480千円

(ロ)　受注損失引当金　3,420千円（前記2(3)②）

(ハ)　減損損失累計額　85,590千円（前記4(2)④）

(ニ)　退職給付引当金　54,000千円（前T/B退職給付引当金）＋5,000千円（前記7(1)）＋4,500千円（前記7(2)）－2,700千円（前記7(3)）＋1,000千円（前記7(4)）－7,000千円（前記7(5)）

＝54,800千円

(ホ)　((イ)＋(ロ)＋(ハ)＋(ニ))×30％＝43,587千円

③　法人税等調整額　②－①＝27,087千円（貸方）

9．中間配当および準備金の積立て

借方	金額	貸方	金額
（繰越利益剰余金）	8,800	（支払配当金）	8,000
		（利益準備金）	800

なお、期中の仕訳および本来の仕訳を示すと次のとおりである。

〈期中の仕訳〉

借方	金額	貸方	金額
（支払配当金）	8,000	（現金預金）	8,000

〈本来の仕訳〉

借方	金額	貸方	金額
（繰越利益剰余金）	8,800	（未払中間配当金）	8,000
		（利益準備金）	800＊
（未払中間配当金）	8,000	（現金預金）	8,000

＊　(1)　8,000千円 × $\frac{1}{10}$ ＝800千円

(2)　(500,000千円 × $\frac{1}{4}$) − (100,000千円＋20,000千円)＝5,000千円

(3)　(1)＜(2)　∴800千円（準備金積立額）

10．貸借対照表の各金額

(1)　**返品資産**　8,000千円（前記 1 (1)）☆16

(2)　**受注損失引当金**　3,420千円（前記 2 (3)②）☆17

(3)　**退職給付引当金**　54,000千円（前T/B退職給付引当金）+5,000千円（前記 7 (1)）+4,500千円（前記 7 (2)）−2,700千円（前記 7 (3)）+1,000千円（前記 7 (4)）−7,000千円（前記 7 (5)）=54,800千円 ☆18

(4)　**利益準備金**　20,000千円（前T/B利益準備金）＋800千円（前記 9）＝20,800千円 ☆19

(5)　**繰越利益剰余金**　69,700千円（前T/B繰越利益剰余金）−8,800千円（前記 9）＋7,807千円（当期純利益）＝68,707千円 ☆20

金額集計仮計算

損益計算書　（単位：千円）

借方科目	金額	貸方科目	金額
売上原価－商品販売	661,000−8,000（前記 1 (1)）＋60,000（前記 1 (2)）−65,000（前記 1 (2)）＝**648,000** ☆3	売上高－商品販売	820,000−10,000（前記 1 (1)）＝**810,000** ☆1
売上原価－ソフトウェア開発	19,200＋24,000（前記 2 (2)）＋12,600（前記 2 (3)①）＋3,420（前記 2 (3)②）＝**59,220** ☆4	売上高－ソフトウェア開発	22,500＋30,000（前記 2 (2)）＋11,520（前記 2 (3)）＝**64,020** ☆2
貸倒引当金繰入額	**1,080** ☆5（前記 3）	受取賃貸料	32,400
給料手当	20,000	受取配当金	8,300
退職給付費用	7,000（前記 7 (1)）＋5,000（前記 7 (2)）＋4,500（前記 7 (3)）−2,700（前記 7 (4)）＋1,000（前記 7 (5)）−7,000＝**7,800** ☆6	有価証券利息	1,250＋250（前記 6）＝**1,500** ☆10
減価償却費（販売費及び一般管理費）	12,500（前記 4 (1)）＋9,000（前記 4 (3)）＝**21,500** ☆7	為替差益	800＋4,970（前記 6）＝**5,770** ☆11
ソフトウェア償却費	**8,080** ☆8（前記 5）	法人税等調整額	**27,087** ☆15（前記 8 (2)）
研究開発費	20,000＋12,000（前記 4 (4)）＝**32,000** ☆9		
一般管理費	10,000		
減価償却費（営業外費用）	**12,000** ☆12（前記 4 (2)③）		
支払利息	8,000		
減損損失	**85,590** ☆13（前記 4 (2)④）		
法人税、住民税及び事業税	**28,000** ☆14（前記 8 (1)）		

会　計　学

第１問

	Ⅰ欄 下線部の語句の記号	Ⅱ欄 正しいと思われる語句または文章	
⑴	（c）	**会計上の見積りの変更**	❷
⑵	（b）	**区分法**	❷
⑶	（c）	**期末実地棚卸数量**	❷
⑷	（c）	**投資活動**	❷
⑸	○		❷

第２問

問１

（単位：千円）

⑴	⑵	⑶	⑷	⑸
❶ 69,440	❶ 10,580	❶ 1,974	❶ 6,460	❶ 75,654

問２

（単位：千円）

⑴	日本商工株式会社の個別損益計算書における当期純利益	67,000	❶
⑵	Ｓ2社の個別損益計算書における円換算後の当期純利益	57,600	❶
⑶	連結包括利益計算書におけるその他有価証券評価差額金（税効果控除後）	△　1,092	❶
⑷	連結包括利益計算書における為替換算調整勘定	9,770	❶
⑸	Ｓ1社の連結に係る非支配株主持分当期変動額	21,368	❶
⑹	Ｓ2社の連結に係る非支配株主持分当期変動額	45,402	❶
⑺	Ｓ2社の連結に係るのれんの期末残高	20,640	❶
⑻	Ｓ2社株式の一部売却に伴う資本剰余金当期変動額（税引後）	△　511	❶
⑼	連結損益計算書における当期純利益	157,247	❶
⑽	親会社株主に係る包括利益	131,187	❶

予想採点基準　❶点×15箇所＝15点
❷点×５箇所＝10点
合計25点

解　説

第1問

1．会計上の変更及び誤謬の訂正のうち、会計上の変更は会計方針の変更、会計上の見積りの変更、および表示方法の変更の3つから構成される。このうち、会計方針の変更については遡及適用を行い、誤謬の訂正については修正再表示を行う。なお、会計方針の変更と会計上の見積りの変更とを区別することが困難な場合は、(c) 会計上の見積りの変更と同様に取り扱う。

◀……会計方針の開示、会計上の変更及び誤謬の訂正に関する会計基準・6、19、21参照

2．新株予約権付社債の発行者側については、転換社債型は、新株予約権と社債とを区別して処理する区分法と、これらを区別せずに処理する一括法のいずれの適用も認められているのに対して、転換社債型以外については、(b) 区分法の処理しか認められていない。一方、取得者側については、転換社債型は、一括法の処理しか認められておらず、転換社債型以外については区分法の処理しか認められていない。

◀……払込資本を増加させる可能性のある部分を含む複合金融商品に関する会計処理・18、20、21、22参照

3．商品の棚卸減耗損については、それが原価性を有する場合は売上原価の内訳科目または販売費として表示し、原価性を有しない場合は営業外費用または特別損失として表示する。これに対して、正味売却価額が取得原価を下回る場合、その差額に (c) 期末実地棚卸数量を乗じて把握される金額を商品評価損といい、原則として売上原価の内訳科目として表示し、臨時的かつ多額に発生した場合は特別損失として表示する。

◀……連続意見書第四第一・六1、棚卸資産の評価に関する会計基準・17参照

4．キャッシュ・フロー計算書において利息及び配当金に係るキャッシュ・フローについては、受取利息、受取配当金及び支払利息は「営業活動によるキャッシュ・フロー」の区分に記載し、支払配当金は「財務活動によるキャッシュ・フロー」の区分に記載する方法か、受取利息及び受取配当金は「(c) 投資活動によるキャッシュ・フロー」の区分に記載し、支払利息及び支払配当金は「財務活動によるキャッシュ・フロー」の区分に記載する方法のいずれかの方法により記載する。

◀……連結キャッシュ・フロー計算書等の作成基準第二・二3参照

5．会社成立後営業開始時までに支出した開業準備のための費用を開業費という。開業費は、原則として、支出時に営業外費用として処理しなければならない。ただし、開業費を繰延資産に計上することもできる。この場合には、開業のときから5年以内のその効果の及ぶ期間にわたって定額法により償却をしなければならない。なお、開業費を販売費及び一般管理費として処理することもできる。

◀……繰延資産の会計処理に関する当面の取扱い・3(4)参照

第2問

解説上、仕訳の金額は単位千円とする。

Ⅰ　子会社の資本の推移等

1．S1社の資本の推移等（金額単位：千円）

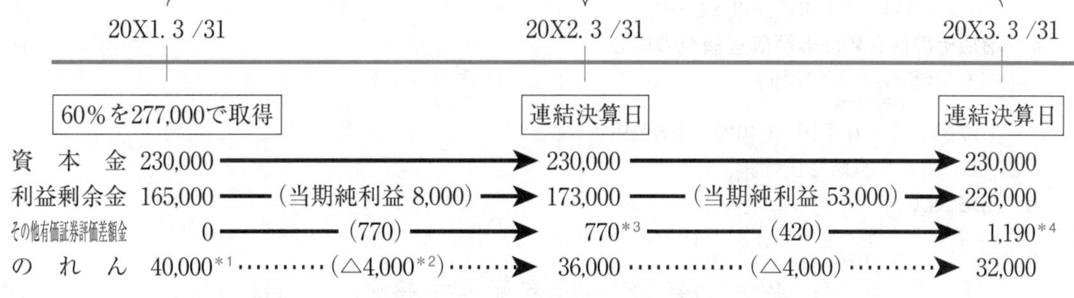

＊1　277,000千円－{(230,000千円＋165,000千円)×60%}＝40,000千円

＊2　40,000千円×$\frac{1年}{10年}$＝4,000千円

＊3　(1)　12,600千円－11,500千円＝1,100千円（評価益）
　　 (2)　1,100千円×（1－30%）＝770千円

＊4　(1)　13,200千円－11,500千円＝1,700千円（評価益）
　　 (2)　1,700千円×（1－30%）＝1,190千円

2．S2社の資本の推移等（金額単位：千ドル）

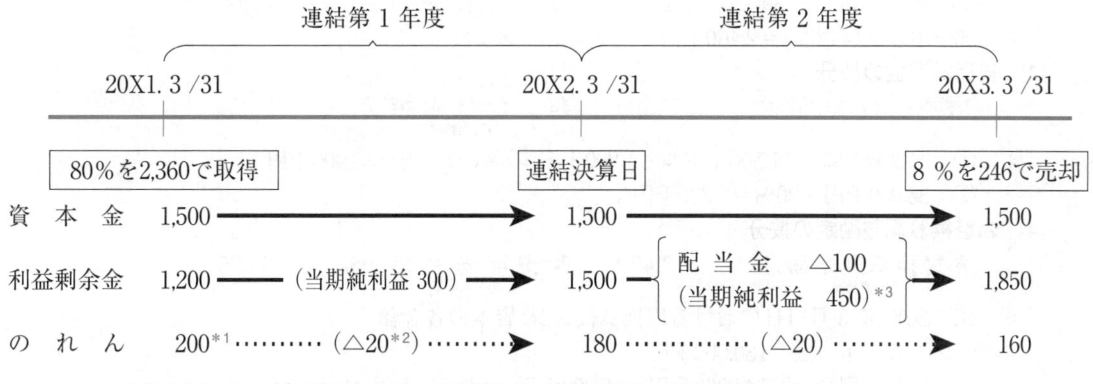

＊1　2,360千ドル－{(1,500千ドル＋1,200千ドル)×80%}＝200千ドル

＊2　200千ドル×$\frac{1年}{10年}$＝20千ドル

＊3　(1,850千ドル－1,500千ドル）＋100千ドル＝450千ドル

Ⅱ　20X1年度の連結修正仕訳等

1．S1社に関する連結修正仕訳

(1)　**開始仕訳**

借方	金額	貸方	金額
（資本金）当期首残高	230,000	（S1社株式）	277,000
（利益剰余金）当期首残高	165,000	（非支配株主持分）当期首残高	158,000＊
（のれん）	40,000		

＊　(230,000千円＋165,000千円)×40%＝158,000千円

⑵　**のれんの償却**

（のれん償却額）　4,000　（の　れ　ん）　4,000

⑶　**当期純利益の按分**

（非支配株主に帰属する当期純損益）　3,200　（非支配株主持分 当期変動額）　3,200

＊　①　当期純利益　173,000千円－165,000千円＝8,000千円

②　8,000千円×40％＝3,200千円

⑷　**増加その他有価証券評価差額金の按分**

（その他有価証券評価差額金 当期変動額）　308　（非支配株主持分 当期変動額）　308

＊　（770千円－０千円）×40％＝308千円

２．Ｓ2社に関する連結修正仕訳

⑴　**開始仕訳**

（資本金 当期首残高）　180,000＊1　（Ｓ２社株式）　283,200＊4

（利益剰余金 当期首残高）　144,000＊2　（非支配株主持分 当期首残高）　64,800＊5

（の　れ　ん）　24,000＊3

＊１　1,500千ドル×@120円＝180,000千円

＊２　1,200千ドル×@120円＝144,000千円

＊３　200千ドル×@120円＝24,000千円

＊４　2,360千ドル×@120円＝283,200千円

＊５　（1,500千ドル＋1,200千ドル）×20％×@120円＝64,800千円

⑵　**のれんの償却**

（のれん償却額）　2,460　（の　れ　ん）　2,460

＊　20千ドル×@123円＝2,460千円

⑶　**当期純利益の按分**

（非支配株主に帰属する当期純損益）　7,380　（非支配株主持分 当期変動額）　7,380

＊　①　当期純利益　（1,500千ドル－1,200千ドル）×@123円＝36,900千円

②　36,900千円×20％＝7,380千円

⑷　**為替換算調整勘定の按分**

（為替換算調整勘定 当期変動額）　3,420　（非支配株主持分 当期変動額）　3,420

＊　①　20X2年３月31日における円換算後Ｓ2社資本の各金額

⑴　資　本　金　180,000千円

⑵　利益剰余金　144,000千円＋36,900千円（当期純利益）＝180,900千円

②　20X2年３月31日の為替相場による円換算後Ｓ2社資本合計
（1,500千ドル＋1,500千ドル）×@126円＝378,000千円

③　20X2年３月31日における為替換算調整勘定
378,000千円－（180,000千円＋180,900千円）＝17,100千円（貸方）
本問ではＳ2社の資産・負債の金額が不明なため、円換算後の資本の金額と、資本合計を決算時の為替相場（@126円）で円換算した金額との差額で為替換算調整勘定を求める。

④　17,100千円×20％＝3,420千円

⑸　**のれんに関する為替換算調整勘定**

（の　れ　ん）　1,140　（為替換算調整勘定 当期変動額）　1,140

＊　①　のれんの連結貸借対照表価額　（200千ドル－20千ドル）×@126円＝22,680千円

②　のれん未償却額　24,000千円－2,460千円＝21,540千円

③　①－②＝1,140千円（貸方）

3．連結包括利益計算書におけるその他の包括利益

(1)　**その他有価証券評価差額金**

①　A社株式（税効果適用後）

20X1. 3 /31　　　　20X2. 3 /31

その他有価証券評価差額金　0 千円 ――（当期発生額 1,512千円）→ 1,512千円*

＊ (イ)　取得価額　150千ドル×@120円＝18,000千円

(ロ)　20X2年３月31日における時価　160千ドル×@126円＝20,160千円

(ハ)　(ロ)－(イ)＝2,160千円（評価益）

(ニ)　2,160千円×（１－30％）＝1,512千円

②　甲社株式（税効果適用後）

20X1. 3 /31　　　　20X2. 3 /31

その他有価証券評価差額金　0 千円 ――（当期発生額 770千円）→ 770千円

(2)　**為替換算調整勘定**

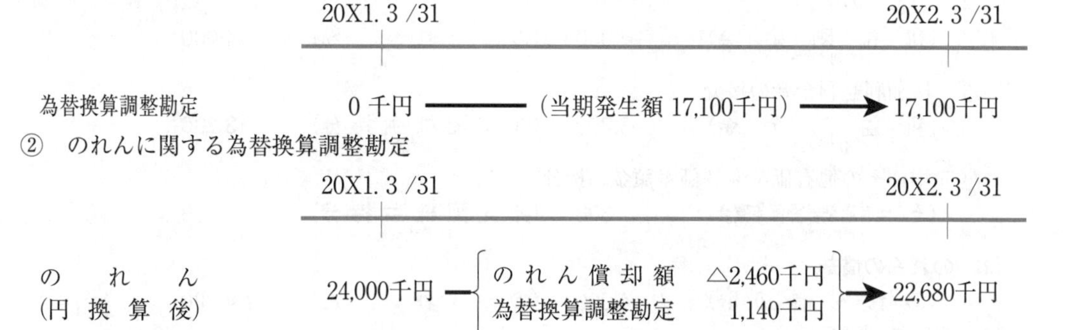

4．20X1年度の連結財務諸表における各金額（問１）

(1)　**当期純利益**

①　日本商工株式会社（親会社）の当期純利益　451,000千円－420,000千円＝31,000千円

②　S1社の当期純利益　8,000千円

③　S2社の当期純利益　36,900千円

④　(31,000千円＋8,000千円＋36,900千円)－4,000千円（のれん償却額（S1社））－2,460千円（のれん償却額（S2社））＝69,440千円

(2)　**非支配株主に帰属する当期純利益**　3,200千円（S1社）＋7,380千円（S2社）＝10,580千円

(3)　**その他有価証券評価差額金の残高**

①　日本商工株式会社（親会社）のその他有価証券評価差額金　1,512千円

②　S1社のその他有価証券評価差額金　770千円

③　(1,512千円＋770千円)－308千円（S1社）＝1,974千円

(4)　**のれん償却額**　4,000千円（S1社）＋2,460千円（S2社）＝6,460千円

⑸　親会社株主に係る包括利益

①　親会社株主に帰属する当期純利益　69,440千円（当期純利益）－10,580千円（非支配株主に帰属する当期純利益）＝58,860千円

②　58,860千円＋1,512千円（その他有価証券評価差額金（A社株式））＋（770千円×60％）（その他有価証券評価差額金（甲社株式））＋（17,100千円×80％）（財務諸表の換算手続きにおいて発生する為替換算調整勘定）＋1,140千円（のれんに関する為替換算調整勘定）＝75,654千円

Ⅲ　20X2年度の連結修正仕訳等

1．S1社に関する連結修正仕訳

⑴　開始仕訳

(資本金) 当期首残高	230,000	(S1社株式)	277,000
(利益剰余金) 当期首残高	172,200	(非支配株主持分) 当期首残高	161,508
(その他有価証券評価差額金) 当期首残高	308		
(のれん)	36,000		

開始仕訳は次の①から④の仕訳を累積したものである。

①　投資と資本の相殺消去

(資本金) 当期首残高	230,000	(S1社株式)	277,000
(利益剰余金) 当期首残高	165,000	(非支配株主持分) 当期首残高	158,000
(のれん)	40,000		

②　のれんの償却

(利益剰余金) 当期首残高	4,000	(のれん)	4,000

③　増加利益剰余金の按分

(利益剰余金) 当期首残高	3,200	(非支配株主持分) 当期首残高	3,200

④　増加その他有価証券評価差額金の按分

(その他有価証券評価差額金) 当期首残高	308	(非支配株主持分) 当期首残高	308

⑵　のれんの償却

(のれん償却額)	4,000	(のれん)	4,000

⑶　当期純利益の按分

(非支配株主に帰属する当期純損益)	21,200	(非支配株主持分) 当期変動額	21,200

＊　①　当期純利益　226,000千円－173,000千円＝53,000千円
　　②　53,000千円×40％＝21,200千円

⑷　増加その他有価証券評価差額金の按分

(その他有価証券評価差額金) 当期変動額	168	(非支配株主持分) 当期変動額	168

＊　(1,190千円－770千円)×40％＝168千円

2．S2社に関する連結修正仕訳

⑴　開始仕訳

(資本金) 当期首残高	180,000	(S2社株式)	283,200
(利益剰余金) 当期首残高	153,840	(非支配株主持分) 当期首残高	75,600
(為替換算調整勘定) 当期首残高	2,280		
(のれん)	22,680		

開始仕訳は次の①から⑤の仕訳を累積したものである。

① 投資と資本の相殺消去

(資本金)当期首残高	180,000	(S2社株式)	283,200
(利益剰余金)当期首残高	144,000	(非支配株主持分)当期首残高	64,800
(のれん)	24,000		

② のれんの償却

(利益剰余金)当期首残高	2,460	(のれん)	2,460

③ 増加利益剰余金の按分

(利益剰余金)当期首残高	7,380	(非支配株主持分)当期首残高	7,380

④ 増加為替換算調整勘定の按分

(為替換算調整勘定)当期首残高	3,420	(非支配株主持分)当期首残高	3,420

⑤ のれんに関する為替換算調整勘定

(のれん)	1,140	(為替換算調整勘定)当期首残高	1,140

(2) のれんの償却

(のれん償却額)	2,560	(のれん)	2,560

＊ 20千ドル×@128円＝2,560千円

(3) 当期純利益の按分

(非支配株主に帰属する当期純損益)	11,520	(非支配株主持分)当期変動額	11,520

＊ ① 当期純利益 450千ドル×@128円＝57,600千円
② 57,600千円×20%＝11,520千円

(4) 剰余金の配当の振替え

(非支配株主持分)当期変動額	2,540	(剰余金の配当)	2,540

＊ ① 剰余金の配当 100千ドル×@127円＝12,700千円
② 12,700千円×20%＝2,540千円

(5) 配当金の相殺消去

(受取配当金)	10,160	(剰余金の配当)	10,160

＊ 12,700千円×80%＝10,160千円

(6) 為替換算調整勘定の按分

(為替換算調整勘定)当期変動額	1,850	(非支配株主持分)当期変動額	1,850

＊ ① 20X3年3月31日における円換算後S2社資本の各金額
(イ) 資本金 180,000千円
(ロ) 利益剰余金 180,900千円(前記Ⅱ2(4)＊①(ロ))－12,700千円(剰余金の配当)＋57,600千円(当期純利益)＝225,800千円
② 20X3年3月31日の為替相場による円換算後S2社資本合計
(1,500千ドル＋1,850千ドル)×@129円＝432,150千円
③ 20X3年3月31日における為替換算調整勘定
432,150千円－(180,000千円＋225,800千円)＝26,350千円（貸方）
④ (26,350千円－17,100千円(前記Ⅱ2(4)＊③))×20%＝1,850千円

(7) のれんに関する為替換算調整勘定

(のれん)	520	(為替換算調整勘定)当期変動額	520

＊　①　のれんの連結貸借対照表価額　(180千ドル－20千ドル)×@129円＝20,640千円
　　②　のれん未償却額　22,680千円－2,560千円＝20,120千円
　　③　①－②＝520千円（貸方）

(8)　**子会社株式の一部売却**

①　日本商工株式会社（親会社）における個別上の会計処理

（現　金　預　金）	31,734[*1]	（Ｓ２社株式）	28,320[*2]
		（Ｓ２社株式売却益）	3,414[*3]

＊1　246千ドル×@129円＝31,734千円

＊2　283,200千円×$\frac{8\%}{80\%}$＝28,320千円

＊3　貸借差額

②　連結修正仕訳

（Ｓ２社株式）	28,320	（非支配株主持分）当期変動額	34,572[*1]
（Ｓ２社株式売却益）	3,414		
（為替換算調整勘定）当期変動額	2,108[*2]		
（資本剰余金）当期変動額	730[*3]		

＊1　(180,000千円（資本金）＋225,800千円（利益剰余金）＋26,350千円（為替換算調整勘定））× 8 %＝34,572千円

＊2　(26,350千円－3,420千円（前記Ⅲ2(1)④）－1,850千円（為替換算調整勘定の按分））×$\frac{8\%}{80\%}$＝2,108千円

＊3　貸借差額

③　一部売却に伴う法人税、住民税及び事業税の修正

（法人税、住民税及び事業税）	219	（資本剰余金）当期変動額	219

＊　730千円×30%（法定実効税率）＝219千円

子会社株式を一部売却した場合には、売却による親会社の持分の減少額（売却持分）と売却価額との間に生じた差額は資本剰余金とするため、これに関連する法人税、住民税及び事業税も資本剰余金から控除する。

3．連結包括利益計算書におけるその他の包括利益

(1)　**その他有価証券評価差額金**

①　A社株式（税効果適用後）

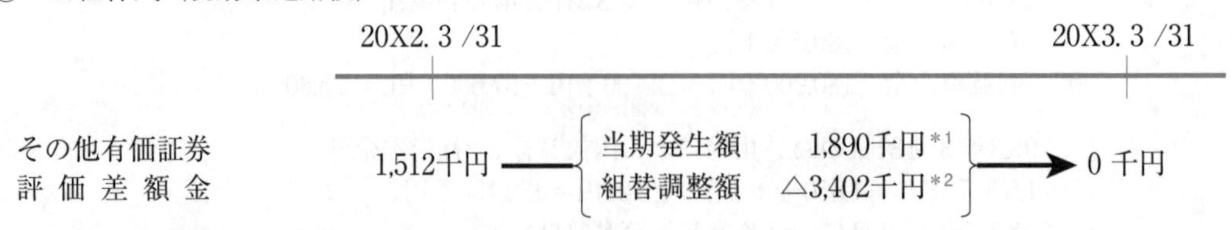

＊1　(ｲ)　20X2年３月31日における時価　20,160千円
　　(ﾛ)　20X3年１月20日における時価（売却価額）　180千ドル×@127円＝22,860千円
　　(ﾊ)　(ﾛ)－(ｲ)＝2,700千円（益）
　　(ﾆ)　2,700千円×（１－30%）＝1,890千円

＊2　(ｲ)　22,860千円－18,000千円＝4,860千円（益）
　　(ﾛ)　4,860千円×（１－30%）＝3,402千円

② 甲社株式（税効果適用後）

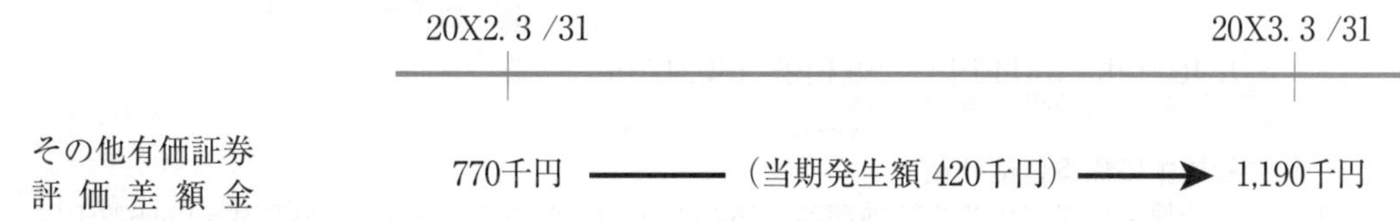

(2) 為替換算調整勘定

① 財務諸表の換算手続きにおいて発生する為替換算調整勘定

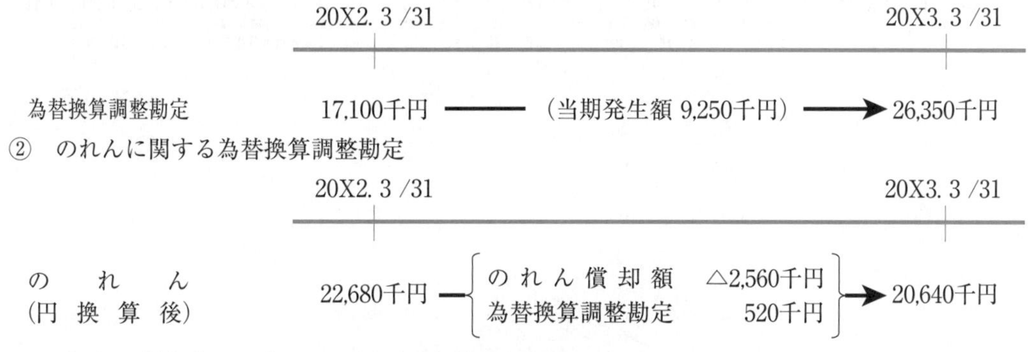

4．20X2年度の連結グループにおける各金額（問2）

(1) 日本商工株式会社の個別損益計算書における当期純利益

(498,000千円－451,000千円)＋20,000千円（剰余金の配当）＝67,000千円

(2) Ｓ2社の個別損益計算書における円換算後の当期純利益　57,600千円

(3) 連結包括利益計算書におけるその他有価証券評価差額金（税効果控除後）

1,890千円（当期発生額（A社株式））－3,402千円（組替調整額（A社株式））＋420千円（当期発生額（甲社株式））＝△1,092千円

(4) 連結包括利益計算書における為替換算調整勘定　9,250千円（財務諸表の換算手続きにおいて発生する為替換算調整勘定）＋520千円（のれんに関する為替換算調整勘定）＝9,770千円

(5) Ｓ1社の連結に係る非支配株主持分当期変動額

① 20X2年３月31日における非支配株主持分　161,508千円（前記Ⅲ１(1)）

② 20X3年３月31日における非支配株主持分　161,508千円＋21,200千円＋168千円＝182,876千円

③ ②－①＝21,368千円

(6) Ｓ2社の連結に係る非支配株主持分当期変動額

① 20X2年３月31日における非支配株主持分　75,600千円（前記Ⅲ２(1)）

② 20X3年３月31日における非支配株主持分

75,600千円＋11,520千円－2,540千円＋1,850千円＋34,572千円＝121,002千円

③ ②－①＝45,402千円

(7) Ｓ2社の連結に係るのれんの期末残高　20,640千円

(8) Ｓ2社株式の一部売却に伴う資本剰余金当期変動額（税引後）　△730千円＋219千円＝△511千円

(9) 連結損益計算書における当期純利益

① 日本商工株式会社（親会社）の当期純利益　67,000千円

② Ｓ1社の当期純利益　53,000千円

③ Ｓ2社の当期純利益　57,600千円

④　(67,000千円＋53,000千円＋57,600千円)－4,000千円－2,560千円
　　　　　　　　　　　　　　　　　　　　　のれん償却額(S 1 社)　のれん償却額(S 2 社)

－10,160千円－3,414千円－219千円＝157,247千円
受取配当金　S2社株式売却益　法人税、住民税及び事業税

⑽　**親会社株主に係る包括利益**

①　親会社株主に帰属する当期純利益　157,247千円－21,200千円－11,520千円＝124,527千円
　　　　　　　　　　　　　　　　　　　　　非支配株主に帰属する当期純利益(S 1 社)　非支配株主に帰属する当期純利益(S 2 社)

②　124,527千円＋1,890千円－3,402千円＋(420千円×60%)＋(9,250千円×80%)＋520千円＝131,187千円
　　　　　その他有価証券評価差額金(A 社 株 式)　その他有価証券評価差額金(甲 社 株 式)　財務諸表の換算手続きにおいて発生する為替換算調整勘定　のれんに関する為替換算調整勘定

第164回 解答・解説

工業簿記

第1問

1	カ ❶
2	オ ❶
3	キ ❶
4	ナ ❶
5	サ ❶
6	ソ ❶

第2問

問1 第1期全部原価計算の営業利益 11,800,000 ☆1 円 ❷

問2 第1期直接原価計算の営業利益 9,800,000 ☆2 円 ❷

問3

(ア)	1,000 ☆3	❶
(イ)	1,000 ☆4	❶
(ウ)	1,000,000 ☆5	❷
(エ)	(大きい)　小さい	❶
(オ)	500 ☆6	❶
(カ)	500,000 ☆7	❷
(キ)	大きい　(小さい)	❶
(ク)	2,000,000 ☆8	❷
(ケ)	(増加する)　減少する	❶
(コ)	操業度差異	❷
(サ)	全部原価計算　(直接原価計算)	❶

予想採点基準　❶点×13箇所＝13点
❷点×6箇所＝12点
合計25点

解　説

第1問

解答参照

第2問

1．生産データおよび販売データ

⑴ **第1期**

生産データ				販売データ			
期首	0個	完成	12,000個	期首	0個	販売	10,000個
当期	12,000個	期末	0個	完成	12,000個	期末	2,000個

⑵ **第2期**

生産データ				販売データ			
期首	0個	完成	11,000個	期首	2,000個	販売	10,000個
当期	11,000個	期末	0個	完成	11,000個	期末	3,000個

⑶ **第3期**

生産データ				販売データ			
期首	0個	完成	10,000個	期首	3,000個	販売	10,000個
当期	10,000個	期末	0個	完成	10,000個	期末	3,000個

⑷ **第4期**

生産データ				販売データ			
期首	0個	完成	9,500個	期首	3,000個	販売	10,000個
当期	9,500個	期末	0個	完成	9,500個	期末	2,500個

2．全部原価計算の場合

⑴ **製品1個当たり標準製造固定費**

① 固定費率　12,000,000円÷24,000時間＝@500円

② 製品1個当たり標準製造固定費　2時間×@500円＝**1,000円** ☆4

⑵ **製品1個当たり標準製造原価**　1,500円＋1,000円＝2,500円

⑶ **第1期の営業利益**

売上高	10,000個×@4,000円＝	40,000,000円
売上原価	10,000個×@2,500円＝	25,000,000円
原価差異（操業度差異）	(12,000個×2時間－24,000時間)×@500円＝	0円
売上総利益		15,000,000円
販売費および一般管理費		3,200,000円
営業利益		**11,800,000円** ☆1

⑷ **第2期の営業利益**

売上高	10,000個×@4,000円＝	40,000,000円
売上原価	10,000個×@2,500円＝	25,000,000円
原価差異（操業度差異）	(11,000個×2時間－24,000時間)×@500円＝	1,000,000円（不利差異）
売上総利益		14,000,000円
販売費および一般管理費		3,200,000円
営業利益		10,800,000円

⑸ **第3期の営業利益**

売上高	10,000個×@4,000円＝	40,000,000円

売上原価	10,000個×@2,500円＝	25,000,000円
原価差異（操業度差異）	(10,000個×２時間－24,000時間)×@500円＝	2,000,000円（不利差異）
売上総利益		13,000,000円
販売費および一般管理費		3,200,000円
営業利益		9,800,000円

⑹　**第４期の営業利益**

売上高	10,000個×@4,000円＝	40,000,000円
売上原価	10,000個×@2,500円＝	25,000,000円
原価差異（操業度差異）	(9,500個×２時間－24,000時間)×@500円＝	2,500,000円（不利差異）
売上総利益		12,500,000円
販売費および一般管理費		3,200,000円
営業利益		9,300,000円

３．直接原価計算の場合

各期とも販売量が同数であるため、営業利益は同額となる。

売上高	10,000個×@4,000円＝	40,000,000円
変動費	10,000個×@1,500円＝	15,000,000円
貢献利益		25,000,000円
製造固定費		12,000,000円
固定販売費および一般管理費		3,200,000円
営業利益		**9,800,000円** ☆２

４．全部原価計算と直接原価計算の比較（問３）

⑴　**第２期における期末の製品在庫の増加量（解答ア）**

3,000個（期末）－2,000個（期首）＝**1,000個**☆３

⑵　**製品１個当たりの標準製造固定費（解答イ）**

1,000円（前記解説２．⑴②より）

⑶　**第２期における営業利益の比較（解答ウ・解答エ）**

1,000個×@1,000円＝**1,000,000円**☆５（製品在庫が増加しているため、全部原価計算の方が大きくなる）

なお、下記のとおり営業利益を比較して計算することもできる。

①　全部原価計算の営業利益　10,800,000円（前記解説２．⑷より）

②　直接原価計算の営業利益　9,800,000円（前記解説３．より）

③　営業利益の差額　10,800,000円－9,800,000円＝1,000,000円（全部原価計算の方が大きい）

⑷　**第４期における期末の製品在庫の減少量（解答オ）**

2,500個（期末）－3,000個（期首）＝**－500個**☆６

⑸　**第４期における営業利益の比較（解答カ・解答キ）**

500個×@1,000円＝**500,000円**☆７（製品在庫が減少しているため、全部原価計算の方が小さくなる）

なお、下記のとおり営業利益を比較して計算することもできる。

①　全部原価計算の営業利益　9,300,000円（前記解説２．⑹より）

②　直接原価計算の営業利益　9,800,000円（前記解説３．より）

③　営業利益の差額　9,300,000円－9,800,000円＝－500,000円（全部原価計算の方が小さい）

⑹　**第３期の実際生産量が12,000個であった場合の全部原価計算の営業利益**

売上高	10,000個×@4,000円＝	40,000,000円
売上原価	10,000個×@2,500円＝	25,000,000円
原価差異（操業度差異）	(12,000個×２時間－24,000時間)×@500円＝	0円
売上総利益		15,000,000円
販売費および一般管理費		3,200,000円
営業利益		11,800,000円

⑺　第３期の実際生産量が12,000個であった場合の営業利益増減額（解答ク・解答ケ・解答コ）
11,800,000円－9,800,000円（前記解説２．⑸より）＝**2,000,000円（増加）**☆８　∴ 操業度差異と同額

⑻　直接原価計算の特徴（解答サ）
直接原価計算の営業利益は、前記解説３．のとおり在庫変動の影響を受けない。

原価計算

第1問

正しいものの番号	①　④

❹

第2問

問1　正常仕損費　（　　6,076 ☆1　　）円 ❸

　　　異常仕損費　（　　5,500 ☆2　　）円 ❸　別解：5,444円

問2　選択した番号　（　　③　　）❷

　　　選んだ理由

異	常	仕	損	費	が	経	営	管	理
者	に	と	っ	て	管	理	可	能	な
原	因	に	も	と	づ	く	損	失	で
あ	る	た	め	。					

❹

問3　完成品原価　（　　611,280 ☆3　　）円 ❸

　　　月末仕掛品原価　（　　11,140 ☆4　　）円 ❸

問4　売上総利益　（　　378,400 ☆5　　）円 ❸

<異常仕損費の別解>

異常仕損品が負担する正常仕損費56円は、正常仕損費6,076円の中に含まれているため、正常仕損費を負担する前の金額も解答として考えられる。

予想採点基準　❷点×1箇所＝2点
❸点×5箇所＝15点
❹点×2箇所＝8点
合計25点

解　説

第１問

① 正しい文章である。

② 誤った文章である。
仕損費は内部失敗原価である。

③ 誤った文章である。
品質原価計算は、適合品質に焦点を当てた原価計算である。

④ 正しい文章である。

⑤ 誤った文章である。
各段階で発生するコストの間には、トレード・オフの関係がある。

第２問

１．生産・原価データ（物量単位：kg、金額単位：円）

生産・原価データ

月初	合計	14,400	100 (50)	4,300 (4,300)	差引　605,400	完成
当月	原料	352,000	4,400	40	3,200	異仕
	加工	(260,640)	(4,344)	(32)	(1,920)	
				100	8,000	月末
				(50)	(3,000)	
				60	4,800	正仕
				(12)	(720)	

⑴ **正常仕損費**　4,800円＋720円＋556円＝**6,076円** ☆1

⑵ **正常仕損費追加配賦**

$$\frac{6{,}076\text{円}}{(4{,}300\text{kg}-100\text{kg})+40\text{kg}+100\text{kg}}\times\begin{cases}(4{,}300\text{kg}-100\text{kg})=5{,}880\text{円（完成品負担分）}\\ 40\text{kg}=56\text{円（異常仕損品負担分）}\\ 100\text{kg}=140\text{円（月末仕掛品負担分）}\end{cases}$$

⑶ **異常仕損費**　3,200円＋1,920円＋56円＋324円＝**5,500円** ☆2

⑷ **完成品原価**　605,400円＋5,880円＝**611,280円** ☆3

⑸ **月末仕掛品原価**　8,000円＋3,000円＋140円＝**11,140円** ☆4

２．売上総利益の計算

⑴ **販売・原価データ（物量単位：kg、金額単位：円）**

販売・原価データ

月初	27,720	200	4,300	610,600	販売
完成	611,280	4,300	200	28,400	月末
合計	639,000	4,500			

⑵ **売上高**　4,300kg×@230円＝989,000円

⑶ **売上総利益**　989,000円－610,600円＝**378,400円** ☆5

第165回　解答・解説

商業簿記

問1　20X6年度における損益計算書を作成しなさい。

損　益　計　算　書

自20X6年４月１日　至20X7年３月31日

（単位：千円）

Ⅰ 売上高		(❶ 6,162,115 ☆1)
Ⅱ 売上原価		
1 商品期首棚卸高	(❶ 648,000 ☆2)	
2 当期商品仕入高	(❶ 3,941,850 ☆3)	
合計	(4,589,850)	
3 商品期末棚卸高	(❶ 538,850 ☆4)	
差引	(4,051,000)	
4 棚卸減耗損	(❶ 7,050 ☆5)	(4,058,050)
売上総利益		(2,104,065)
Ⅲ 販売費及び一般管理費		
1 販売費	(❶ 810,400 ☆6)	
2 一般管理費	(❶ 238,800 ☆7)	
3 退職給付費用	(❶ 5,190 ☆8)	
4 貸倒引当金繰入	(❶ 13,850 ☆9)	
5 減価償却費	(❶ 88,772 ☆10)	
6 資産除去債務利息費用	(❶ 1,082 ☆11)	(1,158,094)
営業利益		(945,971)
Ⅳ 営業外収益		
1 有価証券評価益	(❶ 31 ☆12)	
2 為替差益	(❶ 230 ☆13)	
3 受取利息	4,687	(4,948)
Ⅴ 営業外費用		
1 手形売却損	87	
2 社債利息	(❶ 9,773 ☆14)	(9,860)
経常利益		(941,059)
Ⅵ 特別利益		
1 社債買入消却益	(❶ 1,970 ☆15)	
2 固定資産売却益	500	(2,470)
税引前当期純利益		(943,529)
法人税、住民税及び事業税		(❶ 132,500 ☆16)
当期純利益		(811,029)

問2　20X6年度の貸借対照表における次の(1)〜(5)の金額を求めなさい。

（単位：千円）

(1)買掛金	(2)契約負債	(3)資産除去債務	(4)社債	(5)繰越利益剰余金
❷ 504,540 ☆17	❷ 160,385 ☆18	❷ 29,637 ☆19	❷ 291,583 ☆20	❶ 923,029 ☆21

予想採点基準　❶点×17箇所＝17点
❷点×４箇所＝８点
合計25点

解　説

解説上、仕訳の金額は単位千円とする。

Ⅰ　決算整理前残高試算表の金額

1．売買目的有価証券

12,500ドル×@130円＝1,625千円

2．社　債

(1)　発行価額

@93.25円×4,000千口＝373,000千円

(2)　20X5年３月31日における償却額

①　表面利息　400,000千円×1.20％＝4,800千円

②　償 却 額　(373,000千円×2.66％)－4,800千円≒5,122千円（千円未満四捨五入）

(3)　20X6年３月31日における償却額

①　表面利息　400,000千円×1.20％＝4,800千円

②　償 却 額　{(373,000千円＋5,122千円)×2.66％}－4,800千円≒5,258千円（千円未満四捨五入）

(4)　(1)＋(2)＋(3)＝383,380千円

Ⅱ　期末整理事項等

1．一般商品

(1)　仕入戻し、仕入割戻しの処理

（買　掛　金）	72,250	（仕　入）	72,250

＊　68,000千円＋4,250千円＝72,250千円

(2)　売上原価の算定

（仕　入）	588,000	（繰　越　商　品）	588,000
（繰　越　商　品）	440,250＊	（仕　入）	440,250

＊　①　商品期末帳簿棚卸高（売価）

840,000千円＋{(2,633,500千円－72,250千円)＋1,707,500千円＋947,500千円－807,500千円}
－4,515,000千円＝733,750千円

②　売価還元法（正味値下げ額を除外せずに原価率を算定する方法）

588,000千円＋(2,633,500千円－72,250千円)
/ 840,000千円＋{(2,633,500千円－72,250千円)＋1,707,500千円＋947,500千円－807,500千円}
＝0.6(60％)

③　商品期末帳簿棚卸高（原価）

733,750千円×0.6＝440,250千円

〈参　考〉 商品BOX（金額単位：千円）

《売　価》		商品BOX				《売　価》	
期首売価	840,000	期首原価	588,000	売上原価	2,709,000	売　上　高	4,515,000
仕入原価	2,561,250	仕入原価	2,561,250	期末原価	440,250	期末売価	733,750
原始値入額	1,707,500						
正味値上げ額	947,500						
正味値下げ額	△807,500						
	5,248,750		3,149,250		3,149,250		5,248,750

⑶　**期末商品の評価**

（棚　卸　減　耗　損）　7,050　（繰　越　商　品）　7,050

＊　440,250千円－（722,000千円×0.6）＝7,050千円
商品期末実地棚卸高（売価）

⑷　**棚卸減耗損の売上原価算入**

（仕　　　入）　7,050　（棚　卸　減　耗　損）　7,050

2．未着品

⑴　**貨物代表証券の取得**

（未　着　品）　85,200　（買　掛　金）　85,200

＊　600,000ドル×@142円＝85,200千円
貨物代表証券600,000ドルについては、問題文より為替予約時の先物為替レートで換算する。

⑵　**売上原価の算定**

（仕　　　入）　1,440,600　（未　着　品）　1,440,600＊1
（未　着　品）　98,600＊2　（仕　　　入）　98,600

＊1　1,355,400千円＋85,200千円＝1,440,600千円
＊2　1,355,400千円＋85,200千円－{1,677,500千円÷（1＋0.25）}＝98,600千円

3．買掛金に係る為替予約等

⑴　**為替予約**

（為　替　差　損　益）　370＊1　（買　掛　金）　2,590
（前　払　費　用）　2,220＊2

＊1　直直差額　370,000ドル×（@135円－@136円）＝△370千円（損）
＊2　直先差額　370,000ドル×（@136円－@142円）＝△2,220千円（損）

⑵　**直先差額の期間配分**

（為　替　差　損　益）　740　（前　払　費　用）　740

＊　$2{,}220千円\times\frac{1カ月}{3カ月}=740千円$

4．未着品販売、保守点検サービスに係る会計処理の修正

⑴　**A社に対する未着品売上、役務収益の修正**

①　取引価格の配分に係る修正

（未　着　品　売　上）　3,846＊1　（契　約　負　債）　13,846＊2
（役　務　収　益）　10,000

＊1　(ｲ)　未着品販売に配分する取引価格　$(50{,}000千円+10{,}000千円)\times\frac{50{,}000千円}{50{,}000千円+15{,}000千円}$
≒46,154千円（千円未満四捨五入）

(ﾛ)　50,000千円－46,154千円＝3,846千円

＊2　保守点検サービスに配分する取引価格　$(50{,}000千円+10{,}000千円)\times\frac{15{,}000千円}{50{,}000千円+15{,}000千円}$
≒13,846千円（千円未満四捨五入）

②　契約負債から役務収益への振替え

（契　約　負　債）　5,769　（役　務　収　益）　5,769

＊　$13{,}846千円\times\frac{10カ月}{24カ月}$≒5,769千円（千円未満四捨五入）

(2)　B社に対する未着品売上、役務収益の修正

①　取引価格の配分に係る修正

（未着品売上）　46,154[*1]　（契約負債）　166,154[*2]
（役務収益）　120,000

＊1　(ｲ)　未着品販売に配分する取引価格　$(600{,}000千円+120{,}000千円)\times\frac{600{,}000千円}{600{,}000千円+180{,}000千円}$

≒553,846千円（千円未満四捨五入）

(ﾛ)　600,000千円－553,846千円＝46,154千円

＊2　保守点検サービスに配分する取引価格　$(600{,}000千円+120{,}000千円)\times\frac{180{,}000千円}{600{,}000千円+180{,}000千円}$

≒166,154千円（千円未満四捨五入）

②　契約負債から役務収益への振替え

（契約負債）　13,846　（役務収益）　13,846

＊　$166{,}154千円\times\frac{2ヵ月}{24ヵ月}$≒13,846千円（千円未満四捨五入）

5．有価証券（売買目的有価証券）

（売買目的有価証券）　31　（有価証券評価損益）　31

＊　(12,000ドル×@138円)－(12,500ドル×@130円)＝31千円（評価益）

6．売上債権

(1)　売掛金の換算替え

（売掛金）　960　（為替差損益）　960

＊　(480,000ドル×@138円)－65,280千円＝960千円（益）

(2)　貸倒引当金の設定

（貸倒引当金繰入）　13,850　（貸倒引当金）　13,850

＊　{(323,240千円（受取手形）＋423,800千円（売掛金）＋960千円（前記6(1)）)}×2％－1,110千円（貸倒引当金）＝13,850千円

7．有形固定資産等

(1)　建　物

（減価償却費）　20,250　（建物減価償却累計額）　20,250

＊　900,000千円×0.9÷40年＝20,250千円

(2)　備　品

（減価償却費）　15,820　（備品減価償却累計額）　15,820

＊　①　定率法償却率　1÷8年×200％＝0.250

②　償却保証額　150,000千円×0.07909≒11,864千円（千円未満四捨五入）

③　調整前償却額　(150,000千円－86,719千円)×0.250≒15,820千円（千円未満四捨五入）

調整前償却額が償却保証額を上回っているため、調整前償却額を減価償却費とする。

(3)　機械装置

（減価償却費）　52,702　（機械装置減価償却累計額）　52,702

＊　527,022千円÷10年≒52,702千円（千円未満四捨五入）

(4)　資産除去債務の利息費用

（資産除去債務利息費用）　1,082　（資産除去債務）　1,082

＊　①　40,000千円×0.70259≒28,104千円（千円未満四捨五入）

②　28,104千円－27,022千円＝1,082千円

⑸　**将来キャッシュ・フローの見積額の増加による資産除去債務の調整額**

（機　械　装　置）　1,533　（資 産 除 去 債 務）　1,533

＊　(42,000千円－40,000千円)×0.76642≒1,533千円（千円未満四捨五入）

8．社　債

⑴　**社債の帳簿価額の分割**

①　償還分

$$383{,}380千円\times\frac{1{,}000千口}{4{,}000千口}=95{,}845千円$$

②　未償還分

$$383{,}380千円\times\frac{3{,}000千口}{4{,}000千口}=287{,}535千円$$

⑵　**償還分の利息の支払いおよび償却原価法（利息法）の適用**

（社　債　利　息）	2,125＊1	（仮　払　金）	1,000＊2
		（社　　　債）	1,125＊3

＊1　$95{,}845千円\times2.66\%\times\frac{10ヵ月}{12ヵ月}\fallingdotseq2{,}125千円$（千円未満四捨五入）

＊2　表面利息　$100{,}000千円\times1.20\%\times\frac{10ヵ月}{12ヵ月}=1{,}000千円$

＊3　2,125千円－1,000千円＝1,125千円

⑶　**買入消却**

（社　　　債）	96,970＊1	（仮　払　金）	95,000＊2
		（社 債 買 入 消 却 益）	1,970＊3

＊1　95,845千円＋1,125千円＝96,970千円

＊2　96,000千円－1,000千円＝95,000千円
　　　仮払金　　　　利息の支払額

＊3　96,970千円－95,000千円＝1,970千円（益）

⑷　**未償還分の償却原価法（利息法）の適用**

（社　債　利　息）	7,648＊1	（現　金　預　金）	3,600＊2
		（社　　　債）	4,048＊3

＊1　287,535千円×2.66％≒7,648千円（千円未満四捨五入）

＊2　300,000千円×1.20％＝3,600千円

＊3　7,648千円－3,600千円＝4,048千円

9．退職給付

⑴　**年金掛金拠出額に係る会計処理の修正**

借方	金額	貸方	金額
（退職給付引当金） 年金資産	11,000	（仮払金）	11,000

⑵　**退職一時金の支払いに係る会計処理の修正**

借方	金額	貸方	金額
（退職給付引当金） 退職給付債務	8,000	（仮払金）	8,000

⑶　**年金基金からの給付**

借方	金額	貸方	金額
（退職給付引当金） 退職給付債務	4,250	（退職給付引当金） 年金資産	4,250

⑷　**勤務費用**

借方	金額	貸方	金額
（退職給付費用） 勤務費用	9,800	（退職給付引当金） 退職給付債務	9,800

⑸　**利息費用**

借方	金額	貸方	金額
（退職給付費用） 利息費用	8,745	（退職給付引当金） 退職給付債務	8,745

＊　874,500千円×１％＝8,745千円

⑹　**期待運用収益**

借方	金額	貸方	金額
（退職給付引当金） 年金資産	14,105	（退職給付費用） 期待運用収益	14,105

＊　705,250千円×２％＝14,105千円

⑺　**数理計算上の差異の発生**

借方	金額	貸方	金額
（退職給付引当金） 未認識数理計算上の差異	6,000	（退職給付引当金） 退職給付債務	6,000

⑻　**未認識数理計算上の差異の費用処理**

借方	金額	貸方	金額
（退職給付費用） 費用処理額	750	（退職給付引当金） 未認識数理計算上の差異	750

＊　6,000千円÷８年＝750千円

年金資産

借方	貸方
期首　705,250千円	年金支払い　4,250千円
拠出　11,000千円	期末　726,105千円
運用収益　14,105千円	

退職給付債務

借方	貸方
一時金支払い　8,000千円	期首　874,500千円
年金支払い　4,250千円	**勤務費用　9,800千円**
期末　886,795千円	**利息費用　8,745千円**
	数理計算上の差異　6,000千円

未認識数理計算上の差異

借方	貸方
発生　6,000千円	**費用処理　750千円**
	期末　5,250千円

10．経過勘定項目

借方	金額	貸方	金額
（前払販売費）	49,600	（販売費）	49,600
（一般管理費）	27,800	（未払一般管理費）	27,800

11．法人税、住民税及び事業税

借方	金額	貸方	金額
（法人税、住民税及び事業税）	132,500	（仮払法人税等）	61,000
		（未払法人税等）	71,500＊

＊　132,500千円－61,000千円＝71,500千円

12. 損益計算書における各金額（一部）

⑴　**売上高**

①　一般売上　4,515,000千円

②　未着品売上　1,677,500千円－3,846千円－46,154千円＝1,627,500千円
　　（前記Ⅱ4⑴①　前記Ⅱ4⑵①）

③　役務収益　130,000千円－10,000千円＋5,769千円－120,000千円＋13,846千円＝19,615千円
　　（前記Ⅱ4⑴①　前記Ⅱ4⑴②　前記Ⅱ4⑵①　前記Ⅱ4⑵②）

④　①＋②＋③＝6,162,115千円

⑵　**商品期首棚卸高**　588,000千円＋60,000千円＝648,000千円
　　（一般商品　未着品）

⑶　**当期商品仕入高**

①　一般商品　2,633,500千円－72,250千円＝2,561,250千円
　　（前記Ⅱ1⑴）

②　貨物代表証券取得高　1,355,400千円＋85,200千円－60,000千円＝1,380,600千円
　　（前記Ⅱ2⑴　期首未着品）

③　①＋②＝3,941,850千円

⑷　**商品期末棚卸高**　440,250千円＋98,600千円＝538,850千円
　　（前記Ⅱ1⑵　前記Ⅱ2⑵）

金額集計仮計算

損益計算書　（単位：千円）

商品期首棚卸高	**648,000** ☆2 前記Ⅱ12⑵	売　上　高	**6,162,115** ☆1 前記Ⅱ12⑴
当期商品仕入高	**3,941,850** ☆3 前記Ⅱ12⑶	商品期末棚卸高	**538,850** ☆4 前記Ⅱ12⑷
棚卸減耗損	**7,050** ☆5 前記Ⅱ1⑶	有価証券評価益	**31** ☆12 前記Ⅱ5
販　売　費	860,000－49,600＝**810,400** ☆6 前記Ⅱ10	為 替 差 益	380－370－740＋960＝**230** ☆13 前記Ⅱ3⑴ 前記Ⅱ3⑵ 前記Ⅱ6⑴
一般管理費	211,000＋27,800＝**238,800** ☆7 前記Ⅱ10	受 取 利 息	4,687
退職給付費用	9,800＋8,745－14,105＋750＝**5,190** ☆8 前記Ⅱ9⑷ 前記Ⅱ9⑸ 前記Ⅱ9⑹ 前記Ⅱ9⑻	社債買入消却益	**1,970** ☆15 前記Ⅱ8⑶
貸倒引当金繰入	**13,850** ☆9 前記Ⅱ6⑵	固定資産売却益	500
減価償却費	20,250＋15,820＋52,702＝**88,772** ☆10 前記Ⅱ7⑴ 前記Ⅱ7⑵ 前記Ⅱ7⑶		
資産除去債務利息費用	**1,082** ☆11 前記Ⅱ7⑷		
手形売却損	87		
社 債 利 息	2,125＋7,648＝**9,773** ☆14 前記Ⅱ8⑵ 前記Ⅱ8⑷		
法人税、住民税及び事業税	**132,500** ☆16 前記Ⅱ11		

13. 貸借対照表における各金額

⑴　**買掛金**　489,000千円－72,250千円＋85,200千円＋2,590千円＝504,540千円 ☆17
　　（前記Ⅱ1⑴　前記Ⅱ2⑴　前記Ⅱ3⑴）

⑵　**契約負債**　13,846千円－5,769千円＋166,154千円－13,846千円＝160,385千円 ☆18
　　（前記Ⅱ4⑴①　前記Ⅱ4⑴②　前記Ⅱ4⑵①　前記Ⅱ4⑵②）

⑶　**資産除去債務**　27,022千円＋1,082千円＋1,533千円＝29,637千円 ☆19
　　（前記Ⅱ7⑷　前記Ⅱ7⑸）

⑷　**社債**　383,380千円＋1,125千円－96,970千円＋4,048千円＝291,583千円 ☆20
　　（前記Ⅰ2⑷　前記Ⅱ8⑵　前記Ⅱ8⑶　前記Ⅱ8⑷）

⑸　**繰越利益剰余金**　112,000千円＋811,029千円＝923,029千円 ☆21
　　（当期純利益）

会　計　学

問題 1

（ア）	（イ）	（ウ）	（エ）
❶ 減算	❶ 資産	❷ 400	❶ 懸念

（オ）	（カ）	（キ）	（ク）
❶ 担保	❷ 21,525	❶ 見積り	❶ リスク

※別解：（カ）→21,526

問題 2

連結株主資本等変動計算書　（単位：千円）

	株主資本				その他の包括利益累計額	非支配株主持分	純資産合計
	資本金	資本剰余金	利益剰余金	自己株式			
当期首残高	1,000,000	❶500,000	❶320,280	△80,000	❶22,400	❶140,520	1,903,200
当期変動額							
株式の発行	❶100,000	❶100,000					200,000
剰余金の配当			❶△20,000				△20,000
親会社株主に帰属する当期純利益			❶121,430				121,430
自己株式の処分		❶△2,000		❶20,000			18,000
子会社株式の売却による持分の増減額		❶10,080					10,080
株主資本以外の項目の当期変動額（純額）					❶△3,700	❶75,540	71,840
当期変動額合計	100,000	108,080	101,430	20,000	△3,700	75,540	401,350
当期末残高	❶1,100,000	608,080	421,710	❶△60,000	18,700	216,060	2,304,550

※負数（借方金額）については、△を付しなさい。
※空欄とすべき箇所については、「－」などを付す必要はなく、空欄のままとしなさい。

予想採点基準　❶点×21箇所＝21点
❷点× 2 箇所＝ 4 点
合計25点

解　説

問題 1

1．税効果会計（法人税等調整額）

⑴　**前年度末繰延税金資産**　20,000千円×35％＝7,000千円

⑵　**当年度末繰延税金資産**　22,000千円×30％＝6,600千円

⑶　⑵－⑴＝400千円（借方）

2．貸倒懸念債権（キャッシュ・フロー見積法による貸倒見積高）

⑴　**将来キャッシュ・フローの割引現在価値**

$$\frac{500千円}{(1+0.03)^2}+\frac{30{,}600千円}{(1+0.03)^3}≒28{,}475千円$$（千円未満四捨五入）

⑵　**貸倒見積高**　50,000千円－28,475千円＝21,525千円

3．会計上の見積りの開示に関する会計基準

解答参照

〈参　考〉 別解に対する計算過程を示すと次のとおりである。

2．貸倒懸念債権（キャッシュ・フロー見積法による貸倒見積高）

⑴　**将来キャッシュ・フローの割引現在価値**

①　$\frac{500千円}{(1+0.03)^2}≒471千円$（千円未満四捨五入）

②　$\frac{30{,}600千円}{(1+0.03)^3}≒28{,}003千円$（千円未満四捨五入）

③　①＋②＝28,474千円

⑵　**貸倒見積高**　50,000千円－28,474千円＝21,526千円

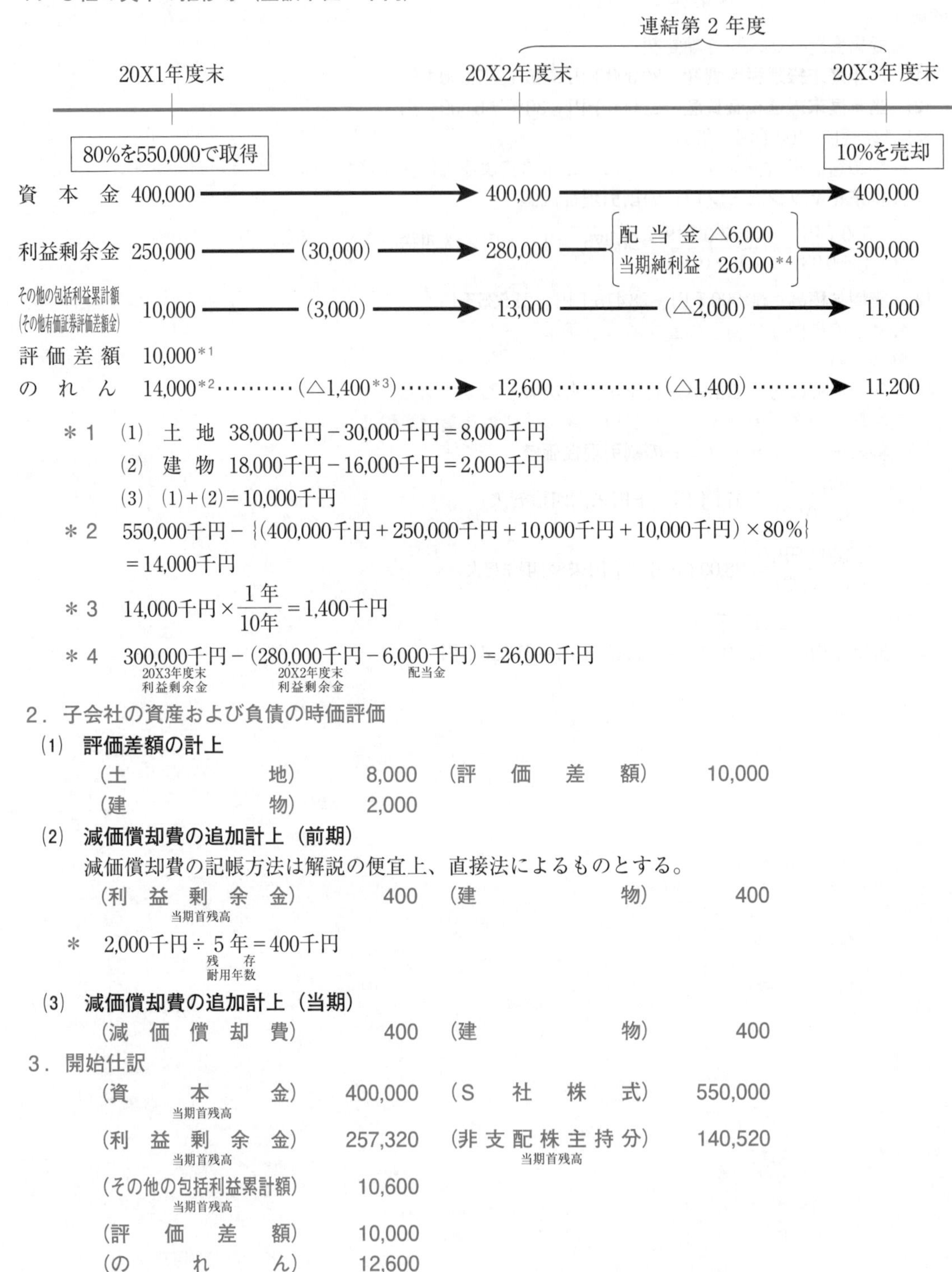

問題2

解説上、仕訳の金額は単位千円とする。

1．S社の資本の推移等（金額単位：千円）

	20X1年度末		20X2年度末	連結第2年度	20X3年度末
	80%を550,000で取得				10%を売却
資本金	400,000	→	400,000	→	400,000
利益剰余金	250,000	(30,000) →	280,000	配当金 △6,000 当期純利益 26,000[*4] →	300,000
その他の包括利益累計額（その他有価証券評価差額金）	10,000	(3,000) →	13,000	(△2,000) →	11,000
評価差額	10,000[*1]				
のれん	14,000[*2]	(△1,400[*3]) →	12,600	(△1,400) →	11,200

＊1　⑴　土　地　38,000千円－30,000千円＝8,000千円

⑵　建　物　18,000千円－16,000千円＝2,000千円

⑶　⑴＋⑵＝10,000千円

＊2　550,000千円－｛(400,000千円＋250,000千円＋10,000千円＋10,000千円)×80%｝＝14,000千円

＊3　14,000千円×$\frac{1年}{10年}$＝1,400千円

＊4　300,000千円（20X3年度末利益剰余金）－(280,000千円（20X2年度末利益剰余金）－6,000千円（配当金）)＝26,000千円

2．子会社の資産および負債の時価評価

⑴　**評価差額の計上**

借方	金額	貸方	金額
(土　　地)	8,000	(評　価　差　額)	10,000
(建　　物)	2,000		

⑵　**減価償却費の追加計上（前期）**

減価償却費の記帳方法は解説の便宜上、直接法によるものとする。

借方	金額	貸方	金額
(利益剰余金)当期首残高	400	(建　　物)	400

＊　2,000千円÷5年（残存耐用年数）＝400千円

⑶　**減価償却費の追加計上（当期）**

借方	金額	貸方	金額
(減価償却費)	400	(建　　物)	400

3．開始仕訳

借方	金額	貸方	金額
(資　本　金)当期首残高	400,000	(S　社　株　式)	550,000
(利益剰余金)当期首残高	257,320	(非支配株主持分)当期首残高	140,520
(その他の包括利益累計額)当期首残高	10,600		
(評　価　差　額)	10,000		
(の　れ　ん)	12,600		

開始仕訳は次の(1)から(4)の仕訳を累積したものである。

(1)　投資と資本の相殺消去

借方	金額	貸方	金額
（資本金） 当期首残高	400,000	（S社株式）	550,000
（利益剰余金） 当期首残高	250,000	（非支配株主持分） 当期首残高	134,000*
（その他の包括利益累計額） 当期首残高	10,000		
（評価差額）	10,000		
（のれん）	14,000		

＊　(400,000千円＋250,000千円＋10,000千円＋10,000千円)×20%＝134,000千円

(2)　のれんの償却

借方	金額	貸方	金額
（利益剰余金） 当期首残高	1,400	（のれん）	1,400

(3)　増加利益剰余金の按分

借方	金額	貸方	金額
（利益剰余金） 当期首残高	5,920	（非支配株主持分） 当期首残高	5,920

＊　{(280,000千円－250,000千円)－400千円(前記2(2))}×20%＝5,920千円

(4)　増加その他の包括利益累計額の按分

借方	金額	貸方	金額
（その他の包括利益累計額） 当期首残高	600	（非支配株主持分） 当期首残高	600

＊　(13,000千円－10,000千円)×20%＝600千円

4．のれんの償却

借方	金額	貸方	金額
（のれん償却額）	1,400	（のれん）	1,400

5．当期純利益の按分

借方	金額	貸方	金額
（非支配株主に帰属する当期純損益）	5,120	（非支配株主持分） 当期変動額	5,120

＊　(26,000千円(当期純利益)－400千円(前記2(3)))×20%＝5,120千円

6．剰余金の配当の振替え

借方	金額	貸方	金額
（非支配株主持分） 当期変動額	1,200	（剰余金の配当）	1,200

＊　6,000千円×20%＝1,200千円

7．配当金の相殺消去

借方	金額	貸方	金額
（受取配当金）	4,800	（剰余金の配当）	4,800

＊　6,000千円×80%＝4,800千円

8．減少その他の包括利益累計額の按分

借方	金額	貸方	金額
（非支配株主持分） 当期変動額	400	（その他の包括利益累計額） 当期変動額	400

＊　(11,000千円－13,000千円)×20%＝△400千円

9．一部売却

（S　社　株　式）　68,750[*1]　（非支配株主持分 当期変動額）　72,020[*4]

（S社株式売却益）　13,250[*2]　（資本剰余金 当期変動額）　10,080[*5]

（その他の包括利益累計額 当期変動額）　100[*3]

＊1　550,000千円 × $\frac{10\%}{80\%}$ = 68,750千円

＊2　82,000千円 − 68,750千円 = 13,250千円（売却益）

＊3　その他の包括利益累計額の修正額　(11,000千円 − 10,600千円(前記3) + 400千円(前記8)) × $\frac{10\%}{80\%}$ = 100千円

＊4　(400,000千円 + 300,000千円 − 400千円(前記2(2)) − 400千円(前記2(3)) + 11,000千円 + 10,000千円) × 10% = 72,020千円

＊5　貸借差額

10. 期首棚卸資産に含まれる未実現利益の調整

(1) **開始仕訳**

（利益剰余金 当期首残高）　2,000　（棚　卸　資　産）　2,000

(2) **実現仕訳（逆仕訳）**

（棚　卸　資　産）　2,000　（売　上　原　価）　2,000

11. 期末棚卸資産に含まれる未実現利益の消去

（売　上　原　価）　1,600　（棚　卸　資　産）　1,600

12. 連結株主資本等変動計算書の各金額

(1) **資本金**

①　当期首残高　(1,000,000千円(P社) + 400,000千円(S社)) − 400,000千円(前記3) = 1,000,000千円

②　当期変動額

(ｲ)　株式の発行　200,000千円 × $\frac{1}{2}$ = 100,000千円

(ﾛ)　当期変動額合計　100,000千円

③　当期末残高　① + ② = 1,100,000千円

(2) **資本剰余金**

①　当期首残高　500,000千円(P社)

②　当期変動額

(ｲ)　株式の発行　200,000千円 − 100,000千円(資本金計上額) = 100,000千円

(ﾛ)　自己株式の処分　18,000千円 − 20,000千円 = △2,000千円（自己株式処分差損）

(ﾊ)　子会社株式の売却による持分の増減額　10,080千円(前記9)

(ﾆ)　当期変動額合計　(ｲ)+(ﾛ)+(ﾊ) = 108,080千円

③　当期末残高　① + ② = 608,080千円

⑶ **利益剰余金**

① 当期首残高 (300,000千円(P 社)＋280,000千円(S 社))－400千円(前記2⑵)－257,320千円(前記3)－2,000千円(前記10⑴)＝320,280千円

② 当期変動額

(ｲ) 剰余金の配当 －(20,000千円(P 社)＋6,000千円(S 社))＋1,200千円(前記6)＋4,800千円(前記7)＝△20,000千円

(ﾛ) 親会社株主に帰属する当期純利益

㋑ P社当期純利益 400,000千円(20X3年度末利益剰余金)－(300,000千円(20X2年度末利益剰余金)－20,000千円(配当金))＝120,000千円

㋺ S社当期純利益 26,000千円

㋩ (120,000千円＋26,000千円)－400千円(前記2⑶)－1,400千円(前記4)－5,120千円(前記5)－4,800千円(前記7)－13,250千円(前記9)

＋2,000千円(前記10⑵)－1,600千円(前記11)＝121,430千円

(ﾊ) 当期変動額合計 (ｲ)＋(ﾛ)＝101,430千円

③ 当期末残高 ①＋②＝421,710千円

⑷ **自己株式**

① 当期首残高 △80,000千円(P 社)

② 当期変動額

(ｲ) 自己株式の処分 20,000千円

(ﾛ) 当期変動額合計 20,000千円

③ 当期末残高 ①＋②＝△60,000千円

⑸ **その他の包括利益累計額**

① 当期首残高 (20,000千円(P 社)＋13,000千円(S 社))－10,600千円(前記3)＝22,400千円

② 当期変動額

(ｲ) 株主資本以外の項目の当期変動額（純額）

㋑ P社当期変動額 18,000千円(20X3年度末その他の包括利益累計額)－20,000千円(20X2年度末その他の包括利益累計額)＝△2,000千円

㋺ S社当期変動額 11,000千円(20X3年度末その他の包括利益累計額)－13,000千円(20X2年度末その他の包括利益累計額)＝△2,000千円

㋩ －(2,000千円＋2,000千円)＋400千円(前記8)－100千円(前記9)＝△3,700千円

(ﾛ) 当期変動額合計 △3,700千円

③ 当期末残高 ①＋②＝18,700千円

⑹ **非支配株主持分**

① 当期首残高 140,520千円(前記3)

② 当期変動額

(ｲ) 株主資本以外の項目の当期変動額（純額）

5,120千円(前記5)－1,200千円(前記6)－400千円(前記8)＋72,020千円(前記9)＝75,540千円

(ﾛ) 当期変動額合計 75,540千円

③ 当期末残高 ①＋②＝216,060千円

第165回 解答・解説

工業簿記

問1

①	❶	120,000 円 ☆1
②	❶	80,000 円 ☆2
③	❶	44,800 円 ☆3
④	❶	83,200 円 ☆4
⑤	❶	150,000 円 ☆5

問2

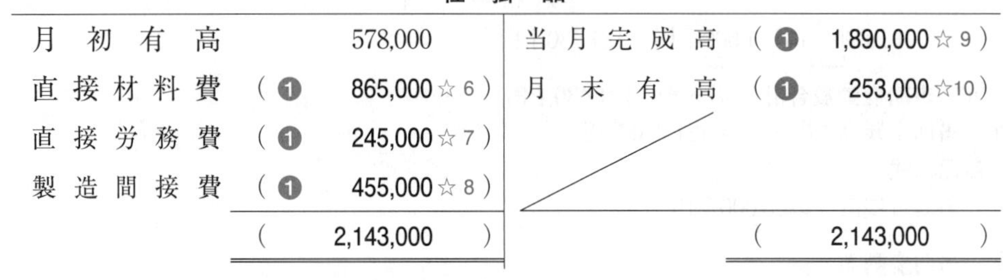

仕掛品

借方		貸方	
月初有高	578,000	当月完成高	(❶ 1,890,000 ☆9)
直接材料費	(❶ 865,000 ☆6)	月末有高	(❶ 253,000 ☆10)
直接労務費	(❶ 245,000 ☆7)		
製造間接費	(❶ 455,000 ☆8)		
	(2,143,000)		(2,143,000)

問3

直接材料費差異	消費数量差異	❶ 7,200 円	(借方 ・ **貸方**) ☆11
直接労務費差異	賃率差異	❶ 7,600 円	(**借方** ・ 貸方) ☆12
	時間差異	❶ 5,600 円	(**借方** ・ 貸方) ☆13
製造間接費差異	予算差異	❶ 8,400 円	(借方 ・ **貸方**) ☆14
	能率差異	❶ 10,400 円	(**借方** ・ 貸方) ☆15
	操業度差異	❶ 7,000 円	(**借方** ・ 貸方) ☆16

※ 差異が借方差異であるときは「借方」、貸方差異であるときは「貸方」を○で囲むこと。

問4

月次損益計算書　(単位：円)

売上高		(❶ 2,852,000 ☆17)
売上原価		
月初製品棚卸高	405,000	
当月製品製造原価	(❶ 1,890,000 ☆18)	
合計	(2,295,000)	
月末製品棚卸高	(❶ 585,000 ☆19)	
差引	(1,710,000)	
標準原価差異	15,000	(❶ 1,725,000 ☆20)
売上総利益		(❶ 1,127,000 ☆21)

問5

①	❶ 製造　**購買**　営業　経理	適切なものを1つ○で囲むこと。
②	❶ 417,750 円 ☆22	
③	❶ **借方**　貸方	適切なものを1つ○で囲むこと。
④	❶ 期首有高　当期購入高　**当期消費高**　**期末有高**	適切なものを2つ○で囲むこと。

予想採点基準　❶点×25箇所＝25点　合計25点

解説

1．生産データ（物量単位：個）

ロット118

	数量	換算量	原料B		数量	換算量	原料B
月初	400−	320−	400	完成	400−	400−	400
当月	0−	80−	0	月末	0−	0−	0

ロット119

	数量	換算量	原料B		数量	換算量	原料B
月初	500−	250−	0	完成	500−	500−	500
当月	0−	250−	500	月末	0−	0−	0

ロット120、ロット121、ロット122合計

	数量	換算量	原料B		数量	換算量	原料B
月初	0−	0−	0	完成	1,200−	1,200−	1,200
当月	1,200−	1,200−	1,200	月末	0−	0−	0

ロット123

	数量	換算量	原料B		数量	換算量	原料B
月初	0−	0−	0	完成	0−	0−	0
当月	550−	220−	0	月末	550−	220−	0

2．月初仕掛品原価の計算

⑴　**ロット118**

原料A・直接材料費　400個×@300円＝**120,000円**☆1
原料B・直接材料費　400個×@200円＝ **80,000円**☆2
直接労務費　320個×@140円＝ **44,800円**☆3
製造間接費　320個×@260円＝ **83,200円**☆4
328,000円

⑵　**ロット119**

原料A・直接材料費　500個×@300円＝**150,000円**☆5
原料B・直接材料費　0個×@200円＝ 0円
直接労務費　250個×@140円＝ 35,000円
製造間接費　250個×@260円＝ 65,000円
250,000円

3．仕掛品勘定の記入

⑴　**当月の生産データ（上記1．）の合計（物量単位：個）**

生産データの合計

	数量	換算量	原料B		数量	換算量	原料B
月初	900−	570−	400	完成	2,100−	2,100−	2,100
当月	1,750−	1,750−	1,700	月末	550−	220−	0

⑵　**月初有高**　328,000円＋250,000円＝578,000円

⑶　**直接材料費**

原料A　1,750個×@300円＝525,000円
原料B　1,700個×@200円＝340,000円
合計　**865,000円**☆6

⑷　**直接労務費**　1,750個×@140円＝**245,000円**☆7

⑸　**製造間接費**　1,750個×@260円＝**455,000円**☆8

⑹　**当月完成高**　2,100個×@900円＝**1,890,000円**☆9

(7) **月末有高**

原料A・直接材料費　550個×@300円＝165,000円
原料B・直接材料費　0個×@200円＝　0円
直接労務費　220個×@140円＝　30,800円
製造間接費　220個×@260円＝　57,200円
253,000円 ☆10

4．差異一覧表の作成

(1) **直接材料費差異（消費数量差異）**

原料A　{(1,750個×2.0kg)－3,580kg}×@150円＝12,000円（借方差異）
原料B　{(1,700個×2.5㎡)－4,010㎡}×@80円＝19,200円（貸方差異）
合計　**7,200円（貸方差異）** ☆11

(2) **直接労務費差異**

① 賃率差異　(179時間×@1,400円)－258,200円＝**7,600円（借方差異）** ☆12
② 時間差異　{(1,750個×0.1時間)－179時間}×@1,400円＝**5,600円（借方差異）** ☆13

(3) **製造間接費差異**

① 変動費率　2,649,600円÷2,208時間＝1,200円
② 固定費率　3,091,200円÷2,208時間＝1,400円
③ 月間固定費予算額　3,091,200円÷12ヵ月＝257,600円
④ 月間基準操業度　2,208時間÷12ヵ月＝184時間
⑤ 予算差異　{257,600円＋(179時間×@1,200円)}－464,000円＝**8,400円（貸方差異）** ☆14
⑥ 能率差異　{(1,750個×0.1時間)－179時間}×@2,600円＝**10,400円（借方差異）** ☆15
⑦ 操業度差異　(179時間－184時間)×@1,400円＝**7,000円（借方差異）** ☆16

5．月次損益計算書の作成

(1) **販売データ（物量単位：個）**

販売データ

月初	450	販売	1,900
完成	2,100	月末	650

(2) **売上高**

ロット117　450個×@1,420円＝　639,000円
ロット118　400個×@1,450円＝　580,000円
ロット119　500個×@1,520円＝　760,000円
ロット120　200個×@1,600円＝　320,000円
ロット121　350個×@1,580円＝　553,000円
合計　1,900個　**2,852,000円** ☆17

(3) **売上原価**

① 月初製品棚卸高　450個×@900円＝405,000円
② 当月製品製造原価　2,100個×@900円＝**1,890,000円** ☆18
③ 月末製品棚卸高　650個×@900円＝**585,000円** ☆19
④ 標準原価差異賦課前の売上原価　1,900個×@900円＝1,710,000円

⑤ 標準原価差異

消費数量差異	7,200円	（貸方差異）
賃率差異	7,600円	（借方差異）
時間差異	5,600円	（借方差異）
予算差異	8,400円	（貸方差異）
能率差異	10,400円	（借方差異）
操業度差異	7,000円	（借方差異）
合計	15,000円	（借方差異）

⑥ 標準原価差異賦課後の売上原価　1,710,000円＋15,000円（借方差異）＝**1,725,000円** ☆20

(4) **売上総利益**　2,852,000円－1,725,000円＝**1,127,000円** ☆21

6．購入原料価格差異の計算

原料Ａ（１回目購入分）	3,100kg×（@150円－@230円）＝	248,000円	（借方差異）
原料Ａ（２回目購入分）	2,400kg×（@150円－@210円）＝	144,000円	（借方差異）
原料Ｂ	5,150㎡×（@80円－@85円）＝	25,750円	（借方差異）
合計		**417,750円**	**（借方差異）** ☆22

第165回 解答・解説

原価計算

問

ア	❶	△20,000,000 （円）	☆1
イ	❶	9,000,000 （円）	☆2
ウ	❶	3,000,000 （円）	☆3
エ	❶	900,000 （円）	☆4
オ	❶	△10,100,000 （円）	☆5
カ	❶	4,200,000 （円）	☆6
キ	❶	1,500,000 （円）	☆7
ク	❶	（△） 900,000 （円）	☆8
ケ	❶	4,800,000 （円）	☆9
コ	❶	6,920,560 （円）	☆10
サ	❷	19,200,000 （円）	☆11
シ	❷	15,795,878 （円）	☆12
ス	❶	5,695,878 （円）	☆13
セ	❷	20,688,600 （円）	☆14
ソ	❷	17,020,553 （円）	☆15
タ	❶	6,920,553 （円）	☆16
チ	❶	4 （年）	☆17

a	❶	業務
b	❶	加重平均資本コスト
c	❶	内部利益
d	❶	回収期間

予想採点基準　❶点×17箇所＝17点
❷点×４箇所＝８点
合計25点

解　説

1．差額キャッシュ・フロー のまとめ（単位：円）

	2023年度末	2024年度末	2025年度末	2026年度末	2027年度末	
		1,500,000	1,500,000	1,500,000	1,500,000	新設備減価償却費×0.3
		6,000,000	6,000,000	6,000,000	6,000,000	年々の正味差額キャッシュ･フロー
	900,000					固定資産売却損×0.3
IN	9,000,000					旧設備売却額
OUT	20,000,000					新設備取得原価
		1,800,000	1,800,000	1,800,000	1,800,000	年々の正味差額キャッシュ･フロー×0.3
		900,000	900,000	900,000	900,000	旧設備減価償却費×0.3
NET	−10,100,000	4,800,000	4,800,000	4,800,000	4,800,000	

⑴　2023年度末時点の差額キャッシュ・フロー

①　新設備の取得原価　**−20,000,000円** ☆1

②　旧設備の売却に関するキャッシュ・フロー

(ｲ)　旧設備の売却価額　**9,000,000円** ☆2

(ﾛ)　旧設備の減価償却費
18,000,000円÷6年＝**3,000,000円** ☆3

(ﾊ)　旧設備売却時点の帳簿価額
18,000,000円−(3,000,000円×2年)＝12,000,000円

(ﾆ)　固定資産売却損
12,000,000円−9,000,000円＝3,000,000円

(ﾎ)　固定資産売却損に関する節税額
3,000,000円×0.3＝**900,000円** ☆4

③　2023年度末時点の差額キャッシュ・フロー
−20,000,000円＋9,000,000円＋900,000円＝**−10,100,000円** ☆5

⑵　年々の正味差額キャッシュ・フロー

①　減価償却費による節税額を考慮しない税引後正味差額キャッシュ・フロー

(ｲ)　税引前正味差額キャッシュ・フロー
8,000,000円−2,000,000円＝6,000,000円

(ﾛ)　税引後正味差額キャッシュ・フロー
6,000,000円×(1−0.3)＝**4,200,000円** ☆6

②　減価償却費による節税額

(ｲ)　新設備の減価償却費による節税額
(20,000,000円÷4年)×0.3＝**1,500,000円** ☆7

(ﾛ)　旧設備の減価償却費による節税額
3,000,000円×0.3＝**900,000円** ☆8

③　年々の正味差額キャッシュ・フロー
4,200,000円＋1,500,000円−900,000円＝**4,800,000円** ☆9

⑶　正味現在価値

①　年金現価係数
0.952381＋0.907029＋0.863838＋0.822702＝3.54595

②　正味現在価値
(4,800,000円×3.54595)−10,100,000円＝**6,920,560円** ☆10

2．金庫にいれることを仮定した場合の正味現在価値（単位：円）

金庫にいれておいた場合、再投資しないため、各年度末の正味差額キャッシュ・フローがそのままの価値で2027年度末まで繰り越される。よって、各年度末の正味差額キャッシュ・フローの合計が2027年度末の正味差額キャッシュ・フローとなる。

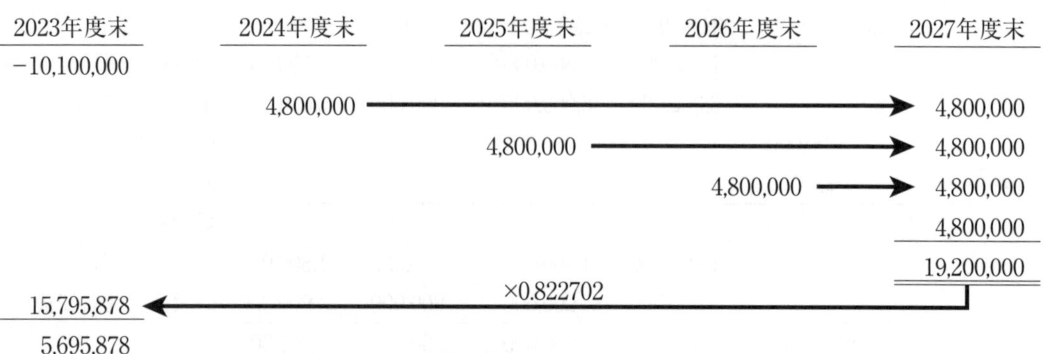

⑴　**2027年度末の正味差額キャッシュ・フロー**

4,800,000円×４年＝**19,200,000円**☆11

⑵　**2027年度末の正味差額キャッシュ・フローの現在価値**

19,200,000円×0.822702≒**15,795,878円（円未満四捨五入）**☆12

⑶　**正味現在価値**

15,795,878円－10,100,000円＝**5,695,878円**☆13

3．加重平均資本コスト率で再投資すると仮定した場合の正味現在価値（単位：円）

再投資をする場合、加重平均資本コスト率５％で各年度末の正味差額キャッシュ･フローを運用する。運用年数が経過するごとに投資額の５％が元本に加算されるため、期間が経過するほど価値が増加する。この運用後の将来価値を終価といい、各年度末の正味差額キャッシュ・フローに運用年数に応じた終価係数を乗じることで計算できる。

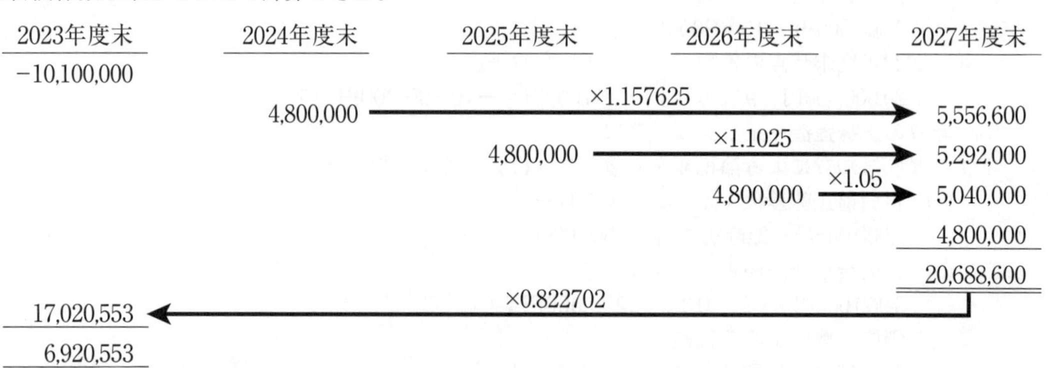

⑴　**2027年度末における終価の合計**

2024年度末のキャッシュ・フロー	4,800,000円×1.157625	＝	5,556,600円
2025年度末のキャッシュ・フロー	4,800,000円×1.1025	＝	5,292,000円
2026年度末のキャッシュ・フロー	4,800,000円×1.05	＝	5,040,000円
2027年度末のキャッシュ・フロー		＝	4,800,000円
合計			**20,688,600円**☆14

⑵　**2027年度末における終価の合計の現在価値**

20,688,600円×0.822702≒**17,020,553円（円未満四捨五入）**☆15

⑶　**正味現在価値**

17,020,553円－10,100,000円＝**6,920,553円**☆16

4．回収期間

20,000,000円÷5,000,000円／年＝４年☆17

簿記書籍のご案内

最新傾向にも対応しており合格のノウハウが満載です。
自宅での復習や試験直前の最終チェックに、ぜひお役立てください。

ステップアップ問題集　応用力養成

簿記検定の合格に向けて応用力を養成するための問題集です。

- 3級商簿
- 2級商簿
- 2級工簿
- 1級商業簿記・会計学
- 1級工業簿記・原価計算

過去問題集　総仕上げ

簿記検定の合格に向けて実践力を養成するための過去問題集です。

- 日商1級

理論問題集　応用力養成

簿記検定の合格に向けて実践力を養成するための理論問題集です。

- 日商1級・全経上級

農業簿記検定　教科書

農業簿記の基礎を体系的に学習したい方にオススメです。

- 農業簿記検定3級
- 農業簿記検定2級
- 農業簿記1級財務会計編
- 農業簿記1級原価計算編
- 農業簿記1級管理会計編

農業簿記検定　問題集

農業簿記の基礎を体系的に学習したい方におススメです。

- 農業簿記検定3級
- 農業簿記検定2級
- 農業簿記1級財務会計編
- 農業簿記1級原価計算編
- 農業簿記1級管理会計編

注）商品ラインナップ及び書籍名、販売期間、定価は変更の可能性がございます。最新情報は大原ブックストアにてご確認ください。

書籍のご購入は、「資格の大原書籍販売サイト 大原ブックストア」へ

資格の大原 O-HARA BOOK STORE

https://www.o-harabook.jp/

検索エンジンで ▶▶▶▶ 大原 ブックストア 検索

会員特典　会員登録（年会費無料・入会金なし）でさらにおトクに！

特典1　**大原出版発刊の書籍がいつでも10%OFF！**
クーポンコードのご入力で、10%割引でご購入いただけます。
（他の出版社発刊書籍など、一部割引対象外の商品がございます）

特典2　**便利なマイページ機能がつかえる！**
お気に入りリストで、購入を考えたい商品や気になる商品をリストで確認できます。
購入履歴の確認や、複数のお届け場所からの選択も可能です。

最新情報

- 新刊の発売情報はサイトをチェック
- 大事な改正情報もタイムリーに掲載

～大原ブックストア以外でもお買い求めいただけます～

- 大原グループ各校窓口で購入
- 全国の書店、大学生協で購入

（取扱いのない学校もございますのでお電話にてご確認ください）

簿記講座開講案内

通信講座

大原の簿記通信講座は、いつでもどこでもご自身のペースで学習できる「Web通信」、自宅からリアルタイムで受講できる「Webライブ」をご用意しています。自宅学習にありがちの「疑問点があっても解消できない」等といった不安を解消できるよう万全なサポート体制が整っていますので、安心して学習できます。

Web通信　合格Webアプリ

インターネット環境があれば、いつでもどこでも、大原の講義が受講できます。
Webならではの便利な機能が充実しており、大きな学習効果が得られます。

スマホ・タブレット端末でも再生スピードを変更できる!

❶ 講義映像　❸ 続きから再生　❺ スピード再生
❷ インデックス　❹ 画面サイズ　❻ スキップ機能

※スマートフォン・タブレット端末では、端末に標準でインストールされているブラウザおよび動画プレーヤーにて、映像を再生いたします。
パソコンでご利用可能な映像再生の機能のうち「続きから再生、画面サイズの変更、スキップ機能」はご利用いただけません。

Webライブ　Web講義標準装備　合格Webアプリ

自宅からリアルタイムで受講できる新しい学習スタイル！

インターネットを通じて場所に縛られない学習スタイル「Webライブ」は、自宅のPC・タブレット等で受講可能です！
講義日程が決まっているライブ配信だから、学習計画が立てやすいのも魅力の一つです。さらにライブ講義の欠席時の補講や復習に便利なWeb講義も標準装備されているので安心して学習できます！

特長① 臨場感のある講義が受けられる！

特長② 学習ペースを一定に保てる！

通学講座　Web講義 標準装備

予習や復習に活用!
急な仕事や用事で欠席しても大丈夫!

「教室通学」「映像通学」よりお選びください。どの学校も通学に便利で、快適な学習環境をご提供しております。
サポート体制も万全ですので、安心して学習に専念することが可能です。

教室通学　合格Webアプリ

決まった日程・時間に大原に通学し、教室で講義を受ける学習スタイルです。大原の専任講師の熱意あふれる講義を、同じ目的を持った仲間と一緒に受講します。

映像通学　合格Webアプリ

講義を収録した映像を大原校内の個別視聴ブースにて視聴する学習スタイルです。自分のスケジュールに合わせて無理なく受講することができます。

スマホやタブレットでいつでも、どこでも学習できます!!

講義動画をアプリにダウンロードできます!

空いた時間でも
快適にストレスなく学習できます!!

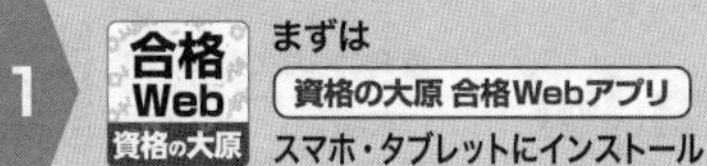

1　まずは 資格の大原 合格Webアプリ スマホ・タブレットにインストール

2　ご自宅の無線LAN (Wi-Fi) 環境で講義動画をアプリにダウンロード

3
- 電波のない環境でも講義動画を再生できます！
- 通信費やデータ容量制限を気にすることなく視聴できます！

※Web通信講座やWebフォロー（Web講義標準装備を含む）など動画が視聴可能なコースを受講している方がご利用いただけます。
※Web講義のダウンロードには、Android・iOSの[合格Webアプリ]が必要です（無料）。パソコンにはダウンロードできません。
※ダウンロードした動画は2週間視聴可能となります。受講期間内であれば何度でもダウンロード可能です。

最新傾向を分析した大原の直前対策なら合格できる！

大原の直前対策［日商簿記1級］

1級模擬試験パック（全13回）　1級学習経験者対象

大原の本試験に即した問題で答案作成の練習をする「直前模擬試験」、「全国統一公開模擬試験」。
本試験レベルの総合問題で合格に必要な答案作成能力を高めて、大原最終模擬試験である「全国統一公開模擬試験」で予行演習をして本番に備えます。

カリキュラム

1級直前模擬試験（12回）
大原の本試験に即した問題を解いて本試験で得点力アップ！
本試験レベルの総合問題で実践的な答案作成能力を養成します。

▶

1級全国統一公開模擬試験（1回）
本試験でも実力が発揮できる予行演習に最適！
受験者数が全国最大規模。大原最終模擬試験で弱点の再確認を行い、本番に備えます。

開講時期

検定月	通信講座発送開始時期	通学講座開講時期
6月検定対策	4月上旬発送開始	4月中旬から順次
11月検定対策	9月中旬発送開始	9月下旬から順次

詳しい日程等は、大原ホームページをご覧になるか、パンフレットをご請求ください。

受講料（消費税込）

	一般価格	大学生協等割引価格		一般価格	大学生協等割引価格
Web通信	39,700円	37,710円	Webライブ 映像通学 教室通学	47,800円	45,410円

1級全国統一公開模擬試験（全1回）　予行演習に最適！

開講時期

検定月	通信講座発送開始時期	通学講座
6月検定対策	4月上旬発送開始	5月下旬から順次
11月検定対策	9月中旬発送開始	11月上旬から順次

詳しい日程等は、大原ホームページをご覧になるか、パンフレットをご請求ください。

受講料（消費税込）

	一般価格	大学生協等割引価格		一般価格	大学生協等割引価格
Web通信	4,300円	4,080円	教室通学	4,300円	4,080円

※上記受講料における消費税は、税率10%で計算されています。（今後の消費税率の変更等を理由に受講料等を改定する場合があります。）

詳しい講座資料のお申込みはこちらから

※掲載のカリキュラム・受講料・その他の内容は、改良のため事前の予告なしに変更する場合があります。予めご了承ください。

フリーダイヤルで　ゴウカクスルナラ　オオハラ
0120-597-008

大原ホームページで
https://www.o-hara.jp/

検索エンジンで簡単検索　大原　検索

簿記1級と並び簿記資格の最高峰試験

全経簿記上級に合格しよう!

全経簿記上級 直前対策

全経簿記上級試験の出題範囲は日商簿記1級の学習範囲とほぼ同じであり、合格者は税理士試験の受験資格を得られるなど日商簿記1級合格と同等の評価を受けている試験です。日商簿記1級の学習を修了された方なら、この直前対策で十分合格がめざせます。

大原が日商1級&全経上級W合格をオススメする理由!

1 日商1級合格を目標とする方

全経上級は日商1級と同じ論点が違う角度で問われますので、全経上級のトレーニングを通じて、論点のより深い理解を得ることができます。このトレーニングが日商1級の合格可能性を飛躍的に高めます!

2 税理士試験を目標にする方

全経上級のトレーニングを通じて、論点のより深い理解を得ることができますので、合格後、新たな目標となる税理士試験簿記論、財務諸表論の合格可能性を飛躍的に高めます!なお、合格者には日商1級と同様に税理士試験の受験資格が付与されます。

2月·7月検定対策向け 学習カリキュラム ●受講形態 Web通信・映像通学

6月 ▶ 7月

12月 ▶ 2月

全経上級直前対策講義〔全4回〕 ▶ 全経上級直前模擬試験+全国統一公開模擬試験〔全9回〕 ▶ 全経上級受験

全経上級直前対策講義

日商簿記検定1級受験後、4回の講義で日商簿記1級と全経簿記上級との相違点の確認や全経簿記上級でのみ出題される項目の問題演習を中心に行い、応用問題や本試験問題レベルを解答できる実力を身に付けていきます。

全経上級直前模擬試験+全国統一公開模擬試験

毎回の試験ごとに出題傾向を分析し作成する、大原のオリジナル問題は、全経簿記上級受験の最終仕上げに最適です。

詳しい講座資料のお申込みはこちらから

※掲載のカリキュラム・受講料・その他の内容は、改良のため事前の予告なしに変更する場合があります。予めご了承ください。

フリーダイヤルで ゴウカクスルナラ オオハラ 0120-597-008

大原ホームページで https://www.o-hara.jp/

検索エンジンで簡単検索 大原 検索

簿記からのステップアップ

簿記の知識は企業から求められるだけではなく、様々な資格と関連があります。簿記は税理士や公認会計士をはじめとする資格をめざす上でベースとなる知識であり、その後のステップアップを有利に展開することができます。

■ 簿記の知識で大きなアドバンテージ！

公認会計士

会計系資格の最高峰。近年、ビジネスの多様化・国際化に伴い、企業経営に多くの会計スキルが必要な時代。そのため、公認会計士が活躍するフィールドはますます拡大しています！日商簿記の学習経験があれば、大きなアドバンテージを持って試験に臨むことができます！

日商簿記と公認会計士試験(会計学)の学習範囲の比較

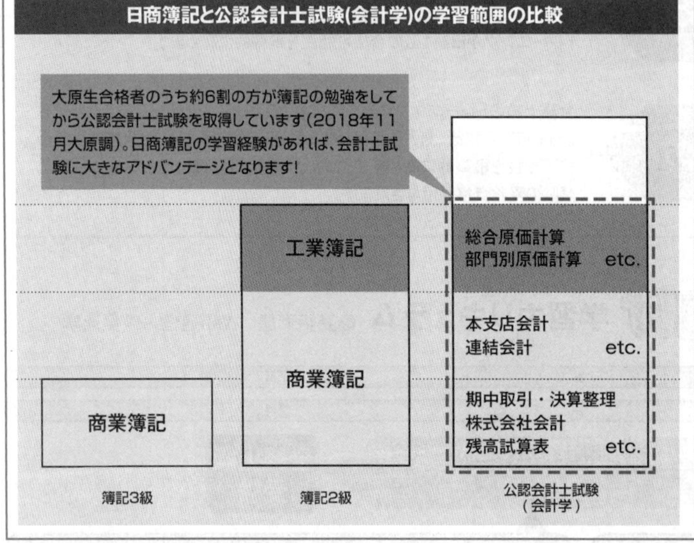

※大原生合格者は、合格目標年度の全国大原グループ公認会計士コースで合格に必要な科目(科目合格者(注)の場合は残り科目)の講義等をすべて受講して最終合格された方をいいます。(注)科目合格者については、合格目標年度の前年度または前々年度に全国大原グループ公認会計士コースで合格に必要な科目の講義等を受講し、かつ受講した年度に当該科目に合格した方のみを、合格者に含めています。

※大原初学者コース生とは、全国大原グループ公認会計士コースで、合格目標年の講義・演習・公開模試など直前対策まで、合格するための実力を養成する授業すべてが含まれた初学者向けコースの受講生をいいます。

※旧二次試験の試験合格による短答免除者は含まれておりません。(2023年2月1日現在)

◎資格の大原の合格実績には、公開模試のみの受講生、出版教材のみの購入者、資料請求者、情報提供のみの登録者、無料の役務提供者は一切含まれておりません。

■ 税理士法人から大手企業まで幅広い就職・転職!

税理士

税理士は会計+税務の知識でコンサルティングを行う職業です。
日商簿記の知識をそのまま活かすことができる試験であり、
科目合格が認められていることから働きながら学習されている方も多いです。

3級で税理士! 日商簿記3級の知識で簿記・財表の学習がスタートできます。

就職・転職は今がチャンス!

まだまだ売り手市場!
税理士法人から大手企業まで幅広い就職・転職!!

関与先企業の業務の高度化やIT技術革新により、税理士業務は、『記帳代行・税務申告業務』から『コンサルティング業務』へ活躍の場を広げています。このような税理士業務の拡大が、税理士法人などの採用意欲を高め、税理士の就職・転職市場は売り手市場の様相となっています。

2001年の税理士法改正により個人企業から会社化へ！
(個人開業から税理士法人勤務へ)

2021年には税理士法人が4,349法人※に!!
※2021年1月末日現在の主たる事務所数

今年も税理士試験官報合格者の半数以上が大原生です!!

■2022年度(第72回)税理士試験大原生官報合格占有率
(2023年2月10日現在)

50.0%

大原生合格者数 **310名** (専門課程6名含む) / 全国官報合格者数 **620名**

※大原生合格者は、全国大原グループにおいて合格するための授業、模擬試験等がすべて含まれたコースで、税理士試験合格に必要な受験科目の半数以上を受講した方を対象としています。

◎資格の大原の合格実績には、公開試験のみの受講生、出版教材のみの購入者、資料請求者、情報提供のみの登録者、無料の役務提供者は一切含まれておりません。

簿記

税理士
独立開業も可能な
会計・税務の
プロフェッショナル

公認会計士
会計監査から
コンサルティングまで手がける
会計のプロフェッショナル

ファイナンシャル・プランナー
資産運用等ライフプランを
設計する専門家

公務員（国税専門官）
国税局や税務署の国税
のスペシャリスト

建設業経理士
建設業界の
簿記検定

中小企業診断士
経営コンサルタント
としての
唯一の国家資格

宅地建物取引士
不動産取引の専門家
金融業でも
必須の資格

社会保険労務士
社会保険、労務管理の
専門家

U.S.CPA（米国公認会計士）
国際会計の
プロフェッショナル

資格の大原　就職の大原

■詳しい資料を無料でお届けします
インターネット資料請求　資格の大原　資料請求　検索
資料請求専用フリーダイヤル 0120-597-008

■最新情報・講座のお申込みは
資格の大原 ホームページ
https://www.o-hara.jp/

開講講座一覧

■公務員 国家総合職　■公務員 国家一般職・地方上級・市役所　■警察官・消防官（大卒レベル・高卒レベル）　■公認会計士　■税理士　■簿記　■建設業経理士　■地方公会計　■農業簿記　■U.S.CPA（米国公認会計士）　■行政書士　■宅地建物取引士　■社会保険労務士　■中小企業診断士　■FP（ファイナンシャル・プランナー）　■旅行業務取扱管理者　■実務力養成シリーズ　■色彩検定（カラーコーディネーター）　■情報処理技術・情報処理安全確保支援士　■パソコン（MOS）　■介護職員初任者研修　■介護福祉士（実務者研修・受験対策）　■ケアマネジャー　■社会福祉士　■医療事務　■保育科　■秘書検定　■TOEIC® L&R攻略　■日本語教師　■キャリアコンサルタント

全国グループ校一覧　お申し込み手続きなど、お近くの大原までお問い合わせください。

◇北海道・東北
- 札幌校　☎011－707－0088
- 函館校　☎0138－23－0081
- 盛岡校　☎019－681－0070
- 仙台校　☎022－215－1451
- 山形校　☎023－674－0660

◇関東・甲信越
- 東京水道橋校　☎03－6261－7717
- 池袋校　☎03－5952－0080
- 新宿校　東京水道橋校へお問い合わせください。
- 町田校　☎042－728－7621
- 立川校　☎042－528－5381
- 横浜校　☎045－324－3811
- 日吉校　☎045－566－7751
- 千葉校　☎043－290－0008
- 津田沼校　☎047－472－7001
- 柏校　☎04－7147－1008
- 水戸校　☎029－232－8038
- 大宮校　☎048－647－3399
- 宇都宮校　☎028－637－9100
- 高崎校　☎027－325－1100
- 甲府校　☎055－236－1721
- 長野校　☎026－229－5577
- 松本校　☎0263－50－6633
- 新潟校　☎025－246－8888

◇東海・北陸
- 富山校　☎076－471－6681
- 金沢校　☎076－254－1515
- 福井校　☎0776－21－0222
- 名古屋校　☎052－582－7733
- 津校　☎059－213－7711
- 岐阜校　☎058－255－2261
- 浜松校　☎053－455－4419
- 静岡校　☎054－264－0050
- 沼津校　☎055－954－5511
- 豊橋教室　浜松校へお問い合わせください。

◇関西・中国・四国
- 大阪校（新大阪）　☎06－4806－8610
- 梅田校　☎06－6130－7410
- 難波校　☎06－4397－2468
- 京都校　☎075－344－1342
- 神戸校　☎078－222－8655
- 姫路校　神戸校へお問い合わせください。
- 和歌山校　☎073－475－8020
- 岡山校　☎086－232－7000
- 広島校　☎082－249－8000
- 愛媛校　☎089－934－8822

◇九州・沖縄
- 福岡校　☎092－271－2698
- 北九州校
- 大分校
- 熊本校
（北九州校・大分校・熊本校については、福岡校へお問い合わせください。）
- 沖縄校　☎098－861－1381

◇通信講座に関するお問い合わせは
- 通信教育本部　☎03－6740－9194

［2023年9月8日現在］

正誤・法改正に伴う修正について

本書掲載内容に関する正誤・法改正に伴う修正及び、シラバスの変更による情報については「資格の大原書籍販売サイト　大原ブックストア」の「正誤・改正情報」よりご確認ください。

https://www.o-harabook.jp/
資格の大原書籍販売サイト　大原ブックストア

正誤表・改正表の掲載がない場合は、書籍名、発行年月日、お名前、ご連絡先を明記の上、下記の方法にてお問い合わせください。

お問い合わせ方法

【郵　送】　〒101-0065　東京都千代田区西神田２－２－10
大原出版株式会社　書籍問い合わせ係
【ＦＡＸ】　03-3237-0169
【E-mail】　shopmaster@o-harabook.jp

※お電話によるお問い合わせはお受けできません。
また、内容に関する解説指導・ご質問対応等は行っておりません。
予めご了承ください。

日商簿記1級　過去問題集　2024年度受験対策用

■発行年月日　2004年２月20日　初 版 発 行
2024年２月６日　第21版発行
■著 者　資格の大原　簿記講座
■発 行 所　大原出版株式会社
〒101-0065
東京都千代田区西神田1-2-10
TEL 03-3292-6654
■印刷・製本　セザックス株式会社

本書の全部または一部を無断で転載、複写（コピー）、改変、改ざん、配信、送信、ホームページ上に掲載することは、著作権法で定められた例外を除き禁止されており、権利侵害となります。上記のような使用をされる場合には、その都度事前に許諾を得てください。また、電子書籍においては、有償・無償にかかわらず本書を第三者に譲渡することはできません。

© O-HARA PUBLISHING CO., LTD 2024 Printed in Japan

ISBN978-4-86783-051-2 C1034

解答用紙のご利用にあたって

本書の解答用紙は抜き取り方式となっております。
抜き取り方法は裏面を参照して下さい。

なお、解答用紙だけの販売はしておりません。解き直しを希望される方は、あらかじめコピーをしていただくか、資格の大原書籍販売サイト　大原ブックストア内の「解答用紙ＤＬサービス」よりダウンロードし、印刷してご利用ください。

---

https://www.o-harabook.jp/

資格の大原書籍販売サイト　大原ブックストア

解答用紙の抜き取り方法について

本書の解答用紙は、抜き取り方式の小冊子となっております。
解答用紙の小冊子は、この白紙に軽くのりづけされていますので、
下記の要領に従い、本書から引き抜いて下さい。

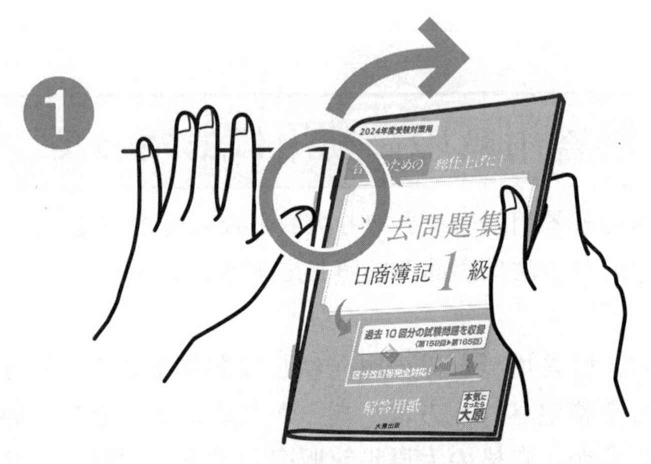

解答用紙の束をしっかりつかむ

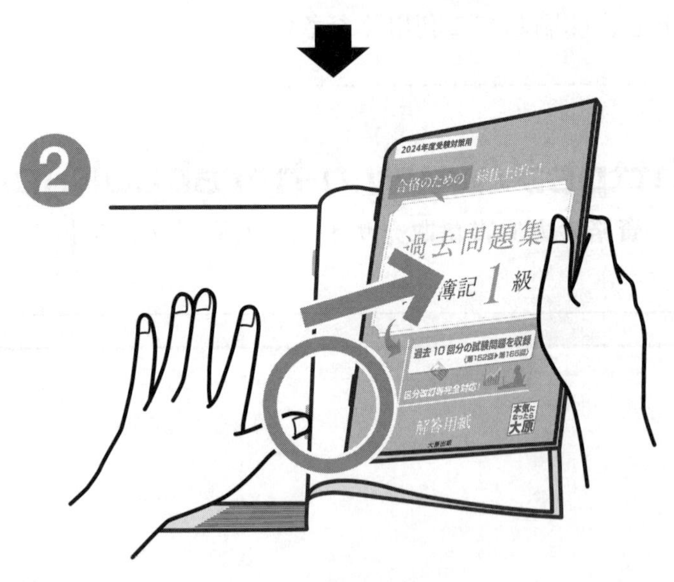

静かに引き抜く

解答用紙の抜き取り時の損傷等につきましては、お取替えはご容赦願います。

2024年度受験対策用

合格のための　総仕上げに！

過去問題集

日商簿記 1 級

過去 10 回分の試験問題を収録
〈第152回▶第165回〉

区分改訂等完全対応！

解答用紙

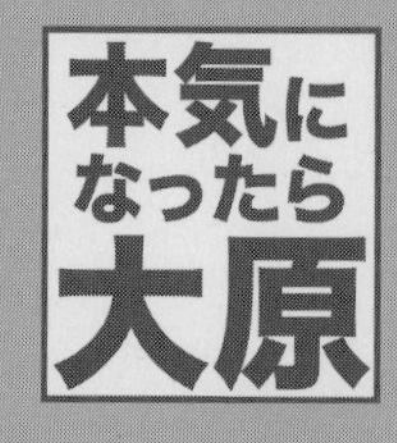

大原出版

Contents—目次—

（注）第154回、第155回、第160回及び第163回につきましては、１級試験は実施されておりません。

第152回 商業簿記・会計学

制限時間 1時間30分

商業簿記

問題 ☞P2 解答・解説 ☞P110

解答用紙

問1

損益計算書

(単位：千円)

売上高		
商品売上高	(　　　)	
役務収益	(　　　)	(　　　)
売上原価		
商品売上原価	(　　　)	
役務原価	(　　　)	(　　　)
売上総利益		(　　　)
販売費及び一般管理費		
販売費	(　　　)	
給料手当	(　　　)	
退職給付費用	(　　　)	
貸倒引当金繰入額	(　　　)	
一般管理費	(　　　)	
減価償却費	(　　　)	
ソフトウェア償却額	(　　　)	(　　　)
営業利益		(　　　)
営業外収益		
受取配当金		(　　　)
営業外費用		
社債利息		(　　　)
経常利益		(　　　)
特別利益		
投資有価証券売却益		(　　　)
特別損失		
投資有価証券評価損		(　　　)
税引前当期純利益		(　　　)
法人税、住民税及び事業税	(　　　)	
法人税等調整額	(　　　)	(　　　)
当期純利益		(　　　)

問2

(単位：千円)

①	②	③	④

会計学

問　題 ☞P５　解答・解説 ☞P115

第１問

イ		ロ	
ハ		ニ	
ホ			

第２問

問　備品Ａ～Ｄについて、次の①～⑤の各項目の金額を求めなさい。なお、該当する金額がない場合、またはゼロの場合は、解答欄に「－」を記入すること。

① 日本商工株式会社の損益計算書において20X8年度に計上される支払リース料
② 日本商工株式会社の20X8年度における減価償却費
③ 日本商工株式会社の20X8年度における支払利息
④ 日本商工株式会社の20X8年度末のリース資産の帳簿価額
⑤ 日本商工株式会社の20X8年度末のリース債務（未払利息を除く）の残高

備品	①	②	③	④	⑤
A	千円	千円	千円	千円	千円
B	千円	千円	千円	千円	千円
C	千円	千円	千円	千円	千円
D	千円	千円	千円	千円	千円

第３問

問　次の各項目の金額を求めなさい。

① Ａ社株式取得時におけるＡ社株式取得額に含まれるのれんの金額
② 20X8年３月末の連結貸借対照表に計上されるＡ社株式の金額
③ 20X7年度の連結損益計算書に計上される持分法による投資損益の金額（解答欄の借または貸のいずれかに○を付すこと）
④ 20X9年３月末の連結貸借対照表に計上されるＢ社株式の金額
⑤ 20X8年度において、**［資料Ⅱ］**の３．に関連してＰ社とＡ社との取引により売上高に加減する金額（解答欄の借または貸のいずれかに○を付すこと）

①	千円	②	千円
③	借 ・ 貸　千円	④	千円
⑤	借 ・ 貸　千円		

令和元年6月9日施行

第152回 工業簿記・原価計算

制限時間 1時間30分

工業簿記

問題 ☞P8　解答・解説 ☞P122

第1問

問1 予算差異＿＿＿＿＿＿円　（ 借方 ・ 貸方 ）差異

（注）（　　）内は「借方」か「貸方」のいずれかを○で囲みなさい。

操業度差異＿＿＿＿＿＿円　（ 借方 ・ 貸方 ）差異

（注）（　　）内は「借方」か「貸方」のいずれかを○で囲みなさい。

問2

＿＿＿＿＿＿円

問3

＿＿＿＿＿＿円／kg

問4

＿＿＿＿＿＿

問5

仕掛品－原料費

前月繰越	317,000	完成品原価	（　　）
当月原料費	（　　）	次月繰越	（　　）
	（　　）		（　　）

仕掛品－第1工程加工費

前月繰越	483,000	完成品原価	（　　）
当月加工費	（　　）	次月繰越	（　　）
	（　　）		（　　）

第2問

問1

材料

5/1	前月繰越	7,000,000	5/8	仕掛品	（　　）
5/27	B社	（　　）	5/13	B社	（　　）
5/27	交付材料差益	800,000	5/27	交付材料差益	（　　）

仕掛品

5/8	材料	（　　）	5/18	製造間接費	（　　）
5/18	買掛金	（　　）			

問2

＿＿＿＿＿＿円

解答用紙

原価計算

問題 ☞P11 解答・解説 ☞P129

問1

予算貢献利益 （　　　　　　　　）円

予算営業利益 （　　　　　　　　）円

問2

予算現金残高 （　　　　　　　　）円

問3

所要借入額 （　　　　　　　　）円

問4

予算経常利益 （　　　　　　　　）円

問5

① （　　　　　　　　）%

② （　　　　　　　　）%

③ （　　　　　　　　）%

④ （　　　　　　　　）

⑤ （　　　　　　　　）円

⑥ （　　　　　　　　）g

⑦ （　　　　　　　　）円

⑧ （　　　　　　　　）円

商業簿記

問題 ☞P13 解答・解説 ☞P132

問1

(単位：千円)

①	②	③	④	⑤

問2

損益計算書

自2X18年4月1日　至2X19年3月31日　(単位：千円)

Ⅰ 売上高		
1 一般売上高	( )	
2 小売売上高	( )	( )
Ⅱ 売上原価		
1 期首商品棚卸高	( )	
2 当期商品仕入高	( )	
合計	( )	
3 他勘定振替高	( )	
4 期末商品棚卸高	( )	( )
売上総利益		( )
Ⅲ 販売費及び一般管理費		
1 販売費	( )	
2 一般管理費	( )	
3 貸倒引当金繰入	( )	
4 減価償却費	( )	
5 退職給付費用	( )	( )
営業利益		( )
Ⅳ 営業外収益		
1 受取配当金	( )	
2 受取利息	( )	( )
Ⅴ 営業外費用		
1 貸倒引当金繰入	( )	
2 支払利息	( )	
3 社債利息	( )	( )
経常利益		( )
Ⅵ 特別利益		
1 固定資産売却益		( )
Ⅶ 特別損失		
1 ( )		( )
税引前当期純利益		( )
法人税、住民税及び事業税		( )
当期純利益		( )

問3

(単位：千円)

建物の帳簿価額	社債	リース債務	資本準備金	繰越利益剰余金

解答用紙

会計学

問 題 ☞P16　解答・解説 ☞P138

問題1

(イ)	(ロ)	(ハ)	(ニ)

(ホ)	(ヘ)	(ト)	(チ)

(リ)	(ヌ)	(ル)

問題2

問1

連結貸借対照表

20X3年度末現在　(単位：千円)

資　産	金　額	負債・純資産	金　額
現金預金		買掛金	
売掛金		長期借入金	
棚卸資産		資本金	
有形固定資産		資本剰余金	
のれん		利益剰余金	
投資有価証券		その他の包括利益累計額	
		非支配株主持分	

問2

親会社株主に帰属する当期純利益	包括利益
千円	千円

第152回 第153回 第156回 第157回 第158回

第153回 工業簿記・原価計算

制限時間
1時間30分

工業簿記

問題 ☞P18 解答・解説 ☞P143

問1

借方科目	金額	貸方科目	金額

問2

仕掛直接材料費

前月繰越	(　　　)	製品	(　　　)
当月消費高	(　　　)	次月繰越	(　　　)
	(　　　)		(　　　)

問3

製造間接費予定配賦額　(　　　　　　)円
製造間接費配賦差異　(　　　　　　)円

<　借方差異　　貸方差異　　差異はゼロ　>

注：<　>内はいずれかを○で囲みなさい。

問4

販売費予定配賦額　(　　　　　　)円
販売費配賦差異　(　　　　　　)円

<　借方差異　　貸方差異　　差異はゼロ　>

注：<　>内はいずれかを○で囲みなさい。

問5

売上総利益　(　　　　　　)円
営業利益　(　　　　　　)円

解答用紙

原価計算

問　題 ☞P20　解答・解説 ☞P147

第1問

問1

＿＿＿＿＿＿＿＿ 円／個

問2

＿＿＿＿＿＿＿＿ 円

問3

利益差異分析表

（単位：円）

	製品X	製品Y	合　計
予算営業利益			1,000,000
販売活動差異			
販売量差異	(　　)	(　　)	(　　)
販売価格差異	－100,000	－25,000	－125,000
変動販売費差異	5,000	(　　)	(　　)
製造活動差異			
直接材料価格差異	(　　)	(　　)	(　　)
直接材料消費量差異	－10,000	18,000	8,000
加工費予算差異	(　　)	(　　)	9,500
加工費能率差異	(　　)	(　　)	－3,500
実際営業利益			(　　)

（注）不利差異の場合のみ数字の前に「－」をつける。

第2問

①				億円
②				億円
③				億円
④				億円
⑤				億円
⑥	6.8%	7.0%	7.5%	8.2%
⑦	損益分岐点比率	内部利益率	年金現価係数	経営レバレッジ係数

令和2年11月15日施行

第156回 商業簿記・会計学

制限時間
1時間30分

商業簿記

問　題 ☞P23　解答・解説 ☞P152

第1問

貸借対照表

純資産の部

(単位：千円)

株主資本		
資本金		(　　)
資本準備金	(　　)	
その他資本剰余金	(　　)	(　　)
利益準備金	(　　)	
固定資産圧縮積立金	(　　)	
別途積立金	(　　)	
繰越利益剰余金	(　　)	(　　)
自己株式		(　　)
株主資本合計		(　　)
新株予約権		(　　)
純資産合計		(　　)

第2問

連結損益計算書

(単位：千円)

費用	金額	収益	金額
売上原価		売上高	
役務原価		役務収益	
広告宣伝費		受取配当金	
減価償却費		受取利息	
のれんの償却額		固定資産売却益	
支払手数料		(　　)	
その他の営業費用			
支払利息			
非支配株主に帰属する当期純利益			
親会社株主に帰属する当期純利益			

解答用紙

会計学

問題 ☞P25 解答・解説 ☞P157

第1問

ア	イ	ウ	エ	オ

第2問

(1) 満期保有目的債券	千円
(2) 子会社株式	千円
(3) 関連会社株式	千円
(4) その他有価証券	千円
(5) その他有価証券評価差額金（借方残高の場合は金額の前に△を付すこと）	千円
(6) 繰延ヘッジ損益（借方残高の場合は金額の前に△を付すこと）	千円

第3問

	Ⅰ欄 下線部の語句の記号	Ⅱ欄 正しいと思われる語句または文章
(1)		
(2)		
(3)		
(4)		
(5)		

第156回 工業簿記・原価計算

制限時間 1時間30分

工業簿記

問題 ☞P28 解答・解説 ☞P161

第1問

問1

①	継続記録法	先入先出法	平均法	棚卸計算法
②	予定	標準	実際	正常
③	保険料	選別費	出荷運送費	手入費
④	関税	販売事務	広告宣伝	保管
⑤	直接	標準	個別	活動基準

問2

____

第2問

問1 A 材 料 ________________ 円

B 材 料 ________________ 円

問2 ________________ 円 （ 不利 ・ 有利 ）差異

(注)（　　）内は「不利」か「有利」のいずれかを○で囲みなさい。

問3 ________________ 円

問4 ________________ 円 （ 不利 ・ 有利 ）差異

(注)（　　）内は「不利」か「有利」のいずれかを○で囲みなさい。

第3問

(1) ________________ 時間

(2) ________________ 円

(3) ________________ 円

(4) ________________ 円 （ 不利 ・ 有利 ）差異

(注)（　　）内は「不利」か「有利」のいずれかを○で囲みなさい。

解答用紙

原価計算

問 題 ☞P31 解答・解説 ☞P164

問1

(　　　　　　　　) %

問2

① (　　　　　　　　)
② (　　　　　　　　)
③ (　　　　　　　　)
④ (　　　　　　　　)
⑤ (　　　　　　　　)

問3

① (　　　　　　　　) 円
② (　　　　　　　　) 円
③ (　　　　　　　　) 円
④ (　　　　　　　　) 円
⑤ (　　　　　　　　) 円
⑥ (　　　　　　　　) 円
⑦ (　　　　　　　　) %ポイント

第157回 商業簿記・会計学

制限時間
1時間30分

商業簿記

問　題 ☞P33　解答・解説 ☞P166

問 1

①	②	③	④	⑤
千円	千円	千円	千円	千円

問 2

損益計算書

自20X5年4月1日　至20X6年3月31日　（単位：千円）

Ⅰ 売上高		1,233,576
Ⅱ 売上原価		
1 期首商品棚卸高	(　　)	
2 当期商品仕入高	(　　)	
合計	(　　)	
3 期末商品棚卸高	(　　)	
差引	(　　)	
4 棚卸減耗損	(　　)	
5 商品評価損	(　　)	(　　)
売上総利益		(　　)
Ⅲ 販売費及び一般管理費		
1 販売費	(　　)	
2 一般管理費	(　　)	
3 貸倒引当金繰入	(　　)	
4 減価償却費	(　　)	
5 資産除去債務利息費用	(　　)	
6 資産除去債務履行差額	(　　)	
7 支払手数料	(　　)	
8 退職給付費用	(　　)	(　　)
営業利益		(　　)
Ⅳ 営業外収益		
1 為替差益	(　　)	
2 受取利息	(　　)	(　　)
Ⅴ 営業外費用		
1 株式交付費償却	(　　)	
2 支払利息	(　　)	(　　)
経常利益		(　　)
Ⅵ 特別利益		
1 固定資産売却益		3,500
Ⅶ 特別損失		
1 減損損失		1,890
税引前当期純利益		(　　)
法人税、住民税及び事業税		(　　)
当期純利益		(　　)

問 3

商　品	自己株式	退職給付引当金	その他資本剰余金	繰越利益剰余金
千円	千円	千円	千円	千円

会計学

問 題 ☞P36 解答・解説 ☞P173

(ア)	(イ)	(ウ)	(エ)

(オ)	(カ)	(キ)	(ク)

(ケ)	(コ)	(サ)	(シ)

(ス)	(セ)	(ソ)	(タ)

(チ)	(ツ)	(テ)	(ト)

※（シ）の金額が減少額である場合、金額の前に「－」（マイナス）符号を付しなさい。

第157回 工業簿記・原価計算

制限時間 1時間30分

工業簿記

問　題 ☞P38　解答・解説 ☞P177

問1

①	②	③	④
⑤	⑥	⑦	⑧

問2

予算貢献利益　（　　　　　　）千円

損益分岐点売上高　（　　　　　　）千円

予算営業利益　（　　　　　　）千円

問3

直接労務費差異 ＿＿＿＿＿＿ 千円（ 借方差異　貸方差異 ）

作業時間差異 ＿＿＿＿＿＿ 千円（ 借方差異　貸方差異 ）

予想遊休能力差異 ＿＿＿＿＿＿ 千円（ 借方差異　貸方差異 ）

予算操業度差異 ＿＿＿＿＿＿ 千円（ 借方差異　貸方差異 ）

(注)（　　）内はいずれかを○で囲みなさい。

問4

販売活動差異 ＿＿＿＿＿＿ 千円（ 借方差異　貸方差異 ）

販売数量差異 ＿＿＿＿＿＿ 千円（ 借方差異　貸方差異 ）

販売価格差異 ＿＿＿＿＿＿ 千円（ 借方差異　貸方差異 ）

変動販売費差異 ＿＿＿＿＿＿ 千円（ 借方差異　貸方差異 ）

固定販売費差異 ＿＿＿＿＿＿ 千円（ 借方差異　貸方差異 ）

(注)（　　）内はいずれかを○で囲みなさい。

問5

実際営業利益　（　　　　　　）千円

原価計算

問 題 ☞P40 解答・解説 ☞P180

第1問

問1 [ ]

問2 [ ]

問3 [ ] 千円

問4 [ ]

問5 [ ]

問6 [ ] %

問7 [ ]

第2問

問1 X製品 [ ] 円 Y製品 [ ] 円

問2 X製品 [ ] 個 Y製品 [ ] 個

問3

(1) [ ] 円

(2) [ ] 円

問4

①	直接原価計算	最小自乗法	多重回帰分析	線形計画法
②	非基底変数	独立変数	スラック変数	従属変数
③	貢献利益図表	機能原価分析表	損益分岐図表	シンプレックス表
④	シンプレックス基準	貢献利益	ピボット・エレメント	シャドウ・プライス

第158回 商業簿記·会計学

制限時間
1時間30分

商業簿記

問題 ☞P43　解答·解説 ☞P185

第1問

決算整理後残高試算表（一部）　（単位：千円）

借方科目	金額	貸方科目	金額
売掛金	30,000	貸倒引当金	（　）
投資有価証券	（　）	社債	（　）
長期貸付金	（　）	その他資本剰余金	（　）
繰延税金資産	（　）	新株予約権	（　）
その他有価証券評価差額金	（　）	有価証券利息	（　）
自己株式	（　）	受取配当金	1,100
社債利息	（　）	法人税等調整額	（　）
貸倒引当金繰入額	（　）		
貸倒損失	（　）		
投資有価証券評価損	（　）		

第2問

問1

＿＿＿＿＿＿ 百万円

問2

連結貸借対照表　（単位：百万円）

資産	金額	負債・純資産	金額
流動資産	（　）	流動負債	（　）
有形固定資産	（　）	固定負債	（　）
のれん	（　）	資本金	（　）
		利益剰余金	（　）
		非支配株主持分	（　）
	（　）		（　）

問3

＿＿＿＿＿＿ 百万円

解答用紙

会計学

問題 ☞P46 解答・解説 ☞P193

第1問

ア	イ	ウ	エ	オ

第2問

問1

損益計算書（一部） (単位：千円)

	20X2年度 (20X2年4月1日～20X3年3月31日)		20X3年度 (20X3年4月1日～20X4年3月31日)	
売上高		3,314,000		(　　)
売上原価				
期首商品棚卸高	(　　)		(　　)	
当期商品仕入高	(　　)		(　　)	
合計	(　　)		(　　)	
期末商品棚卸高	(　　)	(　　)	(　　)	(　　)
売上総利益		(　　)		(　　)
販売費及び一般管理費				
減価償却費		(　　)		(　　)
営業利益		(　　)		(　　)

問2

(1)	20X2年度期首における会計方針の変更による累積的影響額	千円
(2)	20X2年度期首における過去の誤謬の訂正による累積的影響額	千円
(3)	20X2年度における遡及処理後の当期純損益	千円
(4)	20X3年度における繰越利益剰余金の期末残高	千円

第3問

	Ⅰ欄 下線部の語句の記号	Ⅱ欄 正しいと思われる語句または文章
(1)		
(2)		
(3)		
(4)		
(5)		

工業簿記

問題 ☞P49　解答・解説 ☞P197

第1問

問1 ＿＿＿＿＿＿＿＿ 円

問2 ＿＿＿＿＿＿＿＿ 円

問3 ＿＿＿＿＿＿＿＿ 円　（ 借方 ・ 貸方 ）差異

（注）（　　）内は「借方」か「貸方」のいずれかを○で囲みなさい。

問4 ＿＿＿＿＿＿＿＿ 円　（ 借方 ・ 貸方 ）差異

（注）（　　）内は「借方」か「貸方」のいずれかを○で囲みなさい。

問5 ＿＿＿＿＿＿＿＿ 円　（ 借方 ・ 貸方 ）差異

（注）（　　）内は「借方」か「貸方」のいずれかを○で囲みなさい。

問6

製造間接費

借方	金額	貸方	金額
実際発生額	1,142,892	予定配賦額	(　　)
操業度差異	(　　)	予算差異	(　　)
	(　　)		(　　)

問7 ＿＿＿＿＿＿＿＿

第2問

材　料

日付	借方	金額	日付	貸方	金額
5/1	前月繰越	200,000	5/31	仕掛品	(　　)
5/31	買掛金	(　　)	〃	製造間接費	(　　)
〃	受入価格差異	(　　)	〃	棚卸減耗引当金	(　　)
			〃	次月繰越	(　　)
		(　　)			(　　)

解答用紙

原価計算

問題 ☞P51　解答・解説 ☞P201

第1問

問1

① ________ 千円

② ________

③ ________ %

④ ________

⑤ ________

⑥ ________ %

問2

① ________ 千円

② ________ 千円

③ ________ 千円

④ ________ 利

⑤ ________

⑥ ________ 千円

⑦ ________ 千円

第2問

問1

____

問2

____

第159回 商業簿記・会計学

制限時間 1時間30分

商業簿記

問題 ☞P54 解答・解説 ☞P204

問1

(単位：千円)

①	②	③	④	⑤

問2

本支店合併損益計算書

自20X6年4月1日 至20X7年3月31日 (単位：千円)

Ⅰ 売上高		( )
Ⅱ 売上原価		
1 期首商品棚卸高	( )	
2 当期商品仕入高	( )	
合計	( )	
3 期末商品棚卸高	( )	
差引	( )	
4 棚卸減耗損	( )	
5 商品評価損	( )	( )
売上総利益		( )
Ⅲ 販売費及び一般管理費		
1 営業費	( )	
2 貸倒引当金繰入	( )	
3 減価償却費	( )	
4 退職給付費用	( )	( )
営業利益		( )
Ⅳ 営業外収益		
1 受取利息	( )	
2 有価証券利息	( )	
3 受取家賃	( )	( )
Ⅴ 営業外費用		
1 ( )	( )	
2 為替差損	( )	( )
経常利益		( )
Ⅵ 特別利益		
1 固定資産売却益		2,970
Ⅶ 特別損失		
1 投資有価証券評価損		( )
税引前当期純利益		( )
法人税、住民税及び事業税		274,000
当期純利益		( )

問3

(単位：千円)

売掛金(貸倒引当金控除前)	満期保有目的債券	その他有価証券	建物減価償却累計額	繰越利益剰余金

解答用紙

会計学

問 題 ☞P57 解答・解説 ☞P212

第１問

1	2	3	4

第２問

(ア)	(イ)	(ウ)	(エ)

(オ)	(カ)	(キ)	(ク)

(ケ)	(コ)	(サ)	(シ)

第159回 工業簿記・原価計算

制限時間 1時間30分

工業簿記

問題 ☞P59 解答・解説 ☞P216

問1

① ＿＿＿＿＿＿ 千円

② ＿＿＿＿＿＿ 千円

③ ＿＿＿＿＿＿ 千円

④ ＿＿＿＿＿＿ 千円

⑤ ＿＿＿＿＿＿ 千円

⑥ ＿＿＿＿＿＿ 千円

⑦ ＿＿＿＿＿＿ 千円 （ 借方差異　貸方差異 ）

(注)（　）内はいずれかを○で囲みなさい。ただし、差異がゼロの場合その必要はない。

問2

① ＿＿＿＿＿＿ 千円 （ 借方差異　貸方差異 ）

② ＿＿＿＿＿＿ 千円 （ 借方差異　貸方差異 ）

③ ＿＿＿＿＿＿ 千円 （ 借方差異　貸方差異 ）

④ ＿＿＿＿＿＿ 千円 （ 借方差異　貸方差異 ）

⑤ ＿＿＿＿＿＿ 千円 （ 借方差異　貸方差異 ）

⑥ ＿＿＿＿＿＿ 千円 （ 借方差異　貸方差異 ）

⑦ ＿＿＿＿＿＿ 千円 （ 借方差異　貸方差異 ）

(注)（　）内はいずれかを○で囲みなさい。ただし、差異がゼロの場合その必要はない。

問3 ＿＿＿＿＿＿

原価計算

問 題 ☞P62 解答・解説 ☞P220

第１問

問１

①	実際	直接	個別	総合	標準
②	税務	管理	原価	一般	財務
③	目標	予算	給付	標準	実際

問２ ＿＿＿＿＿＿＿＿

第２問

問１ ＿＿＿＿＿＿＿＿ 円

問２ ＿＿＿＿＿＿＿＿ 円 （ 借方 ・ 貸方 ）差異

(注)（　　）内は「借方」か「貸方」のいずれかを○で囲みなさい。

問３ ＿＿＿＿＿＿＿＿ 円 （ 借方 ・ 貸方 ）差異

(注)（　　）内は「借方」か「貸方」のいずれかを○で囲みなさい。

問４ ＿＿＿＿＿＿＿＿ 円 （ 借方 ・ 貸方 ）差異

(注)（　　）内は「借方」か「貸方」のいずれかを○で囲みなさい。

問５ ＿＿＿＿＿＿＿＿ 円 （ 借方 ・ 貸方 ）差異

(注)（　　）内は「借方」か「貸方」のいずれかを○で囲みなさい。

第３問

問１ ＿＿＿＿＿＿＿＿ 円

問２ ① ＿＿＿＿＿＿＿＿ 円／個

② ＿＿＿＿＿＿＿＿ 円

③ ＿＿＿＿＿＿＿＿ ％

問３ ＿＿＿＿＿＿＿＿ 円／個

第161回 商業簿記・会計学

制限時間 1時間30分

商業簿記

問題 ☞P65 解答・解説 ☞P225

損益計算書

(単位：千円)

借方	金額	貸方	金額
商品売上原価	(　　　)	商品売上高	(　　　)
役務原価	(　　　)	役務収益	(　　　)
商品保証引当金繰入額	(　　　)	受取利息配当金	(　　　)
販売費	(　　　)	投資有価証券売却益	(　　　)
貸倒引当金繰入額	(　　　)		
一般管理費	(　　　)		
減価償却費	(　　　)		
ソフトウェア償却額	(　　　)		
退職給付費用	(　　　)		
支払リース料	(　　　)		
支払利息	25,000		
関係会社株式評価損	(　　　)		
法人税、住民税及び事業税	(　　　)		
法人税等調整額	(　　　)		
当期純利益	(　　　)		
	(　　　)		(　　　)

貸借対照表

(単位：千円)

借方	金額	貸方	金額
現金預金	(　　　)	買掛金	585,000
売掛金	(　　　)	契約負債	(　　　)
貸倒引当金	(　　　)	短期借入金	(　　　)
商品	(　　　)	商品保証引当金	(　　　)
前払費用	(　　　)	未払法人税等	(　　　)
建物	1,500,000	未払費用	(　　　)
建物減価償却累計額	(　　　)	長期借入金	1,000,000
土地	1,089,900	退職給付引当金	(　　　)
ソフトウェア	(　　　)	資本金	1,000,000
投資有価証券	(　　　)	資本準備金	200,000
関係会社株式	(　　　)	利益準備金	(　　　)
破産更生債権等	(　　　)	繰越利益剰余金	(　　　)
繰延税金資産	(　　　)	その他有価証券評価差額金	(　　　)
	(　　　)		(　　　)

(注)　金額がマイナスの場合、△を付しなさい。

解答用紙

会計学

問　題 ☞P68　解答・解説 ☞P230

第1問

ア	イ	ウ

エ	オ

第2問

（単位：円）

問1	問2	問3	問4

第3問

問1

（単位：円）

(1)	(2)	(3)	(4)	(5)

問2

（単位：円）

(1)	(2)	(3)

第161回 工業簿記・原価計算

制限時間
1時間30分

工業簿記

問 題 ☞P71 解答・解説 ☞P235

問1

自製部品A	円
自製部品B	円
自製部品C	円

問2

製品X	円
製品Y	円
製品Z	円

問3

買入部品a	個
買入部品b	個
買入部品c	個
買入部品d	個
買入部品e	個

問4

部品製造部門必要直接作業時間	時間
製品製造部門必要直接作業時間	時間

問5

買入部品消費量差異	円	（ 借方 ・ 貸方 ）
直接労務費作業時間差異	円	（ 借方 ・ 貸方 ）
製造間接費能率差異	円	（ 借方 ・ 貸方 ）

差異がある場合、借方・貸方のいずれか適切なほうを○で囲みなさい

問6

自製部品消費量差異	円	（ 借方 ・ 貸方 ）
直接労務費作業時間差異	円	（ 借方 ・ 貸方 ）
製造間接費能率差異	円	（ 借方 ・ 貸方 ）

差異がある場合、借方・貸方のいずれか適切なほうを○で囲みなさい

解答用紙

原価計算

問 題 ☞P73 解答・解説 ☞P239

第1問

問1 2月の売上原価予算（単位：千円）

直接材料費予算	①（ ）
直接労務費予算	②（ ）
製造間接費予算配賦額	③（ ）
当月総製造費用	（ ? ）
月初製品有高	（ ? ）
月末製品有高	（ ? ）
売上原価	（ ? ）
予定操業度差異	④（ ）
売上原価予算	⑤（ ）

問2 （ ）千円

問3 （ ）千円

問4 （ ）千円

問5 （ ）%

第2問

問1 ①（ ）

②（ ）

③（ ）

問2 ④（ ）

⑤（ ）

⑥（ ）

⑦（ ）

第162回 商業簿記・会計学

制限時間 1時間30分

商業簿記

問題 ☞P76　解答・解説 ☞P242

問1

貸借対照表

日商株式会社　　20X6年3月31日　　(単位：千円)

(資産の部)			(負債の部)		
I 流動資産			I 流動負債		
現金及び預金		(　)	支払手形		75,500
受取手形	(　)		買掛金		(　)
貸倒引当金	(　)	(　)	未払金		(　)
売掛金	(　)		未払費用		(　)
貸倒引当金	(　)	(　)	未払法人税等		(　)
商品		(　)	返金負債		(　)
返品資産		(　)	契約負債		(　)
前払費用		(　)	保証債務		(　)
流動資産合計		(　)	車両購入手形		(　)
II 固定資産			流動負債合計		(　)
有形固定資産			II 固定負債		
建物	1,500,000		車両購入手形		(　)
減価償却累計額	(　)	(　)	固定負債合計		(　)
備品	(　)		負債合計		(　)
減価償却累計額	(　)	(　)	(純資産の部)		
車両運搬具	(　)		I 株主資本		
減価償却累計額	(　)	(　)	資本金		2,460,000
土地		2,369,000	資本剰余金		
有形固定資産合計		(　)	資本準備金	(　)	
投資その他の資産			資本剰余金合計		(　)
長期貸付金		1,000,000	利益剰余金		
長期前払費用		(　)	利益準備金	(　)	
投資その他の資産合計		(　)	その他利益剰余金		
固定資産合計		(　)	繰越利益剰余金	(　)	
			利益剰余金合計		(　)
			株主資本合計		(　)
			純資産合計		(　)
資産合計		(　)	負債純資産合計		(　)

問2

(1)	%	(2)	千円	(3)	千円
(4)	千円	(5)	千円		

会計学

問題 ☞P79 解答・解説 ☞P248

第1問

(1)	(2)	(3)	(4)	(5)

第2問

(ア)	(イ)	(ウ)	(エ)	(オ)

(カ)	(キ)	(ク)	(ケ)	(コ)

(サ)	(シ)	(ス)	(セ)	(ソ)

第162回 工業簿記・原価計算

制限時間 1時間30分

工業簿記

問題 ☞P82 解答・解説 ☞P252

問1	A製造部門製造間接費	( )	千円
	B製造部門製造間接費	( )	千円
問2	製品Xへの製造間接費配賦額	( )	千円
	製品Yへの製造間接費配賦額	( )	千円
問3	製品Xの製造直接費	( )	千円
	製品Yの製造直接費	( )	千円
問4	製品Xの単位当たり製造原価	( )	円
	製品Yの単位当たり製造原価	( )	円
問5	製品Xへの製造間接費配賦額	( )	千円
	製品Yへの製造間接費配賦額	( )	千円
問6	製品Xの単位当たり製造原価	( )	円
	製品Yの単位当たり製造原価	( )	円

原価計算

問題 ☞P85 解答・解説 ☞P255

第1問

ア	
イ	
ウ	
エ	
オ	(法)
カ	(率)
キ	(%)
ク	高　　低　　(く)

クは高か低のいずれかを○で囲むこと

第2問

問1	個
問2	個
問3	円（　有利　・　不利　）
問4	円
問5	円（　有利　・　不利　）

問3・問5は、有利か不利のいずれかを○で囲むこと

令和5年6月11日施行

第164回 商業簿記・会計学

制限時間 1時間30分

商業簿記

問題 ☞P87　解答・解説 ☞P258

問1

損益計算書

（単位：千円）

売上高	
商品販売	（　）
ソフトウェア開発	（　）
売上高合計	（　）
売上原価	
商品販売	（　）
ソフトウェア開発	（　）
売上原価合計	（　）
売上総利益	（　）
販売費及び一般管理費	
貸倒引当金繰入額	（　）
給料手当	20,000
退職給付費用	（　）
減価償却費	（　）
ソフトウェア償却費	（　）
研究開発費	（　）
一般管理費	10,000
販売費及び一般管理費合計	（　）
営業利益	（　）
営業外収益	
受取賃貸料	32,400
受取配当金	8,300
有価証券利息	（　）
為替差益	（　）
営業外収益合計	（　）
営業外費用	
減価償却費	（　）
支払利息	8,000
営業外費用合計	（　）
経常利益	（　）
特別損失	
減損損失	（　）
特別損失合計	（　）
税引前当期純利益	（　）
法人税、住民税及び事業税	（　）
法人税等調整額	（　）
法人税等合計	（　）
当期純利益	（　）

問2　（単位：千円）

返品資産	（　）
受注損失引当金	（　）
退職給付引当金	（　）
利益準備金	（　）
繰越利益剰余金	（　）

解答用紙

会計学

問題 ☞P90 解答・解説 ☞P263

第1問

	Ⅰ欄 下線部の語句の記号	Ⅱ欄 正しいと思われる語句または文章
(1)		
(2)		
(3)		
(4)		
(5)		

第2問

問1

（単位：千円）

(1)	(2)	(3)	(4)	(5)

問2

（単位：千円）

(1)	日本商工株式会社の個別損益計算書における当期純利益	
(2)	S２社の個別損益計算書における円換算後の当期純利益	
(3)	連結包括利益計算書におけるその他有価証券評価差額金（税効果控除後）	
(4)	連結包括利益計算書における為替換算調整勘定	
(5)	S１社の連結に係る非支配株主持分当期変動額	
(6)	S２社の連結に係る非支配株主持分当期変動額	
(7)	S２社の連結に係るのれんの期末残高	
(8)	S２社株式の一部売却に伴う資本剰余金当期変動額（税引後）	
(9)	連結損益計算書における当期純利益	
(10)	親会社株主に係る包括利益	

令和5年6月11日施行

第164回 工業簿記・原価計算

制限時間 1時間30分

工業簿記

問題 ☞P93 解答・解説 ☞P273

第1問

1	
2	
3	
4	
5	
6	

第2問

問1 第1期全部原価計算の営業利益 ＿＿＿＿＿＿＿＿ 円

問2 第1期直接原価計算の営業利益 ＿＿＿＿＿＿＿＿ 円

問3

(ア)		
(イ)		
(ウ)		
(エ)	大きい	小さい
(オ)		
(カ)		
(キ)	大きい	小さい
(ク)		
(ケ)	増加する	減少する
(コ)		
(サ)	全部原価計算	直接原価計算

解答用紙

原価計算

問　題 ☞P95　解答・解説 ☞P277

第1問

正しいものの番号	

第2問

問1 正常仕損費　（　　　　　　　）円
　　　異常仕損費　（　　　　　　　）円

問2 選択した番号　（　　　　　　　）
　　　選んだ理由

問3 完成品原価　（　　　　　　　）円
　　　月末仕掛品原価　（　　　　　　　）円

問4 売上総利益　（　　　　　　　）円

第165回 商業簿記・会計学

制限時間 1時間30分

商業簿記

問題 ☞P97 解答・解説 ☞P279

問1 20X6年度における損益計算書を作成しなさい。

損益計算書

自20X6年4月1日 至20X7年3月31日 (単位：千円)

Ⅰ 売上高		( )
Ⅱ 売上原価		
1 商品期首棚卸高	( )	
2 当期商品仕入高	( )	
合計	( )	
3 商品期末棚卸高	( )	
差引	( )	
4 棚卸減耗損	( )	( )
売上総利益		( )
Ⅲ 販売費及び一般管理費		
1 販売費	( )	
2 一般管理費	( )	
3 退職給付費用	( )	
4 貸倒引当金繰入	( )	
5 減価償却費	( )	
6 資産除去債務利息費用	( )	( )
営業利益		( )
Ⅳ 営業外収益		
1 有価証券評価益	( )	
2 為替差益	( )	
3 受取利息	4,687	( )
Ⅴ 営業外費用		
1 手形売却損	87	
2 社債利息	( )	( )
経常利益		( )
Ⅵ 特別利益		
1 社債買入消却益	( )	
2 固定資産売却益	500	( )
税引前当期純利益		( )
法人税、住民税及び事業税		( )
当期純利益		( )

問2 20X6年度の貸借対照表における次の(1)～(5)の金額を求めなさい。

(単位：千円)

(1)買掛金	(2)契約負債	(3)資産除去債務	(4)社債	(5)繰越利益剰余金

解答用紙

会計学

問 題 ☞P100 解答・解説 ☞P286

問題1

（ア）	（イ）	（ウ）	（エ）
（オ）	（カ）	（キ）	（ク）

問題2

連結株主資本等変動計算書　（単位：千円）

	株主資本				その他の包括利益累計額	非支配株主持分	純資産合計
	資本金	資本剰余金	利益剰余金	自己株式			
当期首残高							
当期変動額							
株式の発行							
剰余金の配当							
親会社株主に帰属する当期純利益							
自己株式の処分							
子会社株式の売却による持分の増減額							
株主資本以外の項目の当期変動額(純額)							
当期変動額合計							
当期末残高							

※負数（借方金額）については、△を付しなさい。
※空欄とすべき箇所については、「－」などを付す必要はなく、空欄のままとしなさい。

第165回 工業簿記・原価計算

制限時間 1時間30分

工業簿記

問題 ☞P102　解答・解説 ☞P292

問1

①	円
②	円
③	円
④	円
⑤	円

問2

仕掛品

月初有高	578,000	当月完成高	(　　)
直接材料費	(　　)	月末有高	(　　)
直接労務費	(　　)		
製造間接費	(　　)		
	(　　)		(　　)

問3

直接材料費差異	消費数量差異	円	（借方・貸方）
直接労務費差異	賃率差異	円	（借方・貸方）
	時間差異	円	（借方・貸方）
製造間接費差異	予算差異	円	（借方・貸方）
	能率差異	円	（借方・貸方）
	操業度差異	円	（借方・貸方）

※ 差異が借方差異であるときは「借方」、貸方差異であるときは「貸方」を○で囲むこと。

問4

月次損益計算書　(単位：円)

売上高		(　　)
売上原価		
月初製品棚卸高	405,000	
当月製品製造原価	(　　)	
合計	(　　)	
月末製品棚卸高	(　　)	
差引	(　　)	
標準原価差異	15,000	(　　)
売上総利益		(　　)

問5

①	製造　購買　営業　経理	適切なものを１つ○で囲むこと。
②	円	
③	借方　貸方	適切なものを１つ○で囲むこと。
④	期首有高　当期購入高　当期消費高　期末有高	適切なものを２つ○で囲むこと。

解答用紙

原価計算

問題 ☞P105　解答・解説 ☞P296

問

ア	(円)
イ	(円)
ウ	(円)
エ	(円)
オ	(円)
カ	(円)
キ	(円)
ク	(△)　(円)
ケ	(円)
コ	(円)
サ	(円)
シ	(円)
ス	(円)
セ	(円)
ソ	(円)
タ	(円)
チ	(年)

a	
b	
c	
d	

MEMO

MEMO